中国商事争议解决年度观察

2024

Commercial Dispute Resolution in China:
An Annual Review and Preview (2024)

中国法制出版社
CHINA LEGAL PUBLISHING HOUSE

前　言

2023年是转变与承前启后的一年，新的立法、司法措施不断发布，商事争议解决向新的高度发展，为打造市场化、法治化、国际化的营商环境提供了重要保障，也为我国经济的持续健康发展和社会稳定提供了有力的法治支撑。

2023年，北京仲裁委员会/北京国际仲裁中心（以下简称北仲）改革成功落地，新一届委员会履新，众多新举措成为行业关注焦点。随着司法部推动的国际商事仲裁中心建设试点工作全面展开，各试点城市措施不断，多个仲裁机构出台配合仲裁新发展的新规则，中国临时仲裁第一案落地并执行。公信力评估引发了全行业对于仲裁机构建设及发展的思考。仲裁立法如何与时俱进，新科技如何赋能仲裁事业发展，成为行业共同关注的热点问题。

在商事调解领域，伴随着持续增长的商事争议解决需求，深化构建大调解工作格局激发了多方力量参与调解事业。在行政、司法多方支持下，各类调解实践百花齐放。行业内期待通过立法的规范、引领作用，发挥多元解纷机制功能，明确行业健康发展的可行性以及方向性问题。

在新的经济形势下，各重点专业领域不断完善和调整监管机制，以促进行业发展行稳致远。在建设工程领域，《关于适用〈中华人民共和国民法典〉合同编通则若干问题的解释》明确中标文书效力、格式条款、以物抵债等方面的规定，对我国的建设工程争议解决实践注入新动能，推动了裁判规则的明晰和统一，并将持续产生全面而深远的影响。在房地产领域，整体行业仍处于低位运行阶段，房企“化债”进入加速阶段，境内外房企债务重组同步进行，政策监管呈现前稳后松态势，房企纾困转型、融资出清及优化经营、治理以及购房人正当权益保护都成为该领域内争议解决新的关注焦点。在能源领域，可再生能源不断发展，但传统能源仍然在整体供应链布局中发挥支柱作用，投资稳健增长，国际能源并购依旧活跃。能源补贴政策的调整，将对能源交易产生较大影响，新能源汽车、光伏产业的高速发展，可能引发国际竞争及海外调查、限制措施等问题，这些都需要法律业界给予持续关注和研究。在金融领域，监管与审判协同进一步深入，风险化解成为行业发展新主题，全国首例资产支持证券欺诈发行案判决的作出对于行业内存在的诸多争议和未决问题提供了司法裁判的方向性意见，对行业健康有序发展提供了有益借鉴。在投资领域，新公司法关于限期认缴制、股东失权制度、强化小股东保护、股东退出机制中删除有限公司过半数股东同意的规定等都将对投资领域的争议解决及相关合同安排产生深远的影响。在国际贸易领域，受贸易保护主义和地缘冲突的影响，贸易壁垒逐步增加，贸易限制措施出现新的态势，在此背景下，我国积极布局并开展了系统的涉外立法和司法建设，为市场主体和监管部门有效应对国际贸易竞争提供了强有力的支撑和保障。在知识产权领域，知识产权侵权赔偿力度加大、技术类案件数量增加、知识产权恶意诉讼等引发行业关注，并成为知识产权争议解决领域的重要特点；而 AI 生成过程是否属于创作过程、互联网平台数据抓取纠纷等热点的出现也充分反映了知识产权争议解决从业者对于如何应对新兴技术所产生的问题的积极探索与创新。在民用航空领域，后疫情时代，民用航空全面恢复，民航规划建设和安全管理取得长足进步，无人机、通用航空等领域的法律法规不断完善，《北京公约》正式对中国生效，国际条约在民航领域审判实践中的应用也成为民用航空争议解决的重要热点。在影视娱乐领域，影视娱乐的数字化成为行业趋势。游戏行业的日趋多样化、人工智能训练数据是否可能产生侵权、在技术不断发展的情况下对于平台责任的认定是否仍然应当严格坚持“避风港规则”等均成为行业内热议的事项。

北仲自 2013 年起持续组织行业资深专家撰写中英双语的《中国商事争议解决年度观察》（以下简称年度观察），并以其为基础在世界各地举办年度高峰论坛。经过十余年的发展，年度观察及高峰论坛已经成为境内外各界人士了解中国商事争议解决发展状况的重要窗口，搭建了境内外争议解决业内人士交流互动的重要平台。2023 年 10 月，在香港举办的线下高峰论坛在香港仲裁业界引发了行业强烈反响，众多业内知名专家出席活动并参与讨论。

《中国商事争议解决年度观察（2024）》继续传承年度观察立足实践，服务实践的理念，通过对行业概览、重点法规政策、典型案例分析、热点问题观察和来年行业展望等方面进行系统梳理，为市场主体进行商业决策、增强风险防范和纠纷化解能力提供助力，也为争议解决行业人士提供了更为丰富的实践经验和专业视角，帮助他们更好地把握市场动态，优化争议解决策略，进而推动整个行业的专业化高质量发展。

《中国商事争议解决年度观察（2024）》是继 2018 年、2020 年、2022 年后年度观察项目第四次面向社会公开征集撰稿人。《中国商事争议解决年度观察（2024）》共有10个篇章更新了撰稿人，有8个篇章的作者系首次参与年度观察的撰写，有8个篇章的撰稿人非北仲仲裁员，撰稿人中既有律师、公司法务，也有高校学者，这充分体现了北仲将年度观察打造成为全行业共建共享平台的决心和意愿。当前，国际商事仲裁中心建设试点工作正在北京等城市如火如荼地开展，北仲期待以年度观察项目为平台，吸引更多业界贤达，分享自己的经验，贡献自己的知识，向境内外当事人及法律界同仁展示中国仲裁行业的发展，为国际商事仲裁中心建设贡献力量。

年度观察的出版离不开所有参与年度观察撰写、点评的行业专家的卓越贡献，更离不开广大读者的持续支持。北仲对所有关注并支持年度观察的朋友致以诚挚的感谢！

《中国商事争议解决年度观察》编委会

二〇二四年四月

作者简介

《中国商事仲裁年度观察（2024）》

费　宁

北京汇仲律师事务所管理合伙人，国际商事仲裁理事会（ICCA）理事、国际商会“一带一路委员会”副主席，中国国际经济贸易仲裁委员会（CIETAC）、深圳国际仲裁院（SCIA）、上海仲裁委员会、国际商会仲裁院（ICC）、香港国际仲裁中心（HKIAC）、新加坡国际仲裁中心（SIAC）和大韩商事仲裁院（KCAB）仲裁员，第一位出任 HKIAC 理事的内地律师，环太平洋律师协会（IPBA）争议解决委员会副主席。曾在最高人民法院等各级人民法院、国内外各大仲裁机构以律师、仲裁员和专家证人身份处理数百起商事仲裁案件，多次代表投资者与东道国政府进行投资仲裁 / 磋商。自 2006 年以来，长期被钱伯斯列为中国争议解决领域的第一等级（Band 1）律师。钱伯斯评价“费宁律师是仲裁领域的权威”。

赵　芳

北京汇仲律师事务所上海办公室管理合伙人，中国国际经济贸易仲裁委员会、香港国际仲裁中心、新加坡国际仲裁院、北京仲裁委员会 / 北京国际仲裁中心、上海国际仲裁中心、深圳国际仲裁院和廊坊仲裁委员会仲裁员，伦敦 ADR-ODR 国际调解中心调解员，英国伦敦内殿律师学院终身成员。2017 年由伦敦内殿律师学院和英格兰大律师协会授予其英格兰及威尔士开庭大律师资格。执业逾 20 年，曾代表客户在最高人民法院、其他各级法院及诸多境内外知名仲裁机构处理数百起诉讼案件和国际商事仲裁案件。因其在涉外诉讼仲裁领域具有丰富经验，钱伯斯将其列为全球和亚太地区仲裁领先律师，并称她“辩才出众，对法律理解深刻，同时兼顾客户的商业需求”。

马　汉

北京汇仲律师事务所上海办公室合伙人，专长于国际仲裁和涉外仲裁业务，在包括国际商会仲裁院、香港国际仲裁中心、新加坡国际仲裁院、中国国际经济贸易仲裁委员会、上海仲裁委员会、上海国际仲裁中心、深圳国际仲裁院等国内外仲裁机构成功处理过大量复杂的争议案件，所代理案件领域涵盖国际货物买卖、股权转让和并购、建设工程、技术许可、销售经销和知识产权侵权等多个领域。

《中国商事调解年度观察（2024）》

许　捷

北京市君都律师事务所高级顾问。许捷曾历任北京仲裁委员会 / 北京国际仲裁中心（北仲）仲裁秘书、调解中心负责人、拓展处顾问、高级顾问，品牌管理高级主管，案件处办案小组负责人等职。他于 2019 年获得中国司法部颁发的“全国公共法律服务工作先进个人”。在北仲期间，许捷作为仲裁秘书经办 1000 余件仲裁案件，并作为案件处管理人员管理并审核 4000 余件仲裁案件。许捷的主要作品包括《补偿的正义》（合译），法律出版社 2013 年版；《遇 / 预见未来的法律人》[译]，法律出版社 2017 年版；《营商的法律与伦理环境》（合译），元照出版公司 2023 年版。

谭敬慧

北京市君都律师事务所主任，并担任住房和城乡建设部法律顾问，住建部建筑产业转型升级专家委员会专家，国家发改委立法专家，担任中国建筑业协会法工委副会长以及中国建设工程造价协会、中国招标投标协会专家等协会专家顾问。谭女士在中国国际经济贸易仲裁委员会、北京仲裁委员会 / 北京国际仲裁中心等国内领先仲裁机构担任仲裁员，并在 300 多个大型标的案件中担任仲裁员。她具有 30 多年超大型基础设施与工程建设项目和法律的实践经验，熟悉并操作全流程项目法律服务，包括各类项目的立项、评估、招标投标、投资融资、并购、工程建设、运营和回购等方面，并提供相关合约和行业法规深度咨询等。

张　玲

云南财经大学法政学院副教授、硕士研究生导师。张玲在国际投资，国际贸易，国际商事争议解决，基础设施建设以及公司法律事务等方面拥有超过20年的丰富经验、卓越的业绩，以及深厚理论研究。成功为大型央企在东南亚、南亚等国家的水电、液化天然气发电、风电、太阳能发电等电源项目，跨境电网互联、跨境电力贸易等重大项目提供法律咨询。也成功为多家从事境外投资的中国企业提供了争议解决法律服务。

《中国建设工程争议解决年度观察（2024）》

崔　军

北京大学法学学士、法学硕士，北京海外君合工程咨询有限公司董事长，中国国际经济贸易仲裁委员会、中国海事仲裁委员会、北京仲裁委员会/北京国际仲裁中心、中非联合仲裁中心等仲裁机构仲裁员和英国土木工程测量师学会资深会员。自1989年起长期在国外从事国际工程承包项目工作，先后在中东、非洲、亚洲、欧洲工作21年。目前主要从事国际工程项目合同谈判、工程索赔、国际工程争议裁决（DAB、DB）、国内和国际工程仲裁。主要有《FIDIC合同原理与实务》、《FIDIC分包合同原理与实务》、《施工合同索赔》（译著）等13本著作，发表论文和文章80多篇。

赵　杭

北京通商律师事务所高级顾问，中国国际经济贸易仲裁委员会（CIETAC）、北京仲裁委员会（BAC）、上海国际仲裁中心（SHIAC）、深圳国际仲裁院（SCIA）、香港国际仲裁中心（HKIAC）仲裁员，作为首席或独任仲裁员审理结案了数百起仲裁案件。凭借在仲裁领域的丰富经验，被钱伯斯列为大中华地区“最受欢迎的仲裁员”。钱伯斯评价“赵杭律师具有长期执业经历并专注于与建设工程相关的仲裁事务，经常在案件中担任独任或首席仲裁员”，“他对具有跨境元素的案件的熟练处理同样值得注意”。

李志永

中建国际建设有限公司总法律顾问、首席合规官，国际工程一线从业20年，争端解决委员会基金（DRBF）中国区代表，北京仲裁委员会/北京国际仲裁中心、中国国际经济贸易仲裁委员会、深圳国际仲裁院、上海仲裁委员会、上海国际经济贸易仲裁委员会等多家仲裁机构仲裁员，国际商会仲裁与ADR委员会替代性争议解决与仲裁工作组中方专家，中国仲裁法学会理事，新加坡国际调解中心调解员，对外工程承包商会专家，曾出版《国际工程索赔与争端解决》《国际工程风险管理》《国际工程项目管理实操》《国际工程投标报价》等多本专业书籍。

《中国房地产争议解决年度观察（2024）》

张春丽

泰和泰（深圳）律师事务所高级顾问，泰和泰全国“不动产和城市运营法律中心”总负责人，主要从事不动产、金融领域法律服务。曾在万科集团从事法务管理 20 年。现任深圳国际仲裁院、上海仲裁委仲裁员，深圳不动产调解中心主任，深圳市城市更新开发企业协会政策与法律专业委员会副主任。

胡　宪

泰和泰（上海）律师事务所合伙人，涉外业务部主任，并担任香港国际仲裁中心 HK45 区域大使。自从业以来，胡宪律师一直活跃于跨境争议解决领域尤其是仲裁圈，为多家客户在境内外知名仲裁机构的案件提供服务和建议，并曾长期担任国内某第三方资助机构的法律顾问，在该领域具有丰富的研究成果及实践经验。

《中国能源争议解决年度观察（2024）》

刘洪川

安杰世泽律师事务所合伙人、执委会执委。刘律师是美国哈佛大学法学硕士、北京大学法学学士，中国及美国纽约州律师、香港注册外国律师，曾在美国世达法律事务所（Skadden，Arps）和英国高伟绅律师事务所（Clifford Chance）工作。刘律师自 1990 年开始在北京仲裁委员会、中国国际经济贸易仲裁委员会、新加坡国际仲裁中心、深圳国际仲裁院等多家仲裁机构代理仲裁案件。刘律师是现任中国国际经济贸易仲裁委员会、深圳国际仲裁院、南京仲裁委员会的仲裁员。刘律师现兼任新兴装备（002933）、乐凯新材（300446）、华强科技（688151）三家上市公司的独立董事，是哈佛大学法学院校友领导者协会（Harvard Law School Alumni Leadership Council）委员，以及全球化智库（Center for China and Globalization，CCG）理事。

施 蕾

安杰世泽律师事务所合伙人，施律师专注于能源领域（尤其是石油天然气领域）项目的实践。施律师曾服务的中国（背景）公司能源领域境外收购项目涉及位于美国、哈萨克斯坦、乌兹别克斯坦、乌克兰、伊拉克、蒙古国、缅甸、泰国、印度尼西亚、乍得、埃及、阿曼等国家（地区）的资产。施律师也为外国能源公司在中国境内能源项目的投资运营提供法律服务，涉及位于新疆、四川、山西、辽宁等多地的能源资产。施律师曾获得 The Legal 500 2022 年度亚太地区项目和能源领域重点推荐律师。

赵燕彬

安杰世泽律师事务所资深律师。赵律师是英国布里斯托大学法律硕士，吉林大学法学学士。赵律师专注于能源领域（尤其是石油天然气领域）业务实践，为中国及外国能源公司参与中国石油天然气对外合作、跨境能源投资与并购及国际能源贸易项目提供法律服务。

《中国投资争议解决年度观察（2024）》

戴 月

金杜律师事务所争议解决与诉讼业务合伙人，主要执业领域为跨境商事仲裁和诉讼。代理案件主要涉及金融、公司、建设工程、贸易和产品质量纠纷，案件管辖机构包括最高人民法院在内的中国各级法院，以及北京仲裁委员会 / 北京国际仲裁中心、中国国际经济贸易仲裁委员会、国际商会国际仲裁院、香港国际仲裁中心等。持有中国和美国华盛顿州律师执照。获评 The Legal 500 2021 年仲裁“特别推荐”律师、《亚洲法律杂志》2022 年“中国十五佳诉讼律师”、北京市司法局 2021 年“北京榜样 · 最美法律服务人”十大标兵及“新时代首都司法行政模范先进人物”。

《中国国际贸易争议解决年度观察（2024）》

王雪华

北京市环中律师事务所首席合伙人，对外经济贸易大学法学博士，曾任对外经济贸易大学法学院副院长、全国律师协会国际业务和WTO法律专业委员会主任、北京市律师协会反倾销专业委员会主任、国际贸易和投资专业委员会主任。现任国际投资争端解决中心（ICSID）、北京仲裁委员会/北京国际仲裁中心（BAC/BIAC）、中国国际经济贸易仲裁委员会（CIETAC）、上海国际仲裁中心（SHIAC）、深圳国际仲裁院（SCIA）、海南国际仲裁院（HIAC）等仲裁机构仲裁员，并担任对外经济贸易大学法学院兼职教授、中国国际投资仲裁常设论坛副主席、中国仲裁法学研究会常务理事、中国法学会WTO法学会常务理事、中国国际法协会理事等。处理了大量国际仲裁案件，在不同的仲裁案件中担任过代理人、仲裁员和中国法专家证人，有丰富的国际商事仲裁经验。曾多次发表国际商法和反倾销法方面的论文。连续多年被钱伯斯评为国际贸易法领域“业界贤达”及中国“最受欢迎仲裁员”之一。此外，兼任“环中商事仲裁”微信公众号的总编和撰稿人。

邢　媛

北京市环中律师事务所合伙人，对外经济贸易大学法学硕士，中国国际投资仲裁常设论坛副秘书长，海南国际仲裁院（HIAC）、长沙仲裁委员会仲裁员，入选“北京市律师协会涉外律师人才库”和“北京市百名高端涉外法治人才”项目。曾参加英国大律师公会组织的交流项目，在伦敦的著名出庭律师事务所交流访问。主要执业领域为国际贸易法、外商投资法、公司法、特许经营法等。自从业以来，处理了大量这些领域内的争议案件，其中包括在北京仲裁委员会/北京国际仲裁中心（BAC/BIAC）、中国国际经济贸易仲裁委员会（CIETAC）、国际商会仲裁院（ICC）、香港国际仲裁中心（HIKAC）、亚洲国际仲裁中心（AIAC）等各大仲裁中心的仲裁案件，以及在国内法院具有重大影响的涉外经济类诉讼案件，具有丰富的争议解决经验。

《中国金融争议解决年度观察（2024）》

胡宇翔

北京卓纬律师事务所管委会委员、争议解决部执行主任、中国人民大学法学院法律硕士实务导师。胡律师专注于金融争议解决案件，曾代表超过30家大型金融机构处理在最高人民法院、各地高院、金融法院、各地仲裁委审理的各类重大疑难案件。此外，胡律师亦注重专业研究，出版了《重塑金融规则：〈民法典〉对金融业务的影响与应对》《中国金融争议解决年度观察（2023）》等多本书籍。凭借着卓越的专业表现，胡宇翔律师入选2022年度及2023年度LEGALBAND中国顶级律师排行榜、2022年度及2023年度The Legal 500争议解决领域上榜合伙人。

魏朦璐

北京卓纬律师事务所的资深律师，专注于金融领域的纠纷解决，在北京仲裁委员会/北京国际仲裁中心、中国国际经济贸易仲裁委员会、最高人民法院、各地高院、各地金融法院有着丰富的复杂案件代理经验。魏律师亦参与撰写多本金融争议解决领域的书籍，在北京卓纬律师事务所共同主持开设“卓仲半月谈”仲裁专栏，对金融仲裁领域的相关问题具有深入研究。魏律师入选2023年度LEGALBAND中国律界俊杰榜30强。

《中国知识产权争议解决年度观察（2024）》

王亚西

北京元合律师事务所合伙人，主要执业领域为知识产权和跨境争议解决。在与互联网、影视传媒、泛娱乐产业相关的知识产权布局、合规咨询、争议解决领域具有丰富经验。代理的多起知识产权案件入选最高人民法院、北京知识产权法院及地方高级人民法院公布的年度典型案件。自2006年起代表境内外客户参与在国内外主要仲裁机构审理的仲裁案件百余件。被《亚洲法律杂志》评选为2023年度“中国十五佳知识产权律师”。担任中国政法大学法律硕士学院和外国语学院兼职导师，入选“北京市律师协会涉外律师人才库名单”。

张海若

北京元合律师事务所合伙人，主要执业领域为知识产权诉讼。拥有超过15年的知识产权诉讼经验，在国内及国际顶尖律所工作数年，代理过上百起涉外知产诉讼案件。代理的多起案例入选最高人民法院及多个法院的典型知识产权案件。连续多年被国际权威法律媒体评为知产诉讼领域“领先律师”“中国IP顶尖专家100强”等。张律师还擅长知识产权保护策略、谈判、商业许可等，能够以交易和争议解决双重视角为客户提供咨询服务。

邢科科

北京元合律师事务所合伙人，主要执业领域为国际和涉外争议解决、知识产权争议解决和泛娱乐。专注于国际和涉外商事仲裁近 20 年，代理和参与过在国内外主要仲裁机构审理的 200 余件仲裁案件，其中部分案件复杂、疑难、标的金额巨大或具有广泛的社会影响，部分案件适用外国法、以英文程序进行或所涉程序为相关仲裁机构第一例案件。担任中国国际经济贸易仲裁委员会、深圳国际仲裁院、中国体育仲裁委员会等机构的仲裁员，审理过 100 余件案件并在大部分案件中担任首席仲裁员或独任仲裁员。

《中国影视娱乐争议解决年度观察（2024）》

米新磊

北京金诚同达律师事务所合伙人，北京市文化娱乐法学会副秘书长，北京市律师协会传媒与新闻出版法律专委会秘书长。米新磊律师是文化娱乐、知识产权、TMT（科技 / 媒体 / 通信）等业务领域的知名律师，从业 15 年，代理多起知名重大疑难案件，具备文娱和资本市场复合法律业务背景及经验。曾担任文化和旅游部、中国国家话剧院、环球影城、京东集团、北京移动、欢娱影视等政府部门、国内外知名企业、知名艺人的法律顾问，连续多年荣获钱伯斯、LEGALBAND 关于“媒体娱乐”“TMT”等领域推荐律师的奖项，参与撰写并出版多本娱乐法著作。

袁　萌

北京大成律师事务所合伙人，北京市律师协会涉外法律服务研究会委员，北京文化娱乐法学会演艺与经纪法律专委会委员。在影视娱乐及涉外争议解决领域有 10 年从业经验，在艺人经纪、影视投资、文化演出项目、直播营销等领域有丰富的实务经验，其代理的某艺人解约仲裁案是当时经纪公司获赔高额赔偿金的典型案例。擅长涉外争议解决，执业以来代理了数十起国内外商事仲裁案件，覆盖国际贸易、投资、文娱等领域，累计标的金额数十亿元人民币。

《中国民用航空争议解决年度观察（2024）》

刁伟民

中国民航管理干部学院教授，航空法研究中心主任。中国民用机场协会专家，中国民航大学与南京航空航天大学硕士研究生导师，中国政法大学仲裁研究院研究员。中国国际经济贸易仲裁委员会、上海国际经济贸易仲裁委员会、中国海事仲裁委员会、上海仲裁委员会仲裁员。中国国际私法学会理事，中国航空学会航空产业政策法规研究分会委员，《商法》编委会委员。获中加政府颁发“中加学者交换项目”奖，加拿大麦吉尔大学法学院、美国德保罗大学法学院和国际统一私法协会访问学者。多次为民航业立法出具专家意见，多次担任涉外航空案件专家证人，多次接受中央广播电视总台、凤凰卫视、东方卫视、深圳卫视、亚洲新闻台、新华社、人民网、中国日报专访。

孔得建

中国政法大学国际法学院副教授，国际私法研究所副所长，荷兰莱顿大学国际航空航天法研究所法学博士，主要教学方向为国际私法，主要研究方向为航空航天法。中国航空学会航空科普专家，中国航空器拥有者与驾驶员协会航空业纠纷调解中心委员，中国空间法学会理事，中国国际私法学会理事，四川省法学会航空法学研究会专家顾问。曾获评“首届中国航天大会法治航天论坛”优秀论文特等奖、费宗祎青年国际私法学者优秀科研成果一等奖、中国法学会航空法学研究会推荐青年人才，入选中国政法大学青年拔尖人才培养支持计划。

吴静静

北京大成（上海）律师事务所高级合伙人暨大成中国区金融专业带头人、航空航天业务领头人，拥有 25 年以上的从业经历，主要从事银行与金融以及境内外争议解决方面的法律服务，在航空金融相关争议解决方面具有丰富经验，多次在跨境飞机和船舶融资项目中为境内外大型金融机构等客户提供全方位的交易支持以及诉讼、仲裁代理服务，获评《钱伯斯全球法律指南 2024》《钱伯斯大中华区法律指南 2024》航空金融领域“业界贤达”以及“2023 年度 LEGALBAND 客户首选：中国女律师 15 强”等多项国内外重大奖项。目前担任中国法学会航空法研究会理事，民建中央法制委员会委员，上海市浦东新区人大代表，中国民航大学、华东政法大学硕士研究生校外导师。

目　录

中国商事仲裁年度观察（2024）

费 宁 赵 芳 马 汉[①]

一、概述

2023 年是《中华人民共和国国民经济和社会发展第十四个五年规划和 2035 年远景目标纲要》（以下简称《十四五规划》）[②] 承前启后的关键年份，也是全面贯彻党的二十大精神的开局之年。《十四五规划》要求继续推进国家治理体系和治理能力现代化，健全社会矛盾综合治理机制，其中包括："健全矛盾纠纷多元化解机制，充分发挥调解、仲裁、行政裁决、行政复议、诉讼等防范化解社会矛盾的作用。"为落实《十四五规划》，司法部在《全国公共法律服务体系建设规划（2021—2025 年）》[③] 中提出，"十四五" 时期中国仲裁的主要目标是："完善仲裁制度，提高仲裁国际化水平。推进仲裁法修改，加强配套制度建设，完善仲裁制度体系。加强和规范仲裁机构登记管理，推进仲裁机构内部治理结构改革。支持面向世界的国际商事仲裁中心建设，培育面向区域的国际商事仲裁中心，努力将我国打造成为国际商事仲裁新目的地。成立中国仲裁协会，建立健全行政指导与行业自律相结合的监督管理工作体制。"回顾 2023 年，在后疫情时代和百年未有之大变局中，中国仲裁踔厉奋发、创新实干，案件数量和工作质效显著提升，稳步推进了《十四五

---

① 费宁，北京汇仲律师事务所管理合伙人。赵芳，北京汇仲律师事务所上海办公室管理合伙人。马汉，北京汇仲律师事务所上海办公室合伙人。同时，作者特别感谢北京汇仲律师事务所争议解决团队的其他成员王生长、吴霁霁、李琳琳、马龙、邱敏敏、沈书瑶、孙俊红、孙明玥、汪若文、魏伊桉、姚若辰、詹仁海、郑小和为本报告做出的巨大贡献。

② 2021 年 3 月 11 日，第十三届全国人民代表大会第四次会议通过了《十四五规划》，明确了向第二个百年奋斗目标进军的第一个五年规划。

③ 2021 年 12 月 22 日，司法部第 17 次部长办公会议审议通过。

规划》目标的落实落细，仲裁现代化、国际化建设迈出了坚实步伐，各项工作取得了新突破，为我国经济发展提供了充分支持和有力保障。

综观 2023 年，中国商事仲裁在法律法规建设、仲裁体制机制建设、仲裁办案、司法审查和理论研究等方面，都取得了可喜的成绩。本文将回顾和述评这些领域所取得的成果，从中我们注意到以下几项代表性成就需特别提及：

1. 仲裁法治建设向前迈出了新的步伐。党的二十大报告强调“坚持全面依法治国，推进法治中国建设”，要求“加强重点领域、新兴领域、涉外领域立法，统筹推进国内法治和涉外法治，以良法促进发展、保障善治”。这充分体现了党中央对全面依法治国的高度重视。《中华人民共和国仲裁法》（以下简称《仲裁法》）是新时期发展具有中国特色仲裁制度的法制基础和制度保障，其修改列入全国人大十三届、十四届的立法规划，2023 年列入十四届全国人大常委会立法规划第一类项目[①]和年度立法工作计划，扎实推动了仲裁法的修订进程。《中华人民共和国民事诉讼法》（以下简称《民事诉讼法》）2023 年的修改，以及最高人民法院（以下简称最高院）出台的有关仲裁系列司法解释文件和指导案例，进一步厘清了仲裁与诉讼的关系，树立起“支持仲裁”的司法理念，优化了中国仲裁的基础环境。最高院高度重视仲裁司法审查工作，持续完善司法支持和监督仲裁机制，积极支持商事仲裁的法治化、专业化、规范化、国际化发展，为我国仲裁公信力的提升和仲裁事业的发展提供有力司法保障。

2. 中国国际商事仲裁中心建设试点工作有序展开，多个城市大力培育面向区域、面向全球的国际商事仲裁中心，努力打造国际商事仲裁的新目的地。2022 年，司法部副部长出席中国仲裁高峰论坛暨第二届贸仲全球仲裁员大会并致辞。会议提出，将统筹推进国际商事仲裁中心建设试点工作作为新时期大力加强涉外法律服务工作的战略性任务。2023 年，司法部和地方政府大力支持和推动在北京、上海、广东、海南等地深入开展国际商事仲裁中心建设试点工作，如推动将北京市打造成为服务国际科技创新中心与国际交往中心建设的国际商事仲裁中心，将上海市打造成为面向全球的亚太仲裁中心，将广东省广州市和深圳市打造成为联动香港和澳门服务粤港澳大湾区建设、面向全球的国际商事法律及争议解决服务中心，将海南省打造成为服务海南自由贸易港、面向太平洋和印度洋的国际

① 第一类项目为“条件比较成熟、任期内拟提请审议的法律草案”，共 79 件（制定 32 件、修改 47 件），其中包括仲裁法修改草案。

商事仲裁中心，等等，并在全国范围内逐步培育一批国际一流的仲裁机构。[①]可喜的是，2023 年在试点地区出现了支持推进国际商事仲裁中心建设的第一部地方性立法和首家在试点地区设立的境外仲裁机构业务机构。中国仲裁走向国际、国际仲裁落地中国的双向发展目标，将在国际仲裁中心建设的支撑和推动下，融合创新，为国际经贸规则制定完善和全球治理贡献力量。[②]

3. 全国仲裁机构受案数量迅猛增长，仲裁现代化和国际化程度不断提高，成绩闪亮。由于受疫情、战争制裁、国际地缘政治、逆全球化等多种因素的叠加影响，2023 年全球经济动荡低迷，但中国仲裁机构却逆风而行，交出了亮眼答卷。根据司法部 2023 年 3 月所做的统计，2022 年，全国 277 家仲裁机构共办理案件 475173 件，比 2021 年增加 59284 件，同比增长 14.3%。全国仲裁案件标的总额为 9860 亿元，比 2021 年增加 1267 亿元，同比增长 14.7%。[③]在 2022 年取得成绩的基础上，2023 年全国 277 家仲裁机构再接再厉，办案数量和涉案金额更上一层楼，仲裁的主要指标继续超越上年。中国国际经济贸易仲裁委员会（以下简称贸仲）、北京仲裁委员会 / 北京国际仲裁中心（以下简称北仲）等一批国内领先的仲裁机构在新案件受理数量、案件争议金额和涉外仲裁等领域均有极为出色的表现，2023 年至少 14 家仲裁机构新受理案件的争议金额超过了 100 亿元人民币。列表如表 1 所示：

表 1　2023 年受理案件标的超过 100 亿元人民币的仲裁机构列表

仲裁机构名称	新受理案件数	争议金额	涉外案件	备注
中国国际经济贸易仲裁委员会[④]	5237 件，同比增长 28.17%	1510.2 亿元，同比增长 19.01%	涉外案件 645 件，保持增长态势	案件数量和标的额均创历史新高，1 亿元以上案件数量 209 件。当事人来自 71 个国家和地区

① 司法部：《推进国际商事仲裁中心建设，努力将我国建设成为国际仲裁新目的地》，https://www.moj.gov.cn/pub/sfbgw/gwxw/xwyw/202209/t20220906_463103.html，访问时间：2024 年 2 月 22 日。

② 姜丽丽：《仲裁这十年：厚积薄发 一苇以航》，载微信公众号“仲裁研究院”，访问时间：2024 年 2 月 22 日。

③ 法治网：《中国国际商事仲裁机构国际影响力正逐渐扩大》，http://www.legaldaily.com.cn/Arbitration/content/2023-09/06/content_8915755.html，访问时间：2024 年 2 月 22 日。

④ 中国国际贸易仲裁委员会：《中国国际经济贸易仲裁委员会 2023 年工作报告》，http://cietac.org/index.php?m=Article&a=show&id=20060，访问时间：2024 年 2 月 22 日。

续表

仲裁机构名称	新受理案件数	争议金额	涉外案件	备注
北京仲裁委员会 / 北京国际仲裁中心[①]	12222 件，同比增长 45.14%	1248.2 亿元，同比增长 28.64%	251 件，同比增长 13.57%，标的超过 1 亿元的案件数量 18 件	受案数量首次破万，受案标的历史新高。当事人来自 20 个国家和地区
深圳仲裁委员会 / 深圳国际仲裁院[②]	12004 件	1383.10 亿元	414 件，个案最高金额超过 250 亿元	1 亿元以上案件数量 132 件。当事人来自 44 个国家和地区
上海国际经济贸易仲裁委员会 / 上海国际仲裁中心[③]	4879 件，同比增长 89.40%	708.07 亿元，同比增长 12.61%	215 件，同比增长 9.69%	1 亿元以上案件数量 122 件。当事人来自 48 个国家和地区
广州仲裁委员会[④]	33670 件，同比增长 10.4%，其中网络仲裁案件 10240 件，同比增长 20%	705 亿元，同比增长 10.2%	671 件，同比增长 5.7%	案件量和总标的均大幅增长。1 亿元以上案件 81 件，当事人来自 30 个国家和地区
上海仲裁委员会[⑤]	7348 件，同比增长 30%	442.78 亿元，同比增长 4%	77 件	1 亿元以上案件数量 64 件。当事人来自 14 个国家和地区
杭州仲裁委员会[⑥]	11507 件	230.69 亿元，同比增长 36.19%		受案标的额首次突破 200 亿元

① 北京仲裁委员会 / 北京国际仲裁中心：《北京仲裁委员会 / 北京国际仲裁中心 2023 年度工作报告》，https://www.bjac.org.cn/news/view?d=4714，访问时间：2024 年 2 月 22 日。

② 深圳国际仲裁院：《深圳国际仲裁院 2023 年数据概览》，https://www.scia.com.cn/home/index/newsdetail/id/3390.html，访问时间：2024 年 2 月 22 日。

③ 上海国际经济贸易仲裁委员会 / 上海国际仲裁中心：《上海国际经济贸易仲裁委员会 / 上海国际仲裁中心 2023 年度仲裁业务报告》，https://www.shiac.org/pc/SHIAC?moduleCode=annual_report&securityId=VZAECvvflzUg01ccI94LUw，访问时间：2024 年 2 月 22 日。

④ 广州仲裁委员会：《2023 年广州仲裁委员会高质量发展数据概览》，https://www.gzac.org/gzxw/6687，访问时间：2024 年 2 月 22 日。

⑤ 上海仲裁委员会：《上海仲裁委员会 2023 年度仲裁业务报告》，https://www.shiac.org/h5/SHIAC?moduleCode=annual_report&securityId=VZAECvvflzUg01ccI94LUw，访问时间：2024 年 2 月 22 日。

⑥ 《杭州仲裁委员会 2023 年受案标的额首次突破 200 亿元》，载微信公众号“仲裁圈”，访问时间：2024 年 2 月 22 日。

续表

仲裁机构名称	新受理案件数	争议金额	涉外案件	备注
重庆仲裁委员会①	6309件，同比增长36.29%，其中互联网金融案件1187件，同比增长2182%	202.83亿元，同比增长29.85%	约20件，涉外案件标的额46.33亿元，案均标的额超2亿元	受案标的额首次突破200亿元
大连仲裁委员会/大连国际仲裁院②	1416件，同比增长40.2%	197.22亿元，同比增长47.6%	数量不详，当事人来自荷兰、新加坡、日本、俄罗斯等国	受案数量创历史新高。改革近三年来，累计受案标的额431.87亿元，远超自1996年成立之日起至改革前25年总和
珠海仲裁委员会/珠海国际仲裁院③	1400件	194.88亿元	105件	1亿元以上案件18件，当事人来自8个国家和地区
福州仲裁委员会④	3208件，同比增长17.12%	187亿元，同比增长126.62%		主要指标居全省首位
武汉仲裁委员会/武汉国际仲裁中心⑤	10730件	185亿元	14件，涉及泰国、俄罗斯、荷兰、澳大利亚等国家和地区	组建华中地区首家数字经济领域专业仲裁院
济南仲裁委员会⑥	7521件，同比增长90.26%	138.33亿元，同比增长33.98%		涉案争议金额居全省首位
北海仲裁委员会/北海国际仲裁院⑦	41743件	108.4亿元		

① 重庆仲裁委员会：《重庆仲裁委员会2023年受案标的金额首次突破200亿》，载微信公众号“仲裁界”，访问时间：2024年2月22日。

② 大连国际仲裁院：《大连国际仲裁院2023年仲裁工作成绩单》，http://www.dlgjzcy.com/News/Content.aspx?newsId=1650，访问时间：2024年2月22日。

③ 珠海国际仲裁院：《珠海国际仲裁院2023数据年报》，载微信公众号“珠海国际仲裁院ZCIA”，访问时间：2024年2月22日。

④ 福州仲裁委员会：《福州仲裁委员会秘书处召开2023年度工作总结会议》，http://www.fuzhou.gov.cn/zgfzzt/szcw/zcwyh/zcdt/zcxw/202402/t20240201_4770906.htm，访问时间：2024年2月22日。

⑤ 武汉仲裁委员会：《标的额185亿元，图说2023——看武仲这一年》，载微信公众号“仲裁汇”，访问时间：2024年2月22日。

⑥ 济南仲裁：《改革创新：济南仲裁2023》，载微信公众号“仲裁圈”，访问时间：2024年2月22日。

⑦《标的额108.4亿元，北海仲裁召开2023年度年终工作总结暨2024年工作务虚会》，载微信公众号“仲裁界”，访问时间：2024年2月22日。

4. 越来越多的仲裁机构开展制度创新和规则创新，为未来跨越式发展夯实基础。继深圳国际仲裁院（以下简称深国仲）、海南国际仲裁院（以下简称海国仲）、大连国际仲裁院、上海仲裁委员会（以下简称上仲）之后，北仲于 2023 年 9 月完成了内部治理结构改革并成立了包括外籍委员在内的新一届仲裁委员会，实行以委员会为核心的法人治理结构，建立决策权、执行权、监督权相互分离、有效制衡的治理机制。北仲的机制改革坚持了法治化、专业化、国际化发展方向，有利于提升其国际竞争力、公信力和影响力。在仲裁规则修订方面，贸仲、上仲和海国仲等多家仲裁机构发布了修订的仲裁规则，或者制定了协助临时仲裁的工作规则。[①] 新规则既体现了与国际通行接轨的“国际化”，也坚持了将中国本土有益经验上升为规则的“中国化”，强调仲裁程序的自治性、灵活性、公平性、高效性和透明度，有利于推进内地仲裁机构的国际化进程，为内地仲裁机构的高质量发展提供高水平的制度保障，进一步提高内地仲裁的国际影响力。

5. 临时仲裁规则不断完善，临时仲裁开始落地生案，未来发展可期可盼。除了贸仲、北仲、深国仲、中国海商法协会已经制定了有关在境内外协助临时仲裁的规则外，2023 年又有三家仲裁机构制定了临时仲裁的工作指引。其中，《海南国际仲裁院协助临时仲裁工作规则（试行）》于 2023 年 11 月 1 日发布施行；上海国际仲裁中心（以下简称上国仲）于 2023 年 11 月 7 日发布了《上海国际经济贸易仲裁委员会（上海国际仲裁中心）临时仲裁协助服务指引》；上仲于 2023 年 11 月 22 日通过了《上海仲裁委员会关于适用〈联合国国际贸易法委员会仲裁规则〉的仲裁管理与服务指引》。这些规则及其工作指引为境内外当事人进行仲裁提供了更多选择。此外，2023 年中国海事仲裁委员会（以下简称中国海仲）作为仲裁员指定机构协助完成首宗海事临时仲裁案件顺利审结，具有标杆和示范意义，为促进临时仲裁在内地的发展和《仲裁法》的修改积累了实践经验。

下面本文将进一步从仲裁相关法规、仲裁机构动向、仲裁案件司法审查的最

---

① 例如：西安仲裁委员会于 2023 年 7 月 13 日发布了《西安仲裁委员会仲裁规则》(2023 版），自 2023 年 9 月 1 日起施行；贸仲于 2023 年 9 月 5 日发布了新版仲裁规则，自 2024 年 1 月 1 日起施行；上国仲于 2023 年 11 月 7 日发布新版仲裁规则，自 2024 年 1 月 1 日起施行；该仲裁中心还发布了新制定的《数据仲裁规则》和《航空仲裁规则》；广州仲裁委员会于 2023 年 11 月 22 日发布修正后的仲裁规则，自 2023 年 12 月 1 日起施行；上仲于 2023 年 11 月 22 日通过了《上海仲裁委员会数据仲裁指引》；重庆仲裁委员会于 2023 年 12 月 22 日发布了最新修订的《重庆仲裁委员会仲裁规则》《重庆仲裁委员会金融仲裁规则》《重庆仲裁委员会互联网金融仲裁规则》，自 2024 年 1 月 1 日起施行。

新实践以及理论、实务界广泛讨论的热点话题几个角度，总结2023年度我国商事仲裁领域的最新发展，并就未来趋势进行展望。

二、新出台的法律法规或其他规范性文件及仲裁机构新动向

（一）新法律法规及规范性文件

1. 新《民事诉讼法》与仲裁相关的新规定

2023年9月1日，十四届全国人大常委会第五次会议审议通过了《全国人民代表大会常务委员会关于修改〈中华人民共和国民事诉讼法〉的决定》，修改后的《民事诉讼法》自2024年1月1日起正式施行。① 本次修改在全面总结涉外民商事审判实践经验的基础上，着重完善了涉外民事诉讼程序的特别规定。

新《民事诉讼法》第297条第2款和第304条明确了以裁决地认定仲裁裁决籍属。纵观我国立法和司法实践的发展历程，我国在仲裁裁决籍属的认定标准上经历了从仲裁机构所在地向仲裁地的演变。2021年修改的《民事诉讼法》第287条第2款和第290条体现了以仲裁机构所在地为标准认定仲裁裁决籍属的倾向，分别使用了“中华人民共和国涉外仲裁机构作出的发生法律效力的仲裁裁决”和“国外仲裁机构的裁决”的提法，2023年修改的新《民事诉讼法》第297条第2款和第304条分别修改为“在中华人民共和国领域内依法作出的发生法律效力的仲裁裁决”和“在中华人民共和国领域外作出的发生法律效力的仲裁裁决”，不再提及仲裁机构，转而注重仲裁裁决的作出地是在领域内或领域外。这一转变意义重大：首先，以仲裁地为标准判定裁决籍属与我国加入的1958年《纽约公约》第5条第1款所使用的标准相同，从而实现了与国际商事仲裁通行实践的接轨。其次，执行裁决的范围扩大，不仅机构仲裁的仲裁裁决有执行依据，无机构管理的临时仲裁所作出的仲裁裁决，也可以依据新《民事诉讼法》第297条第2款和第304条予以执行。最后，我国仲裁机构在域外设立的分支机构所作出的仲裁裁决可被视为领域外仲裁裁决，在国内依法得到执行。这有助于我国仲裁机构进一步开拓域外仲裁业务，提升国际化水平。

同时，新《民事诉讼法》第304条进一步完善了承认与执行域外仲裁裁决的规则。当事人除可以直接向被执行人住所地或其财产所在地的中级人民法院申请

---

① 中国人大网：《我国民事诉讼法完成修改，将更好保障当事人的诉讼权利和合法权益》，http://www.npc.gov.cn/npc/c2/c30834/202310/t20231024_432465.html，访问时间：2024年2月22日。

承认和执行裁决外，新《民事诉讼法》新增规定，即如被执行人住所地或者其财产不在我国领域内的，当事人可以向“申请人住所地”或者“与裁决的纠纷有适当联系的地点”的中级人民法院申请承认和执行裁决，而“人民法院应当依照中华人民共和国缔结或者参加的国际条约，或者按照互惠原则办理”。上述修改显著增加了仲裁裁决书承认与执行事项和我国法院管辖的连接点，体现了中国司法系统对域外裁决书效力的尊重，并在最大程度上为当事人提供救济途径。[①]

本次新《民事诉讼法》的相关修改，体现了立法者推动涉外法治体系建设、法治道路现代化的雄心，同时符合国家强调统筹推进国际商事仲裁中心建设、在我国建成国际仲裁新目的地的总体目标，有利于提升我国作为仲裁地和中国仲裁机构对境外当事人的吸引力。

2. 最高院颁布关于适用民法典合同编通则若干问题的解释

2023 年 12 月 4 日，最高院发布《关于适用〈中华人民共和国民法典〉合同编通则若干问题的解释》（以下简称《合同编司法解释》），第 36 条就代位权诉讼是否应按照债务人与次债务人的管辖协议、仲裁协议确定案件管辖的问题作出了新规定。根据《合同编司法解释》，债权人提起代位权诉讼后，债务人或者次债务人不得以双方之间的债权债务关系订有仲裁协议为由对法院提出主管异议，但是如债务人或者次债务人在首次开庭前就双方之间债权债务关系申请仲裁的，人民法院可以依法中止代位权诉讼。

对于债务人与相对人订有仲裁协议时是否影响债权人提起代位权诉讼的问题，司法实践认识不一，分歧较大。有观点认为，按照《中华人民共和国民法典》（以下简称《民法典》）第 535 条、第 537 条规定，代位权只能通过诉讼方式实现。若代位权诉讼受制于债务人与次债务人的仲裁协议，则现实中可能出现债务人或次债务人为规避债权人代位求偿而达成仲裁协议，以达到债权人无法认为权利之目的。但另有观点则认为，允许代位权诉讼不受仲裁协议约束，等同于否定当事人选择争议解决方式的权利，与当事人意思自治原则相悖。为统一裁判尺度，《合同编司法解释》第 36 条综合各方意见后采取了折中立场，规定债务人或相对人在代位权诉讼中不得以订有仲裁协议为由提出异议，但在首次开庭前申请仲裁的，人民法院可以依法中止代位权诉讼。我们理解，第 36 条规定背后的理念是，代位权人主张代位权，法院不可避免将审理债务人和次债务人之间债权债务关系，确认

① 中国人大网：《关于〈中华人民共和国民事诉讼法（修正草案）〉的说明》，http://www.npc.gov.cn/npc/c2/c30834/202309/t20230906_431582.html，访问时间：2024 年 2 月 22 日。

是否有可代位之债权。《合同编司法解释》允许债务人和次债务人单独就双方之间债权关系问题依据仲裁协议加以处理，依据当事人意思自治，对债务人和次债务人之间是否存在债权和债权数额加以确认。而在仲裁庭作出裁决结果前，代位权诉讼可依法中止。新规的目的，是通过适当灵活的程序设计，既避免债务人利用仲裁协议妨害债权人行使代位权，甚至导致《民法典》的立法目的落空，又尽可能地维护和尊重仲裁协议的效力，平衡各方当事人的利益。①

3. 国家和地方政府、地方立法机关颁布新文件支持建设国际商事仲裁中心

2023 年 11 月 18 日，国务院发布《关于〈支持北京深化国家服务业扩大开放综合示范区建设工作方案〉的批复》，原则同意北京建设国际商事仲裁中心，以完善域外法查明及适用指引、支持仲裁机构发展、探索临时措施机制、强化通过诉讼仲裁机制衔接等方式打造面向全球的国际商事中心。

2023 年 11 月 22 日，上海市十六届人大常委会通过《上海市推进国际商事仲裁中心建设条例》，自 2023 年 12 月 1 日起施行。这是我国地方立法机关制定的首部支持国际商事仲裁中心建设的地方性法规。该条例引入临时仲裁规则、鼓励仲裁机构与法院等系统衔接、完善司法审查、行政监督等多种制度，推进仲裁国际化、长远化健康发展。

2023 年 1 月 19 日，中共海南省委、海南省政府办公厅印发《海南自由贸易港国际商事仲裁中心建设方案》，提出制定海南自由贸易港商事仲裁条例等具体举措；结合自贸港建设实际，与国内其他地区实行差异化发展。2023 年 3 月 9 日，海南省司法厅发布《境外仲裁机构在海南自由贸易港设立业务机构登记管理办法》，允许境外机构开展业务，进一步对外开放。②

2023 年 1 月 15 日，重庆市司法局制定的《境外仲裁机构在中国（重庆）自由贸易试验区设立代表机构若干规定（试行）》正式施行，境外仲裁机构可在重庆自由贸易试验区开展涉外仲裁业务活动，推动高水平对外开放。

上述国家层面和地方政府文件，及立法、司法机关配套政策措施，是国家和地方积极打造面向全球的亚太仲裁中心、建设国际商事仲裁服务高地的有力举措。

---

① 最高人民法院民事审判第二庭、研究室编著：《最高人民法院民法典合同编通则司法解释理解与适用》，人民法院出版社 2023 年版，第 410 页。

② 海南省人民政府：《〈海南自由贸易港国际商事仲裁中心建设方案〉出台》，https://www.hainan.gov.cn/hainan/mtjd/202303/5b5f6809fb59450babdfec3a44e619d0.shtml，访问时间：2024 年 2 月 22 日。

4. 海峡两岸仲裁领域合作和交流新发展

2023 年 9 月 12 日，中共中央、国务院发布《关于支持福建探索海峡两岸融合发展新路 建设两岸融合发展示范区的意见》，打造涉台法律咨询、查明一体化平台，加强两岸仲裁机构交流合作，完善涉台司法服务。

2023 年 12 月 24 日，中共福建省委、福建省人民政府发布《关于贯彻落实〈中共中央、国务院关于支持福建探索海峡两岸融合发展新路 建设两岸融合发展示范区的意见〉的实施意见》，结合福建实际情况，细化相应要求，如制定台湾地区民商事仲裁机构在厦门设立业务机构登记管理规定等。

2023 年 12 月 5 日，厦门仲裁委员会涉台仲裁中心正式揭牌，为台胞台企提供个性化、专业化、便利化“一站式”仲裁服务。[①]2023 年 12 月 20 日，福建省司法厅发布《台湾地区仲裁机构在厦门设立业务机构登记管理办法》，细化台湾地区仲裁机构在厦门设立业务机构相关规定，加强两岸仲裁领域合作和交流。

5. 横琴粤澳深度合作区仲裁合作新发展

2023 年 1 月 9 日，广东省十三届人大常委会通过《横琴粤澳深度合作区发展促进条例》，自 2023 年 3 月 1 日起施行。该条例旨在推动合作区建设和发展促进活动。在法治层面，为加强粤澳司法交流协作，条例积极推动国际通行的商事仲裁机制建设、搭建琴澳仲裁合作平台。

2023 年 4 月 28 日，横琴国际仲裁中心、横琴国际商事调解中心正式揭牌。珠海国际仲裁院自此同时使用“横琴国际仲裁中心”的名称。横琴国际仲裁中心旨在实现决策、执行、监督互相分立并有序衔接，将理事会监督职能分离至监督审计委员会，监督审计委员会委员由市政府单独聘任。横琴国际仲裁中心的设立将助力推进合作区多元解纷机制，打造市场化、国际化、法治化的优质营商环境。[②]

6. 全国多地法院完善诉讼与仲裁衔接工作

2023 年 11 月，上海市高级人民法院发布《上海市高级人民法院关于开具调查令协助仲裁调查取证的办法（试行）》，为上海地区法院协助仲裁调查取证工作提供指引。2023 年 12 月 1 日，上海市闵行区人民法院办理首例案件，为上海仲裁委员会开具调查令，协助仲裁工作人员前往自然资源确权登记事务中心调取非

① 厦门司法行政网：《全省首个涉外仲裁中心在我市设立》，https://sf.xm.gov.cn/zwgk/xxyw/202401/t20240112_2809870.htm，访问时间：2024 年 2 月 22 日。

② 中央人民政府驻澳门特别行政区联络办公室：《横琴国际仲裁中心、横琴国际商事调解中心揭牌》，http://www.zlb.gov.cn/2023-04/28/c_1212172561.htm，访问时间：2024 年 2 月 22 日。

公开信息。[①]

2023年11月7日，厦门市中级人民法院发布《关于仲裁机构申请开具调查令的暂行规定》，为厦门地区法院协助仲裁调查取证工作提供指引。同日，厦门国际商事法庭依申请发出仲裁调查令。[②]2023年11月13日，厦门市中级人民法院与厦门仲裁委员会会签《关于诉讼与仲裁有机衔接完善多元解纷机制的实施意见》，成立诉讼与仲裁衔接中心。[③]

2023年10月，山东省高级人民法院、山东省司法厅发布《进一步完善诉讼与仲裁衔接工作的若干措施》，强调山东自贸区所在地法院与仲裁机构应加强衔接配合，高效办理仲裁保全、执行等措施。[④]

（二）仲裁机构新动向

1. 贸仲发布新仲裁规则

2023年9月5日，贸仲公布2024版《中国国际经济贸易仲裁委员会仲裁规则》（以下简称《贸仲2024仲裁规则》）。修订后的《贸仲2024仲裁规则》自2024年1月1日起施行。[⑤]

《贸仲2024仲裁规则》与时俱进，旨在提高仲裁公信力，回应新时代的仲裁服务需求，推进数字化、智能化，增强国内仲裁竞争力和吸引力，因而修订内容广泛。修订涉及线上仲裁、管辖权争议处理程序、仲裁前置程序效力、保全措施、紧急仲裁员程序、多合同仲裁、早期驳回、临时仲裁、第三方资助、仲裁收费等30余项内容，多方借鉴了国际仲裁惯例，力求解决近年来实务需求，将部分机构权力移交仲裁庭，使得仲裁庭在程序中发挥更大作用，最终实现仲裁争议的高效

---

① 《〈决定〉施行首日！首例：上海法院依仲裁申请开具调查令》，载微信公众号“上海高院”，访问时间：2024年2月22日。

② 厦门法院网：《中院出台规定支持仲裁机构申请开具调查令并发出首份仲裁调查令》，http://www.xmcourt.gov.cn/ygsf/yshj/dxal/202312/t20231225_278260.htm，访问时间：2024年2月22日。

③ 厦门法院网：《中院与厦门仲裁委共同成立诉讼与仲裁衔接中心》，http://www.xmcourt.gov.cn/ygsf/yshj/dxal/202312/t20231225_278266.htm，访问时间：2024年2月22日。

④ 泰安市司法局：《山东出台若干措施进一步完善诉讼与仲裁衔接工作》，http://sfj.taian.gov.cn/art/2023/10/24/art_188896_10309775.html，访问时间：2024年2月22日。

⑤ 中国国际经济贸易仲裁委员会：《中国国际经济贸易仲裁委员会新版〈仲裁规则〉于2024年1月1日起施行》，http://cietac.org.cn/index.php?m=Article&a=show&id=19377，访问时间：2024年2月22日。

有序解决。

2. 上国仲发布新仲裁规则

2023 年 11 月 7 日，上国仲发布《上海国际经济贸易仲裁委员会（上海国际仲裁中心）仲裁规则（2024）》（以下简称《上国仲 2024 仲裁规则》）。新版规则实现多项创举，条文从《上海国际经济贸易仲裁委员会（上海国际仲裁中心）仲裁规则（2015）》的 66 条提升至 92 条，受案范围拓展至国际投资仲裁领域，并为配合上国仲香港中心的设立，特设“香港仲裁的特别规定”。《上国仲 2024 仲裁规则》特别关注仲裁数智化，强调诚信仲裁，改良了多份合同合并仲裁制度，完善追加当事人制度，设立临时措施及紧急仲裁员专章，引入国际律师协会（International Bar Association，IBA）制定的《国际仲裁利益冲突指引》，改良仲裁收费机制等诸多内容。伴随此次仲裁规则修订，上国仲同步发布两部特别仲裁规则，即《上海国际经济贸易仲裁委员会（上海国际仲裁中心）数据仲裁规则》和《上海国际经济贸易仲裁委员会（上海国际仲裁中心）航空仲裁规则》。前者也是国内首部特别针对数据资产争议的仲裁规则。此外，为强化现代信息技术赋能、优化线上仲裁程序和流程，上国仲制定了《上海国际经济贸易仲裁委员会（上海国际仲裁中心）在线仲裁指引》和《上海国际经济贸易仲裁委员会（上海国际仲裁中心）临时仲裁协助服务指引》。上述规则均于 2024 年 1 月 1 日开始施行。① 上国仲在规则修订和创新方面的系列组合拳，展现了上海加快打造面向全球的亚太仲裁中心的建设步伐，体现上海仲裁与国际仲裁实践全面接轨的雄心和信心。

3. 贸仲、深国仲新举措助力“一带一路”法治化营商环境建设

2023 年 9 月 6 日，在 2023 中国仲裁高峰论坛暨第三届“一带一路”仲裁机构高端论坛上，贸仲正式发布了《“一带一路”仲裁机构外国法查明合作备忘录》（以下简称《备忘录》），建立“一带一路”仲裁机构法律查明合作机制。《备忘录》就如何提出查明请求以及如何作出答复等内容安排了十分具体且具有可操作性的细则，有助于解决涉外商事仲裁中域外法的查明难题。②

2023 年 9 月 19 日，第九次全国对口支援新疆工作会议期间，深圳国际仲裁院喀什分院（以下简称深国仲喀什分院）在新疆喀什揭牌，并作为“一带一路”

---

① 《SHIAC 转载 | 上海国际仲裁中心新版仲裁规则发布，将于 2024 年 1 月 1 日施行》，载微信公众号“上海国际仲裁中心”，访问时间：2024 年 2 月 22 日。

② 贸仲上海分会：《贸仲正式发布“一带一路”仲裁机构法律查明合作机制》，载微信公众号“贸仲上海论坛”，访问时间：2024 年 2 月 22 日。

国际仲裁合作平台投入使用。[①]深国仲喀什分院的设立将进一步拓展中国国际仲裁在中亚、南亚的合作布局，推动“一带一路”法治化营商环境建设。[②]

4. 临时仲裁新实践及相关指引发布

2023 年 6 月，中国海仲作为协助机构提供必要管理服务的首起临时仲裁案件顺利审结，仲裁庭依据《中国海商法协会临时仲裁规则》（以下简称《海协临时仲裁规则》）作出仲裁裁决。该案是国内首起适用《海协临时仲裁规则》审结的临时仲裁案件，中国海仲作为当事人临时仲裁安排中的约定机构，仅根据当事人的请求提供仲裁员指定、仲裁员回避决定、案件财务管理、仲裁庭秘书等特定服务，仲裁程序交由仲裁庭全权处置，机构本身不参与仲裁程序管理。本案为国内仲裁机构参与临时仲裁、服务临时仲裁作出了有益探索。[③]

2023 年 8 月 31 日，中国海仲、中国（福建）自由贸易试验区厦门片区管理委员会、厦门市贸促会、厦门市律师协会在厦门联合发布《中国（福建）自由贸易试验区临时仲裁指南》（以下简称《福建厦门指南》）。《福建厦门指南》共分为示范条款、前言、正文及附件四部分，正文 19 条，附件 10 个，主要内容包括临时仲裁程序的启动、文书送达、仲裁庭产生方式、仲裁员回避等。[④]《福建厦门指南》是国内率先出台的临时仲裁实践指引，为当事人在自由贸易试验区通过临时仲裁解决争议提供了规则示范和操作指引。

2023 年 11 月 1 日，海南国际仲裁院发布《海南国际仲裁院协助临时仲裁工作规则（试行）》（以下简称《工作规则》）。[⑤]《工作规则》共 16 条，涵盖了适用范围、协助内容、临时仲裁程序启动、仲裁员指定、仲裁员替换、临时仲裁具体安排、仲裁地和仲裁机构协助确认临时仲裁裁决等多方面内容。《工作规则》的出台将为

① 深圳国际仲裁院：《粤新共建共享法治化国际化营商环境——深圳国际仲裁院喀什分院揭牌》，https://www.scia.com.cn/Home/Index/newsdetail/id/3294.html，访问时间：2024 年 2 月 22 日。

② 中国日报：《深圳国际仲裁院喀什分院正式启用，彰显“一带一路”营商环境建设的深圳力量》，https://sz.chinadaily.com.cn/a/202310/30/WS653f7192a310d5acd876c81b.html，访问时间：2024 年 2 月 22 日。

③ 中国海事仲裁委员会：《临时仲裁第一案审结 脱敏裁决已依约公开》，https://cmac.org.cn/index.php?id=751，访问时间：2024 年 2 月 22 日。

④ 中国（福建）自由贸易试验区：《全国首创！〈中国（福建）自由贸易试验区临时仲裁指南〉在厦门发布》，https://www.china-fjftz.gov.cn/article/index/aid/21532.html，访问时间：2024 年 2 月 22 日。

⑤ 海南国际仲裁院：《海南国际仲裁院协助临时仲裁工作规则（试行）》，https://www.hnac.org.cn/article/982/48.html，访问时间：2024 年 2 月 22 日。

海南国际仲裁院协助临时仲裁提供具有可操作性的指引和保障。

5. 第三届中国仲裁公信力评估全球发布会暨第三届仲裁公信力论坛在北京举办，“全国十佳机构”及“涉外服务十佳机构”评选结果公布

2023 年 12 月 28 日，第三届中国仲裁公信力评估全球发布会暨第三届仲裁公信力论坛在中国政法大学举行，受到各方关注。全国人大常委会法制工作委员会民法室，司法部公共法律服务管理局，最高院等国家机关代表莅临发布会。仲裁公信力评估是中国首个仲裁行业的第三方评估项目，也是中国政法大学仲裁研究院正式成立后启动的首个科研项目，得到了社会各界的大力支持。本届仲裁公信力评估主要采用量化评估方法，通过问卷发放、实地调研、电话调研、公开信息查询、司法部统计的仲裁机构处理案件情况和全国法院办理仲裁司法审查案件情况分析等手段，运用规范的统计学方法，将获取的事实进行量化处理，力求以量化指数呈现公信力现状。本次仲裁机构公信力评估，5 家机构得分在 81 分以上，28 家得分在 76—80 分之间，27 家得分在 71—75 分之间。公信力报告揭示了仲裁机构目前表现较好的领域，也指出了问题所在，特别是我国仲裁地区发展不平衡，仲裁资源本地化程度较高，横向可比性较低，以及裁决质量有待进一步提高等问题。

值得关注的是，北仲在本届评估活动中蝉联“全国十佳机构”及“涉外服务十佳机构”奖，评分分列上述奖项第二名、第三名。同时，北仲还被仲裁员选为“最期望获聘”的仲裁机构。①

6. 全国首家外国仲裁机构在上海设立业务机构获准登记（大韩商事仲裁院上海中心）

2023 年 12 月 1 日，上海市司法局批准韩国大韩商事仲裁院上海中心（以下简称韩仲上海中心）在沪登记。韩仲上海中心是外国仲裁机构在上海设立的首家业务机构。韩仲上海中心设立后，可以就国际商事、海事、投资等领域发生的民商事争议开展涉外仲裁业务。韩仲上海中心的设立是上海推动仲裁业务对外开放，优化国际一流营商环境，吸引境外知名仲裁机构落地上海，加强全球仲裁资源聚集的又一重要举措。②

---

① 北京仲裁委员会 / 北京国际仲裁中心：《北仲蝉联仲裁公信力评估“全国十佳机构”及“涉外服务十佳机构”双十佳奖》，https://www.bjac.org.cn/news/view?id=4692，访问时间：2024 年 2 月 22 日。

② 《首家外国仲裁机构在上海设立业务机构》，载微信公众号“上海外事”，访问时间：2024 年 2 月 22 日。

7. 北仲成功举办 2023 年亚太区域仲裁组织大会

2023 年 11 月 13 日至 15 日，由北仲主办的 2023 年亚太区域仲裁组织（以下简称 APRAG）大会在北京成功召开。本届大会参会人数创历史新高，会议总结回顾了亚太地区近十年来在规则演进、实践创新、裁判案例等方面的仲裁经验，集中探讨了亚太地区面临的仲裁改革、仲裁用户期待、国际仲裁中心建设等现实问题，展望了亚太地区在投资仲裁、人工智能、大数据等领域的未来发展，为亚太地区仲裁机构进行交流提供了重要平台。在本届大会上，北仲成功当选为 APRAG 第八届轮值主席单位，北仲主任郭卫当选为 APRAG 轮值主席。① 本次大会的成功举办也是北仲积极参与国际商事仲裁建设，促进亚太地区仲裁事业发展，助力中国涉外法治建设的重要体现。②

三、典型案例

2023 年，最高院对商事仲裁的司法审查报告付之阙如，但各地法院持续发布关于商事仲裁的司法审查报告和白皮书，我们据此对仲裁司法审查的地方情况、典型案例、裁判思路和发展趋势梳理如下。

2023 年 7 月 25 日，北京市第四中级人民法院（以下简称北京四中院）发布了《2022 年国内仲裁司法审查案件报告》，根据该报告，2022 年北京四中院受理国内仲裁司法审查案件 938 件，其中申请撤销仲裁裁决案件 549 件，占比 58.5%，申请确认仲裁协议效力案件 389 件，占比 41.5%，总体受案数量继续呈现持续增长趋势。

2023 年 9 月，上海市第一中级人民法院及上海市浦东新区人民法院联合发布《中国（上海）自由贸易试验区司法服务保障白皮书（2013—2023 年）》，其中专门总结了仲裁审查类案件特点及趋势。根据白皮书，2018 年 1 月至 2023 年 6 月，上海市第一中级人民法院 5 年内共审结仲裁司法审查类纠纷案件 4260 件，案件数量呈上升态势。法院在仲裁司法审查案件的处理上，总体呈现尊重仲裁意思有效性、保障仲裁独立性、尊重国际规则等趋势。

① 北京仲裁委员会 / 北京国际仲裁中心：《变革时代中的国际仲裁：直面挑战、增进共识——2023APRAG 大会成功召开》，https://www.bjac.org.cn/news/view?id=4654，访问时间：2024 年 2 月 22 日。

② 北京市司法局：《2023 年亚太区域仲裁组织大会在北京成功召开》，https://www.beijing.gov.cn/ywdt/gzdt/202311/t20231117_3304021.html，访问时间：2024 年 2 月 22 日。

2023年7月24日，浙江省高级人民法院首次向社会发布中英文双语《2018—2022年浙江法院涉外涉港澳台商事及海事审判工作报告》，报告提到，2018年至2022年，全省法院受理仲裁司法审查案件5518件。自2022年起，浙江省高级人民法院将与宁波海事法院坚持20余年之久的二审、再审改判发回分析通报工作机制拓展至涉外民商事审判，每季度均发布涉外商事海事及仲裁司法审查案件改判发回分析通报，逐案分析改发理由，总结原审存在问题及裁判要旨40余条。

上述地方法院大数据报告体现了各地方法院对仲裁司法审查工作的高度重视，不断强化仲裁司法审查的透明度和规范性，以及对仲裁支持和监督并重的司法趋势。

【案例1】体育协会内部纠纷解决机制不属于《仲裁法》下的仲裁①

【基本案情】

本案由上海市第二中级人民法院于2023年7月审结，该案入选最高院于2024年1月发布的仲裁司法审查典型案例，其基本案情如下：

2019年2月，申鑫公司与申花公司及其四名球员分别就球员租赁事宜签署《球员租借协议》，协议约定双方如发生违约，应呈报“中国足协”仲裁。随后申花公司与申鑫公司签署《培训合作协议》，双方在协议中约定了球员出场率及申花公司向申鑫公司应支付的奖励款的计算方法，协议中并未约定仲裁条款。

后双方因奖励款金额产生争议，申鑫公司向中国足协仲裁委申请仲裁。但是，中国足协以申鑫公司自2020年起未在足协注册系统中注册为由，决定不予受理申鑫公司的仲裁申请。

申鑫公司遂诉至上海市崇明区人民法院，请求判令申花公司支付奖励款、违约金、律师费等。申花公司提出主管权异议，认为《球员租借协议》与《培训合作协议》为有机整体，而《球员租借协议》约定争议应提交中国足协仲裁，故认为法院对案件无主管权。一审法院采纳了申花公司意见，认为案涉争议应由中国足协仲裁委仲裁，裁定驳回申鑫公司起诉。申鑫公司向上海市第二中级人民法院提出上诉。上海市第二中级人民法院二审改判，撤销一审裁定，并指定崇明区人民法院审理本案。

【争议焦点】

当事人约定将争议提交中国足协的仲裁委员会（即单项体育协会仲裁委员会）

① （2023）沪02民终6825号民事裁定书。

的约定是否排除法院管辖，如何认定体育仲裁委员会的管辖范围？

【裁判观点】

上海市第二中级人民法院认为，中国足协的仲裁委员会作为足协专门处理内部纠纷的下设分支机构，属于内部自治机构，其裁决权源于成员集体授权，虽然其名称中含有仲裁委字样，但其不在司法行政管理机关进行登记，不属于《仲裁法》下仲裁机构，即使当事人达成由足协仲裁的合意，该合意不当然产生排除法院管辖的效果。

另外，体育仲裁委是依据2022年修订的《中华人民共和国体育法》（以下简称《体育法》）新增的第九章，由国务院体育行政部门设立的专门处理体育纠纷的仲裁机构。该机构作出的裁定具有法律约束力。但是，本案中当事人未达成体育仲裁委员会仲裁的合意，故体育仲裁委对本案纠纷无法受理。为保障本案纠纷得以解决，法院应当予以受理。

【纠纷观察】

本案系2022年《体育法》修订及中国体育仲裁委员会设立后首例明确界定多层次体育纠纷解决机制间主管边界的案件。2022年新修订并于2023年1月1日生效的《体育法》增设专章规定体育仲裁，要求设立体育仲裁委员会，并有意将体育组织内部纠纷解决机制作为体育仲裁的前置程序，体现了立法者重视发展与国际接轨的体育纠纷解决机制。目前，中国体育仲裁委员会已开始运作和处理第一批体育仲裁案件。①

本案界定了体育协会内设仲裁委、中国体育仲裁委员会的性质与受案范围认定了体育协会内部纠纷机制的决定效力，为促进和实施我国体育仲裁制度以及体育纠纷多元化解决机制提供了司法保障。本案判决后，中国足协在2023年8月修改了其仲裁规则，将原《中国足球协会仲裁委员会工作规则》第4条中“仲裁委员会处理纠纷案件实行一裁终局制度”改为“中国足球协会管辖范围内发生的相关纠纷，可以依法向中国体育仲裁委员会申请仲裁”。②

体育仲裁是仲裁大类下的一个重要组成部分，体育仲裁和商事仲裁既有共性也有区别。商事仲裁是私法的产物，而体育仲裁既有公法属性也有私法属性。体育活动的合规性和公平性，属于公法领域的相关问题，而体育活动的商业性则属

---

① 中国体育仲裁委员会：《中国体育仲裁委员会第一批仲裁案件审理完毕》，https://www.sport.gov.cn/tyzc/n25137752/c27063680/content.html，访问时间：2024年2月22日。

② 丁涛：《中国足协修改一裁终局制，体育仲裁往前迈出一步》，https://new.qq.com/rain/a/20230831A09J3Z00，访问时间：2024年2月22日。

于私法领域。与此同时，体育仲裁有专业化和快速性的特殊要求：运动员的运动生命周期有限，出现任何问题都需要快速处理，而与此相应，体育相关的商业活动也必须快速开展，争议也需要高效解决。因此在国际体育市场中，体育活动相关的主体和个人通常更倾向于采纳仲裁解决纠纷，以避免国家司法体系解决争议久拖不决。国际体育仲裁体系相对发展成熟和完整。比较而言，我国的体育仲裁受制于国内仲裁法体制，起步较晚，普通公众对于体育仲裁的理解存在误区。由于体育仲裁公、私法性质兼具，公法性质相关的争议例如运动员兴奋剂违规或其他违纪，通常由体育专门仲裁机构处理，国际知名的体育专门仲裁机构包括位于瑞士洛桑的国际体育仲裁法庭。通常而言，运动员所属的体育协会将首先依照协会规则对违规违纪行为进行查处，并作出决定。但这类决定不具有终局性，运动员对该类决定有上诉权，可将争议依据协会规则提交国际体育仲裁法庭仲裁，仲裁裁决一裁终局。[①] 与此同时，国际体育仲裁法庭也处理体育活动参与主体间因商业合同引起的商事争议。上述表明，体育仲裁领域结构相对复杂，体育活动参与方需要有充分了解才能选择符合自身需求的争议解决途径。但目前国内《体育法》对于体育仲裁框架设定不详，仅规定了总体原则，这当然与我国目前体育仲裁发展尚属初期有关，但客观上不利于公众理解体育仲裁的性质、目标与功能，也不利于体育仲裁的良性发展。这部分规则空白仍有待立法者予以填补。

【案例 2】主从合同当事人不一致，主合同仲裁条款不当然适用于从合同[②]

【基本案情】

本案由北京金融法院于 2022 年 11 月审结，同样入选最高院于 2024 年 1 月发布的仲裁司法审查典型案例，其基本案情如下：

2019 年 12 月，郭某与基金管理人民生财富公司、基金托管人招商证券公司签订了《基金合同》等基金文件。《基金合同》约定合同项下争议应提交北仲仲裁。2014 年 10 月，泛海公司向民生财富公司作出《承诺函》，承诺对民生财富公司发起设立并承担主动管理职责的资产管理产品的流动性及资产安全性提供增信担保支持。

2021 年 9 月，郭某向北仲提出仲裁申请，将民生财富公司、招商证券公司、

① 例如，国际游泳联合会反兴奋剂规则（Fina Doping Control Rules）。

② （2022）京 74 民特 13 号民事裁定书。

泛海公司列为被申请人。泛海公司向北仲提出管辖权异议，认为北仲对郭某与泛海公司之间的争议无管辖权。2022 年 1 月，泛海公司向北京金融法院申请确认仲裁协议无效。

【争议焦点】

主从合同当事人不一致的情况下，主合同的仲裁条款能否适用于从合同?

【裁判观点】

北京金融法院认为，仲裁的前提和基础是当事人之间存在真实有效的仲裁协议，只有经当事人明示授权，仲裁庭才能取得处理纠纷的权力。鉴于仲裁条款的特殊性质，在无明确法律依据的情况下不能任意扩大解释仲裁条款的适用范围，应严格探求当事人适用仲裁解决争议的意思表示。本案中，泛海公司并非郭某签订《基金合同》下一方，《承诺函》也非泛海公司向郭某出具，而是向民生财富公司出具。郭某和泛海公司之间并未有明确的通过仲裁解决争议的意思表示，因此泛海公司与郭某之间不存在仲裁协议。

【纠纷观察】

商事交易中存在主从合同是常见交易模式，然而主合同下仲裁条款效力能否当然适用于从合同，也属于常见争议。对此，理论界和司法实践一直存在较大争议。原因是，在主从合同语境下，主合同和从合同的当事人通常是不一致的，否则不存在主从合同之分；但主从合同又通常针对同一交易，构成各方之间就交易安排的整体约定。在此情况下，如果主合同约定了仲裁条款，而从合同未约定争议解决方式，则由于主从合同当事人不一致，主合同下仲裁意思表示是否能直接及于从合同，会存在两种不同理解。最高院（2013）民四他字第 9 号复函否认了从合同直接适用主合同中仲裁条款的做法，最高院（2018）最高法民终 1242 号案亦持相同观点。尽管如此，各地法院对此问题的处理方式并不完全统一。司法部于 2021 年 7 月发布的《中华人民共和国仲裁法（修订）（征求意见稿）》（以下简称《征求意见稿》）第 24 条支持主合同仲裁协议可以扩张适用于从合同当事人，而最高院在 2021 年 12 月发布的《全国法院涉外商事海事审判工作座谈会会议纪要》（以下简称《海事审判纪要》）第 97 条则仍然采取其过往司法倾向，即主从合同当事人不一致的情况下，主合同仲裁协议并不当然约束从合同当事人。

实际上，支持主合同下仲裁协议可以扩展至从合同，与对仲裁协议范围的缩限解释，体现的是不同的司法取向。前者的关注重点在于穿透主从合同界限，在必要时可将主从合同下争议作为一个整体加以解决，因此体现的是“效率优先”的司法取向。而将主合同的仲裁意思和从合同的仲裁意思分别审查，仅在当事方有明确仲裁合意的情况下，才允许通过仲裁解决争议，则体现的是“当事人意思自治优先”的司法取向。考虑到合同本身产生于当事人合意，仲裁协议是合意的一种，在从合同当事人主体和主合同不一致的情况下，我们认为北京金融法院在本案中的处理，更符合当事人意思自治的商法发展方向。

本案中，北京金融法院在从合同没有仲裁条款且法律无明确规定的情况下，认定主合同的仲裁条款对从合同当事人不具有约束力，体现了法院对当事人仲裁意愿的充分尊重，为规范仲裁条款效力的扩张提供了有益的类案指引，与《海事审判纪要》体现的精神一脉相承。

【案例 3】仲裁程序存在瑕疵的情形下法院可以通知重新仲裁[①]

【基本案情】

本案同为最高院 2024 年 1 月发布的仲裁司法审查典型案例之一，基本案情如下：

某仲裁委员会受理环星公司与张某因《主播独家合作经纪协议书》引起的合同纠纷一案，于 2022 年 4 月作出仲裁裁决。张某主张其在收到法院执行通知书后才得知该仲裁裁决，但其与环星公司之间没有任何关系，裁决书下《主播独家合作经纪协议书》并非张某所签，且案涉协议中银行收款账户户名虽与张某的名字一致，但该银行账户户主身份证号码与张某的身份证号码不符，环星公司向仲裁庭所提供的联系电话也并非张某的手机号码，致使张某没有收到开庭通知及仲裁文书，未能参加仲裁庭庭审，丧失了辩论的机会。张某以案涉仲裁裁决所根据的证据是伪造的为由，请求撤销该仲裁裁决。

【争议焦点】

在仲裁当事人身份可能存在错误的情况下，仲裁裁决是否应直接予以撤销？

【裁判观点】

福建省厦门市中级人民法院认为，张某已提供证据证明仲裁案件所涉合同可能并非其所签，其身份信息可能被他人冒用；但案涉合同是否为张某本人签署，必须通过鉴定程序才能确认。从纠正仲裁程序瑕疵、尽快解决双方争议角度考虑，法院通知仲裁庭在一定期限内重新仲裁，同时裁定中止撤销程序。后该仲裁委员会重新仲裁，法院遂裁定终结撤销程序。仲裁庭在重新仲裁过程中，申请人环星公司撤回了仲裁申请。

---

① （2022）闽 02 民特 273 号民事裁定书。

【纠纷观察】

现行《仲裁法》第 61 条规定了通知重新仲裁制度，《关于适用〈中华人民共和国仲裁法〉若干问题的解释》第 21 条规定了法院通知重新仲裁的适用情形，即仲裁裁决所根据的证据是伪造的，或对方当事人隐瞒了足以影响公正裁决的证据。相较于直接撤销仲裁裁决，重新仲裁更加温和，即由法院督促仲裁庭自我纠错，授权仲裁庭自行弥补仲裁程序中的瑕疵。近年来，法院在撤裁程序中通知仲裁庭重新仲裁并中止撤裁审查的做法已并不鲜见，并且一些法院对于重新仲裁的适用并未严格限于司法解释所列明的两种情形。①2021 年发布的《征求意见稿》以及《海事审判纪要》亦体现出扩大重新仲裁适用情形的倾向。

本案是法院灵活适用重新仲裁制度的典型案例。在仲裁当事人身份可能存在错误，由此导致仲裁程序存在瑕疵甚至仲裁协议真实性存疑的情形下，法院让渡了裁判权，由仲裁庭对仲裁协议是否存在首先作出决定。本案法院的处理方式更加靠拢国际通行的仲裁实践惯例即“仲裁庭自裁管辖原则”（competence-competence），以仲裁庭自裁管辖为先，法院监督程序正当性为辅，在“一裁终局”与维护正当程序之间取得了平衡，并最大限度保留仲裁的效率和灵活性，节省司法资源的同时也体现了支持仲裁的司法取向。

【案例 4】人民法院可根据外国紧急仲裁员命令中止对于外国仲裁裁决的执行②

【基本案情】

本案与一系列法院执行和复议程序相关。北京市高院就本案执行相关复议程序作出的终局裁定在 2023 年 1 月公布，该裁定认可了北京四中院中止裁决执行的裁定。基本案情如下：

2020 年 6 月 22 日，北京四中院作出（2020）京 04 协外认 3 号民事裁定：承认和执行瑞士商会国际仲裁院（SAC）作出的第 300386-2016 号仲裁裁决，该仲裁案的申请人为 C21 公司，被申请人为石油工程公司和中国石油国际（阿尔及利亚）有限公司。裁决结果为被申请人向申请人支付相应金额。C21 公司随后向北京四中院申请强制执行，该院受理案件后向石油工程公司发出执行通知书及报告

① （2023）京 04 民特 244 号之一民事裁定书、（2022）京 04 民特 413 号民事裁定书、（2021）京 04 民特 85 号民事裁定书、（2021）京 04 民特 422 号民事裁定书、（2021）京 04 民特 286 号民事裁定书、青海西宁中院（2022）青 01 民特 8 号民事裁定书等。

② （2021）京执复 346 号民事裁定书。

财产令。

2020年8月，石油工程公司向北京四中院提出执行异议，请求中止执行，主要理由是，其认为第300386-2016号仲裁裁决并未明确应执行的具体金额，其不承担该裁决项下的连带责任，法院不应要求其履行其中的所有款项。北京四中院于2020年9月22日驳回石油工程公司的执行异议。

2021年7月19日，石油工程公司就其应否承担连带责任问题提请SAC补充仲裁，并以此为由向北京四中院申请中止执行和其他执行异议。北京四中院于9月30日裁定驳回异议申请。

SAC方面于2021年9月22日受理石油工程公司的新仲裁申请。石油工程公司于9月29日向SAC申请紧急救济，SAC指定的紧急仲裁员于10月29日作出临时裁决，批准石油工程公司的紧急救济申请，要求C21公司停止原裁决的执行行动，并向北京法院申请停止执行程序，直至新仲裁完结或仲裁庭作出相反裁决。石油工程公司将该紧急仲裁员临时裁决提交北京四中院。

【争议焦点】

人民法院是否应当根据外国紧急仲裁员的命令中止执行已承认的外国裁决书？

【裁判观点】

北京四中院认为，石油工程公司已提交紧急仲裁员命令，且已提供充分有效担保，因此裁定中止对SAC原仲裁裁决的执行。

【纠纷观察】

本案是外国紧急仲裁员命令在境内执行程序中发挥作用的首例案件。紧急仲裁员命令是否具有可执行性，在国际仲裁领域尚无定论。国际商会（ICC）于2019年4月发布关于紧急仲裁程序的报告。报告指出，紧急仲裁程序虽已有十余年的实践，但紧急仲裁员命令是否属于《纽约公约》项下可予承认与执行的仲裁裁决仍存在很大争议，各法域的立法或司法态度也不尽相同，原因在于紧急仲裁命令往往并不具有终局性。①

就国内仲裁实践而言，首先，目前国内《仲裁法》并不允许仲裁庭作出任何临时措施和决定，作出临时措施的权限仅授予人民法院。其次，国内《仲裁法》下也没有紧急仲裁程序一说。域外紧急仲裁员命令如需在国内产生法律效力，目

---

① International Chamber of Commerce: *Report of the ICC Commmission on Arbitration and ADR Task Force on Emergency Arbitrator（'EA'）Proceedings*, https://iccwbo.org/wp-content/uploads/sites/3/2019/03/icc-arbitration-adr-commission-report-on-emergency-arbitrator-proceedings.pdf, last visited 22 February 2024.

前的承认和执行通道仅有《纽约公约》。而《纽约公约》第5条规定，被承认和执行的裁决书不得是“对各造尚无拘束力”的裁决书。

从《纽约公约》的立法本意和紧急仲裁程序的存在价值来看，紧急仲裁员命令在通常情况下并不属于《纽约公约》第5条所述对各方具有约束力的终局裁决。紧急仲裁程序的存在目的，是在双方授权的仲裁庭合法产生前，为避免仲裁庭缺位而无法处理一方或双方的紧急需求，因此而“临时”和“紧急产生”一个仲裁庭，处理紧急需求。该临时仲裁庭仅对仲裁庭正式组庭前的特定事项进行初步处理。因此紧急仲裁员作出的命令虽然对双方具有“约束力”，但这种约束力是暂时的，只延续到仲裁庭正式组庭之时。仲裁庭正式组庭后，既可以认可紧急仲裁员的命令，也可以推翻紧急仲裁员的命令。因此，紧急仲裁员的命令，并不具有终局性，仅仅是仲裁程序开始一段时期内的特别安排。如果说后续正式仲裁庭认可了紧急仲裁员的命令，那么，紧急仲裁员命令的终局约束力也来自正式仲裁庭，而非紧急仲裁庭本身。

本案并未直接涉及紧急仲裁员命令的承认与执行这一前沿话题。但北京四中院依然尊重外国紧急仲裁员命令决定中止执行，据我们观察，这其中主要有两方面原因。第一，本案原裁决确实并未对两被申请人之间债务是否存在连带关系作出认定。石油工程公司虽提出执行异议，但并无裁决依据。在此情况下，从尽量尊重、认可和执行外国裁决的角度，北京四中院推进承认和执行程序符合法律规定和司法取向。第二，与此同时，石油工程公司穷尽其救济，向SAC申请补充仲裁，并同时采取了紧急仲裁程序确认其无连带责任。SAC的紧急仲裁庭在其查明事实基础上，认为石油工程公司具有合理胜诉可能，作出紧急仲裁员命令，要求C21公司不得继续推进执行程序。北京四中院虽无法律依据承认和执行该紧急仲裁员命令，但是可采纳紧急仲裁员命令作为执行案件是否应继续推进的重要相关事实。特别是，本案下执行程序标的均为现金，C21公司又为境外企业，如执行错误，执行回转的难度极高。从这个角度考虑，北京四中院认可紧急仲裁员命令，暂停执行程序，也体现了司法在执行方面的审慎考虑。

【案例5】破产管理人签订的仲裁协议不当然无效[①]

【基本案情】

本案由北京四中院于2023年4月审结，基本案情如下：

---

① （2023）京04民特221号民事裁定书。

2019年5月，北京市朝阳区人民法院裁定受理洛娃科技公司等三公司的破产重整申请，并于2019年6月为三公司指定管理人。2019年8月，三公司管理人作为甲方，某会计师事务所作为乙方签订了《审计委托合同》，该合同约定：甲乙双方如果发生争议，应当友好协商解决。如协商不成，任何一方均可向北京仲裁委员会提起仲裁。

某会计师事务所后依据该仲裁条款以三公司管理人为被申请人，向北仲提交仲裁申请，北仲于2023年1月受理。三公司管理人向北京四中院申请确认《审计委托合同》中约定的仲裁协议无效，管理人称根据《中华人民共和国企业破产法》（以下简称《企业破产法》）第21条规定，人民法院受理破产申请后，有关债务人的民事诉讼，只能向受理破产申请的人民法院提起，因此该仲裁条款违反了企业破产法的强制性规定，应为无效。

【争议焦点】

公司破产重整期间，破产管理人签订的仲裁协议是否有效？

【裁判观点】

北京四中院认为，《企业破产法》第21条确立的是破产法院的诉讼集中管辖规则，即在破产程序进行中发生的有关债务人的民事诉讼由受理破产申请的人民法院管辖，但该规定并未排除仲裁协议的效力。本案焦点为仲裁协议效力之争，应适用仲裁法的相关规定进行审查。案涉仲裁条款具备仲裁法下规定的仲裁协议的形式及实质要件，亦无《仲裁法》第17条、第18条规定的仲裁协议无效的情形，故应有效。

【纠纷观察】

《最高人民法院关于适用〈中华人民共和国企业破产法〉若干问题的规定（三）》第8条肯定了破产申请受理前当事人所订立的仲裁协议的效力，但对于破产程序进行中破产管理人签订的仲裁协议的效力，目前并无明确规定。有观点认为《企业破产法》第21条应解读为破产程序中有关债务人的债务争议只能通过法院诉讼解决。

本案中，北京四中院并未将《企业破产法》第21条扩张解读为限制管理人通过仲裁解决纠纷。在此之前，（2017）甘民辖终69号裁定等案件亦体现出同样的裁判思路，甘肃省高级人民法院在该案中解读道："对于破产案件实行集中管辖针对的是人民法院内部分工，并未排除仲裁这一纠纷解决方式。仲裁与诉讼作为两种解决民事争议的方式，均能产生法律上的确定力和执行力。因此，在人民法院受理企业破产申请后，当事人就该企业权利义务产生争议的，仍有权选择通过仲裁或者诉讼方式解决纠纷。”法院的该等解读充分体现了支持仲裁协议有效性的司法倾向。

需要关注的是，上述司法实践不宜被过度解读为破产管理人订立的仲裁协议一律有效，破产管理人订立的仲裁协议效力也应考虑争议事项是否具有可仲裁性。如争议为破产撤销权等法律明确规定仅可由法院处理的争议，则法院可能认定该类争议并不具有可仲裁性。[①] 同时，不同国家法律对于破产管理人是否有权订立仲裁协议处理破产债权也有不同规定。如企业关注破产相关判决的域外执行，则应根据情况审慎考虑与破产管理人达成仲裁协议的安排。

四、热点问题观察

（一）英国仲裁法修订给中国仲裁体系设计的启迪

英国《1996 年仲裁法》（Arbitration Act 1996）生效至今逾 25 周年。为适应仲裁的现代化发展，2023 年 11 月 21 日，英国政府向议会提交仲裁法修订草案（Arbitration Bill）。[②] 该修订草案完全采纳了法律委员会（Law Commission）在《〈1996 年仲裁法〉审查：最终报告及修订草案》（Review of the Arbitration Act 1996：Final Report and Bill）中提出的修订意见。

英国历来是全球最受欢迎的仲裁地之一。伦敦玛丽女王大学 2018 年和 2021 年国际仲裁调研报告均显示英国伦敦是最受欢迎仲裁地。[③] 伦敦能成为全球最受欢迎仲裁地，和英国长期作为仲裁友好国家、英国仲裁法以及法院司法历来秉持仲裁友好立场、大力提供仲裁活动开展所需支持是分不开的。本次英国仲裁法的修订草案继续体现英国司法对于仲裁友好支持和适度监管的一贯立场，并同时针对实践领域出现的新情况提供规范和指引。例如，修订草案扩大仲裁员责任豁免权

---

① （2020）沪民终 627 号民事裁定书。

② UK Parliament: *Arbitration Bill* [*HL*], https://bills.parliament.uk/bills/3515, last visited 22 February 2024.

③ White & Case: 2018 International Arbitration Survey: The Evolution of International Arbitration, https://arbitration.qmul.ac.uk/media/arbitration/docs/2018-International-Arbitration-Survey-The-Evolution-ofInternational-Arbitration-(2). PDF, last visited 22 February 2024; White & Case: *2021 International Arbitration Survey: Adapting Arbitration to a Changing World*, https://arbitration.qmul.ac.uk/media/arbitration/docs/LON0320037-QMUL-International-Arbitration-Survey-2021_19_WEB.pdf, last visited 22 February 2024.

的适用范围，赋予仲裁庭作出即席裁决（summary disposal）的权力，并明确仲裁员法定披露义务。又如，在司法协助执行和司法审查层面，修订草案明确法院能对第三方作出支持仲裁程序的命令和强制执行紧急仲裁员的命令，并限缩法院对仲裁庭自裁管辖权决定的审查范围。

我国《仲裁法》自1995年生效至今已接近30年。作为与商业并进的争议解决方式，商事仲裁也因此得到了飞速发展。我国目前拥有277家仲裁机构，每年仲裁裁决数量接近50万件，中国已成为使用仲裁解决民商事纠纷最多的国家之一。[①] 伦敦玛丽女王大学2021年国际仲裁报告显示，北京和上海分列全球最受欢迎仲裁地第五位和第六位。[②] 很显然，30年前所制定的1995年《仲裁法》已经不再能适应国内目前仲裁市场的需求。考虑到“一带一路”倡议，以及在中国打造国际仲裁服务高地、建设面向全球的亚太国际中心的宏大目标，对现行《仲裁法》采取与时俱进的修订，使之能支持和指引亟须与国际接轨的仲裁实践，刻不容缓。

中国现行《仲裁法》和英国《1996年仲裁法》，颁布时间相近，修法时间略同，面临的挑战和困难也有类似之处。

1.《1996年仲裁法》修订整体基调

英国仲裁历史悠久。世界上第一部仲裁法就诞生于英国，即《1698年仲裁法》，至今已超过300年。[③] 从商业仲裁的本质来看，仲裁是一种源自民间的争议解决方式，随着人们在生产和生活中解决纷争的需求而自然形成。最初，民事主体和商业主体之所以采用仲裁解决纠纷，其目的就是脱离国家司法体系的管辖，寻求“民间救济”。[④] 因此，仲裁活动之所以产生，是仲裁活动参与方排斥国家司法体系的结果。而仲裁活动参与方通过民间救济方式选择的“公断人”也就是现代仲裁法下的仲裁员。这些公断人通常是仲裁活动参与方认为具备解决问题专业知识和能力的独立第三方。因为仲裁参与方本身希望脱离国家司法体系解决争议，因此当事人所选择的独立第三方未必具有法律知识，而是能以公平和独立的方式，向

---

① 新华社：《中国已成为仲裁解决民商事纠纷最多的国家之一》，https://www.gov.cn/xinwen/2021-09/14/content_5637282.htm，访问时间：2024年2月22日。

② White & Case: *2021 International Arbitration Survey: Adapting Arbitration to a Changing World*, https://arbitration.qmul.ac.uk/media/arbitration/docs/LON0320037-QMUL-International-Arbitration-Survey-2021_19_WEB.pdf, last visited 22 February 2024.

③ Gary B. Born, *International Commercial Arbitration*, Kluwer Law International, 2023, §1.01［B］［3］.

④ 王红松：《坚持仲裁民间性 深化仲裁体制改革——论仲裁法修改应重视的问题》，载《北京仲裁》2007年第1期，第19—20页。

仲裁参与方提供快速、有效解决双方争议的结果。仲裁活动参与方也为公断人解决双方争议而提供报酬。由此来看，仲裁活动也是一种服务型的活动，但由于包含了“准司法”内容，因而是一种极特殊的服务活动。而仲裁法的出现，是国家司法体系尊重商事主体选择，愿意通过立法来背书、支持和规制这种特殊的服务活动。

仲裁既然是一种特殊服务，它的发展必然随着商业实践的不断演进而同时演进。商业推陈出新，形式和内容变化多样，仲裁活动要想支持商业活动，提供有效服务，满足商业与时俱进的需求，就必须和商业活动同等开放、包容、灵活和具有合理性。英国仲裁法的成功之处，正是顺应了商事仲裁的本质和需求，为仲裁活动提供了最大限度的法律支持。与此同时，正如对任何商业活动均需采取适度的监管措施，使其能够良性发展，不因少数人绕行规则而最终架空合理制度，英国仲裁法对仲裁活动也同样采取了适度的监管，以使商事仲裁活动也符合“法律制度”（rule of law）的框架。

英国现行仲裁法对仲裁活动的监管属于轻度监管，这符合英国商法一直以来的“当事人意思自治”原则。轻度监管，则仲裁活动具有开放性、灵活性和确定性。仲裁活动具有开放性、灵活性和确定性，则当事人就更愿意采纳英国法作为仲裁法，将伦敦作为仲裁地。可以说，仲裁法的立法导向是仲裁活动产生良性循环的源头。

为此，英国法院长期以来并未把对裁决实体质量的监督放在首位。香港陈美兰大法官在最新作出的 *CNG v. G* 一案中释明了普通法对于仲裁的基本态度：“当事人应当关注，仲裁是由双方自主选择的最终争议解决方式，无论这种方式包含了何种缺陷和风险，对仲裁裁决也只有非常有限的挑战和救济渠道……首先并且最重要的是，法院不对仲裁庭查明事实和适用法律进行上诉审查。法院必须不仅仅尊重仲裁庭的意思自治，并且应当赋予仲裁庭自由决定案件的权力……”[①] 正如前文所说，当事人之所以选择“民间救济”仲裁而非法院诉讼来解决争议，对法律的精准适用并不是当事人争议解决的首要目标。仲裁在历史上之所以受到青睐，是由于仲裁员提供的争议解决更加具有专业性，符合商业需求。[②] 因此，在仲裁历史上，仲裁活动最发达、最前沿的领域通常是最需要商业方面的专业知识而非法律知识的领域，例如海事海商、大宗贸易、保险、能源、建筑和体育。[③] 在这些

① *CNG v. G* [2024] HKCFI 575, para. 1.

② Gary B. Born, *International Commercial Arbitration*, Kluwer Law International, 2023, §1.01 [B][2].

③ Gary B. Born, *International Commercial Arbitration*, Kluwer Law International, 2023, §1.01 [B][2].

快速发展、时间就是商机的领域，当事人追求的是快速、经济和相对公正的结果，以案结事了，恢复正常商业经营。当事人很大程度上并不一定追求法律精准，因为如果当事人的目标是追求法律精准，则当事人就不会首选仲裁，而会选择国家司法体系解决争议。正因为商业主体对仲裁的目标是效率、经济和相对公正，英国法院也顺应这一核心需求，将监管的重心更多放在“自然正义”，即程序公平方面。英国仲裁法的核心条款，立足于法院对于仲裁活动的大力支持，包括组建仲裁庭、提供临时措施、召唤证人等①；同时也立足于对仲裁活动的适度监管，包括确认仲裁协议效力、在各方同意情况下受理仲裁案件的法律上诉审、对违反仲裁程序正义的裁决进行处理等。②英国仲裁法的整体基调是开放和包容的，本次修法依然秉承了对仲裁活动一贯开放和包容的态度，并且根据近30年来仲裁实践的发展，针对一些热点问题，包括仲裁庭自裁管辖权审查范围、紧急仲裁、早期驳回、即席裁决、仲裁员披露制度等，一一作出了回应。

仲裁活动长期围绕仲裁员展开，因此仲裁员是仲裁活动的核心之一。为此，下文中我们对修订草案中与仲裁员相关的核心修订内容作进一步讨论，即仲裁员豁免、仲裁员法定披露义务和自裁管辖权范围。

2. 仲裁员豁免权

《1996年仲裁法》第29条规定：仲裁员不对其在履行或试图履行其职责过程中的任何作为或不作为（act or omission）承担责任，除非该作为或不作为出于恶意（in bad faith）。该条规定已赋予仲裁员有限度的豁免权，但上述豁免权并未涵盖仲裁员辞职（resignation）和撤换（removal）的情形。就辞职的情形而言，《1996年仲裁法》第29条将辞职明确规定为仲裁员责任豁免的除外情形。同时，根据《1996年仲裁法》第25条，仲裁员可能需要承担其辞职导致的责任，包括退还费用。仲裁员可能需要通过司法途径来要求适当报酬。更有甚者，仲裁员个人可能需要承担撤换法律程序（即使撤换请求被驳回）所产生的费用。③

针对上述问题，英国法律委员会认为目前的豁免范围对仲裁员保护不足，可能导致当事人恶意起诉或提出撤换申请，或阻碍仲裁员在合理情形下提出辞职，

---

① Arbitration Act 1996, Secs. 16, 38, 39, 43, 44.

② Arbitration Act 1996, Secs. 68–71.

③ 例如：*Wicketts v. Brine Builders* (8 June 2001) (HHJ Seymour) (unreported) (TCC); *Cofely Ltd v. Bingham* [2016] EWHC 540 (Comm); *C Ltd v. D* [2020] EWHC 1283 (Comm), [2020] Costs LR 955; *Halliburton Co v. Chubb Bermuda Insurance Ltd* [2020] UKSC 48, [2021] AC 1083 at [111] by Lord Hodge。

进而损害仲裁员中立性。[①] 为此，修订草案建议，除非仲裁员存在恶意辞职的情况，否则法院不应当判令仲裁员支付撤换程序的费用。同时，仲裁员如有合理理由辞职，则不应承担任何额外责任。[②]

与上文讨论一致，英国仲裁法的原规定和修订建议均体现了仲裁作为特殊服务活动的特性。首先，仲裁员提供的争议解决本质上是一种服务，因此仲裁员需要就工作收费。但由于仲裁员的仲裁服务有"准司法"特征，仲裁员在仲裁过程中的行为和裁决结果，都可能会给一方或双方造成损失。如要求仲裁员承担正常开展仲裁活动而产生的罚没收入或赔偿损失的风险，则将在根本上损害仲裁活动的发展。因为仲裁员是独立于双方的专业人士，本身没有义务参与双方争议，参与争议的唯一理由是愿意提供专业服务解决商业主体困境。但如因热心提供争议解决服务而使得仲裁员容易卷入更大纠纷，则将严重损害专业人士担任仲裁员的意愿和信心。

目前，我国对于仲裁员责任的立法主要体现于纪律责任层面、民事责任层面和刑事责任层面，[③] 关于仲裁员责任豁免权的立法则付之阙如。国内仲裁领域首先尚未形成仲裁员按照市场标准收取服务费用的惯例，但仲裁员的责任却广泛而畸重，可谓权责不对等。《仲裁法》第 38 条规定了仲裁员在仲裁案件中私自会见当事人、代理人，接受当事人、代理人请客送礼，索贿受贿，徇私舞弊，枉法裁决应承担的责任，《中华人民共和国刑法修正案（六）》也相应引入枉法仲裁罪。[④] 然而，如前述讨论，仲裁活动的初衷并非要求仲裁员具备极强法律知识，而是应具备商业思维和问题解决能力。同时，从实践情况来看，不是所有的仲裁员能具备和法官同等水平的法学理论和法律实践素养。这是法官和仲裁员日常工作内容和重点不同所导致的。但枉法仲裁罪入刑，却又没有对何谓枉法仲裁作出有效定义，不仅有刑法不当扩张之嫌，更阻碍仲裁向国际化方向发展。[⑤] 中国的仲裁活动要

---

① Law Commission, *Review of the Arbitration Act 1996: Final Report* (Law Com No 413, 2023), paras. 5.12, 5.35 ("Final Report").

② 英国仲裁法修订草案在第 3 节和第 4 节中拟补充规定：（1）仲裁员不应因辞职而承担任何责任，除非申请人能证明其辞职行为不合理。（2）仲裁员不对仲裁员撤换程序所产生的费用承担任何责任，除非申请人能证明仲裁员与撤换程序相关的作为或不作为出于恶意。参见英国仲裁法草案：Arbitration Bill [HL] 2023–2024, Secs. 3–4.

③ 范铭超：《仲裁员责任法律制度研究：兼及我国仲裁员责任法律制度的反思与构建》，华东政法大学 2012 年博士学位论文，第 67 页。

④ 参见《中华人民共和国刑法修正案（六）》第 20 条。

⑤ 宋连斌：《枉法仲裁罪批判》，载《北京仲裁》2007 年第 1 期，第 35—38 页。

具备国际水平，需要吸引更多具有国际水平的仲裁员来华参加仲裁活动。国际仲裁员在中国开展仲裁活动，是否受到“枉法裁决罪”的规制？国际仲裁员对中国法的了解自然普遍少于国内仲裁员，这类罪责对国际仲裁员来说是否使得他们面临更大职业风险？目前《征求意见稿》中依然尚未提及仲裁员豁免权问题。该处立法空白使我国仲裁立法与国际仲裁通行做法脱轨[①]，与境内仲裁机构的规则脱节。在国际通行的仲裁员豁免机制面前，如果中国立法单独强调仲裁员责任，加重仲裁员服务负担，则这种做法很难与国家打造仲裁服务高地，建设面向全球的亚太仲裁中心目标接轨。

目前，在仲裁规则层面，国内部分头部仲裁机构已与国际主流仲裁机构的做法接轨[②]，将有限度的仲裁员豁免权纳入其规则中。[③]有观点认为，仲裁规则构成仲裁服务合同的条款，得以成为仲裁员履行仲裁服务合同免责的依据。[④]但仲裁规则如需真正发挥效力，依然离不开仲裁制度的支持。为此，在国内仲裁法修订之际，我们建议修法者关注仲裁活动围绕仲裁员展开这一基本原则，提高仲裁员积极性，为仲裁员活动清除必要障碍，应首先向仲裁员提供履职基本保护。1996年英国仲裁法修订和相关报告已经给我们提供了有益的分析和思考角度，值得参询和借鉴。

---

① 仲裁员豁免权广泛存在于各国仲裁立法中，例如：New Zealand Arbitration Act 1996, Sec. 13; Kenyan Arbitration (Amendment) Act No. 11 of 2009, Sec. 16B (1); Australian International Arbitration Act 1974, Sec. 28; Hong Kong Arbitration Ordinance (Cap. 609) Sec. 104; Singapore International Arbitration Act, 1994, Sec. 25。

② 国际主流仲裁机构的仲裁规则中多涉及仲裁员豁免权的规定，例如：ICC Rules 2021, Art. 41; SIAC Rules 2016, rule 38; HKIAC Administered Arbitration Rules 2018, Art. 46; LCIA Arbitration Rules 2020, Art. 31.1; SCC Arbitration Rules 2023, Art. 52。

③ 例如，《深圳国际仲裁院仲裁规则》第70条规定：仲裁员、仲裁院及其相关人员均不就依本规则进行的仲裁中的任何作为或不作为承担任何民事责任，除非是不诚实的作为或不作为。《〈深圳国际仲裁院仲裁规则〉理解与适用》进一步明确：该条规定的豁免属于有限豁免：上述豁免仅限于民事责任，且对上述责任主体的主观要件采用故意或重大过失的过错认定标准；此外，如存在《仲裁法》第38条的情形，则责任主体依法承担相应的法律责任。又如，《贸仲2024仲裁规则》第86条规定：仲裁委员会及其工作人员、仲裁员、紧急仲裁员和仲裁程序中仲裁庭聘请的相关人员，不就其根据本规则进行的任何与仲裁有关的行为包括任何过失、作为和不作为，向任何人承担任何民事责任，且不负有作证义务，除非仲裁所适用的法律另有规定。

④ 范铭超：《仲裁员责任法律制度研究：兼及我国仲裁员责任法律制度的反思与构建》，华东政法大学2012年博士学位论文，第96页。

3. 仲裁员的法定披露义务

《1996年仲裁法》中并未明确规定仲裁员法定披露义务。法律委员会建议将*Halliburton*案中确立的仲裁员披露义务明文规定于仲裁法中[①]，即规定：仲裁员在面临任何可能合理地（reasonably）引发对其公正性（impartiality）正当怀疑（justifiable doubts）的情形时，都负有持续披露的义务；且仲裁员有义务披露其知悉或应当知悉的信息。[②]值得注意的是，*Halliburton*案中，英国最高院认为“合理性标准”是客观标准，即不以仲裁员本人或其他当事人主观上是否知悉和是否认为相关情况将合理引发怀疑，而以客观第三人视角判断相关情况是否可能引发公正性怀疑从而决定仲裁员是否应当履行披露义务。[③]就应披露的具体内容而言，尽管存在很多争论，《1996年仲裁法》修正案倾向于要求仲裁员披露实际已知的和应当知悉会导致对公正性合理怀疑的情形。[④]

我国在《征求意见稿》中亦首次明确规定仲裁员的法定披露义务。《征求意见稿》将仲裁员的披露义务的标准规定为“仲裁员知悉存在可能导致当事人对其独立性、公正性产生合理怀疑的情形”。[⑤]该标准与英国目前修订草案略有区别：首先，如上文所说，英国法披露标准为客观合理性标准，而《征求意见稿》采纳的是当事人主观合理性标准；其次，《征求意见稿》中采取的披露内容范围是“实际知悉”，但实践中存在多种情形要求仲裁庭不仅仅限于实际知悉而应主动调查以确保不存在利益冲突情形。这种主动调查的要求，即为英国仲裁法修订草案所采纳的披露标准。这两者之间的区别是仲裁员是否应当采取一定程度的主动调查行为。很显然，如果要求仲裁员主动调查，则仲裁员应披露的信息范围变广，而仲裁员的披露责任加重。比较而言，目前国内学者对《征求意见稿》披露规定的意见主要有以下几种：第一，披露合理性方面，采当事人主观标准所导致的不确定性大。当事人认为应当披露的信息并不一定合理，同时仲裁员也很难站在当事人角度加以判断当事人会不会认为需要披露。这些问题可能导致仲裁员在个案中无法确定披露标准和范围，同时也可能因此而导致当事人披露要求泛滥、拖延程序等问题。[⑥]第二，虽然对于披露内容

---

① Halliburton Co v Chubb Bermuda Insurance Ltd［2020］UKSC 48,［2020］3 WLR 1474.

② Arbitration Bill［HL］2023–2024, Sec. 2.

③ Final Report, para. 3.62.

④ Final Report, para. 3.99.

⑤ 《征求意见稿》第52条。

⑥ 杨赟、金文轩：《〈仲裁法〉修改背景下仲裁员披露义务制度研究——以我国法院撤销仲裁裁决实证研究为视角》，载《北京仲裁》2022年第3期，第116页。

范围是“实际知悉”还是“应当知悉”在国际上有不同做法，但是普遍来说，仲裁员既然作为专业人士，提供的又是争议解决服务，理应负有更高的披露义务，披露其应知的信息。这种观点也是英国仲裁法修订草案所持观点。[①]

我们认为，仲裁员披露义务，关乎仲裁员的独立性和公正性，需要谨慎和认真对待。一个独立公正的仲裁庭，是当事人选择仲裁解决争议的必要前提。与此同时，对仲裁员披露义务到底应采取哪一种标准，也应当结合我国仲裁事业发展的阶段性目标来处理。如果目前仲裁业务需以效率为优先，把非诉讼纠纷解决机制挺在前面，通过高效的仲裁服务，缓解司法系统压力，解决人民需求，则披露义务标准和范围不宜太高太广，以免给仲裁员开展业务造成过大压力和阻力。与此相对，如果目前仲裁体系建立更需一步到位、与国际接轨，培养一大批具有国际视野、水平和职业习惯的仲裁员，则立法应当考虑更为国际化的操作指引。

4. 法院对仲裁庭自裁管辖权决定的司法审查

仲裁庭的实体管辖权包括三类问题：仲裁协议效力、仲裁组庭的合法性以及仲裁协议的范围。[②] 仲裁庭作出实体管辖权决定后，当事人有权就仲裁庭管辖权向法院提出异议。《1996 年仲裁法》为确定仲裁庭实体管辖权设置了两大类途径，[③] 其中之一为：当事人请求仲裁庭自裁管辖权，如对自裁管辖权的决定不服，则当事人可根据第 67 条向法院提出申请，挑战仲裁庭实体管辖权，而法院可根据案件不同的情况，作出确认裁决、变更裁决和撤销全部或部分裁决的决定。对此，英国最高院在 *Dallah* 案中指出，任何根据第 67 条向法院提出的管辖权异议，都可能导致法院需要对案件进行全面重审（a full rehearing）。[④] 法律委员会认为，这将拖延程序，徒增费用；而且，若败诉方以新证据推翻裁决，则可能导致实质性不公。这是因为，如果当事人在仲裁庭前提出管辖权异议，被驳回后又获得了仲裁裁决，如果这份裁决书内容不利于异议的一方，则仲裁裁决中通常会载明该方当事人证据的缺损、论点的问题等。败诉一方如果利用此机会，在法院诉讼阶

---

① Final Report, para. 3.99.

② Arbitration Act 1996, Secs.30, 82.

③ 两种途径分别为：（1）当事人请求法院确定仲裁庭管辖权，前提条件是或者经各方书面一致同意，或经仲裁庭和法院许可后，由当事人向法院提出管辖权异议申请（《1996 年仲裁法》第 32 条）。（2）当事人请求仲裁庭自裁管辖权，如对自裁管辖权的决定不服，则当事人向法院提出管辖权异议申请，法院可根据案件不同的情况，作出确认裁决、变更裁决和撤销全部或部分裁决的决定（《1996 年仲裁法》第 30 条、第 67 条）。

④ Dallah Real Estate & Tourism Holding Co v Ministry of Religious Affairs of the Government of Pakistan［2010］UKSC 46,［2011］1 AC 763.

段补强证据，加强观点，从而推翻了裁决书，则仲裁程序不免演变成为法院诉讼行为的彩排活动，对尊重仲裁庭管辖的一方来说实质性不公。① 因此，在修订草案中，法律委员会建议法院不再考虑仲裁程序外的新的异议理由或证据，除非当事人已全面尽到合理勤勉义务也无法向仲裁庭提出相关理由或证据。也就是说，除非出于极端情形，需要维护司法公正的公共政策，法院将不再全面重审仲裁相关证据。②

《征求意见稿》第 28 条革故鼎新，承认仲裁庭的自裁管辖权，并将仲裁庭的自裁管辖权决定作为法院司法审查的前置程序；而且，对于该等审查结果可以申请复议。③ 相比目前 1995 年《仲裁法》,《征求意见稿》的体系设置更为合理，更加尊重仲裁庭对于管辖权的优先决定权。诚然，如英国最高院在 *Dallah* 案中所指出，仲裁实体管辖权决定的困难之处，在于仲裁管辖权是实体问题和程序问题交织的一个综合结论。即使法院需要对此问题加以判断，也无法在不全面审理案件的情况下作出决定。例如，双方如果没有订立合同，就可能没有订立包含在合同之内的仲裁协议。但是，双方是否订立合同却是一个实体问题，需要在全案审理完毕后方能得出结论。因此，如由法院在仲裁庭实体审理之前全面介入案件审理并就仲裁庭实体管辖权作出决定，有剥夺和架空仲裁庭权力的风险。本年度报告第一部分显示，近年来，虽然法院进一步加强了对仲裁业务的支持力度，但仲裁司法审查案件数量居高不下、不减反增。这当然和我国经济体量不断提升，争议解决需求不断增加有关，但也不能说与法院司法监督态度毫无联系。仲裁庭实体管辖权的核心，就在于到底应由仲裁管辖争议还是司法管辖争议。我们认为，实质性判断标准还是在于“当事人意思”，即当事人到底有没有通过仲裁解决争议的意思表示。如果当事人有仲裁意思，则法院就应当支持仲裁意思。同样地，在判断“当事人意思”的问题上，法院也应当合理相信，一个独立公正的仲裁庭将很少在这类关键问题上犯错误：如当事人全然没有仲裁之意思，仲裁庭也很难自裁管辖权成立。因此，如对仲裁采取宽松、支持和包容的态度，将仲裁实体管辖权问题的司法介入排后，并且采取支

---

① Final Report, paras. 9.16–9.17.

② Arbitration Bill [HL] 2023–2024, Secs. 10–11.

③ 参见《征求意见稿》第 28 条规定：当事人对仲裁协议是否存在、有效等效力问题或者仲裁案件的管辖权有异议的，应当在仲裁规则规定的答辩期限内提出，由仲裁庭作出决定。仲裁庭组成前，仲裁机构可以根据表面证据决定仲裁程序是否继续进行。当事人未经前款规定程序直接向人民法院提出异议的，人民法院不予受理……

持的基本姿态，将有利于仲裁业务长期和良性发展。在目前《征求意见稿》的体系下，我们理解立法者本意是支持仲裁和发展仲裁，在此目标之下，司法手段应当能够为目标服务，而非对目标掣肘。因此，对仲裁庭自裁管辖权的态度宜松不宜紧。

5. 小结

一国的仲裁法是仲裁活动赖以存在和发展的基石，英国伦敦长期作为最受欢迎仲裁地，并将国家仲裁法律制度作为软实力输出的发展史，应对我们有所启迪。中国作为“一带一路”计划的倡议人，应如何考虑和设计现代仲裁法体系，使得仲裁活动更为国际化、配合国内日益发展的商业活动需求，更吸引四面八方不同国家的商业主体积极参与和推动中国的仲裁实践，打造国家软实力，值得我们这一代仲裁人深入思考和积极努力。

（二）听证权与仲裁司法审查

听证权的定义起源于西方，通说认为其源于自然正义（natural justice），是由衡平法院发展的公平原则。它通常包括两个基本要求：第一，不歧视，即公正对待双方；第二，公平听审，即公平听取双方发表的意见。① 事实上，保障听证权是现代民事诉讼制度的基石，包括美国、德国和日本在内的多国均将其作为宪法权利予以保障。② 我国民事诉讼法亦在总则部分规定当事人有平等的诉讼权利及人民法院应保障当事人的平等诉讼权。可以说，听证权是现代民事审判制度的基石，是任何争议解决程序“不言而喻”的内在要求。

正因为听证权所依据的公平性原则不言而喻，任何人都会当然认为审判机构会遵守公平听证要求，维护当事人公平听证权，在仲裁司法审查领域，听证权问题反而有可能被忽略。中国自 1986 年 12 月决定加入《承认及执行外国仲裁裁决公约》即《纽约公约》，至今已接近 40 年。目前，中国在遵守《纽约公约》方面已成为典范，人民法院严格遵守对外国裁决可执行性仅审查《纽约公约》第 5 条规定的程序问题，对外国裁决的承认和执行率也逐年上升。公开数据显示，我国

---

① Oxford Reference: *Nature Justice*, https://www.oxfordreference.com/display/10.1093/oi/authority.20110803100225319, last visited 22 February 2024.《元照法律词典》：原则一：回避原则“任何人不得在涉及自己的案件中担当法官”（no man be judge in his own cause，拉丁文为 nemo judex in parte sua）；原则二：必须听取两方的陈情，任何人不得在未被听取其陈情的情况下被判罪或处罚（each side be heard and no man be condemned unheard，拉丁文为 audi alteram partem）。

② 刘敏：《论民事诉讼当事人听审请求权》，载《法律科学》2008 年第 6 期，第 106 页。

外国裁决执行率从21世纪初的79%一路上升至近期的95%。[①]然而，我们也注意到，在人民法院对外国仲裁裁决程序合法性进行审查时，目前尚未将“保障听证权”这类特殊的审查标准纳入仲裁司法审查范围。从公开途径检索相关案例，以听证权被侵犯为由而挑战裁决效力和可执行性的案件并不常见，我们也尚未检索到以听证权被侵犯而成功挑战裁决效力和可执行性的案例。这不能不说是一种缺憾。事实上，缺少对听证权问题的审查要求和审查标准，在某种程度上构成司法保障缺失，应当予以重视。如前文所述，公平听证权是任何争议解决程序毋庸置疑的内在要求。通常情况下，虽然少有仲裁庭会违反公平听证权的基本要求，但是为全面保障当事人仲裁的合法权益，司法应提供适当救济。

在保障公平听证权问题上，仲裁发达国家的实践值得参考。实际上，在国际仲裁领域，当事人以仲裁庭违反听证权为由挑战裁决效力的案例屡见不鲜。各国法院对以违反听证权为由而提出的仲裁司法审查案件，也都充分予以重视。英国、德国、瑞士、新加坡、中国香港等仲裁实务领先国家和地区也发展了多个相关判例规则。

例如，瑞士《国际私法法案》第190条第2款明确规定，如仲裁庭违反公平对待双方原则（equal treatment）或者未能保障双方听证权（right to be heard），则当事人可挑战裁决的有效性。[②]瑞士最高院在相关案件中指出“听证权规定了仲裁庭审查和处理相关问题的最低义务。如果由于疏忽或误解，仲裁庭没有考虑其中一方提交的、对即将作出的裁决很重要的一些陈述、论点、证据和拟提交的证据，则违反了这一义务。法院……都必须撤销该裁决”。[③]德国法院则认为，“对于现代仲裁程序而言，听证权……是当今仲裁程序基石。仲裁庭必须与法院一样充分保障当事人的听审权，而不仅限于充分给予当事人陈述事实的机会。仲裁庭不仅需要注意当事人的陈述，还需要考虑其内容”。[④]新加坡法院在*Front Row*一案中表示“如果法院或仲裁庭在作出裁决的过程中无视双方就这些问题提出的陈词和论点（没有考虑其法律理据），就会违反自然公正规则。反之，如果只是形式上允许一方当事人发表言论，而不要求仲裁庭考虑、理解和评估其所说的内容，那么遵

① 上海国际经济贸易仲裁委员会商事仲裁研究中心：《中国法院承认和执行外国仲裁裁决的最新实践》，https://www.lawyers.org.cn/info/7ce573d634504be4a2db8d113927e9c4，访问时间：2024年2月22日；最高人民法院民事审判第四庭编：《最高人民法院商事仲裁司法审查年度报告（2019）》，人民法院出版社2021年版，第24页。

② Swiss Private International Law Act.

③ *X. v. Z. Inc., 4A_360/2011, para.* 5.1.

④ OLG Frankfurt am Main, Beschluss vom 06.05.2010–26 Sch 4/10, para. 47.

循听取双方之词的要求就是空洞且无用的。如果仲裁员无视一方在听证会期间的陈词，或者考虑了陈词，但没有真正尝试理解这些陈词并因此未能处理争议事项，则视为违反自然公正原则”。[①]

由此可见，各国法院均认为，公平听证权在仲裁程序中至关重要，属于仲裁庭必须予以保障的当事人基本权利。严重违反公平听证权的裁决书视同未能对争议事项作出处理，并且违反自然正义，因此构成程序瑕疵，仲裁裁决效力也因此而无效。

近期，香港高等法院作出判决，拒绝在香港地区认可和执行成都仲裁委员会作出的一份仲裁裁决。[②]判决认为，仲裁庭侵犯了当事人的听证权，违反了法律正当程序的要求，因此违反了香港的公共政策，因此法院对该裁决不予执行。众所周知，香港历来是仲裁友好地区，法院对于仲裁的支持有目共睹。香港长期以来对撤销仲裁裁决和不予执行仲裁裁决慎之又慎。因此，香港高院这一判决引起了仲裁界的广泛关注。

在该案中，寻求不予执行裁决的被申请人提出六项理由，寻求法院撤销对该仲裁裁决的执行令。其中，最关键的一点是被申请人主张仲裁庭中一位仲裁员行为不当，实质上剥夺了他在庭审中陈述的机会，使他未能行使公平听证的权利，违反了香港的公共政策。具体而言，被申请人主张，该仲裁员通过视频参与庭审，该过程中，他曾从一个房间移动到另一个房间，有时与房间内的其他人交谈或打手势。同时，他经常看向远处，而不是关注屏幕和庭审的视频。此外，在庭审过程中，他还开车和乘坐高铁。当首席仲裁员和仲裁秘书询问他是否能听到庭审现场的声音或是否在线时，该仲裁员没有作出任何回应，其后续亦未对是否听到庭审过程或其他情况作出任何解释。申请人对被申请人提出的不予执行理由予以全面反驳。申请人的主要反驳理由为被申请人曾以同样理由在中国内地法院提起撤裁申请，中国内地法院已驳回其申请，裁定该仲裁裁决有效，目前该裁决在中国内地法院已得以执行。

香港高院陈美兰大法官首先在判决中阐明，该案中判断裁决是否违反公共政策时，应适用执行地的标准，即香港的法规和法律。陈美兰大法官进一步强调，在香港法下，“听取双方意见”是自然公正的基本原则，任何人都应在公平听证的

---

① Front Row Investment Holdings (Singapore) Pte Ltd v Daimler South East Asia Pte Ltd [2010] SGHC 80, para.31.

② Song Lihua v Lee Chee Hon [2023] HKCFI 2540.

前提下接受审判，确保每一方都有机会陈述案情，并对对方证据作出反驳。听证权作为自然公正原则下的重要程序性权利与确保程序公正密切相关。经审查仲裁案件的庭审记录，法院认为，被指控的仲裁员的行为足以使人合理怀疑，当事人的陈述未被合理听取，在裁决时未被合理考虑。最终，香港法院判定仲裁员的行为侵犯了当事人的听证权，违反了正当程序的法律要求，未能达到香港法院对公平、公正审理的期望标准，构成对香港地区公共政策的违反。因此，法院裁定支持被申请人的请求，对裁决不予执行。

本案值得深思。本案体现了不同法域下仲裁司法审查范围和标准的不同会导致司法机构提供的救济不同。本案的被申请人曾经在内地法院寻求救济，以在香港法院提出的同样理由寻求内地法院撤销裁决，但未被内地法院所采纳。我们认为，不同地区的法院在保护当事人正当权益方面的理念和信念都是相同的，但是面临的困难却因法律环境不同而相异。

首先，在立法方面，《香港仲裁条例》和内地法律规定并无二致。《香港仲裁条例》第 95 条规定了可“拒绝强制执行内地裁决”的情形。仔细研读第 95 条，本条下可拒绝强制执行内地裁决的规定与《纽约公约》第 5 条下规定几乎完全一致，并没有明确规定违反听证权或者违反自然公正原则可导致的后果。但与此同时，香港法以判例为司法渊源之一，在判断仲裁庭是否违反自然公正原则，违反正常程序方面，有在先案例可作为法律依据。因此，在 *Song Lihua v. Lee Chee Hon* 一案下，陈美兰大法官援引了英国法和香港法下的多个在先案例支持她关于当事人公平听证权的理解和阐述。陈美兰大法官特别引述了英国上议院在 *Lawal v. Northern Spirit Ltd* 一案中的判词，在该案中，斯泰恩大法官说“大众对于司法正义不可或缺的信心对我们提出了比往日更高的要求”。陈美兰大法官进而认定，与审判相关的正义和公平不仅仅必须体现在整个程序之中，更重要的是，任何合理的旁观者必须认可这种程序正义，只有这样，任何一个个体才能对审判其案件的整个系统产生信心。

正是为了维护公众对于司法系统不可被动摇的信心，香港高院判令上述仲裁裁决未能满足香港法院对公平、公正审理的期望标准，违反了香港地区的公共政策。

我们认为，必须保障人民群众对于仲裁审理程序的高度信心。这种高度信心的后盾，是司法体系提供的保障。良性运行的仲裁体系，既需要法院认可和支持，也需要法院加以适度监督。所谓适度监督，就是对于仲裁抱有基本的信心，大原则上提供维护与支持；但同时，又要对严重动摇仲裁根基的情形说不。如果仲裁程序严重违反正当程序，未能平等对待双方当事人，或未能依法听取双方当事人意见，仲裁庭严重偏私，则如法院支持这种裁决结果，将是对仲裁系统和司法系统的双重损害。因此，司法机关应当对此问题予以重视，并且在仲裁司法审查，特别是在外国裁决的承认和执行方面，重视听证权的保护。

与此同时，我们也理解在为听证权问题提供保障时，法院将面临的特殊困难。

首先，法院会在设定听证权受侵害的司法审查范围上遇到难题，即很难区分哪些仲裁裁决应做审查，哪些不做审查。正如英国最高院在 *Dallah* 一案中所言，法院在对仲裁协议有效性进行司法审查时，将不可避免地对整个案件做完全的重审。这是因为仲裁协议有效性是一个实体和程序相结合的复杂问题。听证权保障同样是一个实体和程序相结合的复杂问题。法院如需判断仲裁庭“是否同等听取双方意见”，则必须知道双方各自表达的什么意见，所表达意见对于各方主张的重要性如何，以及仲裁庭是如何考虑各方意见对于最终决定的权重，因此法院不可避免将涉及全案审查。而侵犯听证权的案件毕竟多为罕见个案，多数案件并不存在仲裁庭违反听证权的问题，因此对于以侵犯听证权为由申请撤裁的审查范围宜窄不宜宽。与此同时，法院在考虑审查范围问题时，需要在保障当事人听证权和尊重仲裁庭审理权之间维持平衡。如香港高院陈美兰大法官在 *CNG v. G* 一案中指出：“在如何根据法律原则、仲裁庭、当事人和代理人可用的时间，以一种最为恰当和公平的方式开展仲裁活动，仲裁庭最有发言权……值得注意的是，《香港仲裁条例》要求仲裁庭给予双方‘合理的机会’而非‘完全的机会’发表陈述……”[①]法院监督仲裁活动的初衷，是维持仲裁活动的公正与独立，这种监督工作本身是出于公共政策目的。但公共政策的另一面也需要法院尊重仲裁庭审理案件的权力，包括如何以仲裁庭认为合适的方式开展仲裁活动，法院不能过多干涉。这也要求法院精确把握干预和不干预的边界。

其次，法院也需要考虑侵犯听证权的仲裁司法审查案件的证明标准如何设定。这是因为听证权作为当事人在案件审理过程中的核心权利，范围很广，贯穿整个仲裁程序，其涵盖陈述权、提出证据权、到场权、辩论权和意见受尊重权等多个要素。[②]此外，仲裁机构通常也会依照仲裁法和仲裁规则为案件提供程序保障，包括保障当事人提供证据、到场、辩论和仲裁庭听取双方意见和各方当事人均有机

---

① *CNG v. G*［2024］HKCFI 575 第 67—68 段。

② 刘敏：《保障当事人的程序权，提升民众对司法的信赖度——保障法官权益的另一种思考》，载《人民司法》2005 年第 11 期，第 48 页。

会回应对方当事人等相关权利。如果这些程序在步骤上得以依照仲裁法或者仲裁规则开展，则当事人主张陈述权、提出证据权、到场权和辩论权被侵犯，法院通常很难接受。原因是，在仲裁法或仲裁规则所规定的程序步骤已被遵循的情况下，出于对仲裁制度的支持和对仲裁庭尊重，法院不适宜随意质疑仲裁庭的程序安排，因此通常会默认仲裁庭已遵循了正当程序。但如前文香港一案，假如个案有充分证据表明仲裁庭存在十分明显的程序违规，则法院也应当审查。因而，此类案件对请求撤裁的一方提出了极高的举证要求，即需要提供实质性证据证明程序违规，听证权受损。但是即使举证要求极高，法院也需要对证据的证明标准进行设置。目前，多数案例显示，法院并不愿意对证据标准进行明确定义，但法院通常会表示，出于对仲裁的支持，只有极少数案例能够获得救济。① 在实践中，不同的案例显示，法院对类似证明标准加以分析后，得出的结论不尽相同，揭示了这类案件的个案特性和处理难度。例如，有一起德国法院审理的撤裁案件，该案仲裁裁决书长达 107 页，但仲裁庭关于核心争议的裁决内容仅有一页半。德国法院经审理该案，认为仲裁庭并没有考量申请人的实际观点，即便其在裁决书中正确罗列申请人的仲裁请求、列举了当事人提交的所有材料、声明其考虑了当事人所有文书即便没有特别指出，这些均不能弥补仲裁庭明显未考虑当事人提交核心文书的缺陷，从而认定该裁决侵犯了当事人的听证权应予以撤销。与此相对照，在另一起香港高院审理的撤裁案件中，陈美兰大法官认为，申请人在撤裁理由中一再强调案涉仲裁裁决共有 163 段，而其中“仅有”24 段涉及相关争议问题的说理。陈美兰大法官认为：“冗长的裁决书并不意味着其中必然包含对某一问题或所做决定的合理推理或分析。同样，一份简短的文件也不能说明对提出裁决的问题没有很好的推理或答案。”陈美兰大法官进而指出，仲裁庭并不需要对每一争议事项均逐一处理，相反，其可以通过综合处理的方式对一系列争议事项统一回应。由此可见，判断当事人的听证权是否受损在实践中是一个复杂的问题。法院在未全程参与仲裁程序的情况下，需要通过研读裁决书及结合双方陈述及举证去判断，对于争议问题，仲裁庭是因为违反程序正义、剥夺听证权而没有作出对应论述，还是实际上系基于对争议问题的综合判断已经作出了处理。这个问题显然无统一答案，需要法院根据个案情况加以判断，这无疑给司法审查法院提出了很高的要求。

---

① 例如，*CNG v. G*［2024］HKCFI 575 第 1—3 段，陈美兰大法官表示：《香港仲裁条例》第 3 条明确阐述了其立法目的、目标和原则，即香港长期以来都致力于建立和维持支持仲裁协议和仲裁裁决的基本政策。因此《香港仲裁条例》针对仲裁裁决给予当事人的救济是十分有限的。

最后，法院在审查听证权受损问题时，通常不得不对仲裁庭的裁量权进行评价，这在另一个层面也加大了法院审理案件的难度。这是因为如果当事人主张仲裁庭故意忽视、曲解当事人的重要证据、重要抗辩，致使裁决明显不公平，则法院需要对仲裁庭考虑证据和抗辩的合理性进行评价。这通常是非常困难的工作，特别是法院没有亲自参与案件的全程审理，也没有亲身经历“心证的形成过程”，则通常很难判定仲裁庭心证的合理性。这是因为双方当事人在整个仲裁程序中的行为举止，包括主张的合理程度、举证的诚信程度，对仲裁程序的支持和阻碍程度等均会影响到裁判者的心证历程。法院站在中立第三方角度上看待案件时，很难直接代入仲裁庭立场，因此在评价心证内容时，也会存在困难。但同样地，法院不能因为存在上述困难，就放弃在特殊个案下向当事人提供救济。这意味着，在特殊个案下，法院对于仲裁裁决的司法审查不能仅停留于案件程序表面，更需要深入案件的实体情况，以评判仲裁庭的决定是否真正考虑了当事人提出的各种意见和主张，并不存在“仲裁员无视一方在听证会期间的陈词，或者考虑了陈词，但没有真正尝试理解这些陈词并因此未能处理争议事项”[①]的情形。

综上，我们认为，判定仲裁庭“违反听证权”在实践中是一个复杂问题。一方面，法院在认定仲裁庭违反听证权方面需要非常谨慎，即法院在审理案件的过程中需要把握一种微妙平衡：为了仲裁的发展，法院不宜轻易干预仲裁，更不能轻易判定仲裁庭违反正当程序，否则将违背司法最低限度干预仲裁裁决的基本理念；但另一方面，对于仲裁庭确实越线的案件，也绝不能放任，因为若对这类案件不加干预，将对仲裁的公信力造成损害。为实现上述监督目标，法院需要在具体案件中增加对“听证权”边界的关注，并逐渐建立听证权审查的实践准则。在中国目前尚无案例指引的情况下，我们真诚希望，中国法院能在对仲裁案件的司法审查过程中，更多考虑听证权问题，这样，在条件成熟时，中国法下维护当事人听证权的第一案才能出现。

（三）仲裁中的人工智能应用及其风险探究

2022 年 11 月 30 日，OpenAI 发布聊天机器人程序 ChatGPT（Chat Generative Pre-trained Transformer），将人工智能领域的科学技术与实践应用推向新高度。4 个月后，谷歌也在 2023 年 3 月 21 日悄然开放其大语言对话模型 Bard 的测试申请。

① Front Row Investment Holdings (Singapore) Pte Ltd v Daimler South East Asia Pte Ltd［2010］SGHC 80, para 37.

ChatGPT 发布的一年多时间之内，人工智能俨然已经成为整个人类社会最为热门的话题。社会不同领域正在尝试将人工智能技术落地应用，在法律行业，人工智能技术的使用可分为两类[①]：（1）第一类是技术工具并不参与决定或预测案件的结果，而仅用于提高司法或仲裁工作流程的效率，如在线签名、电子申请和线上庭审等；（2）第二类则是用于预测甚至决定法律程序结果的工具，如数据分析工具 LexisNexis 的 Context by LexisNexis，以及专门用于仲裁 Arbitrator Intelligence，这些工具将通过对仲裁员过去决策的关键信息进行量化学习，而对最终案件结果作出预判，提高当事人选择仲裁员时的可预见性，甚至用于第三方机构开展诉讼融资等业务。本文旨在对目前人工智能在法律领域的应用情况作一基本介绍，并对人工智能在法律领域应用可能带来的机遇与挑战进行讨论。

1. 境内法律程序中适用人工智能技术

中国法院锐意进取、与时俱进，是最早开始应用人工智能参与审判实践的司法系统之一。目前中国法院应用人工智能技术的内容主要集中于上文提及的第一类应用，即，线上庭审、庭审笔录的语音识别等，主要目的是辅助法官管理案件，并减少重复性、可替代的机械工作，提高法官工作效率。但由于ChatGPT横空出世，人工智能的功能已不再局限于机械辅助功能，而是看似初具思辨能力，可以为人类决策提供参考意见。

ChatGPT 问世后一周，2022 年 12 月 8 日，最高院即印发《关于规范和加强人工智能司法应用的意见》，提出未来十年总体发展目标，并在此基础上对人工智能的司法应用作出指导，明确了五项基本原则，即：安全合法原则、公平公正原则、辅助审判原则、透明可信原则和公序良俗原则。

最高院在 ChatGPT 问世后迅速提出指导意见，可见人民法院系统对于人工智能的了解和研究已久。而基于上述基本原则，我们理解，中国的法院司法系统将顺应时代发展，进一步研究和应用人工智能，协助司法审判活动，特别是加强人工智能技术对司法审判活动的信息集中、辅助管理和全流程管理。但同样，从五项基本原则中，我们也可以看到人民法院意识到应用人工智能可能在相应领域产生风险，最高院因而对此类风险提出了防范建议。

首先，从安全角度而言，应用人工智能可能导致数据泄露。目前基于大型语

---

① Zhen Qin, *The Use of New Technologies in International Arbitration-American Review of International Arbitration*, https://aria.law.columbia.edu/the-use-of-new-technologies-in-international-arbitration/, last visited 22 February 2024.

言模型生成的人工智能软件，既不会分析数据也不会思考，它主要使用机器学习算法，预测下一个词是什么。这类人工智能先通过文本训练，再生成连续性的“预测性”连续文字。[①] 因此，任何输入人工智能系统的数据均可能进入文本训练库从而失去保密性。法院系统必须认真考虑数据安全并防范风险，避免由于人工智能技术导致数据泄露和信息泄密。其次，人们寻求人工智能的意见和帮助，很多时候是在寻求人工智能对事实的看法和价值判断。但大型语言模型人工智能系统是技术的产物，是一种“预测文本”软件，它并不关心“真理”或准确性等概念。恰恰相反，有很多案例表明，大型语言模型人工智能系统会因为阅读理解问题出现信息紊乱情况，并虚构事实。[②]

此外，大型语言模型人工智能系统也会出现训练数据偏差的问题。人类到底输入了哪些事实数据和价值数据从而使得人工智能作出“预测文本”相关结论，使用者不得而知，数据方面存在所谓“黑箱”，同时也很大程度受到“训练文本”提供者的偏见影响。

最高院上述意见表明法院已关注这些问题。最高院指出，必须对不同利益诉求予以平衡，保持信息公开透明可监督。而更为重要的是，实现平衡与监督的关键，是确保人工智能系统必须停留在辅助审判的地位上，不得代替人类法官作出最终裁判，否则将对公序良俗造成极大的挑战与威胁。据此，在目前阶段，最高院提纲挈领，从制度设计层面提出了在司法案件中适用人工智能技术的要求，即“司法裁判始终由审判人员作出，裁判职权始终由审判组织行使，司法责任最终由裁判者承担”，人工智能仅能作为辅助工具，而不得直接作出实质性审判。[③]

与上述考量类似，目前国内仲裁机构在引入人工智能技术参与仲裁方面，主要涉及管理和辅助性工作，例如广州仲裁委引入“云小仲”元宇宙仲裁院、AI 仲

① The Bar Council of England and Wales: Considerations when using ChatGPT and generative artificial intelligence software based on large language models, https://www.barcouncilethics.co.uk/wp-content/uploads/2024/01/Considerations-when-using-ChatGPT-and-Generative-AI-Software-based-on-large-language-models January-2024.pdf, last visited 22 February 2024.

② The Bar Council of England and Wales: Considerations when using ChatGPT and generative artificial intelligence software based on large language models, https://www.barcouncilethics.co.uk/wp-content/uploads/2024/01/Considerations-when-using-ChatGPT-and-Generative-AI-Software-based-on-large-language-models January-2024.pdf, last visited 22 February 2024.

③ 《人工智能在司法审判中应扮演什么角色》，载微信公众号“法治日报”，访问时间：2024年2月22日。

裁秘书和智能仲裁员助手[①]，目的在于发挥智能算法高效处理重复性仲裁相关工作，以提高立案等程序管理效率。目前，我们尚未发现国内仲裁机构使用人工智能参与实质性裁判工作的先例。

2. 域外法律程序中适用人工智能技术

美国是人工智能研发高地，学校、机构等正不断探索人工智能如何与法律应用相结合。总体而言，目前在人工智能领域，中国与国际技术接轨程度较高，境外对人工智能技术应用的类别和方向与国内应用情况相似，大家都是根据人工智能技术发展的不同阶段而不断拓展应用的外延。

值得关注的是，由于法院制度不同，境外部分地区的法官拥有更多自由尝试的空间，例如，2023年1月30日，哥伦比亚一名法官借助ChatGPT作出了一份判决，认定案涉孤独症患者获得医疗服务无需支付治疗费用。该案被称为“全球AI审判第一案”。[②] 此外，美国法院已经在刑事程序的保释和假释决策中使用了人工智能工具，并据此拒绝了一位嫌疑人的假释申请，认为该嫌疑人系累犯，应被判处有期徒刑六年。[③]

英国上诉法院大法官Colin Birss公开表示，他已应用ChatGPT写作了部分判决，还就如何使用人工智能写作判决发表了具体评论。Colin Birss大法官在英国律师协会举办的一次活动中介绍，他指令ChatGPT给他一个关于某个领域法律的总结，结果令人惊喜。[④] 但他同时指出，在使用ChatGPT等生成式人工智能软件去处理法律事务时，需要非常谨慎。因为ChatGPT在预训练、微调时使用的数据来源于公开网络途径，其中掺杂了很多“黑箱”、歧视、虚假的数据，因此，Colin Birss大法官建议仅使用ChatGPT参与处理一些自己完全熟知的工作方面，以便检

---

① 人民日报：《AI仲裁秘书亮相！广州打造“全球智能仲裁新高地”》，https://www.gz.gov.cn/zwgk/fzzfjs/cxld/content/post_9189347.html，访问时间：2024年2月22日。

② Purvish M. Parikh, Dinesh M. Shah & Kairav P. Parikh, Judge Juan Manuel Padilla Garcia, ChatGPT, and A Controversial Medicolegal Milestone, *Indian Journal of Medical Sciences*, Vol. 75, 2023. pp. 3–8.

③ Re, Richard M., & Alicia Solow–Niederman, Developing Artificially Intelligent Justice, *Stanford Technology Law Review*, Vol. 22, 2019, pp. 242–289.

④ Aston Bond: *British Judge Used Chat GPT or Case Ruling*, https://www.astonbond.co.uk/british–judge–used–chat–gpd–for–case ruling/#:~:text=British%20Judge%20used%20Chat%20GPT%20for%20case%20ruling, law%2C%20and%20then%20copied%20and%20pasted%20the%20response, last visited 22 February 2024.

查、监督和控制潜在风险。[①]

Colin Birss 大法官使用 ChatGPT 撰写判决在英国是得到允许的。英国司法部已于 2023 年 12 月 12 日发布了《人工智能司法工作人员指南》，在允许使用人工智能参与司法工作的同时，提出了相关风险和警告。[②] 此后，2024 年 1 月 30 日，英国大律师公会也发布了《英国大律师 ChatGPT 使用注意事项指南》。[③] 与中国最高院发布的前述司法意见类似，英国司法部门和大律师公会均以开放的态度拥抱科技升级和人工智能的使用，但两份指南中均鼓励使用者更多了解人工智能的本质，并且维护保密性和隐私、保证信息准确性、维护系统安全等，两份指南均强调了人类必须是职业相关文本的第一责任人，强调使用者必须对以其名义制作的材料负责。

3. 探索人工智能适用仲裁案件的边界

仲裁行业历来拥抱技术革新。2004 年国际商会仲裁与替代性争议解决（ADR）工作组就首次发布了国际仲裁中的信息技术使用报告。而近年来因受到疫情影响，线上开庭、网络取证等新型技术在国际仲裁中的应用越来越为广泛。科技实质性改变了仲裁的蓝图。虽然目前尚无仲裁机构或协会对于人工智能在国际仲裁中的使用出具指引，但人工智能在国际仲裁领域的讨论也同样趋于白热化。2023 年 11 月 9 日，博闻国际律师事务所（Bryan Cave Leighton Paisner LLP，BCLP）发布了《国际仲裁中的人工智能：机器学习的兴起》（AI in IA：The Rise of Machine Learning），通过对各个法域的 221 位律师、仲裁员和法务进行问卷调查，就人工智能与仲裁相关的多个关键问题展开了讨论和分析。[④] 报告指出，根据调研情况，28% 的受访者曾在专业场合中使用过人工智能，应用场景包括翻译文件、文书写作、格式编辑、提取数据等。虽然总体而言，受访者对于在专业场景使用人工智能态度总体

---

① AIGC 开放社区：《英国允许法官使用 ChatGPT 写裁决书，并公布官方指南！》，https://finance.sina.com.cn/blockchain/roll/2023-12-26/doc-imzzihhh6290769.shtml，访问时间：2024 年 2 月 22 日。

② Court and Tribunals Judiciary: *Artificial Intelligence (AI) Guidance for Judicial Office Holders*, https://www.judiciary.uk/wp-content/uploads/2023/12/AI-Judicial-Guidance.pdf, last visited 22 February 2024.

③ The Bar Council of England and Wales: Considerations when using ChatGPT and generative artificial intelligence software based on large language models, https://www.barcouncilethics.co.uk/wp-content/uploads/2024/01/Considerations-when-using-ChatGPT-and-Generative-AI-Software-based-on-large-language-models-January-2024.pdf, last visited 22 February 2024.

④ Bryan Cave Leighton Paisner: *AI in IA: The Rise of Machine Learning*, https://www.bclplaw.com/a/web/tUW2SW6fjHrpXVrA7AfWkS/102932-arbitration-survey-2023-report_v10.pdf, last visited 22 February 2024.

较为积极，但仍有超过半数的受访者反对应用人工智能撰写裁决、专家报告和法律意见。

上述报告表明，人工智能在国际仲裁领域的应用已经成为事实。实际上，仲裁程序区别于法院案件的最大特点之一，是其程序灵活性和与时俱进的能力，因此，在国际仲裁场景下应用人工智能，具有可行性，也有积极的作用，因为人工智能的目的正是改善人类工作效率。人工智能的高效目标，和国际仲裁的高效经济目标不谋而合。但在仲裁中应用人工智能撰写裁决，却可能和仲裁的根本原则相悖。国际仲裁领域常言道："仲裁和仲裁员一样好。"人们愿意选择仲裁，是相信所选择的仲裁员，并授权仲裁员处理案件。但如果允许使用人工智能撰写裁决，当事人对仲裁员的授权岂非变成对人工智能的授权。如果"仲裁和人工智能一样好"，这是对仲裁的推动，还是对仲裁的阻碍？因此，使用人工智能参与仲裁，首先需要考虑的就是"透明度和披露问题"。这也是 BCLP 的人工智能报告中指出的核心风险之一。除此之外，正如前文中多个关于人工智能的指引和报告所指出，在仲裁案件中适用人工智能，特别是作出裁决方面，仲裁员需要了解的还有很多。国际仲裁用户也将面临更多的挑战。

第一，人工智能的数据准确性有限。英国司法网站官方指南指出，应当充分理解人工智能所依赖的数据具有限制性，这是使用人工智能工具首先应具备的基础知识。具体而言，大型语言模型人工智能软件在"受训"时所依赖的全部数据均来源于公开的、未经检验的数据库，没有人能对训练数据进行准确性核验；另外，鉴于目前人工智能大模型发源于美国，其基于的数据库和"视角"可能更为美国化。目前这些人工智能软件虽然在进一步获得训练，拓展数据库，但受制于信息来源，其数据库内信息很难具有全局性。这是因为人工智能所收集的数据一个很大部分来自使用互联网的用户。用户的年龄、性别、种族、语言、受教育程度、社会阶层等都对数据的内容形成限制。大型语言模型人工智能不可能对社会全体无差别地收集数据并加以训练。而对非英语用户来说，大型语言模型人工智能的数据库仅仅是英文数据库，使用其他语言生活和工作的人群也被排斥在数据提供之外。因此，人工智能基于片面数据被训练后得出的结论也可能不准确、不完整，甚至被误导或具有偏见。①

① Court and Tribunals Judiciary: *Artificial Intelligence (AI) Guidance for Judicial Office Holders*, https://www.judiciary.uk/wp-content/uploads/2023/12/AI-Judicial-Guidance.pdf, last visited 22 February 2024.

第二，人工智能的价值偏见。如上所述，目前人工智能输出文本所依赖的数据库主要是英文世界的数据库，价值观更加偏向美国的价值观，因此其“预测文本”很可能缺乏价值观上的准确性和包容性。国际商会仲裁员现任主席 Claudia Salomon 在讨论人工智能在仲裁中的关键问题时也指出，受限于人工智能使用的数据缺乏多样性，某些群体可能被排除在数据之外，可能造成所谓“白人男性数据”的价值偏见，因此呼吁大家关注数据集的充分性问题。[①] 英国司法官网指南对此也予以强调，要求法官时刻对此保持警惕并作出修正。[②] 保持意见的公平性也是中国最高院的司法指引主旨之一，即，不应适用人工智能直接作出裁判，以避免其在公平、正义、诚信等最基本的原则上作出任何价值判断。

第三，人工智能可能导致保密性失控。适用人工智能软件撰写裁决书时将不得不输入案件相关信息。就目前而言，大型语言模型类人工智能软件是开源型软件，数据库也是公开的。从训练语言模型的方法角度，训练者希望人工智能得到更多训练数据，因此所有输入 ChatGPT 或 Bard 的信息均将混入数据库内。这将导致案件信息失去保密性。由此，在英国司法网指南禁止将非公开信息输入人工智能软件。[③] 相较法院，保密性问题在仲裁案件中更为突出。仲裁的保密性要件本身就将大大限制人工智能在仲裁领域的应用。由于仲裁案件的高度的保密性，无论案件信息是否已进入公知领域，都不允许被公开，因此，可以进入公开数据库的仲裁案件信息也将十分有限。这本身就将反过来限制人工智能在仲裁业务方面的预训练效果。

第四，对仲裁中使用人工智能的监管。因为如上风险的存在，大部分从业者均支持对仲裁中使用人工智能进行监管。但这显然不是一个容易解决的问题。例如，监管者如何才能得知仲裁程序中的信息因不当使用人工智能发生泄露？或仲裁员超过授权使用人工智能撰写裁决？当今世界人工智能技术日新月异，监管措施只有超出人工智能的发展水平方能实现有效监管，旧的监管措施大约只能落伍和失效。因

---

① 《ICC Bulletin 2023 (3)| 主席寄语：下一个百年——人工智能在仲裁中的五个关键问题》，载微信公众号“ICC 国际商会”，访问时间：2024 年 2 月 22 日。

② Court and Tribunals Judiciary: *Artificial Intelligence (AI) Guidance for Judicial Office Holders*, https://www.judiciary.uk/wp-content/uploads/2023/12/AI-Judicial-Guidance.pdf, last visited 22 February 2024.

③ Court and Tribunals Judiciary: *Artificial Intelligence (AI) Guidance for Judicial Office Holders*, https://www.judiciary.uk/wp-content/uploads/2023/12/AI-Judicial-Guidance.pdf, last visited 22 February 2024.

此，有人认为，对人工智能的使用很可能只能“自担风险”。[①]

综上，人工智能的产生、发展和提高，是社会科技领域不可逆转的潮流。法律界应以开放态度拥抱科技革新。任何科技都可能在司法应用中产生问题，人类也不能因噎废食，而是应当去芜取精，将科技应用在可以提高人类生活质量的方面，并警惕风险。因此，我们期盼更多的法律人和仲裁人走进人工智能世界，更多了解和使用人工智能，提高工作效率，提升生活质量。与此同时，也须知人工智能的局限性和风险性。在目前发展阶段，使用人工智能撰写裁决仍为时尚早，仲裁员仍应作为案件实质性判断的唯一责任人。即无论事实认定，抑或法律适用，最终的价值判断与责任承担者仍应是人类仲裁员。这是因为司法程序涉及社会公平正义、公序良俗等社会性价值，对所有当事方的财产、生命影响至深，因此，从业者仍需相当谨慎。

五、总结和展望

三年新冠疫情严重影响了全球消费、投资、贸易、物流、商流、人员流动以及产业链、供应链等，导致全球经济下行，逆全球化和地缘冲突加剧，各种冲突和矛盾集中爆发，全球百年未有之大变局加速演进。2023 年初，我国对新冠病毒感染实施“乙类乙管”；2023 年 5 月，世界卫生组织宣布新冠疫情不再构成“国际关注的突发公共卫生事件”。但疫情带来了一个不一样的中国和不一样的世界。

纠纷是经济的副产品，经济的上行下行都有可能打破原有的势态，从而带来大量需要裁判的诉讼和仲裁案件。得益于中国仲裁界多年的布局和耕耘，以及立法、司法和行政的大力支持，中国仲裁机构在世界仲裁中的地位没有削弱，而是更加强固。2023 年中国商事仲裁机构受案数量大幅增长、标的额飙升以及涉外案件增多，从侧面反映中国商事仲裁机构的服务质量与业务水平不断得到中外当事人的认可。

后疫情时代，世界仲裁将面临更大的变局和挑战。这不仅是因为冲突、制裁、AI 浪潮、法律变动等使得世界仲裁面临前所未有的复杂局面，更因为仲裁作为智慧密集型服务行业必须应对当事人日益增长的新需求。仲裁作为多元纠纷解决机制中的重要环节，在国际化一流营商环境建设中的作用越来越突出，每一起仲裁

① 《〈国际仲裁中的人工智能：机器学习的兴起〉调查报告发布》，载微信公众号“香港国际仲裁中心 HKIAC”，访问时间：2024 年 2 月 22 日。

案件都是营商环境的试金石，每一个仲裁政策都是营商环境的晴雨表。

从2023年受案标的额超百亿元的中国仲裁机构分布情况看，大多数“百亿俱乐部”的成员都在开放程度较高、经济更加活跃的东部沿海地区，中西部的仲裁机构虽然数量众多，但很少能够跻身于该“百亿俱乐部”。中国政法大学仲裁研究院第二届仲裁公信力评估调研也表明，在全国270多家仲裁机构中，公信力综合指数排名前两位的贸仲、北仲近十年的争议解决额，年均占比全国总量的24%；近几年积极推进体制机制改革的上海、海南、大连、贵阳、深圳、珠海等地仲裁机构，表现出积极跃升的发展态势。相对经济发展带来的巨量的社会纠纷解决需求，中国仲裁的服务潜力尚待挖掘，未来发展空间巨大。[①]

那么如何进一步挖掘中国仲裁的潜力、拓展未来发展空间呢？我们认为，有必要在中国仲裁的法治化、现代化、国际化和数智化上下功夫，着力提升中国仲裁的办案能力、公信力和竞争力。展望如下：

法治化。党的二十大报告指出，“全面依法治国是国家治理的一场深刻革命”，“必须更好发挥法治固根本、稳预期、利长远的保障作用，在法治轨道上全面建设社会主义现代化国家”。坚持把非诉讼纠纷解决机制挺在前面，把中国仲裁做大做强，就必须夯实仲裁法治基础，通过修订仲裁法、修订民诉法、制定全国或地方性的配套促进法、发布司法解释和案例、建立适当的透明机制等，稳固根本，树立预期，才能行稳致远。法治是最好的营商环境，这一理念同样适用于仲裁。临时仲裁之所以在我国发展缓慢，其根源就在于它在仲裁法、民诉法等基本法上没有根据，最高院历年司法解释虽明确了特定当事人约定临时仲裁的仲裁协议有效，但从未明确临时仲裁裁决如何执行。可想而知，当事人无法就临时仲裁在中国的可行性建立稳固的预期，要求他们约定在中国进行临时仲裁实属困难。至于中国仲裁机构的性质和治理方式、仲裁庭自裁管辖的权力和发布临时措施的权力、第三方资助仲裁以及仲裁收费性质等，更是多年来困扰中国仲裁界的难题，这些必须通过立法予以改观。在前文热点问题探讨部分，我们花费了大量篇幅深入讨论了英国仲裁法修订的最新动向和香港法院等对仲裁听审权的司法监督观点，目的在于促请我国的立法和司法机关保持对国际仲裁前沿问题的密切关注并合理借鉴其有益经验，在修订我国仲裁法以及进行仲裁司法监督时为当事人创设可预期的环境。

现代化。以中国式现代化全面推进中华民族伟大复兴，是我们面向未来的伟

---

① 姜丽丽：《仲裁这十年：厚积薄发 一苇以航》，载微信公众号“仲裁研究院”，访问时间：2024年2月22日。

大任务。党的二十大报告指出，中国式现代化，是“既有各国现代化的共同特征，更有基于自己国情的中国特色”。中国传统文化推崇和为贵，由此发展而来的仲裁与调解相结合、多元解纷、实质公正等都是符合中国国情的仲裁特色，有必要在仲裁规则和仲裁实践中予以发扬光大，但同时，中国传统文化也强调有容乃大，并不排斥借鉴吸收其他有益经验。在这方面，我们做得还很不够。例如，我国绝大多数仲裁机构未能借鉴国外仲裁机构普遍采用的法人治理结构和仲裁收费模式，多年来一直陷入仲裁机构行政化、仲裁收支两条线的困局不能自拔，影响了仲裁机构的发展壮大，这就是仲裁未能有效实现现代化的不良后果。我们认为，仲裁理念的“西行东渐”和“东行西渐”都有助于提升仲裁的现代化意识，问题的关键是我们要紧扣时代脉搏，及时行动，深化改革，扩大开放，博采众长，为我所用。

国际化。党的二十大报告提出，要“坚持社会主义市场经济改革方向，坚持高水平对外开放”，推进高水平对外开放，就要增强国内国际两个市场两种资源联动效应，提升贸易投资合作质量和水平，稳步扩大规则、规制、管理、标准等制度型开放。基于仲裁所具有的充分尊重当事人意思自治特性，仲裁要素在国际自由流动是仲裁的优势之一。总体而言，当事人享有通过协议自由选择仲裁地、仲裁员、仲裁程序和适用法律的权利，除非情况特殊，国家不能剥夺当事人的选择权，因而仲裁在不同法域、不同国家具有可流动性，各国唯有完善自己的仲裁环境才能增强本国对当事人的吸引力，也即竞争力。中国已经成长为全球第一贸易大国、制造大国，经济体量越来越大，在从成本要素型走向规则制度型开放过程中，更需要发挥仲裁国际化的优势，为提升我国国际形象和国际地位赋能。我们应当坚持不懈地走仲裁国际化发展方向，在制定具有国际化品格的仲裁法的基础上，不断跟进国际仲裁的最新发展和趋势，在法律制度、仲裁规则、相关配套服务等各方面保障与国际仲裁的有效衔接，将中国打造为受国际欢迎的仲裁目的地。

数智化。数智化（Digital Intelligence）时代汹涌而来，为包括仲裁在内的各领域都带来了耳目一新的变革。数智化是指利用数字技术和数据驱动的方法，实现智能化、自动化和优化决策的能力。它结合了人工智能、大数据分析、机器学习、自然语言处理和数据可视化等技术，通过对大量数据的收集、整理和分析，为企业和组织提供更深入的洞察力和智能化的决策支持，为创智型活动赋能。其实在新冠疫情前后，仲裁已经初尝了数智化红利。近年来我国仲裁机构大量受理网络仲裁案件、进行网上开庭、仲裁员应用 AI 在特定场景从事辅助性的数据分析整理工作以及仲裁机构运用数字化技术管理云上平台等，都是数智化带来的实际好处和便利。通过数智化，仲裁机构能够更好地理解市场和客户需求，优化业务流程，提高效率和竞争力。数智化还能帮助仲裁机构实现仲裁规则等服务标准的一体化，证据固化与认定等标准的一体化，让仲裁能够服务于数字经济的发展。在合理保护当事人权益、恪守仲裁职业道德、做好数据合规的基础上，数智化无疑是推动仲裁向前发展的新动力，必须予以高度重视。

道固远，笃行可至；事虽巨，坚必为成。我们相信，在党和国家的大力支持下，只要我们脚踏实地，放眼世界，继续保持 2023 年这般的工作干劲和发展势头，在不久的将来，中国一定会成为世界仲裁的新高地。

中国商事调解年度观察（2024）

许　捷　谭敬慧　张　玲[①]

一、概述

2023 年，疫情的不确定性逐渐消散，但变乱交织的时代背景依然刻画着经济、社会和生活的方方面面。“是在开放包容中走向合作共赢，还是在分裂对抗中落得一损俱损？”这是时代发展之问，[②]也是中国争议解决制度改革之问。在 2021 年底，“深化构建大调解工作格局”被写入《全国公共法律服务体系建设规划（2021—2025 年）》，成为中国争议解决制度改革的重点方向，具体包括整合行业性专业性调解资源、研究推动调解立法等事项。[③]

过去一年，商事争议持续高速增长凸显中国争议解决制度改革的必要性和紧迫性。北上广深四地的六家仲裁机构［中国国际经济贸易仲裁委员会、北京仲裁委员会 / 北京国际仲裁中心（以下简称北仲）、上海国际经济贸易仲裁委员会 / 上海国际仲裁中心、上海仲裁委员会、广州仲裁委员会、深圳国际仲裁院（以下简

---

① 许捷，北京市君都律师事务所高级顾问。谭敬慧，北京市君都律师事务所主任。张玲，云南财经大学副教授。衷心感谢北京市第四中级人民法院三级高级法官朱秋菱女士、金茂（北京）律师事务所合伙人李小晗女士、中德证券有限责任公司合规法律部经理陈聿文女士在本文撰写过程中提出建议。同时，感谢北京市君都律师事务所团队彭琪琴女士、董事先生、禚孝淼女士为本文所涉调研、撰写做出的贡献。

② 步超：《和平与发展的历史潮流不可阻挡》，载《人民日报》2023 年 11 月 2 日，第 09 版，http://paper.people.com.cn/rmrb/html/2023-11/02/nw.D110000renmrb_20231102_2-09.htm，访问时间：2024 年 2 月 18 日。

③ 中国政府网：《司法部关于印发〈全国公共法律服务体系建设规划（2021—2025 年）〉的通知》，https://www.gov.cn/zhengce/zhengceku/2022-01/25/content_5670385.htm，访问时间：2024 年 2 月 18 日。

称深国仲）］已公布的数据显示，其同比案件数量年平均增长率高达 41.35%，同比案件金额年平均增长率亦达到 13.86%。[①] 同样的增长态势也在全国法院的诉讼工作中有所体现。[②] 诉讼、仲裁这类对抗式争议解决机制不堪重负，我国调解事业在飞速发展，但“大调解工作格局”的深化改革亟待顶层设计助力。

学者廖永安指出，在“以人民为中心”的纠纷解决体系中，传统法治力有不逮之处正是调解大有可为之处。调解的当代价值在于调和法律与习惯、强制与合意之冲突，弥合社会变动与法律稳定之缝隙，推动法律的形成和发展，实现形式法治与实质法治统一。[③] 本年度新出台地方性立法和政策性文件中，调解之于优化营商环境、之于多元解纷机制的重要作用被频频提及，体现了业界对调解价值的高度认同。正因如此，本年度可以看到调解实践与诉源治理工作深度融合，也可以听到业界关于充分发挥人民调解在矛盾纠纷预防化解中基础性作用的呼声。从商事调解的视角出发，笔者认为全国层面调解统一立法进程或有加速之势——未来的顶层设计将塑造我国调解行业的新时代。

为了更加清晰地呈现我国调解事业的改革洪流，本文面向一线实务人员开展了问卷调研。透过调解相关群体的视角（包括调解组织、调解员、律师、公司法务、司法行政机关、法官等），在一定程度上可以洞悉调解行业的发展，也可以看到在调解能力建设、调解服务差异化、调解行业管理及调解理念推广等方面的改革共识。

同时，本文还聚焦数个具有创新或反思价值的调解案例，展示我国调解实践在解决各类商事争议中的独特价值。透过这些案例，可以更好地观察调解行业的改革成果，也可以思考未来我国调解统一立法需要解决的问题——例如商事调解定义问题，调解的国际化、市场化、专业化发展问题，以及调解对于确权问题的审查和衔接问题。

着眼于我国调解统一立法的方向，本文关注了学术界与实务界不断深入探讨的重要议题。本年度，围绕我国进行调解统一立法的模式和利弊分析、国际调解院的筹备和定位等议题，涌现了许多上乘的研究成果。同时，来自民主党派的多元解纷立法提案也被评为全国政协优秀提案。

---

① 《君都仲裁：建设工程仲裁年度回顾（2023）》，载微信公众号“君都律师”，访问时间：2024 年 3 月 8 日。

② 根据 2024 年 3 月 8 日最高人民法院在十四届全国人大二次会议中所作工作报告，2013 年以来，全国法院案件总量以年均 13% 的增幅快速上涨，10 年增加 2.4 倍，法官年人均办案由 2017 年 187 件，增至 2023 年 357 件，人案矛盾日益突出。

③ 廖永安：《调解的当代价值与科学定位》，载《中国法治》2023 年第 11 期。

"十四五"征程过半，结合国际调解行业的发展和国内调解实践的演变，业界对于我国调解统一立法的共识在多个维度逐渐形成。笔者认为，我国调解事业的长远发展需要在国家立法层面打破行业分野和各自为战的实践现状，实现既统筹全国实践，也应对不同需求。科学的"顶层设计"是弘扬我国和为贵的社会自治传统，也是应对案多人少司法难题的解药，更是推动我国多元解纷机制高质量发展的必要举措。调解统一立法必将有益于法治国家、法治社会和涉外法治的建设。

正如联合国国际贸易法委员会制定《贸易法委员会国际商事调解和调解所产生的国际和解协议示范法（2018年）》（以下简称《调解示范法》）时阐释统一立法的目标——保障、发挥调解制度本身的优势，以及"为国际贸易注入确定性"。[①] 笔者相信，"大调解工作格局"的深化改革成果既是中国的，也是世界的。

下文分别详述本年度对我国调解行业的观察并呈现我国调解事业改革的面貌。

二、新出台的法律法规或其他规范性文件

（一）首部调解地方性法规出台，调解高质量发展需立法保障

1.《黑龙江省调解条例》为"大调解"立法积累经验

2023年11月2日，黑龙江省第十四届人民代表大会常务委员会第八次会议审议通过了《黑龙江省调解条例》。该地方性法规是中国首部调解专门立法，探索并创新了关于调解的规范化、专业化建设机制。例如，该地方性法规第2条、第5条明确了人民调解、行业性专业性调解、行政调解、司法调解综合一盘棋的工作格局；第37条、第38条对调解员的基本资质要求作出了规定。

2. 新修正《中华人民共和国民事诉讼法》（以下简称《民事诉讼法》）强化虚假调解规制

2023年9月1日，十四届全国人大常委会第五次会议决定修改《民事诉讼法》。其中，第115条对于虚假诉讼、调解行为的规制范围从"侵害他人合法权益"扩大至"侵害国家利益、社会公共利益或者他人合法权益"的情形。

3. 各地多以"优化营商环境""多元化解纠纷"为题进行地方性立法或发布政策性文件

为贯彻落实优化营商环境的中央决策部署，各地在近年来出台了数量众多的

---

① 联合国国际贸易法委员会：《贸易法委员会国际商事调解和调解所产生的国际和解协议示范法（2018年）颁布和使用指南》，联合国维也纳办事处英文、出版和图书馆科，第3段。

地方性法规和政策性文件。这一类法规和文件主要侧重政府职能转变的相关内容，其中也包含对调解之于营商环境裨益的认可和重视。因此，此类文件大多在提及调解重要性时也对调解机制的创新和完善做出因地制宜的安排。

本年度新的政策文件继续涌现。譬如，2023 年 11 月 22 日，上海市第十六届人民代表大会常务委员会第八次会议通过《关于修改〈上海市优化营商环境条例〉的决定》，修改后的第 73 条至第 76 条不仅涉及大调解工作格局工作部署，也对调解组织施行调解员名册制等事项作出规定；2023 年 11 月 6 日，由中共北京市委及北京市人民政府发布的《关于北京市全面优化营商环境打造“北京服务”的意见》，其中第二部分中“打造公平公正的法治环境”也提及仲裁调解属于公共法律服务体系建设的一个环节。

4. 本年度立法情况观察

就商事调解行业的发展而言，《民事诉讼法》第 115 条的修改意味着刑事层面和民事层面的虚假诉讼行为判定标准将有实质不同。在民商事程序中，即便尚无刑事层面涉嫌虚假诉讼行为的定论，法院仍有权对当事人诉权行使目的进行判断。从立法初衷上看，该修订或有助于减少通过虚假诉讼、调解行为逃避税收、监管等不法行为。但是，该法条的执行过程中，如何正确理解和解释“侵害国家利益、社会公共利益”是影响调解发展的关键，这有待更多实践的检验和论证。

《黑龙江省调解条例》和各地有关调解的立法、政策成果是“大调解工作格局”得到积极落实的成果。虽然各地对调解组织应当如何管理、调解员应具备何种资质、调解程序应当如何进行等事项有着不同的探索方向，但作为多元解纷机制之一，调解的社会自治和司法利用价值已深入人心。

（二）国资监管科学评估多元解纷可行性，打破调解决策坚冰

1.《中央企业法律纠纷案件管理办法》为央企调解破冰

2023 年 6 月 12 日，国务院国有资产监督管理委员会（以下简称国资委）令第 43 号公布《中央企业法律纠纷案件管理办法》（以下简称《央企案件管理新规》）。相较于 2005 年《中央企业重大法律纠纷案件管理暂行办法》，《央企案件管理新规》系统重构了在相关案件中的决策程序和责任主体，吸纳并鼓励多元化纠纷机制的运用。例如，第 6 条至第 10 条明确对企业主要负责人、总法律顾问、法务管理部门以及相关业务和职能部门之间的职责分工和配合协作作出了全新的规定；第 15 条针对相关案件的处理方式明确列明了调解、和解程序。

2.《上海市国资委监管企业案件纠纷和解调解操作指引》支撑国企调解决策合规性

2023 年 9 月 8 日，上海市国有资产监督管理委员会（以下简称上海市国资委）印发《上海市国资委监管企业案件纠纷和解调解操作指引》。该指引第 3 条明确鼓励通过和解、调解方式化解案件纠纷；第 4 条明确鼓励企业在业务合同的争议解决条款中预先设置和解、调解的程序；第 13 条规定了应将和解、调解工作纳入企业案件管理体系。该指引其余规定对上海市国资委辖区内国有企业参与调解的具体工作方式、注意事项进行了诸多创新，为相关企业进行调解决策提供了合规性依据。

3. 本年度行政政策观察

在我国的各类商事交易中，央企、国企以及其控股、参股的子公司是最为常见和活跃的一类主体。但是，这一类企业长期存在难以进行调解决策或调解决策缺乏合规性依据的现象。国资委和上海市国资委在 2023 年出台的文件表明，解决这一问题需从“顶层设计”破冰。《央企案件管理新规》的出台有望极大地发挥企业总法律顾问和法务部门的专业优势，协助企业在个案中更科学地决策，维护企业合法权利也降低争议解决成本。上海市国资委的指引中紧贴调解的前沿问题进行创新。例如，第 22 条规定了“企业应当积极回应并认真参与”调解程序。这是首次在监管层级设置“善意参与调解”的义务性规定；第 16 条、第 43 条规定引入包括律师事务所在内的第三方专业机构对调解可行性和调解方案合法性的评估，这对促进我国调解实践的规范化、专业化有着显著的积极意义。

（三）司法政策持续发力，调解重要性不断提升

1.《关于充分发挥人民调解基础性作用 推进诉源治理的意见》强化调解定位

2023 年 9 月 27 日，最高人民法院（以下简称最高院）、司法部联合印发《关于充分发挥人民调解基础性作用 推进诉源治理的意见》。该文件虽然名称指向人民调解，但其内容并非仅针对人民调解委员会的实践。就商事调解而言，其中第二部分内容第（四）点明确将律师调解、商事调解、行业调解相关事项列为与人民调解整合的范畴，并将各类调解均定位为实质化解社会纠纷的“第一道防线”。该文件第四部分内容第（一）点还明确了多种有助于凝聚法律服务行业人才、有助于推进调解行业专业化发展的支持和保障措施。

2.《最高人民法院关于诉前调解中委托鉴定工作规程（试行）》创新诉前调解中鉴定机制

2023 年 7 月 26 日，最高院发布《最高人民法院关于诉前调解中委托鉴定工

作规程（试行）》。该文件首次明确了在诉前调解的过程中，当事人可以向法院申请委托鉴定。同时，该文件明确了开展诉前调解的鉴定程序如何启动；也明确了调解员、法院、鉴定机构三方之间如何进行工作衔接的问题。尤其值得注意的是，该文件第 19 条规定，当事人在诉讼过程中再次提出鉴定申请时，其在诉前调解中的具体行为将会成为法院的重要参考。

3.《“一站式”国际商事纠纷多元化解决平台工作指引（试行）》规范国际商事法庭“一站式”平台使用

2023 年 12 月 22 日，最高院印发《“一站式”国际商事纠纷多元化解决平台工作指引（试行）》。这是最高院国际商事法庭进一步完善“一站式”国际商事纠纷多元化解决机制的成果。将来，符合最高院国际商事法庭管辖的案件，当事人可以通过最高院国际商事法庭在其官方网站（http://cicc.court.gov.cn）设立的全流程在线服务平台，便利地运用和启动调解程序。该文件第 6 条至第 18 条详细列明了通过该“一站式”平台申请和参与调解的流程。值得一提的是，最高院在建设该平台的过程中重点关注了用户隐私保护以及调解保密性安排的事项。“一站式”平台严格执行隐私保护的相关法律规定，对收集、存储、利用当事人信息采取了严格的保密举措。[①]

4.《中华人民共和国最高人民法院与新加坡共和国最高法院关于通过诉中调解框架管理“一带一路”倡议背景下国际商事争议的合作谅解备忘录》凝聚“一带一路”调解框架机制共识

2023 年 4 月 1 日，最高院与新加坡共和国最高法院共同签订了《中华人民共和国最高人民法院与新加坡共和国最高法院关于通过诉中调解框架管理“一带一路”倡议背景下国际商事争议的合作谅解备忘录》。[②] 根据该谅解备忘录，中国国际商事法庭与新加坡国际商业法庭都将针对“一带一路”国际商事争议管理制定和实施诉中调解框架，且双方均同意共享己方诉讼调解框架实践的信息，包括任何程序规则、案件管理程序规则和实践以及执行流程。同时，双方通过该谅解备忘录同意和确认了诉中调解的识别特征。

---

① 最高院：《最高人民法院民四庭负责人就〈“一站式”国际商事纠纷多元化解决平台工作指引（试行）〉答记者问》，https://www.court.gov.cn/zixun/xiangqing/422112.html，访问时间：2024 年 2 月 18 日。

② 最高院：《中华人民共和国最高人民法院与新加坡共和国最高法院关于通过诉中调解框架管理“一带一路”倡议背景下国际商事争议的合作谅解备忘录》，https://www.court.gov.cn/zixun/xiangqing/416332.html，访问时间：2024 年 2 月 18 日。

5. 本年度司法政策观察

随着中国经济的发展，我国民商事一审诉讼案件数量在近年来维持在 1500 万件上下的高位。[①] 如何创新发展新时代“枫桥经验”，提升“诉源治理”成效，坚持把非诉讼纠纷解决机制“挺在前面”是中国司法改革的一项重要内容。[②] 本年度出台的前述司法政策及文件充分体现了我国法院对调解行业的重视和支持。调解在纠纷解决的各类机制中具有许多优势，但发挥该种优势离不开司法系统的经验和指引。

例如，在诉前调解中引入鉴定的制度性创新虽然存在争议，但司法鉴定作为诉讼程序中常用的事实查明手段，法院相对成熟的经验确实能为调解有事实争议的纠纷提供价值——司法鉴定可以在一定程度上夯实事实基础，有益于促进当事人建立沟通共识。不过，这一制度性创新的长远影响仍需持续观察，尤其是法院在后续诉讼程序如何考察诉前调解中鉴定行为、如何权衡调解保密性原则或存争议。

2023 年，除了最高院公布的前述文件外，各地高院也积极推动、落实“总对总”诉调衔接的相关工作。例如，2023 年 4 月 17 日，湖北省高级人民法院与湖北省侨联联合印发《关于推进全省涉侨纠纷多元化解机制建设的实施意见》，对相关调解制度、调解程序和调解员队伍建设进行了有益的探索。[③]

三、商事调解行业整体发展情况

2024 年 1 月 17 日至 27 日，笔者及编写团队面向活跃在我国争议解决行业的一线实务人员进行了问卷调研，在确认受访者职业和工作内容的基础上定向发放问卷，总共回收 586 份有效问卷。

各职业类别问卷情况为调解组织和调解员占比 18.43%、律师占比 32.94%、公司法务占比 24.57%、司法行政人员占比 4.10%、法院人员占比 12.12%、高校研究人员占比 7.85%。地域上，包括我国台湾地区、香港特别行政区、澳门特别行政

---

① 国家统计局：《统计年鉴 24—13 人民法院审理一审案件情况》，https://www.stats.gov.cn/sj/ndsj/2023/indexch.htm，访问时间：2024 年 2 月 18 日。

② 最高院：《最高人民法院关于深化人民法院司法体制综合配套改革的意见——人民法院第五个五年改革纲要（2019—2023）》，https://www.court.gov.cn/fabu/xiangqing/144202.html，访问时间：2024 年 2 月 18 日。

③ 中华全国归国华侨联合会：《湖北省高级人民法院湖北省侨联合印发〈关于推进全省涉侨纠纷多元化解机制建设的实施意见〉》，http://www.chinaql.org/n1/2023/0504/c419645-32678241.html，访问时间：2024 年 2 月 18 日。

区在内均有一线实务人员反馈了有效问卷。受限于调研时间和调研渠道，本次调研仍存在地域和职业样本不平衡，调研结果仅在一定程度上体现当前我国调解行业的实务情况。

（一）委派、委托为主流，能力建设待提升

针对调解组织和调解员的调研主要涉及调解规则、调解员以及调解案件的实践情况。

从调研结果看，除了正在筹建而尚未开展调解业务的调解组织外，其余调解组织均制定有专门的调解规则。其中，41.54% 的调解组织根据自身案件结构，针对不同类型的案件制定有不同程序的调解规则。值得注意的是，调解规则的制定通常会参考法院和行业协会的指导意见，并借鉴国内其他调解组织的文本（见表1）。2023 年的案源构成中，受调研调解组织及调解员表示其所接触到的调解案源中 50.77% 来自法院委派、委托调解机制。绝大多数的调解员通过调解组织指定或分配程序获得案件委任（80%），仅有不足一成的调解员通过当事人双方协商获得选定（9.23%）（见表 2）。

表 1

（多选）问题：贵调解组织调解规则的制定是否获得以下主体支持或参考了其资料？	
A. 行政主管机关	43.08%
B. 法院	60%
C. 行业协会	55.38%
D. 高等院校或研究机构	38.46%
E. 其他调解组织	56.92%
F. 联合国贸法会《调解示范法》	41.54%
G. 其他，请注明	6.15%

表 2

（单选）问题：2023 年实践中，贵调解组织承担实际案件办理的调解员主要通过何种方式参与案件调解工作？	
A. 调解组织指定分配案件	80%
B. 当事人一方选定，并由调解员说服另一方同意选定	1.54%
C. 当事人双方共同协商选定	9.23%
D. 不清楚	6.15%
E. 其他，请注明	3.08%

以上调研结果体现出，一方面，由于我国尚未对商事调解程序单独立法，为适应不同纠纷实体问题的差异，调解组织制定调解规则时主要参考吸收特定行业协会及相关法院的意见。从较高比例的同行借鉴情况可以看出，调解行业对调解的基本理念和程序有一定共识。另一方面，我国调解行业的市场化程度不足导致调解案源依然以诉前诉中的委派、委托为主。这可能意味着当事人被动参与调解仍是普遍情况；同时也意味着，调解员不仅应具备分析纠纷实体问题的知识储备，更重要的是要具备快速建立当事人信任和促进沟通的工作能力（见表 3）。此外，在调解员能力建设方面，能够坚持定期培训的调解组织相对较少，绝大部分情况下调解员的综合能力建设亟待提升（见表 4）。

表 3

（单选）问题：就贵调解组织实践情况而言，您认为调解员培训最应侧重？	
A. 调解理念培训	12.31%
B. 调解程序培训	12.31%
C. 争议实体法律培训	18.46%
D. 沟通技巧培训	55.38%
E. 其他，请注明	1.54%

表 4

（单选）问题：贵调解组织对调解员进行培训的频次？	
A. 月度培训	7.69%
B. 季度培训	9.23%
C. 年度培训	15.38%
D. 申请时一次性培训	10.77%
E. 不定期培训	55.38%
F. 从不培训	1.54%

（二）调解功效有共识，差异化服务待探索

针对律师和公司法务的调研主要涉及调解的认知度和具体实践情况。

从调研情况看，无论是律师还是公司法务的反馈都印证了一个事实，即法院委派、委托仍是我国调解行业案件的主要来源。而且，在诉讼和仲裁程序中仍有进一步分流案源进入独立调解的潜力——诉讼和仲裁中由裁判者组织的调解数量

仍远大于委派、委托调解的数量（见表 5）。从现状看，绝大多数被调研对象对于调解的纠纷促进作用持肯定态度（见表 6）；从发展看，调解行业的市场化需要调解组织和调解员思考和探索其相对诉讼、仲裁裁判者而言，在组织和提供调解时可以提供的差异化服务为何。

表 5

（单选）问题：律师执业中或公司法务参与调解最多的方式？		
	律师	公司法务
A. 调解组织的调解	1.44%	0.83%
B. 法院委托 / 委派调解	23.02%	23.33%
C. 诉中法官调解	37.41%	33.33%
D. 仲裁中调解	27.34%	37.5%
E. 行业协会调解	0.72%	2.5%
F. 个人非正式的调解	1.44%	N/A
G. 经当事人授权与对方沟通协调	8.63%	N/A
H. 其他，请注明	0%	2.5%

表 6

（单选）问题：就您个人经验而言，调解对当事人争议解决是否有促进作用（不限于调解成功）？		
	律师	公司法务
A. 很有促进作用	26.62%	35%
B. 有促进作用	69.78%	61.67%
C. 没有促进作用	3.6%	3.33%
D. 有阻碍作用，请注明原因	0%	0%

值得注意的是，就是否愿意主动参与调解，调研结果显示，律师群体普遍认为诉讼和仲裁中的调解存在几方面问题：即，存在影响裁判者心证形成的可能（49.64%）、参与调解的物质激励不足（44.6%），调解延宕了原本诉讼和仲裁程序的推进（30.94%）（见表 7）。尽管如此，60.43% 的律师表示在调解组织的独立调解服务可供选择的情况下，仍会主动推荐当事人使用该种调解服务（见表 8）。

表 7

（不定项）问题：就您个人经验而言，调解的运用对争议解决业务会有何种不利影响？	
A. 削减诉讼或仲裁代理业务总量	19.42%
B. 参与调解程序没有对应的律师费计取机制	44.6%
C. 额外增加当事人争议解决时间、金钱成本	30.94%
D. 形成不利自认或类似影响，增加代理后续难度	49.64%
E. 其他，请注明	5.04%

表 8

（单选）问题：执业中是否会主动推荐当事人使用调解组织的调解服务？	
A. 会	60.43%
B. 不会	39.57%

就调解组织的独立调解服务而言，公司法务群体普遍认为若能够通过调解有效搭建与相对方的沟通渠道（64.17%）、费用成本明确可控（55%），并遵从调解保密性原则（40%），诉讼或仲裁程序的存在并不妨碍公司决策尝试独立调解程序（见表 9）。

表 9

（不定项）问题：公司决策启动诉讼或仲裁程序后是否还愿意并行诉诸调解组织的调解程序（不考虑相关程序关于前置性强制调解的情况下）？	
A. 不愿意	6.67%
B. 考虑到调解不公开的特点，可以尝试	40%
C. 若成本可控，可以尝试	55%
D. 若有益与相对方沟通，可以尝试	64.17%
E. 其他，请注明	1.67%

从以上调研结果看，市场化的独立调解服务在中国纠纷解决实践中存在切实的市场需求。该需求落地的关键在于调解组织和调解员稳定地提供有专业价值的调解服务。就专业化的调研结果来看，当下调解实践中大多数当事人是通过评估式调解认识个案利弊并达成妥协（见表 10）。这意味着，一方面，调解员的评估不能过于偏离裁判的统一标准；另一方面，调解员协助当事人对不同的商业利益进行“重组”并打破零和博弈的能力有待提升——即采用促进式调解超越个案寻求双赢。笔者认为，只有足够专业的调解服务才具备市场化价值。调解员协助当

事人明智决策是调解的核心价值。

从实际参与调解程序的感受看，律师和公司法务两个群体的最大顾虑在于调解周期（包括法院委派、委托机制中的调解）不可控。实践中，诉讼和仲裁中的调解程序一旦开始，裁判者往往会搁置审理和裁判进程。许多从业者认为，裁判不确定性是施加调解决策压力的手段。但是，在越来越复杂的商事争议中，这种实践极易使得纠纷解决的时间成本失控（见表 11）。

表 10

（单选）问题：就您个人经验而言，调解成功的案件最主要原因是？		
	律师	公司法务
A. 当事人基于个案利弊认识对个案标的或利益妥协	49.64%	51.67%
B. 当事人基于整体商业考虑寻求不同利益的交换	33.09%	35.83%
C. 当事人基于调解员或特定程序的压力进行妥协	5.76%	0%
D. 当事人互相谅解各自让步	10.79%	12.5%
E. 其他，请注明	0.72%	0%

表 11

（不定项）问题：您参加的调解（不限类别）遇到的主要问题？		
	律师	公司法务
A. 调解规则不清、程序不规范	35.25%	19.17%
B. 调解时限不可控，浪费时间	53.24%	53.33%
C. 调解员或调解组织工作人员行为缺少规范和约束	40.29%	16.67%
D. 成功调解结果没有执行力，容易反悔	31.65%	35.83%
E. 其他，请注明	3.6%	13.33%

综合来看，笔者认为，我国调解组织和调解员的能力建设需久久为功。裁判者在诉讼和仲裁程序中基于审理情况进行权利义务评估具备先天优势，但市场化调解的发展仍可以扬长避短——一方面充分强化独立调解的保密性和中立性（不影响裁判者心证），另一方面不断提升调解员对当事人商业利益的深刻认识（认识权利义务背后的利益）并善用促进式调解“做大蛋糕”促成双赢。

（三）行业管理待合力，各方支持更专业

针对司法行政人员及法官的调研主要涉及调解行业管理和调解实践情况。

在司法部层面，包括人民调解、行政调解和行业性专业性调解的指导工作属于人民参与和促进法治局的职能范围。[①] 在各省市直辖区层面，不到半数的调研对象表示大致了解调解相关工作的具体落实。其中，基于不同的地方性法规和政策规定，调解相关工作实际也可能被划分在公共法律服务管理部门的职能范畴（42.86%）。从工作性质上划分，调解工作多被纳入多元解纷机制建设的范畴（85.71%）。从调解组织的管理和支持看，大部分司法行政部门通常会给予辖区内调解组织不同形式的财政支持（60%）；71.43% 的调研对象反馈，行政辖区内调解员的任职资格需经当地司法行政部门指导才能确定。大部分司法行政部门也会定期组织面向社会的调解宣讲和推广活动。

受限于调研渠道，本次调研涉及司法行政人员样本相对较少，且地域覆盖面有限，故调研结果并不能全面反映我国司法行政部门对调解行业的管理现状。

在法院层面，鉴于调解在诉源治理中发挥基础性作用，[②] 并且也被定位为诉讼繁简分流改革工作的主要内容之一，[③] 各层级法院近年来多有推动调解机制建设的努力，其中不仅包括针对调解组织的规范制定、案源引流、财务支持，也包括针对调解员的能力建设支持（见表 12 至表 14）。

表 12

（单选）问题：贵院是否协助调解组织制定、修订其调解规则、调解员管理措施或办法？	
A. 从不	4.35%
B. 直接协助调解组织制定、修订该等规则	13.04%
C. 在调解组织征求意见时提出建议	45.65%
D. 其他，请注明	0%
E. 不清楚	36.96%

① 司法部：《人民参与和促进法治局主要职能》，https://www.moj.gov.cn/jgsz/jgszjgtj/rmcyyhcjfzj/rmcyhcjfzjtjzn/202105/t20210501_369214.html，访问时间：2024 年 2 月 18 日。

② 中国政府网：《最高人民法院、司法部关于印发〈关于充分发挥人民调解基础性作用推进诉源治理的意见〉的通知》，司发〔2023〕1 号，https://www.gov.cn/zhengce/zhengceku/202310/content_6908700.htm，访问时间：2024 年 2 月 18 日。

③ 《最高人民法院关于印发〈民事诉讼程序繁简分流改革试点方案〉的通知》，法〔2020〕10 号。

表 13

（不定项）问题：除人民调解委员会之外的商事调解组织，贵院是否为其提供何种支持？	
A. 特定类型案源支持	23.81%
B. 调解成功时部分诉讼费转移机制	21.43%
C. 固定经费支持	4.76%
D. 调解场所支持	35.71%
E. 其他，请注明	0%
F. 以上均无	2.38%
G. 不清楚	11.9%

表 14

（单选）问题：贵院是否组织调解组织或调解员学习特定争议实体问题的裁判规则？	
A. 从不	6.52%
B. 定期组织	17.39%
C. 不定期组织	43.48%
D. 其他，请注明	0%
E. 不清楚	32.61%

在法院日常涉及较多的委派、委托调解工作中，当事人对该种调解程序的接受程度仍有所保留（见表 15），且实际调解服务的质量也存在一定的提升空间（见表 16）。

表 15

（单选）问题：就您个人经验而言，您认为下列何种表述更符合商事案件中普遍情况？	
A. 当事人对委派 / 委托调解接受程度较高	30.43%
B. 当事人对委派 / 委托调解接受程度一般	60.87%
C. 当事人对委派 / 委托调解接受程度抵触	8.7%

表 16

（单选）问题：据您所知，本院商事案件中，当事人是否就委派 / 委托调解进行投诉或信访？	
A. 较多投诉或信访	0%
B. 较少投诉或信访	36.96%
C. 没有投诉或信访	30.43%
D. 不清楚	32.61%

整体而言，从法官的视角出发，虽然诉源治理、繁简分流等工作是法院工作的重点，但绝大部分法官期待行业协会和行政主管部门就调解的管理和支持形成合力，多方努力共同保障我国调解事业基业长青（见表17）。

表17

（不定项）问题：就您个人经验而言，认为下列何种措施更能够提高调解的专业性？	
A. 调解组织应归口相关行业协会或行政主管部门管理	35%
B. 调解员资格应归口相关行业协会或行政主管部门管理	31.25%
C. 调解规则应归口相关行业协会或行政主管部门管理	23.75%
D. 以上均不需要，应由市场充分竞争	10%
E. 其他，请注明	0%

（四）调解理念需推广，诉源治理效可期

在职业类别选择为其他项的调研人员中，主要包含三类情况：高校研究类人员；司法行政机关、法院人员中表示对所在单位调解工作不了解的人员；律师及公司法务中表示未曾运用调解解决案件的人员。该部分调研主要涉及对调解的认知度调查。

结合针对全部律师、公司法务、法官对调解认知度的调研结果，可以看到，无论相关主体调解经验如何，相对多数的人员均认为调解理念和技巧是当下我国调解行业需要进一步加强宣传和推广的事项（见表18）；相对多数的人员也均认为调解行业整体发展有利于减少程序讼累，节约审理和执行成本（见表19）。

表18

（单选）问题：最希望了解下列何种调解有关的信息？			
	律师	公司法务	其他
A. 具体调解组织的情况介绍	9.35%	7.5%	7.6%
B. 调解的理念和技巧	49.64%	37.5%	59.65%
C. 调解的程序规则	15.83%	11.67%	11.7%
D. 调解的执行力保障	16.55%	32.5%	14.62%
E. 调解的费用成本	7.91%	10%	5.26%
F. 其他，请注明	0.72%	0.83%	1.17%

表 19

（单选）问题：就您个人处理商事案件的经验而言，认为调解可以解决的最主要问题是什么？			
	律师	法官[①]	其他
A. 降低事实查明的举证成本和举证不能风险	10.07%	6.52%	9.94%
B. 避免法律或约定适用不同理解的责任风险	7.91%	4.35%	9.36%
C. 隔离当事人对抗情绪，超越个案寻求商业利益共识	25.18%	28.26%	23.98%
D. 有利于减少程序讼累，节约审理和执行成本	54.68%	58.7%	52.63%
E. 其他，请注明	2.16%	0%	4.09%

四、典型案例

【案例 1】证券特别代表人诉讼和解第一案，探索群体性纠纷调解新路径[②]

【基本案情】

泽达易盛（天津）科技股份有限公司（SH688555，以下简称泽达易盛公司）因在证券发行文件中隐瞒重要事实、编造重大虚假内容，在已经披露的年度报告中存在虚假记载、重大遗漏，于 2023 年 4 月受到中国证券监督管理委员会行政处罚，一并被处罚的还包括泽达易盛公司时任董监高共 4 人。[③]

2023 年 4 月 28 日，12 名投资者起诉泽达易盛公司及相关董监高及某证券公司、某会计师事务所、某律师事务所，诉请泽达易盛公司及相关责任人连带赔偿投资

① 面向法官的调研问卷中存在参与过调解工作，但没有直接经手过调解案件的情形，故在此项问卷中增设选项“F. 不清楚”，该部分比例为 2.17%。根据排版需要，本表省去该选项比例。

② 新华网：《7195 名科创板投资者获 2.8 亿余元赔偿 中国证券集体诉讼和解第一案生效》，http://www.xinhuanet.com/legal/20231226/8336af1f15754cbda6aaac1f4b85d295/c.html，访问时间：2024 年 2 月 18 日。

③ 中国证监会行政处罚决定书（泽达易盛及相关责任人员），〔2023〕29 号，http://www.csrc.gov.cn/csrc/c101928/c7404368/content.shtml，访问时间：2024 年 2 月 18 日。

者差额损失、佣金及印花税损失。2023 年 7 月 21 日，经中证中小投资者服务中心有限责任公司（以下简称投服中心）申请、法院同意后，投服中心作为 7196 名适格投资者的代表人参加诉讼，全体原告投资者损失金额总额为 2.8 亿余元。

【审理及调解过程】

本案由上海金融法院受理。上海金融法院以副院长为审判长，三位业务庭庭长及一位审判员共同组成了五人合议庭。

考虑到涉案事实认定相对清晰，被告承担民事赔偿责任符合当事人预期，上市公司实控人、高管、中介机构及直接责任人员有一定偿付能力，且均有积极赔付意愿。合议庭决定组织各方开展调解，并委托中国证券投资者保护基金有限责任公司核定了相关损失数额，评估了泽达易盛公司相关责任人各自过错程度及应当承担的责任，形成了合法合规的赔付方案。同时，由合议庭组织各方召开异议听证会，最终确定有 1 名投资者退出，达成调解的投资者为 7195 名。

2023 年 12 月 26 日，上海金融法院向 7195 名投资者送达民事调解书，明确各责任主体将按照第三方损失核定的赔偿金额全额赔付。本案中，实际参与调解的投资者占全体适格原告投资者的比例高达 99.6%。其中，单个投资者最高获赔 500 万余元，人均获赔 3.89 万元。

【纠纷观察】

《中华人民共和国证券法》（以下简称《证券法》）增设第 95 条所规定代表人诉讼制度曾被认为是 2019 年修法最激进的条款。[①] 而投服中心作为中国证券监督管理委员会批准设立并直接管理的证券金融类公益机构，其推动中国首例特别代表人诉讼——康美药业案后，已标志特别代表人诉讼机制常态化开展。[②]

在该背景下，本案成为中国首例通过调解结案的证券特别代表人诉讼案件，落实了《最高人民法院关于证券纠纷代表人诉讼若干问题的规定》（法释〔2020〕5 号，以下简称《证券纠纷代表人诉讼司法解释》）第 3 条的规定，检验和印证了调解机制妥善解决该类案件的功效。

一方面，本案自 2023 年 4 月由投资人首次起诉，到 2023 年 7 月投服中心作为特别代表人起诉，再到 2023 年 12 月达成调解并进入履行程序，历时仅 8 个月。

---

① 张保生、周伟、朱媛媛、彭雅娜：《新〈证券法〉设立中国特色证券诉讼新机制，全民索赔时代来临》，https://www.zhonglun.com/research/articles/7687.html，访问时间：2024 年 2 月 18 日。

② 中国证券监督管理委员会：《证监会有关部门负责人就康美药业特别代表人诉讼案作出判决答记者问》，http://www.csrc.gov.cn/csrc/c100028/c1556048/content.shtml，访问时间：2024 年 2 月 18 日。

调解的运用极大地节约了纠纷解决的时间成本。另一方面，调解中引入第三方损失鉴定避免了正常审理时对赔偿基准日确定、损失与违法行为因果关系、市场系统性风险剔除等重要事项的拉锯。虽然这些问题的裁判尺度需更多的判决凝聚共识，但就个案而言，专业且具有公信力的处理能协助当事人对基本事实迅速达成共识。这极大地降低了投资者维权成本，也提升了资本市场法治化水平，为上市公司和投资者注入信心。①

更重要的是，上海金融法院抽调骨干组成五人合议庭，首次实践和检验了《证券纠纷代表人诉讼司法解释》第 18 条至第 21 条有关投资人对调解协议草案磋商的调解程序。本案为群体性案件中如何促成调解意愿、如何保障各方公平合理决策贡献了实践经验——包括有序地组织异议听证会，组织被告对调解协议草案进行解释，完成最终调解协议的合法性、适当性和可行性审查等。本案实践对后续群体性商事调解具有重大借鉴意义。

【案例 2】共商共建共享共解纷，调解保障“一带一路”机制行稳致远②

【基本案情】

2022 年 9 月 26 日，中国某公司（以下简称中国买方）与哈萨克斯坦某公司（以下简称哈萨克斯坦卖方）签订了货物买卖合同，适用 FCA 贸易术语。签约后，中国买方依约向哈萨克斯坦卖方支付了预付款。履行过程中，中国买方与哈萨克斯坦卖方针对货物的交付等一系列事宜沟通不畅。最终，哈萨克斯坦卖方未按合同约定履行交货义务，双方就退还预付款事宜产生争议。由于争议解决条款约定争议应当提交哈萨克斯坦卖方所在地的司法机关审理，故哈萨克斯坦卖方怠于解决争议。其认为中国买方无法承担诉讼成本高、周期长的后果，无法有效追究其责任。

【调解过程】

2022 年 11 月 16 日，多次沟通无果后，中国买方向一带一路国际商事调解中心（以下简称 BRI 调解中心）提出调解申请，请求就退还合同预付款等事项进

---

① 上海金融法院：《中国证券集体诉讼和解第一案今生效——7195 名科创板投资者获 2.8 亿余元全额赔偿，人均获赔 3.89 万元》，http://www.sfc.gov.cn/jrfy/gweb/xx_view.jsp?pa=aaWQ9OTcyMgPdcssPdcssz，访问时间：2024 年 2 月 18 日。

② 北京融商一带一路法律与商事服务中心：《2022 年度案例 | 北京调解室涉哈国际贸易合同纠纷》，http://www.bnrmediation.com/CN/NewsContent/02/4d294d32-25c4-4fde-b281-5e0542d07a4c，访问时间：2024 年 2 月 18 日。

行调解。BRI 调解中心收到调解申请后，由调解秘书初步审核了当事人之间提交的相关材料。调解秘书还了解到在前期沟通中，中国买方要求哈萨克斯坦卖方于 2022 年 12 月 9 日前先行退还一笔货款，但哈萨克斯坦卖方仅承诺退还货款，未对退款日期予以明确。

通常情况下，在双方未正式同意调解时，BRI 调解中心的调解秘书会及时与各方当事人建立沟通和联系，并促成各方调解意愿。但是，本案中，考虑到不管是从法律适用、理解合同规定还是语言表达等方面都有一定难度，BRI 调解中心从其调解员合作机制中联系哈萨克斯坦籍调解员 Sergei Vataev，委托其直接联系哈萨克斯坦卖方，并促成其同意参与由该调解员组织的调解程序。

正式进入调解程序后，中国买方提出调解协议草案。调解员积极地沟通并组织哈萨克斯坦卖方在退还款项金额、履行期限等事项上评估和权衡，促使哈萨克斯坦卖方积极回应中国买方。最终，双方直接沟通、自行协调达成调解协议。经 BRI 调解中心协助，调解协议以电子方式签署。哈萨克斯坦卖方退还了中国买方全部预付款（扣除汇率损失后）。

根据 BRI 调解中心收费标准，哈萨克斯坦籍调解员依据其工作时间计取了市场化、国际化标准的调解员报酬。

【纠纷观察】

BRI 调解中心是最高人民法院司法改革办公室确定的多元化纠纷解决机制改革项目子课题单位。该中心不仅制定了相对成熟的《调解规则》，还与多个“一带一路”国家和地区的商事与法律机构建立了合作关系。[①]

本案实体争议并不复杂，但在国际贸易背景下，其争议解决成本和不确定性风险显著提升。仲裁和诉讼的风险来源于不同国家诉讼制度和法律传统的差异，也极易导致两国商事主体之间从此丧失合作的可能。正如联合国国际贸易法委员会指出，调解是一种友好解决国际商业关系中产生的争议的机制，调解的运用有助于发展和谐的国际经济关系。[②] 本案调解员的沟通促成哈萨克斯坦卖方积极转变了争议解决的态度，从怠于沟通到积极协商和履行，当事人之间的商业合作氛围得到根本改善。

值得注意的是，在我国调解组织的实践中，一般会设置调解秘书和调解员合

① 北京融商一带一路法律与商事服务中心：《中心介绍》，http://www.bnrmediation.com/CN/About，访问时间：2024 年 2 月 18 日。

② 联合国国际贸易法委员会：A/RES/73/198，（中文版，N1845652），https://documents.un.org/，访问时间：2024 年 2 月 18 日。

作的工作机制。当事人之间调解意愿的促成往往是调解组织的工作范畴。在一些市场化调解制度相对发达的国家和地区，调解员对自己服务的“营销”是其工作的一部分，促成调解意愿是调解员取得当事人信任的过程。透过本案可以看到，专业的调解员更早介入调解工作有相当的益处，一方面有利于其尽快获取当事人的信任，另一方面可以更有效地促成当事人正视争议并积极处理。

2023 年我国企业在“一带一路”共建国家非金融类直接投资逾 2240 亿元、新签承包工程合同额逾 16000 亿元，保持了持续增长态势。[①] 考虑到与“一带一路”国家进行跨境诉讼或国际仲裁的现实难度，调解将会是解决“一带一路”商事争议的最佳选择。本案调解的成功，尤其是 BRI 调解中心吸纳并委托哈萨克斯坦籍调解员的实践，既展现了中国争议解决行业包容、开放的姿态，也加深了两国实务界之间对彼此法律传统、法律理念的理解。相关主体互相理解、互相合作、共谋发展是“一带一路”机制下实现共商、共建、共享的重要前提，本案为这一中国特色的全球治理理念提供了一个有益注脚。

【案例 3】知识产权纠纷调解工作大有可为[②]

【基本案情】

某移动通信有限公司（以下简称 VIVO 公司）经营范围包括生产和销售各类电话机、手机、手机配件、饰品等，于 2012 年 9 月 21 日就“VIVO”注册了第 9××××08 号图片，其作为该商标专用权人。根据《第 19××××68 号“VIVO”商标不予注册的决定》，第 9××××08 号图片注册商标已在我国相关公众中具有较高知名度，在“手提电话”商品上为驰名商标。[③] 近 5 年来，通过裁判文书网查询，由 VIVO 公司作为原告，涉及 9××××08 号商标的侵害商标权纠纷的民事判决书为 80 件。[④] 同时，以 VIVO 公司作为原告，涉及其他商标的侵害商标权纠纷的民

① 中国一带一路网：《2023 年我国对“一带一路”共建国家投资合作情况》，https://www.yidaiyilu.gov.cn/p/0697U0UU.html，访问时间：2024 年 2 月 18 日。

② 司法行政（法律服务）案例库：《南昌市某通信有限公司与某手机维修中心等商户知识产权纠纷调解案》，https://alk.12348.gov.cn/Detail?dbID=48&sysID=31972，访问时间：2024 年 2 月 18 日。

③ 中国裁判文书网：“深圳市中级人民法院民事判决书（2020）粤 03 民终 16190 号”，https://wenshu.court.gov.cn/，访问时间：2024 年 2 月 18 日。

④ 中国裁判文书网：“维沃移动通信有限公司”“侵害商标权纠纷”“民事判决书”“9××××08”，https://wenshu.court.gov.cn/，访问时间：2024 年 2 月 18 日。

事判决书为742件。[①] 该些案件遍及全国。

2023年9月1日，司法部发布《人民调解工作指导案例》，其中涉及2022年1月底，VIVO公司作为原告起诉南昌县某手机维修中心、南昌县某通信经营部、安义县某通信服务部、南昌县某通信业务代办点、南昌县某通信店、南昌县某手机维修中心等六家手机销售和维修商户。VIVO公司主张前述六家商户在经营活动中有销售假冒VIVO注册商标的手机充电器、数据线等手机配件的行为，诉请法院判处赔偿其经济损失及合理开支。

被告方答辩认为其日常经营活动中只有极少量原告指称的销售行为，且作为零售商无法分清VIVO公司的真品与假货、自身也非生产假货的厂家，不应承担赔偿责任；即使侵权，被告方所得收益较低，无力承担高额赔偿。

【审理及调解过程】

本案由江西省南昌经济技术开发区法院处理，并在立案阶段依据相关规定将案件移送至南昌市知识产权纠纷人民调解委员会调解。

调解员查阅了类案裁判文书并梳理了有关赔偿金额的计算标准和计算方法。同时，调解员与双方当事人进行逐一沟通，了解当事人对本案的想法和诉求，增强各方调解意愿。在调解过程中，调解员出示类案裁判文书，协助双方当事人了解侵权行为的认定标准、赔偿标准，并针对被告方疑惑的法律问题进行了解释；以降低诉讼时间成本等考量，说服VIVO公司代理人建立合理赔偿预期、谅解被告。最终，调解员组织各方当事人就相对较低的赔偿额、立刻停止侵权行为、撤诉等相关事项达成一致意见。

【纠纷观察】

自从《中国制造2025》提出“三步走”的制造强国战略以来，我国的知识产权保护制度建设取得了长足进步。商标权保护关乎我国高端制造业蓬勃发展和中国品牌国际影响力的打造。这在一定程度上解释了“侵害商标权纠纷”自2015年之后在中国裁判文书网公开文书数量成倍增长的现象，也体现了相关商业主体不断增强的维权意识。

该类案件的难点之一在于赔偿数额的确定。在学理上，这个问题存在惩罚加害人正当性和让受害人获得高额赔偿正当性之间的权衡。[②] 其个案中的审理和查明

---

① 中国裁判文书网：“维沃移动通信有限公司”“侵害商标权纠纷”“民事判决书”，https://wenshu.court.gov.cn/，访问时间：2024年2月18日。

② 王利明：《论我国民法典中侵害知识产权惩罚性赔偿的规则》，载《政治与法律》2019年第8期，第95页。

对当事人来说具有不小的举证难度；对裁判者来说，其行使自由裁量也有相当的压力。这类案件的裁判中可能出现的不确定性来源于对商标识别作用保护目的的不同理解。裁判者需要考虑的不仅是权衡私人利益，也同样需要权衡公共利益（消费者利益和市场秩序）。[①] 两种利益的权衡因人而异、因案而异。

相较之下，个案的调解可以搭建灵活的沟通机制，仅就原被告双方的切身利益进行协商和安排。本案中，以 VIVO 公司经济实力而言，其起诉之目的未必在于最大化赔偿数额。尽量消除特定区域市场对品牌的混淆、维护和提升品牌的价值似更为重要。被告方被诉侵权行为以及从中获益的程度相当有限，裁判高额赔偿并非易事。本案最终通过南昌市知识产权纠纷人民调解委员会调解解决，系人民调解工作与行业性专业性调解工作的结合。调解过程既妥善地控制了纠纷解决的成本，调解结果也基本实现了当事人各自核心的利益诉求。

本案体现出专业性对于调解的重要意义。笔者认为，采取评估式调解方法要求调解员对特定实体问题、裁判尺度、裁判机构的认知优于当事人和一般的法律服务人员。这是其协助当事人建立合理成本、风险预期的关键。另外，调解员只有洞悉相关的商业模式和法务需求，才能准确定位个案中双方的核心利益，并从中促成共识。尽管本案是公益性质的人民调解，调解过程和结果亦体现了专业的价值。不同类别的调解加强交流、共同进步是当下我国调解事业专业化发展的要务。

【案例 4】调解确认工程价款优先受偿权被否，第三人撤销之诉检验调解合法性

【基本案情】

烟台德润建筑有限公司第五分公司（以下简称承包方）与烟台新诚压力容器有限公司［以下简称发包方（债务人）］因某厂房建设工程施工合同工程款结算问题产生争议，承包方于 2020 年 12 月 16 日向山东省海阳市人民法院提出起诉，诉请发包方给付工程款、并请求确认其相应的工程价款优先受偿权。经调解，双方达成（2020）鲁 0687 民初 6070 号民事调解书，确认了发包方应给付的工程款数额、支付方式，并确认承包方就案涉工程享有工程价款优先受偿权。

烟台农村商业银行股份有限公司牟平区支行（以下简称抵押权人）与发包方（债务人）及其他相关公司因多份金融贷款合同逾期还款问题产生争议，抵押权人

① 张玉敏：《维护公平竞争是商标法的根本宗旨——以〈商标法〉修改为视角》，载《法学论坛》2008 年第 2 期，第 31 页。

于 2018 年、2019 年向山东省烟台市中级人民法院、山东省烟台市牟平区人民法院分别提出诉讼，诉请发包方（债务人）支付借款本金，并确认其对于双方之间签订《最高额抵押合同》项下抵押物的优先受偿权。经审理，法院作出两份民事判决书，确认了抵押权人就相关抵押物的优先受偿权。其中，抵押物包括承包方参与建设施工的，发包方（债务人）的不动产、无证房产及其附属设施。

2020 年，抵押权人向山东省烟台市中级人民法院申请强制执行，案号为（2020）鲁 06 执 77 号；2021 年，承包方向山东省海阳市人民法院申请强制执行，案号为（2021）鲁 0687 执 77 号。因前述执行程序涉及财产部分重叠，抵押权人向山东省海阳市人民法院——即建设工程施工合同案的管辖、执行法院提出第三人撤销之诉。经审理，该法院作出（2021）鲁 0687 民撤 2 号民事判决书，撤销（2020）鲁 0687 民初 6070 号民事调解书中有关确认承包方工程价款优先受偿权的内容。

承包方不服第三人撤销之诉一审判决，上诉至山东省烟台市中级人民法院。经审理，该法院于 2023 年 2 月 7 日作出（2022）鲁 06 民终 4933 号民事判决书，驳回上诉，维持原判。

【争议焦点】

在抵押权人与承包方之间，因双方彼此执行程序均涉及发包方（债务人）同一财产，在第三人撤销之诉中涉及两个争议焦点。其一是在程序上，抵押权人是否具有诉讼主体资格（提出第三人撤销之诉）；其二是在实体上，承发包双方通过（2020）鲁 0687 民初 6070 号民事调解书确认的工程价款优先受偿权是否有效，以及在第三人撤销之诉中对该调解程序和结果的审查是否必要以及如何进行。

【裁判观点】

针对第一个争议焦点，鉴于《民事诉讼法》及其司法解释对诉讼主体资格、第三人撤销之诉的提出条件均有明确规定，在此不再赘述两审法院的裁判意见。

针对第二个争议焦点。由于承发包双方在建设工程施工合同纠纷一审中系调解结案，故第三人撤销之诉的一审法院结合抵押权人的诉讼主张重新审查了案涉工程的竣工时间和质保期起止时间，并以质保金应返还的时间为工程价款优先受偿权的起点，认定“是否进行最终结算与应付款时间无关”、承包人主张工程价款优先受偿权过期，故撤销了（2020）鲁 0687 民初 6070 号民事调解书确认的优先受偿权内容。

二审法院进一步审查了案涉工程的实际交付时间，认定发包方（债务人）此时“已能够实际控制并使用涉案建设工程”，承包方已可以“主张给付建设工程价款并行使优先受偿权”，并最终认定承包方于2020年起诉发包方（债务人）主张工程价款优先受偿权时已超过法定时限，一审法院结果正确，应予维持。

【纠纷观察】

近年我国房地产市场的变化折射了部分房地产开发企业的债务困境。施工企业和开发企业债权人时常围绕唯一可执行财产标的——施工企业施工的建筑物进行零和博弈。调解自愿、高效的特点可以成为优先权救济的手段和措施。但是，工程价款优先受偿权在法律性质上存在留置权、优先权、法定抵押权的理论争议，[①]“自愿调解”是否可以作为确认优先权的方式在实践中也存在争议。因此，从实务情况看，确权性事项的处理在诉讼所涉调解中相对保守。

例如，最高院曾在中国建设银行股份有限公司丰城支行诉张某、龙岩市环闽投资有限公司等执行异议之诉的案件中认定，未经法院对相关事实实质性审查的确权民事调解书不能作为执行依据。[②]但是，该案中明确的事实是调解案件的审理并未对相关重要事实进行实质审查。

反观本案，从第三人撤销之诉的二审判决书记载看，建设工程施工合同纠纷的诉讼中，工程价款应付时间点这一核心问题曾经过开庭审理。而且，发包方在不同案件中表述的事实存在一定出入。在此情况下，以第三人撤销之诉的程序重新确定工程价款优先权起算时间点是否合理值得商榷。尤其是，在没有证据证明承包方存在虚假诉讼或伪造证据的情况下，该认定方式是否会助长各方零和博弈中的不诚信行为难免令人担忧。

从调解的角度出发，一方面，无论是诉讼或仲裁中的调解程序，还是独立调解程序，在处理涉及权利确认或者权属认定的争议事项时都需要格外注意合法性的问题。针对工程价款优先受偿权的事项，本案第三人撤销之诉虽然否定调解书的确权效果，但仍系实体审查后的处理。这是否意味着，若在调解时通过恰当的方式对合法性问题进行了审理，就能维持调解书确权的效果？这也是本案引申的问题之一。另一方面，对于独立的调解组织和调解员而言，其所组织的调解程序更为灵活，不受具体案件原被告双方主体范围的限制。透过本案，笔者认为在涉及优先权的处理时，独立调解程序或更有优势——其能更为全面地劝说利益相关主体共同参与调解程序，相应的调解结果也将具备更为扎实的纠纷解决效果并极

---

① 潘军峰：《建设工程施工合同案件审判疑难问题研究》，载《法律适用》2014年第7期，第70页。

② 中国裁判文书网：“最高人民法院民事裁定书（2019）最高法民终470号”，https://wenshu.court.gov.cn/，访问时间：2024年2月18日。

大地降低各方当事人的讼累和成本负担。

【案例5】调仲结合协调管辖争议，尊重事实节约讼累

【基本案情】

北仲案例：某劳务分包公司（以下简称分包方）与某央企施工公司（以下简称B总包方）就俄罗斯某基建项目签订了《土建分包合同》。在施工过程中，受战争影响，分包方提前撤场，撤场时双方就已完工程量价完成盘点，双方在合同履行过程中逐月签订了《月度结算书》，但未按合同约定流程完成竣工结算。分包方依据《土建分包合同》向北仲提出仲裁，请求B总包方依据末次《月度结算书》确定的月度累计结算金额向其支付欠付工程价款。B总包方则认为末次《月度结算书》并非约定的竣工结算，其不具备结算效力。同时，B总包方针对分包方在履行施工义务的过程中存在的质量瑕疵维修费用、俄罗斯业主罚款以及施工现场秩序维持等违约情形提出反请求，要求分包方退还已经超付的工程进度款。

深国仲案例：某央企施工公司（以下简称A总包方）与深圳某地产开发公司（以下简称开发商）就建筑面积近75000平方米的写字楼建设项目签订《施工总承包合同》。工程竣工后，因结算争议，A总包方于2022年5月向深国仲提出仲裁案件。经多轮和解沟通后，A总包方与开发商自行签订《结算协议》，确认结算金额近2.5亿元，同时约定了开发商的关联公司作为担保方。随后，A总包方撤回了第一个仲裁案件。受市场环境影响，开发商未按《结算协议》准时付款，针对欠付款部分，双方签订《工程款抵房协议》，但开发商仅部分履行了义务。随后，A总包方再次基于《施工总承包合同》于2023年向深国仲提出仲裁案件，请求依据结算金额确定的工程价款并确认其优先受偿权。由于《结算协议》《工程款抵房协议》均无仲裁条款的约定，故开发商提出相应答辩意见。A总包方同步依据《结算协议》在相关法院向担保方提出了诉讼案件。

【审理及调解过程】

北仲案例：北仲受理分包方与B总包方的仲裁案件后，仲裁庭协助双方充分评估了事实查明及法律适用的难度和利弊，促使双方在工程价款的问题上达成妥协。最终在分包方放弃利息、B总包方在放弃部分违约金等请求的基础上，分包方按约80%的工程价款与B总包方达成一揽子的和解方案。仲裁庭经审查后据此出具了调解书。

深国仲案例：深国仲于2023年第二次受理A总包方与开发商的仲裁案件后，仲裁庭协助双方深入沟通，促使开发商同意组织其关联公司加入本案，承担担保

责任。A 总包方、开发商以及担保方共同签订单独的《仲裁协议书》，A 总包方根据深国仲《仲裁规则》第 20 条的规定申请追加担保方作为本案当事人，担保方基于本案进度出具《同意加入仲裁程序的情况声明》。最终经过仲裁庭对和解方案的合法性审查并出具调解书。各方确认 A 总包方债权仍然系基于《施工总承包合同》的工程价款，A 总包方享有工程价款优先受偿权；开发商对仍能够履行的抵房内容继续履行，逾期仍以工程价款债权方式予以支付；担保方继续承担连带责任。

【纠纷观察】

上述两个调仲结合的案例均涉及常见的建设工程结算争议。在地产开发高速扩张时期，开发商为了追求资金周转效率，普遍存在资金腾挪的情况，这导致结算问题往往成为承发包双方在账期、利润、长期合作之间的商业博弈。诉讼、仲裁等对抗式争议解决程序由于程序相对烦琐，在诸如管辖问题、回避问题、争点问题、保全问题、鉴定问题、执行问题等多个方面，都可以被当事人利用为其博弈手段。

但是，近年来房地产市场经济周期的调整和相关金融政策的变化彻底改变了施工方，尤其是总包方在这类博弈中的利益考量——开发商回款风险极易成为现实，且对分包方和供应商的垫资压力巨大。因此，总包方在与开发商的结算案件中进行调解有助于通过灵活的方式切实解决回款问题；在与分包方和供应商的结算案件中进行调解则有助于将成本控制在意思自治的范畴内，避免不专业的裁判或者事实模糊情况下的裁判导致成本失控。

北仲与深国仲作为中国领先的仲裁机构，均能够充分利用调解的自愿性和仲裁的灵活性针对个案争议解决需求“量体裁衣”。例如，在深国仲案例中，调仲结合的方式解决了多份协议之间管辖约定不同的问题，使调解结果的可执行性得到了相当的保障；其次，通过调解，也避免了以房抵债是否构成以及何时构成新债的法律判断风险，保留了当事人行使工程价款优先受偿权的回款手段。

在北仲案例中，调仲结合的方式避免了可能因为月度结算无法作为竣工结算判断依据的鉴定成本和裁判风险。事实上，如果总分包之间的项目管理和施工履约管理较为完善，结算类争议的诉讼或仲裁案件只是徒增双方争议解决成本。总包方即便通过诉讼或仲裁程序获得账期利益，也很有可能因为裁判的不确定性导致成本失控。尤其本案涉及海外建设工程的事实查明问题，如果当事人之间对项目建设成本有实质上的共识，通过调解确认结算能够将成本始终控制在自身可接受的范畴之内。

五、热点问题观察

（一）调解统一立法研究不断深入，大调解工作格局呼吁上位立法

如本文第三部分调研情况揭示，市场化的第三方调解服务是深化构建大调解工作格局所产生的切实需求。规范化、专业化不足仍是短板。从制度层面看，首要应对之策当属“顶层设计”的补位。就此，本年度多篇较有代表性的学术文献详细进行了论证。

学者赵毅宇认为，以《中华人民共和国人民调解法》（以下简称《人民调解法》）为主的调解法律框架事实上已经与调解行业在中国的实践情况无法匹配。无论组织形式还是运作方式，被称为专业性行业性的人民调解实质上是商事调解形式寻求合法性地位的方式。[①] 其进一步从商事调解立法的外生压力与内生动力进行分析，[②] 并详细阐述了中国商事调解立法应关注的五个结合性——组织法与程序法、社会自治与司法利用、公益性与市场性、授权性与义务性、国内性与涉外性相结合。[③] 深圳市发展改革委主任郭子平结合其工作经验，从2022年5月施行的《深圳经济特区矛盾纠纷多元化解条例》这一地方性法规的立法成果出发介绍了可能有益于我国商事调解立法的架构和事项。[④] 一些学者亦发文指出中国商事调解立法的缺位会影响各国当事人对中国商事调解制度的选择，长远来看不利于中国构建现代国际商事调解制度；[⑤] 从效率和操作层面来看，单独立法是实现专门化规范商事调解最为便捷的方式之一；[⑥] 加快与国际接轨的调解法律制度建设是营造我国市场化、法治化、国际化营商环境的关键手段，也是我国向国际社会彰显法治软实

---

① 赵毅宇：《中国商事调解立法模式选择及其展开》，载《法学杂志》2023年第3期，第157页。

② 赵毅宇：《中国商事调解立法理由的体系化展开》，载《中国海商法研究》2023年第2期，第49页。

③ 赵毅宇：《商事调解概念的主观主义重构》，载《商业经济与管理》2023年第4期，第89页。

④ 郭子平：《我国国际商事调解特区立法：问题争议、解决机制及制度贡献》，载《深圳大学学报（人文社会科学版）》2023年第4期，第13页。

⑤ 刘静：《论一站式国际商事纠纷解决平台下的商事调解制度——以〈新加坡调解公约〉为视角》，载《河南财经政法大学学报》2023年第3期，第118页。

⑥ 王国华、施长艳：《〈新加坡公约〉与中国国际商事调解机制的冲突及破解之道》，载《中国海商法研究》2023年第2期，第37页。

力的重要表现。[①]

除了上述学术探讨外，笔者还注意到，2023 年全国政协评选的优秀提案——“关于推动制定《矛盾纠纷多元化解机制促进法》的提案（02425 号）”也适时提出了尽快启动《矛盾纠纷多元化解机制促进法》立法工作的建议。该提案从加强法律制度相互衔接、凝聚诉源治理工作合力、巩固提升地方法治探索经验、回应实践中的新情况新问题四个方面论证了调解统一立法的必要性和可行性。

1. 立法的必要性

笔者认为，就调解统一立法而言，将包括商事调解在内的各类调解活动纳入调解统一立法符合普遍的社情民意。虽然商事调解在 2009 年才首次出现在我国有关多元解纷体系的官方文件之中[②]，但自清末民初以来，其作为一种纠纷解决方式已经稳定存在，历经四个主要阶段的发展后早已融入中国商业社会的方方面面，并源源不断地为我国商事争议的解决注入和谐的力量。[③]即便我国商事调解的市场化、国际化发展还存在许多困难，即便案源、费用等“生存障碍”仍然存在，但是“许多法律、经贸领域的从业人员投身商事调解工作，对商事调解行业抱有极高的期待与热情，并对调解发展的前景表示乐观”[④]。实务界对调解事业的热情和期待也可以从本文所涉调研结果得到印证。

随着大调解工作格局的部署和推进，我国不同调解类别的樊篱正在消失——调解在泽达易盛案这一特别代表人诉讼中运用，人民调解在知识产权商事纠纷中作为，国际商事调解在“一带一路”纠纷中解忧，仲裁中调解在复杂建设工程争议中实质解纷。参与和组织调解主体的多样化是调解市场化的结果，但调解方式方法在不同类型的案件中都具备共通共同之处。现行《人民调解法》不仅在组织法层面难以适应多样化的调解机构形式，在程序法层面也难以促进调解行业对规范化和专业化的调解程序达成共识。

---

① 祁壮：《国际商事调解发展的新趋势与我国的应对》，载《江西社会科学》2023 年第 2 期，第 193 页。

② 郭子平：《我国国际商事调解特区立法：问题争议、解决机制及制度贡献》，载《深圳大学学报（人文社会科学版）》2023 年第 4 期，第 13 页。

③ 中国贸促会调解中心：《中国商事调解年度报告（2022—2023）》，第 1 页。

④ 中国贸促会商事法律服务中心：《中国贸促会调解中心举行〈中国商事调解年度报告（2022—2023）〉新闻发布会》，https://www.ccpit.org/a/20240105/20240105bps9.html，访问时间：2024 年 2 月 18 日。

2. 可行的组织与程序规则

在组织法层面，国际法渊源对调解的定义强调揭示了任何“第三方协助当事人解决争议，不包括将具有约束力的决定强加于当事人的权力”的程序均属于《调解示范法》对调解的定义范畴。[①] 就我国不同类型的调解实践而言，其实施主体和称谓之异不改变其当事人合意型争议解决程序的本质。立法需要厘清各类调解实践中各类调解组织形式的关系。从立法层面回应各类调解组织的发展需要不仅符合我国调解实践，也符合将促使我国调解事业与国际接轨。

在程序法层面，《黑龙江省调解条例》第 50 条、第 51 条规定的“调解中的鉴定”[②]“调解中的评估”[③]规则、《上海市国资委监管企业案件纠纷和解调解操作指引》第 22 条规定的“善意参与调解”[④]规则都是地方性法规和政策对于调解程序指引的创新。适时地总结这些规则的施行效果并上升为立法，有助于提升调解行业整体的规范性和专业性。此外，《调解示范法》提供的范本代表了世界范围内普遍认可的调解实践。其中关于固定期限无回应可视为拒绝调解的规则[⑤]有助于避免调解对同一争议事项的平行争议解决程序造成不必要的拖延。我国立法引入该规则有助于解决本文调研中体现的，各类主体对当前调解实践的顾虑。

3. 强化司法利用规则

从完善诉调衔接、推动诉源治理的司法利用角度，最高院已经出台多项司法解释及司法政策性文件。法院“引导告知”是委派、委托调解机制中促成当事人调解意愿的重要前提。实践中，随着政策风向、法官偏好以及其工作量和工作方式的变化，法官“引导告知”的力度并不确定。这不利于培养当事人对调解的认知，也不利于大调解工作格局的构建。

---

① 联合国国际贸易法委员会:《贸易法委员会国际商事调解和调解所产生的国际和解协议示范法（2018 年）颁布和使用指南》，联合国维也纳办事处英文、出版和图书馆科，第 9 段。

② 《黑龙江省调解条例》第 50 条：调解过程中需要进行鉴定以明确责任的，调解组织可以委托由当事人共同选择的具备资质的鉴定机构进行鉴定。

③ 《黑龙江省调解条例》第 51 条：调解过程中当事人对争议事实、法律依据、责任分担、争议结果等争议较大的，调解组织可以在征得当事人同意后，委托第三方专业机构或者律师、公证员、专家等进行评估，评估意见作为调解的参考。

④ 《上海市国资委监管企业案件纠纷和解调解操作指引》第 22 条：企业应当积极回应并认真参与争议案件所在法院或仲裁机构在受理后正式立案前阶段和后续审理阶段中就案件所组织的调解或委托调解程序。

⑤ 《调解示范法》第 5 条第 2 款：一方当事人邀请另一方当事人参与调解，自邀请函发出之日起 30 日内或者在该邀请函规定的其他期限内未收到对该邀请函的接受函的，可决定将此作为拒绝调解邀请处理。

事实上，在诉调衔接领域推动前置或强制调解的改革不乏“他山之玉”——例如，英国2022年发布的《民事司法改革重点蓝图》中，明确在一定金额范围内的诉讼必经前置调解程序。有评论观点认为，这样的改革有助于民众更便捷地“获取正义”，避免昂贵的诉讼程序。① 也有观点认为英国法院首次赋予调解在一定范围内的强制性是体现政府和司法机关对非诉讼争议解决体系建设的重视，本就是民事司法制度改革的应有之义。②

笔者认为，通过诉调衔接制度将当事人导向调解并不违背自愿性的原则。当事人被要求进入调解程序，但对调解程序的进行方式以及调解与否的结果仍然享有自由决定的权利。通过这样的方式，更多当事人才能够深入地了解调解的优势，并在未来的争议解决中更为明智地作出选择。

同样，检视美国《统一调解法案》出台的历史背景，早在20世纪70年代，“诉讼爆炸”导致美国法学界一度认为其社会正义已经出现了危机。③ 司法利用是美国争议解决行业的各方主体开始逐渐转向和推广调解的主要动因。在诉调衔接方面，即便面对前置或强制调解是否违宪的争议，美国的法院系统坚持认为其法庭根据情况有权强制要求当事人进行调解。④ 早在1989年，美国第七巡回上诉法院在 *Heileman Brewing Co. v. Joseph Oat Corp.* 案中就指出，联邦法院的法庭依职权可以命令当事人参与审前和解会议的磋商。⑤ 在2002年，美国第一巡回上诉法院进一步在 *In re Atlantic Pipe Corp.* 案中指出，即便当事人提出异议，联邦法院的法庭依职权仍可以要求民事案件中的当事人参加调解程序并支付调解费用。⑥ 这一系列对法律传统的突破最终成就了美国《统一调解法案》的形成，成就了美国调解

---

① Ministry of Justice, HM Courts & Tribunals Service, Lord Bellamy KC: “Government Reveals Plans to Divert Thousands of Civil Legal Disputes Away From Court”, https://www.gov.uk/government/news/government-reveals-plans-to-divert-thousands-of-civil-legal-disputes-away-from-court，访问时间：2024年2月18日。

② Jan O’Neill: “UK Government Confirms Plans For Compulsory Mediation in the County Court and Decides Against Statutory Regulation of the Mediation Sector”, https://hsfnotes.com/adr/2023/08/01/uk-government-confirms-plans-for-compulsory-mediation-in-the-county-court-and-decides-against-statutory-regulation-of-the-mediation-sector/，访问时间：2024年2月18日。

③ Dwight Golann, Jay Folbergi: *Mediation The Roles of Advocate and Neutral*, ASPEN Publishers. Inc., ISBN 0-7355-4016-0, 2006, p.111.

④ Dwight Golann, Jay Folberg: *Mediation The Roles of Advocate and Neutral*, ASPEN Publishers. Inc., ISBN 0-7355-4016-0, 2006, p.365.

⑤ 871 F.2d 648, 650 (7th Cir. 1989) (en banc).

⑥ 304 F.3d 135 (1st Cir. 2002).

事业的长足发展。笔者认为，当有限的诉讼资源客观上无法应对“诉讼爆炸”时，在诉调衔接机制中推动前置或强制调解是不二之选。调解统一立法若能确立这样的制度既能够为我国调解事业的发展建立稳定的市场基础，也能够有效推进诉源治理的成效。

4. 调解协议的可执行性规则

关于是否赋予调解结果强制执行力的问题，笔者认为《新加坡调解公约》代表了不同法律传统的国家和地区在理念上的最大公约数。调解统一立法应该积极靠近这一理念。当下，我国仍有较多观点认为当前批准《新加坡调解公约》的条件并不成熟——例如学者许志华[①]和赵勇[②]均认为，虽然我国批准《新加坡调解公约》兼备价值上的必要性和可行性，但短期内仍然存在诸如公约所涉“国际性”“商事争议”等概念与国内法存在差异和分歧、国内法律实践对赋予当事人合意型纠纷解决程序终局效力仍顾虑重重、当前中国涉外法治以及商事调解能力建设仍需假以时日等问题尚待解决。

虽有合理顾虑，但回想笔者亲历《新加坡调解公约》在联合国贸法会中后期的磋商过程，深感虽然调解协议可跨国执行的愿景对成员国代表有普遍的吸引力，但各国内国法与公约存在的待协调之处也时常在讨论中被提出。例如在联合国贸法会第二工作组第65届会议中，针对“国际性”“商事争议”概念讨论时，就曾有不同国家的代表基于国内法的规定提出不同的界定模式。经过折中，各国代表就界定“国际性”不同模式的利弊达成一致，[③]亦同意采取“除外方式”解决“商事争议”的范围划定问题。[④]在关键问题上各国国内法理念的折中贯穿《新加坡调解公约》的磋商。[⑤]这本身就值得借鉴于推动我国调解统一立法的过程之中。

此外，关于赋予当事人合意型纠纷解决程序终局效力的顾虑并非没有应对之策。我国早在2011年就已经建立了人民调解协议的司法确认制度，实践经验颇丰。

---

① 许志华：《我国批准〈新加坡调解公约〉的问题与对策》，载《中国法律评论》2023年第2期，第204页。

② 赵勇：《〈新加坡调解公约〉的适用范围及衔接对策》，载《河北法学》2023年第5期，第102页。

③ 联合国国际贸易法委员会：A/CN.9/896，（中文版，V1608509），第17段至第31段，https://documents.un.org/，访问时间：2024年3月27日。

④ 联合国国际贸易法委员会：A/CN.9/896，（中文版，V1608509），第55段至第62段，https://documents.un.org/，访问时间：2024年3月27日。

⑤ 姜秋菊：《参加联合国贸易法委员会第二工作组（争议解决）第67届会议总结报告》，https://www.bjac.org.cn/news/view?id=3105，访问时间：2024年3月27日。

对于虚假调解等问题已有制度性的应对和救济方案，包括第三人撤销之诉、刑事追责等。如果在制度改革和创新中过于强调风险，过去十年间的民事诉讼案件数量将会增加数以百万件。因此，笔者认为当下考虑将调解协议的可执行性问题纳入调解统一立法，不仅有助于体系地总结我国调解协议司法确认制度施行以来的经验得失，也有助于为我国是否批准《新加坡调解公约》的讨论提供更好的判断依据。

综上，虽然有观点认为调解完全依赖各方当事人意愿即可，不当的立法规则将不适当地限制和损害调解过程。[①] 但是，笔者认为，我国调解统一立法的必要性并非问题的本身，找到尊重调解规律且符合国情需要的科学立法才是发挥调解当代价值的关键——统筹各类调解组织形式、建立规范化和专业化的程序指引、延伸诉调衔接并落实诉源治理成效，推动我国成为《新加坡调解公约》理念的引领者而非跟随者，都是立法的目标。

（二）国际调解院筹备办公室正式设立，引发广泛关注

2023 年 2 月 16 日，在我国中央政府的支持下，国际调解院筹备办公室在香港特别行政区正式成立，并就建立国际调解院的国际公约等事项开展政府间谈判。中国、印度尼西亚、巴基斯坦、老挝、柬埔寨、塞尔维亚、白俄罗斯、苏丹、阿尔及利亚等国在 2022 年共同签署了《关于建立国际调解院的联合声明》（以下简称《联合声明》），同意共同发起建立国际调解院，并争取使之成为世界上首个专门以调解方式解决国际争端的政府间国际组织。国际调解院立足打造的是更加开放包容、公平普惠的和平解决各类争议的国际争端新平台，并作为国际社会现有常设争端解决机构的有益补充。[②]

在国际商事争议解决领域，调解、仲裁、诉讼是三种最常见的争议解决方式。针对仲裁和诉讼，国际社会建立了多种常设性国际争端解决机构，包括依据 1899 年《海牙和平解决国际争端公约》设立的常设仲裁法院、依据 1920 年《国际联盟盟约》建立的常设国际法院等。但是，在调解领域，全球法治公共产品的供给尚有不足。《联合声明》拟发起设立的国际调解院，是一种全球法治的“集合努力型”

① 联合国国际贸易法委员会：《贸易法委员会国际商事调解和调解所产生的国际和解协议示范法（2018 年）颁布和使用指南》，联合国维也纳办事处英文、出版和图书馆科，第 12 段。

② 叶强：《国际调解院：和平解决国际争端的中国方案》，https://www.icc.org.cn/trends/mediareports/1615.html，访问时间：2024 年 2 月 18 日。

公共产品。[①] 虽然目前国际调解院仍然在筹备建立的谈判之中，其受案范围究竟有多广最终取决于各方谈判结果，但目前供各方谈判考虑的范围除了国家间争议、国家与另一国国民的争议，也包括私人主体间的国际商事争议。[②]

笔者认为，国际调解院是“理念相近”国家对更为公平合理解决国际争议平台的期待。与此相关的调解发展方向、调解模式的探讨和实践不仅值得关注，也将促进各国高层次开展各类调解的合作。无论其最终受案范围是否包括商事争议，有关国际调解院的研究与实践都具有指导和引领中国商事调解发展的重要意义。

六、总结与展望

回顾 2023 年，可以说，“大调解工作格局”的改革随着多元解纷机制的发展正在走向纵深——调解的当代价值契合以人民为中心的纠纷解决体系，“顶层设计”如何引领和规范大调解工作的高质量发展、如何更好地推动我国社会主义市场经济多元解纷机制建设成为业界关切。

正如同济大学法学院院长蒋惠岭指出，尽管我国商事调解发展迅速，但实践中依然存在诸多亟待解决的问题。商事调解的发展究竟需要怎样的法律指引和实践规范？商事调解组织在组织架构、规则设计、人员构成、机制运行、宣传推广等方面如何完善？调解员队伍能力建设应该如何提升？这些问题都是关乎中国商事调解进一步市场化、国际化发展的重要问题。[③]

过去一年，可以看到立法、行政和司法都积极有为。一方面通过地方性立法和政策文件的发布持续强调调解重要性；另一方面找准症结，在诸如调解规范化、专业化的问题，以及阻碍企业调解决策的内部治理问题等方面建章立制，为调解事业的长远发展积累改革经验。正因如此，还可以从众多案例中看到不同类别的调解有效地发挥妥善化解各类矛盾纠纷的作用。笔者认为，调解统一立法正逢其时，既是对过去经验的总结，也是对未来发展的指引。

调解统一立法同样也顺应我国涉外法治的发展需要。科学的、有前瞻性的国

---

① 许军珂、王晓杰：《国际调解院：国际争端解决的新平台》，载《中国高校社会科学》2023 年第 5 期，第 136 页。

② 孙劲、纪小雪：《发起建立国际调解院：背景、基础及进展》，载《国际法研究》2023 年第 6 期，第 3 页。

③ 郑濆心：《中国商事调解年度报告：我国多元化的商事调解组织体系已初步形成》，https://www.eeo.com.cn/2024/0106/624910.shtml，访问时间：2024 年 2 月 18 日。

内法是展示我国倡导共商、共建、共享原则的平台。相同的法治理念是吸引和扩大“朋友圈”的重要因素。正如联合国贸法会在拟定《调解示范法》时所表达的意图——虽然《调解示范法》限于国际商事争议，但颁布《调解示范法》的国家可考虑将其扩大到国内商事争议和一些非商事争议。[①]笔者认为，我国调解行业的百花齐放、百舸争流在国际上已引人注目，待未来深化构建大调解工作格局取得丰硕成果之际，我国的调解立法同样可以成为我国争议解决行业为国际社会贡献的和平力量。

立足我国，地方性的立法和政策支持促使我国调解事业百花齐放，规范化、专业化是调解事业下一阶段高质量发展的必由之路，我国新时代争议解决制度的改革应当由上位法的“顶层设计”予以引领和保障。笔者期待一部为所有社会调解力量搭建激励和惩戒框架、鼓励善意和实质调解参与、便于各类调解力量发挥作用的调解统一立法；期待通过这样的立法提升我国调解实践的规范性和专业性、增强调解队伍的争议解决能力、打造我国调解事业的公信力；期待我国多元解纷机制的立法体系中补上调解一环，弘扬和构建和谐自治社会文化、营造和保持高效友好的营商环境。

① 联合国国际贸易法委员会：《贸易法委员会国际商事调解和调解所产生的国际和解协议示范法（2018年）颁布和使用指南》，联合国维也纳办事处英文、出版和图书馆科，第20段。

中国建设工程争议解决年度观察（2024）

崔　军　赵　杭　李志永[①]

一、概述

2023年，中国经济取得了新冠疫情后5.2%的增长，新质生产力成为拉动中国经济增长的重要驱动力。中国基础设施投资（不含电力、热力、燃气及水生产和供应业）增长5.9%，增速加快0.1个百分点。[②]全国建筑业总产值315912亿元，同比增长5.8%。[③]全国房地产开发投资110913亿元，比上年下降9.6%，其中，住宅投资83820亿元，下降9.3%。[④]因新冠疫情、房地产开发投资的下降，开发商债务违约及破产事件导致建设工程争议案件数量高位运行，突出表现在建设工程合同价款、竣工结算、工期延误违约金、优先受偿权、工程质量、PPP合同争议等方面，这些传统争议焦点依然是建设工程争议的焦点问题。

截至2023年12月底，全国太阳能发电装机容量约6.1亿千瓦，同比增长55.2%；风电装机容量约4.4亿千瓦，同比增长20.7%。[⑤]2023年中国在清洁能源领域的投资估计为6.3万亿元（8900亿美元），高于2022年的4.6万亿元，同比增长1.7万亿元（40%）。2023年清洁能源在中国固定资产投资总额中所占比例为

---

① 崔军，北京海外君合工程咨询有限公司董事长。赵杭，北京通商律师事务所高级顾问。李志永，中建国际建设有限公司总法律顾问、首席合规官。

② 资料来源：国家统计局，https://www.stats.gov.cn/sj/zxfb/202401/t20240116_1946620.html。

③ 资料来源：国家统计局，https://www.stats.gov.cn/sj/xwfbh/fbhwd/202401/t20240117_1946624.html。

④ 资料来源：国家统计局，https://www.stats.gov.cn/sj/zxfb/202401/t20240116_1946623.html。

⑤ 资料来源：国家能源网，https://www.nea.gov.cn/2024-01/26/c_1310762246.htm。

13%，高于上一年同期的 9%。[①] 中国和其他国家能源结构的转型，新能源投资的快速增长，带动了太阳能、风电和储能等工程争议的增加，具有建设工程争议的新特点和新特征，国内和国际工程争议亦处于从水电、燃煤、燃气火电工程争议向新能源工程争议的转化过程之中。

2023 年，中国对外承包工程业务完成营业额 11338.8 亿元人民币，比上年（下同）增长 8.8%（以美元计为 1609.1 亿美元，增长 3.8%），新签合同额 18639.2 亿元人民币，增长 9.5%（以美元计为 2645.1 亿美元，增长 4.5%）。[②] 中国企业在“一带一路”共建国家新签承包工程合同额 16007.3 亿元人民币，增长 10.7%（以美元计为 2271.6 亿美元，增长 5.7%）；完成营业额 9305.2 亿元人民币，增长 9.8%（以美元计为 1320.5 亿美元，增长 4.8%）。[③] 随着新冠疫情的结束，中国企业在国际工程和“一带一路”共建国家工程项目恢复正常履行状态，新签合同额和营业额得以恢复升势，但与此同时，中国企业在国际工程领域面临更为复杂的国际政治经济环境，全球基础设施开发模式正从政府投资主导向商业主导的转变，PPP、BOT、BOO、投建营一体化等项目融资开发模式在全球盛行，私人资本进入建设工程领域，“一带一路”工程项目争议呈现上升趋势，国际建设工程正从工程款支付、工程变更、工期延误违约金、工程索赔、终止合同和银行保函索兑等传统争议叠加非传统争议，例如合规、欺诈、腐败、制裁等转变。

在法律法规方面，2023 年岁末最高人民法院《关于适用〈中华人民共和国民法典〉合同编通则若干问题的解释》的发布以及《关于规范实施政府和社会资本合作新机制的指导意见》和《关于废止政府和社会资本合作（PPP）有关文件的通知》等 PPP 新规的发布，无疑将对中国建设工程争议解决和裁判规则产生重大影响。中国建设工程案件数量的高位运行、建设工程多元化争议解决制度的建立、建设工程焦点争议集中化和复杂化、总承包合同相关问题、新能源工程带来的新型争议、银行保函索兑、国际工程非传统争议等热点问题，构成了 2023 年中国建设工程争议的典型特征。

---

① 资料来源：Carbon Brief.: https://www.carbonbrief.org/analysis-clean-energy-was-top-driver-of-chinas-economic-growth-in-2023/。

② 资料来源：国新网，http://www.scio.gov.cn/gxzl/ydyl_26587/jmwl_26592/jmwl_26593/202402/t20240204_831929.html。

③ 资料来源：商务部，http://fec.mofcom.gov.cn/article/fwydyl/tjsj/202401/20240103469623.shtml。

二、2023年新规概览

（一）《关于适用〈中华人民共和国民法典〉合同编通则若干问题的解释》

自2021年1月1日《中华人民共和国民法典》（以下简称《民法典》）施行以来，《民法典》合同编的实施也产生了许多新情况与新问题。最高人民法院（以下简称最高院）在清理相关司法解释的基础上，结合审判实践中遇到的疑难问题，于2023年5月23日由最高人民法院审判委员会第1889次会议通过了《最高人民法院关于适用〈中华人民共和国民法典〉合同编通则若干问题的解释》（以下简称《合同编司法解释》），自2023年12月5日起施行。《合同编司法解释》运用法律解释与漏洞填补的科学方法，对《民法典》合同编通则部分以及与之存在体系关联的合同规则进行细化，填补了《民法典》中的法律漏洞，进一步发展和完善了《民法典》合同编的相关规则。[①]《合同编司法解释》贯彻了保障自治、维护诚信、鼓励交易、促进公平的原则，对《民法典》相关规则加以具体化，统一了裁判尺度。

《合同编司法解释》对涉及与建设工程争议有关的裁判规则进行了修订和明确，解决了过去多年来一直存在争议的重大建设工程争议问题，对于确立建设工程重大争议问题的新裁判规则以及今后建设工程的争议的解决和裁判规则的统一，促进建设工程市场的有序发展起到积极的作用。毋庸赘言，2023年新颁布施行的《合同编司法解释》是现在和将来对建设工程争议解决产生最为重大影响的一部新规。

1. 关于预约合同和本约合同的成立、效力和损害赔偿

在建设工程领域，一方当事人，通常为发包人或承包人在签订合同之前以意向书、备忘录等方式要求承包人或分包人进场施工，从而导致意向书、备忘录是否构成预约合同还是本约合同、合同是否成立、法律效力以及一方违反预约合同时的损害赔偿等建设工程争议。

《民法典》第495条第1款规定了预约合同及其表现形式，但这并不意味着所有认购书、订购书、预订书等都能构成预约合同。《合同编司法解释》第6条、第7条、第8条就预约合同成立、法律效力和违约损害赔偿进行了细化，规定了不同情形下预约合同成立、效力和违约损害赔偿等内容。

---

① 王利明、朱虎：《〈民法典〉合同编通则司法解释的亮点与创新》，载《法学家》2024年第1期。

关于违反预约合同的违约责任，在司法实践中存在“应当磋商说”和“必须缔约说”两种不同的观点。《合同编司法解释》仅规定当事人一方违反预约合同须承担损失赔偿的责任，没有规定当事人违反预约合同是否可以采取强制履行的救济方式，既然当事人在签订预约合同后仍然保留了对是否订立本约的决策权，从合同自由的原则出发，司法裁判亦不应过度干涉而设置当事人措施或者缔约的强制性义务并进行违反归责。

2. 关于中标通知书的法律效力

在建设工程项目中，发包人通过招标方式采购工程项目，承包人通过投标并经发包人评标后中标将工程项目，根据招投标法或发包人自行拟定的招标规则的要求，发包人应在评标后向承包人发出中标通知书。但在实践中，中标通知书是否构成法律意义上的承诺，存在依据签订正式合同才能使得合同成立以及中标通知书仅能使预约合同得以成立，而不具有使本约合同得以成立的不同意见。

《合同编司法解释》第 4 条规定采用招标方式订立合同，当事人请求确认合同自中标通知书到达中标人时成立，人民法院应予支持。该条规定明确中标合同的成立时间为中标通知书到达中标人之时，中标通知书到达中标人后成立本约合同，而非预约合同。合同成立后，当事人拒绝签订书面合同的，或中标后招标人改变中标结果或者中标人放弃中标项目的，应当依法承担违约责任，而非缔约过失责任。

3. 关于格式条款

《民法典》第 496 条第 1 款规定格式条款是当事人为了重复使用而预先拟定，并在订立合同时未与对方协商的条款。在建设工程项目中，政府有关部门、社会组织先后推出了多种版本的建设工程合同示范文本，在建设工程项目中存在大量使用政府有关部门、社会组织或企业自行编制的各种版本的合同示范文本的情形，因此，合同示范文本是否构成“格式条款”或“非格式条款”成为建设工程争议的焦点问题之一。

《合同编司法解释》第 9 条规定仅以合同系依据合同示范文本制作为由主张该条款不是格式条款的，人民法院不予支持。该条规定对于格式条款和非格式条款确定了裁判规则，特别是在建设工程中如何认定政府有关部门或社会组织发布的建设工程示范文本及其带来的问题，产生深刻影响。

4. 关于印章与合同效力

《合同编司法解释》第 22 条明确规定法定代表人、负责人或者工作人员签字和（或）盖章的三种情形，明确法人的法定代表人、非法人组织的负责人在订立合同时未超越权限，或者执行法人、非法人组织工作任务的人员在订立合同时未超越其职权范围，法人、非法人组织仅以合同加盖的公章不是备案公章或者系伪造的公章为由主张合同对其不发生效力的，人民法院不予支持。

《合同编司法解释》第 22 条明确了建设工程中最为常见的签字、印章和合同效力之间关系的争议解决规则。

5. 关于以物抵债清偿的效力

《合同编司法解释》第 27 条规定债务人或者第三人未按照约定履行以物抵债协议，经催告后在合理期限内仍不履行，债权人选择请求履行原债务或者以物抵债协议的，人民法院应予支持，但是法律另有规定或者当事人另有约定的除外。该条规定明确了建设工程中常见的以房抵债的争议，即抵房协议系新债清偿，在达成抵房协议的情况下，抵房协议项下新债务与原建设工程施工合同项下原债务并存，在债务人未履行新债务的情况下，债权人有权选择要求履行新债务或原债务，该规定有利于保障抵房协议中承包人的权利。

6. 关于情势变更的适用

《民法典》第 533 条规定了情势变更的原则，但在实践中仍存在难于区分情势变更与商业风险，以及确定在发生情势变更的情况下，当事人是否可以变更合同或解除合同等法律问题。

《合同编司法解释》第 32 条进一步明确了情势变更的适用范围，即合同成立后，因政策调整或者市场供求关系异常变更等原因导致价格发生当事人在订立合同时无法预见的，不属于商业风险的涨跌，继续履行合同对于当事人一方明显不公平的，且发生重大变化的，属于情势变更的情形，但合同涉及市场属性活跃，长期以来价格波动较大的大宗商品以及股票、期货等风险投资型金融产品除外。另外，第 32 条还规定了变更合同以及解除合同的相应裁判规则，在一定程度上明确了变更合同和解除合同的基本裁判规则，有利于在诉讼和仲裁实践中得以更加准确地适用。

7. 关于违反强制性规定合同无效的情形

在建设工程领域，一个不争的事实是施工合同违法无效情况高发，成为我国法律规定的有名合同中施工合同成为无效合同最多的合同类型，建设工程合同效力争议成为近些年来的主要争议之一。关于违反强制性规定合同无效问题，在法律规定和司法解释中存在不同的规定，而如何界定效力性强制性规定和管理性强制性规定成为司法审判和仲裁中的难题，出现了无法准确判断效力性和管理性强制性规定，导致裁判尺度不一等问题。

原《合同法》第 52 条将影响合同效力的强制性规定严格限定为法律、行政法规的强制性规定后，原《最高人民法院关于适用〈中华人民共和国合同法〉若干问题的解释（二）》（以下简称《合同法解释二》）第 14 条又进一步将导致合同无效的强制性规定限制在效力性强制性规定，而《民法典》第 153 条第 1 款虽然没有采用效力性强制性规定的表述，但在规定法律行为因违反法律、行政法规的强制性规定而无效的同时，明确规定“但是，该强制性规定不导致该民事法律行为无效的除外”。

为避免在司法实践中难于界定和区分什么是效力性强制性规定和管理性强制性规定的难题，《合同编司法解释》没有继续采用原《合同法》和原《合同法解释二》强制性规定这一表述，而是采取了直接对《民法典》第 153 条第 1 款规定的“但书”进行解释的思路，具体列举了违反强制性规定不影响合同效力的五种情形。《合同编司法解释》将有利于解决建设工程合同效力争议，避免大量建设工程合同成为无效合同情况的发生。

8. 关于合同解除和抵销

在建设工程合同争议中，施工合同的解除以及一方当事人是否享有抵销权是最为常见的争议之一。《合同编司法解释》第 52 条至第 54 条对合同解除作出了规定，第 55 条至第 58 条对抵销作出了规定，一是细化协商解除的法律适用问题，包括协商解除是否应当对结算、清理等问题达成一致，不享有解除权的一方主张解除合同在何种条件下构成协商解除。二是明确通知解除合同欲发生解除合同的效果，需以通知方享有解除权为前提。不论对方是否在约定或者合理期限内提出异议，人民法院均应当对通知方是否享有解除权进行审查。三是明确当事人在撤诉后再次起诉解除合同的，合同自再次起诉的起诉状副本送达对方当事人时解除。

9. 关于违约和损害赔偿

《合同编司法解释》关于违约责任的规定共计 10 条，其中第 59 条是关于合同司法终止的时间的规定，第 60 条至第 63 条是关于违约损害赔偿的计算规则，第 64 条至第 66 条是关于违约金司法调整的规定，第 67 条、第 68 条是关于定金的规定。

《合同编司法解释》从三个层次健全完善违约损害赔偿的计算规则：第一，确定违约损失范围，贯彻完全赔偿原则，明确非违约方因违约所造成的损失的计算方式为可得利益损失加其他损失。第 60 条规定可得利益损失可以采取利润法、替代交易法、市场价格法等方法，结合发包人解除类型的案件的可得利益计算。第 63 条第 2 款明确除可得利益损失外还有其他因违约所造成的损失，经审理认为该损失系违约一方订立合同时预见到或者应当预见到的，也应当予以赔偿。第二，适用可预见性规则。第 63 条第 1 款对可预见性规则的适用作了进一步细化，在根据前述方法确定违约损失范围时要接受可预见性规则的检验。第三，确定违约损害赔偿金额。第 63 条第 3 款进一步规定要综合运用损益相抵规则、与有过失规则、防止损失扩大规则等确定违约方最终应当承担的违约损害赔偿数额，对于厘定违约金与损害赔偿之间、违约金与利息之间的关系有所帮助。

（二）《关于规范实施政府和社会资本合作新机制的指导意见》和《关于废止政府和社会资本合作（PPP）有关文件的通知》

政府和社会资本合作（PPP）实施近十年来，中国形成了巨大的 PPP 市场和 PPP 项目存量，一定程度上起到了改善公共服务、拉动有效投资的作用，但在实践中也导致地方政府隐性债务增加等问题。为此，《关于规范实施政府和社会资本合作新机制的指导意见》规定，第一是聚焦使用者付费项目。政府和社会资本合作项目应聚焦使用者付费项目，明确收费渠道和方式，项目经营收入能够覆盖建设投资和运营成本、具备一定投资回报，不因采用政府和社会资本合作模式额外新增地方财政未来支出责任。第二是全部采取特许经营模式。政府和社会资本合作应全部采取特许经营模式实施，根据项目实际情况，合理采用建设—运营—移交（BOT）、转让—运营—移交（TOT）、改建—运营—移交（ROT）、建设—拥有—运营—移交（BOOT）、设计—建设—融资—运营—移交（DBFOT）等具体实施方式，并在合同中明确约定建设和运营期间的资产权属，清晰界定各方权责利关系。第三是合理把握重点领域。政府和社会资本合作应限定于有经营性收益的项目，主要包括公路、铁路、民航基础设施和交通枢纽等交通项目，物流枢纽、物流园区项目，城镇供水、供气、供热、停车场等市政项目，城镇污水垃圾收集处理及资源化利用等生态保护和环境治理项目，具有发电功能的水利项目，体育、旅游公共服务等社会项目，智慧城市、智慧交通、智慧农业等新型基础设施项目，城市更新、综合交通枢纽改造等盘活存量和改扩建有机结合的项目。

（三）《建设项目工程总承包计价规范》

中国建设工程造价管理协会发布《建设项目工程总承包计价规范》（以下简称《计价规范》），编号 T/CCEAS001-2022，自 2023 年 3 月 1 日起实施。

考虑当前工程总承包概念扩大化的情况，《计价规范》明确没有编制“发包人要求”或编制的“发包人要求”不能实现工程建设目标时，不宜采用工程总承包模式。

关于总承包合同计价方式，《计价规范》规定，建设项目工程总承包应采用总价合同，除工程变更外，工程量不予调整。总价合同中也可在专用合同条件约定，将发承包时无法把握施工条件变化的某些项目单独列项，按照应予计量的实际工程量和单价进行结算支付。发承包双方可根据本规范第 6 章的规定在合同中约定合同价款调整的内容，形成可调总价合同，据此进行调整，否则视为固定总价合同，合同价款不予调整。

《计价规范》还规定了风险分配原则、期中结算与支付、质保金、竣工结算、合同解除后的结算与支付等条款。《计价规范》为工程总承包项目计价提供了可供参考的行业规范，在一定程度上解决了司法审判和仲裁裁决中对于工程总承包的计价争议。

（四）《建筑与市政工程施工质量控制通用规范》（GB55032-2022）

根据 2022 年 7 月 15 日住房和城乡建设部关于发布国家标准《建筑与市政工程施工质量控制通用规范》的公告，《建筑与市政工程施工质量控制通用规范》（GB 55032-2022），自 2023 年 3 月 1 日起实施。

该规范的主要特征是全文均为强制性工程建设规范，全部条文必须严格执行。现行工程建设标准中有关规定与本规范不一致的，以本规范的规定为准。该规范提出政府制定强制性标准，使用全文强制性工程建设规范取代现行标准中分散的强制性条文，形成由法律、行政法规、部门规章中的技术性规定与全文强制性工程建设规范构成的“技术法规”体系。

该规范具有强制约束力，工程建设项目的勘察、设计、施工、验收、维修、养护、拆除等建设活动全过程必须严格执行。该规范共计 5 章，其中施工过程质量控制、施工质量验收、质量保修与维护对建设工程的全过程质量控制作出了强制性规定。该规范的实施将有利于建设工程质量的全过程控制，保障建设工程的质量。

（五）《建设工程质量检测管理办法》

2022 年 12 月 29 日，住建部令第 57 号公布，《建设工程质量检测管理办法》（以下简称《管理办法》），自 2023 年 3 月 1 日起施行。《管理办法》出台的主要目的是针对建设工程质量检测行业出现的检测行业检测机构定位与实际不适应、检测范围不符合检测实际需求、部分检测机构恶性竞争，竞相压价，甚至违规出具虚假检测报告，给工程埋下了质量隐患等问题，规范检测市场秩序，保障建设工程质量。

《管理办法》主要体现在如下方面：一是要求建设工程质量检测机构取得建设工程质量检测机构资质，并在资质许可的范围内从事建设工程质量检测活动。二是完善建设工程质量检测内涵，明确检测适用范围。三是扩充检测市场主体类型，严格规范检测行为。四是要求检测机构建立并使用信息化管理系统对检测活动进行管理，保证检测活动全过程可追溯。五是要求检测机构应当保持人员、仪器设备、检测场所、质量保证体系等方面符合建设工程质量检测资质标准。六是完善建设工程质量检测责任体系，明确参与检测活动的建设、施工、监理等单位及人员的责任义务，完善相关禁止行为规定。

三、典型案例

【案例1】外国法查明及其中国法和外国法适用问题[①]

【基本案情】

中国某总包商（以下简称被申请人）在沙特阿拉伯承建某工程项目，将其中某项工程分包给中国某分包商（以下简称申请人），后因施工过程中双方产生纠纷，申请人将争议提交仲裁解决。

【争议焦点】

在裁决分包合同效力时中国法和外国法的适用。

【裁判观点】

1. 适用法律

本案合同"适用法律和争议解决"约定："本合同的订立、效力、解释、履行、争议解决均受沙特阿拉伯王国的法律管辖。"仲裁庭认为，根据双方当事人的约定，本案适用沙特阿拉伯王国的法律。

2. 外国法证据文件的采纳

本案审理中双方均提交了域外形成的外文证据材料。仲裁庭要求当事人提供由司法机关认可的翻译机构出具的中文翻译件。如果一方向仲裁庭提交而另一方未能提交的，仲裁庭将采纳提交一方的中文译文。若双方均提交了译文但是译文内容存在实质上差异的，仲裁庭将要求双方对于差异部分做出合理的说明并视情

① 本案为某仲裁机构裁决案件。

况决定采用哪一译文文本。

3. 是否适用中国法

申请人在本案审理过程中主张合同无效，称基于沙特《政府招标及采购法》第 53 条的强制性规定，未经业主事先批准的转包和分包违法。因被申请人向申请人的分包未经业主事先批准，因而总包合同无效，导致本案分包合同无效。按照《中华人民共和国涉外民事关系法律适用法》（以下简称《涉外民事关系法律适用法》），沙特法律无规定的，适用中国法律。按中国法律，违法分包合同无效。

仲裁庭认为，申请人提出的沙特法律无规定则适用中国法律的主张，是基于《涉外民事关系法律适用法》第 10 条第 2 款“不能查明外国法律或者该国法律没有规定的，适用中华人民共和国法律”的规定。《涉外民事关系法律适用法》第 10 条第 2 款规范的是外国法的查明，而非规定在任何情况下但凡外国法无规定的就可自动适用中国法律。仲裁庭还认为，申请人一方面主张应依据沙特《政府招标及采购法》第 53 条的强制性规定判定合同无效，另一方面又提出因沙特法律无规定而应根据《涉外民事关系法律适用法》适用中国法律，两项主张相互矛盾。仲裁庭对申请人提出的因沙特法律无规定应适用中国法律的主张不予采纳。

4. 沙特《政府招标及采购法》的适用

沙特《政府招标及采购法》第 53 条的强制性规定：“在任何情况下，政府机关可以从承包商处撤回合同工作并撤销合同或自费完成合同工作，且不影响政府当局对因此造成的损害进行赔偿的权利……（c）承包商在未经政府当局事先书面许可的情况下转让其合同或将其分包给他人。”

仲裁庭认为，该法规范的是政府采购项目在发生法律禁止性规定的情况时，政府对合同的处分权利。本案并未出现业主因被申请人的分包行为而撤销总包合同的情况，且本案合同的效力不存在因总包合同无效的事由。仲裁庭还认为，沙特《政府招标及采购法》第 53 条关于政府采购合同效力的规定，不自然延伸至分包合同。在总包合同当事人均未提出总包合同无效的情况下，本案分包合同亦无法根据该法律认定为无效。

【纠纷观察】

本案涉及了涉外商事争议中外国法查明、外国法证据的采纳以及我国《涉外民事关系法律适用法》的理解和适用问题。

1. 外国法查明和外国法证据的采纳

外国法查明是指如何证明该外国法的存在和确定其调整当事人具体权利义务的内容予以确定的过程。外国法查明通常通过当事人举证证明、由法院依职权查明以及当事人负有协助义务方式取得。最高院《关于适用〈中华人民共和国涉外民事关系法律适用法〉若干问题的解释（二）》（法释〔2023〕12号）第2条规定了当事人提供、通过司法协助渠道取得、通过我驻外使领馆提供等多种方式进行外国法查明。该司法解释为外国法查明作出了具体详细的规定，规范了司法实践中外国法查明事项。

在仲裁实践中，大多数仲裁庭在处理涉外商事争议中采用当事人举证证明的方法，包括由当事人提供外国法原文文件、外国法中文译文、外国法专家证人出庭作证等方式。在本案中，仲裁庭就如何采纳当事人提供外国法中文译文确定了基本原则。在采用外国法专家证人的情况下，外国法专家证人需出庭作证，接受当事人和仲裁庭的询问，以便仲裁庭就是否采纳以及采纳的内容作出决定。

2. 我国《涉外民事关系法律适用法》的理解和适用

《涉外民事关系法律适用法》第10条规定，涉外民事关系适用的外国法律，由人民法院、仲裁机构或者行政机关查明。当事人选择适用外国法律的，应当提供该国法律。不能查明外国法律或者该国法律没有规定的，适用中华人民共和国法律。《涉外民事关系法律适用法》第10条第2款规范的是外国法的查明，而非规定在任何情况下但凡外国法无规定的就可自动适用中国法律。而且，本案合同不存在《涉外民事关系法律适用法》第10条第2款“不能查明外国法律或者该国法律没有规定的，适用中华人民共和国法律”的情形。申请人以此为由提出分包合同无效的主张不应予以支持。

【案例2】最高院司法解释的适用及其地方高院关于建设用地规划许可证对合同效力的影响①

【基本案情】

本案系某风电项目争议，申请人（承包人）主张因被申请人未能及时取得建设用地规划许可证，其与被申请人（发包人）签订的工程合同无效，不承担任何无效合同下被申请人主张的申请人违约的责任，并请求被申请人支付欠付工程款和窝工费用等损失。

【争议焦点】

（1）最高院和地方法院对建设用地规划许可证相关规定和判决的理解和适用。（2）如何认定被申请人取得建设用地规划许可证的取得时效。

① 本案为某仲裁机构裁决案件。

【裁判观点】

《最高人民法院关于审理建设工程施工合同纠纷案件适用法律问题的解释（一）》（法释〔2020〕25号）（以下简称《2020新施工合同司法解释（一）》）第3条第1款规定："当事人以发包人未取得建设工程规划许可证等规划审批手续为由，请求确认建设工程施工合同无效的，人民法院应予支持，但发包人在起诉前取得建设工程规划许可证等规划审批手续的除外。"仲裁庭认为：

（1）考虑到2017年9月20日双方签订本案合同，2019年5月23日被申请人解除本案合同，但双方因案涉工程价款争议延续至《民法典》于2021年1月1日正式施行之后，因此，参照《最高人民法院关于适用〈中华人民共和国民法典〉时间效力的若干规定》第1条第3款的规定，案涉工程应适用《民法典》并参照《2020新施工合同司法解释（一）》（法释〔2020〕25号）。

（2）《2020新施工合同司法解释（一）》第3条第1款规定："当事人以发包人未取得建设工程规划许可证等规划审批手续为由，请求确认建设工程施工合同无效的，人民法院应予支持，但发包人在起诉前取得建设工程规划许可证等规划审批手续的除外。"因此，上述第3条的规定可供仲裁庭在判定本案合同效力时作为参考。

（3）正如被申请人引用的江苏省、河北省、浙江省、北京市等高级人民法院发布的审理建设工程施工合同纠纷案件若干疑难问题的解答或审理指南中规定的，各地法院在处理建设工程施工合同效力补正时间节点以"一审法庭辩论终结前"为准与《最高人民法院关于审理建设工程施工合同纠纷案件适用法律问题的解释（二）》（以下简称《2018施工合同司法解释（二）》）第2条规定的"起诉前"的时间节点不一致。所谓合同效力补正理论，是指当事人所订立的合同因违反法律禁止性规定，导致合同不能满足有效条件，当事人可以通过事后补正或者实际履行来使合同满足有效的条件，促使合同有效。就合同效力补正的时间节点而言，没有统一标准，不同的司法解释的规定不尽一致。采用"一审法庭辩论终结前"的司法解释主要包括《最高人民法院关于适用〈中华人民共和国合同法〉若干问题的解释（一）》第9条、《最高人民法院关于审理城镇房屋租赁合同纠纷案件具体应用法律若干问题的解释》第2条和第3条。采用"起诉前"表述的司法解释主要有《2018施工合同司法解释（二）》第2条，《2020新施工合同司法解释（一）》第3条，《最高人民法院关于审理涉及国有土地使用权合同纠纷案件适用法律问题的解释》第2条、第9条、第11条、第15条和第16条以及《最高人民法院关于审理商品房买卖合同纠纷案件适用法律若干问题的解释》第

2条。

综上，仲裁庭认为，在有关司法解释和各地法院实践对于建设工程施工合同因建设工程规划许可证等规划审批手续的效力补正时间节点存在不同认识的情况下，仲裁庭应根据本案合同的签订、当事人意思表示、实际履行、履约过程中申请人未主张合同无效而是在仲裁过程中主张合同无效的事实以及效力补正原则予以判定。在本案中，根据认定的本案合同系通过邀请招标方式，申请人参与投标并最终中标，双方当事人据此签订本案合同，是双方当事人的真实意思表示。自签订合同至被申请人发出解除合同通知之日，案涉工程已由申请人完成了约80%。在履约过程中，申请人未以被申请人未取得建设工程规划许可证等规划审批手续为由向被申请人提出本案合同无效，而是在仲裁过程中以被申请人未取得建设工程规划许可证主张合同无效。因此，仲裁庭认为，考虑到本案的上述事实，为体现双方当事人签订合同意思表示的真实性，以及本案合同已得到大部分的履行的事实，保证商业交易的稳定性和可预见性，维护合同的严肃性，仲裁庭更倾向于申请人因未取得建设工程规划许可证的主张应得到支持，但将效力补正从"提起仲裁前"延伸至"仲裁辩论结束前"。仲裁庭认为本案合同有效，双方应按照合同约定履行义务。

【纠纷观察】

本案涉及国内建设工程争议案件中最为常见的一方当事人以未取得建设用地规划许可证、未能合法招标等理由主张建设工程合同无效的情况。在2020年之前，合同无效争议一直占据建设工程争议的前三位，至今仍然在建设工程合同争议中占有一定比例。国内建设工程合同效力争议也成为有名合同中主张无效合同最多的一种合同类型。

《2020新施工合同司法解释（一）》第1条规定了施工合同无效情形，包括：第一，承包人未取得建筑业企业资质或者超越资质等级的；第二，没有资质的实际施工人借用有资质的建筑施工企业名义的；第三，建设工程必须进行招标而未招标或者中标无效的；第四，承包人因转包、违法分包建设工程与他人签订的建设工程施工合同。

在诉讼和仲裁实践中，因法院、仲裁庭或当事人对于上述规定的理解不同，导致司法解释规定的施工合同无效的情形存在扩大化的倾向，在司法和仲裁中形成高比例的施工合同被判定无效的情况。这也说明，建筑业的行政管理应逐渐摆脱简单的资质管理模式，规范国有资金的招标行为，而不应依靠争议解决阶段的无效合同的判定解决和弥补行业前端不规范的行政管理行为。有理由相信，《合同编司法解释》所遵循的鼓励交易、稳定交易预期的原则将有利于解决建设工程合同效力争议，避免大量建设工程合同成为无效合同情况的发生。

关于施工合同无效的法律后果，参照《2020 新施工合同司法解释（一）》第 6 条“建设工程施工合同无效，一方当事人请求对方赔偿损失的，应当就对方过错、损失大小、过错与损失之间的因果关系承担举证责任。损失大小无法确定，一方当事人请求参照合同约定的质量标准、建设工期、工程价款支付时间等内容确定损失大小的，人民法院可以结合双方过错程度、过错与损失之间的因果关系等因素作出裁判”的规定，可以得出即使在建设工程施工合同无效的情况下，双方当事人亦应承担相应的责任。

【案例 3】独立保函见索即付及其保函欺诈和银行付款行为是否善意的认定[①]

【基本案情】

中国电建集团山东电力建设有限公司（以下简称山东电建）与印度卡玛朗加能源公司（GMR KAMALANGA Energy Ltd.）（以下简称印度能源公司）签订合同，约定山东电建作为承包商，在印度承建一座燃煤火电厂。根据山东电建的申请，银行开立了 9 份金额共计 202,322,359 美元的保函，并开立了相应的反担保保函。在合同履行过程中，印度能源公司以山东电建违约为由要求印度国家银行班加罗尔分行支付保函项下的全部款项。印度国家银行班加罗尔分行向印度能源公司支付了 4 份保函项下的款项。印度国家银行上海分行按照印度国家银行班加罗尔分行向其提出的索赔，支付了反担保保函项下的相应款项。山东电建提起本案诉讼，请求终止支付案涉保函、反担保保函项下的款项。

【争议焦点】

（1）法院对见索即付独立保函的基础交易的有限审查原则；（2）独立保函与基础交易抗辩权的关系；（3）反担保保函开立银行善意付款行为认定标准。

【裁判观点】

最高院二审认为，山东电建以独立保函欺诈为由提起本案诉讼，其应当举证证明印度国家银行班加罗尔分行、印度国家银行上海分行明知印度能源公司存在独立

① 本案为最高院于 2023 年 9 月 27 日发布的第四批涉“一带一路”建设典型案例。【一审案号】山东省高级人民法院（2014）鲁民四初字第 6 号；【二审案号】最高院（2019）最高法民终 513 号。https://www.chinacourt.org/article/detail/2023/09/id/7555207.shtml，访问时间：2024 年 2 月 10 日。

保函欺诈情形，仍然违反诚信原则予以付款，并进而以受益人身份在见索即付独立审保函项下提出索款请求。由于印度能源公司的索赔符合保函条款，印度国家银行班加罗尔分行应承担见索即付的付款责任；至于付款当日是否有罢工情形、款项的支付方式是否符合印度能源公司索兑函的要求与判断该行付款行为是否善意没有关联。山东电建未能提交充分的证据证明印度国家银行班加罗尔分行付款是非善意的，一审判决认定其为非善意付款缺乏事实和法律依据，应予纠正。反担保保函为转开独立保函情形下用以保障追偿权的独立保函，在相符交单的条件成就时，就产生开立人的付款义务。因此，印度国家银行上海分行在收到印度国家银行班加罗尔分行的相符索赔时，即应承担付款义务，其也有权向浦发银行济南分行和工行山东省分行索赔。一审判决认定印度国家银行上海分行非善意付款缺乏事实和法律依据，应予纠正。印度国家银行班加罗尔分行和印度国家银行上海分行上诉主张其构成善意付款，不应止付反担保保函下款项的上诉理由成立，予以支持。改判驳回山东电建的诉讼请求。

【纠纷观察】

1. 本案的重要意义

本案重申了独立保函“见索即付”的制度价值，法院对基础交易的审查坚持有限原则和必要原则。出具独立保函的银行只负责审查受益人提交的单据是否符合保函条款的规定并有权自行决定是否付款，担保函的付款义务不受基础交易项下抗辩权的影响。本案同时明确了反担保保函项下“善意付款”的认定标准。本案裁判体现了对中外当事人的平等保护原则和我国良好的法治环境，对推动中国企业在“走出去”过程中加强法律意识，提升风险管控能力亦具有积极意义。

2. 国内外建设工程中独立保函案件

在国内外建设工程中，已普遍使用投标保函、履约保函、预付款保函、维修保函等银行或其他金融机构或保险公司开立的见索即付（独立保函）担保。近些年来，与国内外建设工程相关的独立保函在中国各级法院的诉讼呈逐年上升趋势。这些案件涉及国内建设工程发包人向总承包人索赔预付款保函和履约保函，国外业主向中国承包商索赔中国的金融机构直接开立的预付款保函和履约保函以及中国或外国的金融机构开立的反担保保函。

3. 中国法项下的独立保函法律制度

《最高人民法院关于审理独立保函纠纷案件若干问题的规定》与《民法典》及其担保的规定以及国际商会《见索即付保函统一规则（URDG758 号）》，构成了中国法项下独立保函的基本法律制度，维护了独立保函相关当事人的合法权益，也为保函申请人免受受益人滥用独立保函权利的侵害提供了一定程度的保护和救济。

4. 树上的苹果——独立保函的非从属性和独立性

独立保函，又称“凭要求即付”保函或“见索即付”保函，其特征是担保具有非从属性和独立性，担保人（银行）所承担的义务独立于基础交易合同，担保人仅凭受益人的要求即应付款，而不能介入其所担保的主债务是否得到履行，也不能以主债务人根据他同债权人之间的抗辩理由来对抗债权人。就像树上的苹果与地面相互脱离一样，独立保函也与基础交易合同相脱离。

5. 独立保函止付及其近期发展

为防止保函受益人滥用独立保函项下见索即付的权利，各国法律和国际商会《见索即付保函统一规则》确立了欺诈例外原则作为保函申请人免受保函受益人滥用独立保函权利的救济。虽然过去二十多年来有一定数量的保函止付案件得到中国有管辖权法院以欺诈例外原则判决不予支付银行保函项下的款项，但近几年来，特别是国内外建设工程项目独立保函的索赔案件，中国法院基本遵循本案确立的有限审查原则以及独立保函的非从属性原则，采用“先付款，后争议”国际上普遍遵循的原则处理独立保函诉讼案件。例如最高院发布的第三批涉“一带一路”建设典型案例（2019）最高法民终 349 号案，该案不仅判决支付履约保函项下的款项，该案判决还明确了在预付款保函没有明确记载减额条款时，受益人全额索兑预付款保函的行为不宜认定为滥用付款请求权。

6. 地上的苹果——与基础交易合同损害赔偿的关系

在独立保函被保函受益人索兑的情况下，就像树上的苹果落在地上一样，独立保函就失去了其非从属性和独立特征，保函申请人可通过诉讼或基础合同约定的仲裁协议向仲裁庭请求受益人偿还独立保函项下被索兑的款项。在仲裁实践中，保函申请人请求偿还独立保函项下的款项提出立案或者追加仲裁请求时，仲裁机构应予立案并由仲裁庭予以审理。但需要注意的是，虽然独立保函具有非从属性和独立性特征，但本质仍为担保，不应视为违约金予以处理。

四、热点问题观察

（一）建设工程争议焦点依旧，总承包合同相关争议成为热点问题

中国裁判文书网统计数据显示，2014 年至 2022 年全国法院审理涉及建设工程合同纠纷案件判决书总量为 788216 件，案件数量在 2020 年之前均逐年上升，分

别为 2018 年 110513 件，2019 年 140407 件，2020 年 142630 件，2021 年 113128 件，2022 年 56596 件。建设工程争议案件集中在施工合同纠纷、工程分包合同纠纷和装饰装修合同纠纷领域，集中在工程工期、工程质量和工程造价等方面。PPP 合同争议案件中的典型争议焦点主要集中在合同效力、合同解除、仲裁条款、连带责任以及合同性质方面。[①] 上述争议成为近年来建设工程争议的焦点问题，亦将在今后的建设工程合同纠纷中占据主要地位。

从北京仲裁委员会 / 北京国际仲裁中心（以下简称北仲） 近五年来的案件统计数量可以看出，北仲受理的建设工程案件的数量和比例呈逐年上升趋势，见表 1：

表 1　近五年北仲建设工程案件数量汇总表

年份	建设工程案件数量（件）	案件总数量（件）	建设工程案件占案件总数的比例
2019	723	6732	10.74%
2020	737	5617	13.12%
2021	1158	7737	14.97%
2022	1703	8421	20.22%
2023	5255	12222	43.00%

其他仲裁机构的年度数据也表明，建设工程合同纠纷案件在仲裁机构受理的案件中占有较大的比重[②]。

近年来随着工程总承包模式成为建设工程实施的主要方式，而在法律和司法解释缺少对工程总承包合同进行相应的规定和建立裁判规则的情况下，因总承包合同产生了大量的、与传统施工合同性质完全不同的争议。中国裁判文书网显示，2020 年各级法院作出建设工程总承包争议裁判文书 1714 件，2021 年 1304 件，2022 年 678 件。2023 年，与工程总承包相关的争议主要体现在：

1. 工程总承包性质的认定。工程总承包模式是近年来我国建设工程市场推行的工程承包模式。2019 年 12 月 23 日，住建部发布《房屋建筑和市政基础设施项目工程总承包管理办法》，成为我国工程总承包领域的第一部专门性法规文件。该办法明确了工程总承包的定义，即基于“设计与施工相融合”的理念，将工程总承包规定为设计—采购—施工（EPC）和设计—施工总承包（DB）两种模式。住建部和市

① 《中国建设工程争议解决年度观察（2023）》，载微信公众号“北京仲裁委员会”，访问时间：2024 年 2 月 10 日。

② 中国国际经济贸易仲裁委员会 2023 年受理建设工程案件 1353 件，占 2023 年全年受理案件数量 5237 件的 26%，仅次于买卖合同纠纷，列争议案件数量第二位。

场监管总局制定并发布的《建设项目工程总承包合同（示范文本）》（GF-2020-0216）已于2021年1月1日起实施。上述管理办法和合同示范文本为管理和规范建设工程市场的工程总承包模式提供了法律和实施的基本框架。在工程实践中，建设工程市场存在将工程总承包模式“泛化”和“异化”的倾向，存在将建设工程承包称为工程总承包的问题，合同中未能明确对应正确的法律性质，例如单价合同、总价合同等计量和付款规则，因此导致产生更为复杂的争议。为进一步厘清工程总承包的法律性质，应从工程合同约定的承包人工作范围是否为设计、采购和施工，或者设计和施工、合同价格形式、计量和计价规则等方面加以判断。

2. 承包人资质及其对工程总承包合同效力的影响。鉴于工程总承包工程范围包含设计、采购和施工或者设计和施工的工作范围，承包人是否应同时具备设计和施工双资质成为影响工程总承包合同效力的一个因素。除法律或法规明确要求承包人具有设计和施工双资质外，不应以承包人不具备双资质或承包人组成联合体才具备双资质要求而判定合同无效。

3. 双资质承包人是否将工程进行分包。在法律并未明文禁止时，在工程总承包工程中，拥有双资质的承包人可以将工程进行分包，特别是某些专业工程，例如桩基工程、消防工程等。

4. 工程总承包工程的计量和计价规则，特别是在工程合同尚未履行完毕被发包人终止时的计量和计价。虽然《计价规范》提供了可供参考的工程总承包计价规范，但从法律角度而言，在采用固定总价的工程总承包工程合同中，承包人实施工程的实际数量超过工程量清单中工程数量的处理原则，在采用里程碑付款时，如何界定里程碑是否完成及其百分比等，亟须总结裁判思路与观点，从司法解释层面凝练确立裁判规则。

5. 工程总承包中的联合体。在承包人组成联合体并具备设计和施工双资质的情况下，联合体各方在履约过程中产生了诸多争议，包括联合体成员是否可以单独提出诉讼或仲裁、联合体牵头人对外签订合同是否需联合体其他当事人承担责任、联合体一方退出或破产时的连带责任、联合体是否可以变更成员以及变更成员后责任的承担等。

我国工程总承包模式发展尚不成熟，而与工程总承包相关的法律规定和制度尚不完善，《民法典》及《2020新施工合同司法解释（一）》缺少相关的法律条文处理工程总承包合同出现的问题，工程总承包计量和计价规则尚未在法律法规方面确立裁判规则，诉讼和仲裁实践尚需探索。

（二）“一带一路”建设工程案件争议的解决

“一带一路”倡议提出十年来，我国相关仲裁机构受理了涉及“一带一路”案件数千件，积累了处理“一带一路”经贸投资争议丰富经验，实现了“一带一路”案件国别基本覆盖。建设工程项目在“一带一路”倡议中具有重要的意义，已建成的亚吉布铁路、蒙内铁路、雅万铁路成为标志性工程。近三年，北仲每年受理的国际案件数量均突破 200 件，单个案件最大标的额约为 81.8 亿元，其中适用境外法律或国际公约的案件为 30 件，仲裁语言非中文的案件为 37 件，外国仲裁员参与办案 312 人次。这些案件充分体现了我国相关仲裁机构国际化的成果，为我国仲裁机构的规则和体制创新积累了宝贵的经验。

中国企业“一带一路”建设工程领域争议解决趋势已从传统的基础设施建设工程的施工争议，发展到 EPC 模式产生的设计、施工和采购等各环节争议，进而扩大到国际 BOT/PPP 项目的投资、融资、建设和运营的各阶段的争议[①]。与此同时，在工程合同争议中，正在从付款、工程变更、不可预见的物质条件和人为障碍、承包商索赔、工期延误及工期延误违约金、终止合同、银行保函索兑等传统争议向合规、制裁、欺诈、腐败等非传统争议领域转变。

在“一带一路”和国际建设工程项目中，中国企业面临的非传统争议领域的争议主要体现在：第一，因违反国际工程招投标或工程所在国招标合规要求引发的争议；第二，因违反公开招标的披露义务以及履约过程中的不当行为被世界银行等国际金融组织制裁；第三，因美国等国实施的涉疆、涉俄、涉伊、实体清单等产生的制裁；第四，因投标、履约过程中业主或承包商的不当行为产生欺诈争议；第五，因承包商或委托代理人不当行为导致的腐败指控。对于仲裁庭而言，仲裁庭是否对制裁案件具有管辖权、对腐败案件具有管辖权、腐败是否具有可裁性等均具有巨大的争议。

当前，全球基础设施开发模式正在从政府主导向商业主导的转变，PPP、BOT、BOO 等市场化开发模式转变。“私人业主 + 项目融资 + 风险原则 + 买方市场”模式，私人资本大举进入工程领域，导致了工程合同文本愈加苛刻，合同中的穿透条款致使承包商承担了几乎全部风险，而买方市场导致了工程价格竞争激烈，呈现出了“低价格、高风险”的局面，进一步导致了业主与承包商之间因履约产生了激烈的争议，最终将争议诉诸仲裁或诉讼解决，仲裁案件数量呈现出大幅的增加。

---

① 《中国建设工程争议解决年度观察（2023）》，载微信公众号“北京仲裁委员会”，访问时间：2024 年 2 月 10 日。

（三）新能源建设工程争议呈现多发和上升趋势，争议焦点问题突出

新能源建设工程经过二十多年的发展，新能源，包括光伏和风电在经历了高电价、政府补贴上网后进入当今平价上网时代，伴随“碳达峰”和“碳中和”双碳目标的实施，新能源行业进入新一轮快速发展阶段，各类投资竞相进入新能源领域，竞争日趋激烈，新能源建设工程争议也随之呈现多发和快速上升趋势，相关争议具有涉及地域广，争议金额大，专业技术性强等特征。

在光伏建设工程领域，工程争议已逐渐从建设用地许可、施工许可、光伏组件质量、逆变器质量、工期延误及工期延误违约金、发电损失、工程价款等争议转变为工程价款、光伏组件质量（光伏组件衰减率）、发电性能指标、工期延误违约金、发电损失等争议。当前，在光伏建设工程争议中，主要争议焦点问题如下：

1. 因光伏发电易受环境影响，例如光能、温度、湿度、气候、维护等多重因素影响，导致当事人就光伏组件质量（不含逆变器）产生争议，并进而引起发电性能指标的争议，成为争议中的难点问题。

2. 对于竣工日期的界定，考虑到光伏项目涉及并网验收、试运行通过、商业运行等工程完工后的多个阶段，且不在发包人和承包人能够控制的范围之内，在合同缺乏明确约定或约定不明的情况下，往往成为争议中的难点问题。

3. 在发生工期延误的情况下，工期延误责任、工期延误违约金以及发电损失成为争议的焦点问题。在确定合同有效的前提下，工期延误责任及其延误时间成为判断承包人是否承担发电损失的关键。在计算发电量损失时，需具体案件具体分析，综合考虑电量、电价、期间等要素进行判定。

在风电建设工程项目中，建设用地许可、厂区道路建设、风电设备运输、施工平台和吊装平台施工、安装和调试、发电性能指标、发电损失索赔等成为争议焦点。当前，在风电建设工程争议中，主要焦点问题如下：

1. 由于风电设备存在超长（叶片）、超高（第一级塔筒）的情况，因此，对现有道路的踏勘、选线、路改工程成为运输风机设备的关键，也成为发包人、承包人与运输公司之间产生争议的焦点。

2. 在风电项目位于山区时，运输道路的设计、施工以及是否满足风机设备运输要求等成为当事人争议的焦点。

3. 在采用总价合同的情况下，基础平台和吊装平台施工工程量的变化、工程变更、工期延误往往成为当事人发生争议的焦点。在国内外某些项目中，由于发包人或业主征地或补偿不力，导致当地居民阻工，从而导致工期延误，成为阻碍

项目实施的关键，也成为工期延误责任的争议焦点。

4. 在工期延误的情况下，发包人向承包人索赔发电损失，而承包人主张发包人违约造成延误的抗辩。

5. 在国际工程项目中，有些业主在工程完成高达 90% 左右终止承包商工程合同，并索赔承包商预付款保函和履约保函的现象较为普遍。这也成为国际风电建设工程争议多发和上升的主要诱因之一。

可以预见，国内外光伏和风电建设工程争议将成为建设工程的主要争议之一。

（四）专家证人辅助仲裁庭判断工期延误责任和期限

在国内建设工程争议中，近年来工期索赔、工期延误及其导致工期延误违约金成为争议的焦点和难点问题。多年来困扰法院和仲裁庭的如何判断工期延误责任、工期延误天数以及工期延误违约金的承担等问题。

在国内诉讼和仲裁案件中，为证明工期延误责任和工期延误天数等问题，通常采用当事人举证方式、法院或仲裁庭指定工期延误专家鉴定方式、当事人聘用工期延误分析专家举证方式进行。但在诉讼和仲裁实践中，由于当事人和当事人代理律师知识的局限性，在绝大多数案件中，当事人举证方式往往使得法庭或仲裁庭从当事人举证中得出工期延误责任、工期延误天数等结论。在少数案件中，法庭或仲裁庭采用了指定工期延误专家鉴定方式或当事人聘用工期延误分析专家举证方式。在此类案件中，工期延误责任和工期延误天数等争议得到了妥善处理。

目前国际上通用的工期延误分析规则主要有两个学会发布的工期延误分析准则，一是英国建筑法学会（SCL）发布的《延误和干扰评估准则》（第 2 版），二是美国成本工程师学会发布的 AACEI 第 29R-03 号推荐实践《法务计划分析》。上述两种工期延误分析准则是很多国家和国际上普遍承认并在诉讼和仲裁中使用的工期延误分析准则。SCL《延误和干扰评估准则》提供了多种主要的工期延误分析方法，包括计划与实际进度对比法、计划影响分析法、时间影响分析法、视窗分析法、影响事件剔除法等多种分析方法。中国工程建设标准化协会（CECS）于 2024 年 1 月 10 日发布《建设工程工期延误量化分析标准》（T/CECS 1522-2024），自 2024 年 6 月 1 日起施行。

随着计算机和网络计划技术的发展，关键线路法已成为分析工期延误和证明延误索赔的主要技术、工具和手段之一。目前，确定承包商是否可以获得工期延长的索赔，主要决定于延误事件是否发生在工程项目的关键线路上。有些合同甚至规定关键线路计划是接受工程延误索赔的唯一可靠证据。在涉及工程延误和工期延长的案件中，英美法院一般也要求承包商提供关键线路图，以证明工程延误索赔的成立。

在建设工程的国际仲裁案件中，通常采用当事人聘用工期延误专家证人进行工期延误分析并提供工期延误分析报告作为证据，并由双方当事人各自聘用的工期延误分析专家在开庭前提供联合报告。双方当事人各自聘用的专家证人可就工期延误分析达成一致，或各自表述意见，然后通过庭审询问或交叉盘问方式由当事人进行询问，并最终由仲裁庭对双方当事人聘用的专家证人无法达成一致的意见作出裁决。

对于国内的仲裁机构而言，采用仲裁庭指定工期延误分析专家或机构，或者国际上普遍采用的由双方当事人聘用的工期延误分析专家提供分析报告，将能够在仲裁中更好地处理工期延误责任和工期延误天数等棘手的问题。

（五）采用建设工程评审机制，推行建设工程争议的多元化争议解决方式

2023 年，北仲适用《北京仲裁委员会建设工程争议评审规则》的建设工程评审案件有 2 件，均为建设施工合同当事人双方达成独立的争议评审协议并提交北仲解决。[①] 纠纷类型分别为工程价款计算争议和物料采购价差争议。自立案到结案用时 54.5 天。上述建设工程评审案件增加了北仲管理此类案件的经验，有助于为当事人提供多元化争议解决服务。

2023 年 11 月，中国首例使用 FIDIC 合同 1999 版《生产设备和设计—施工合同条件》（黄皮书）约定的临时争议审裁委员会（Ad Hoc Dispute Adjudication Board，DAB）就某 EPC 工程项目争议作出了审裁决定。该案采用当事人约定的英语语言作为审裁语言，采用 FIDIC 合同约定的《争议审裁委员会协议书—一般条款》及其附件《程序规则》作为审裁规则，采用临时争议审裁委员会自治原则，由临时争议审裁委员会依据《程序规则》制订详细的程序规则，用以指导和推进审裁案件的进行，并作出审裁决定。在临时争议审裁委员会作出审裁决定 28 天内，当事人未依据合同约定发出不满通知，使得该案的决定成为最终的生效的审裁决定。

自 20 世纪 90 年代起至今，据不完全统计，我国共有 8 个案件使用了争议评审和争议裁决方式解决建设工程争议，分别是 20 世纪 90 年代的小浪底水电站项

---

① 《北京仲裁委员会 / 北京国际仲裁中心 2023 年年度工作报告》，载微信公众号“北京仲裁委员会”，访问时间：2024 年 2 月 10 日。

目、二滩水电站项目、万家寨水电站项目、昆明引水隧道工程项目（上述四个工程项目为世界银行融资，承包商为外资企业），2021 年使用中国国际经济贸易仲裁委员会争议评审规则的建设工程争议案件（当事人均为国内工程企业），2023 年使用北仲争议评审规则的 2 个建设工程争议案件（当事人均为国内工程企业），2023 年使用 FIDIC 合同 1999 版黄皮书的临时争议审裁委员会案件（当事人为外资企业和中国工程企业）。争议评审委员会或争议审裁委员会机制为建设工程争议的快速、高效解决提供了多元化的争议解决方式。

当前建设工程争议案件数量处于高位，而建设工程争议又具有较强的专业性，因此，在国内建设工程项目中推广和使用争议评审委员会的争议解决方式，通过当事人合同约定的方式，或者通过立法或司法解释创设中国法下的审裁法律制度，高效和快速解决建设工程争议，显得尤为重要。

在“一带一路”建设工程项目中，中国的国际承包商已广泛使用争议委员会（Dispute Board，DB）或争议审裁委员会或争议避免和审裁委员会（Dispute Avoidance and Adjudication Board，DAAB）解决国际建设工程争议，成为高效快速低成本解决国际建设争议的有效方式。

五、结语与展望

回顾 2023 年，《民法典》和《2020 新施工合同司法解释（一）》的贯彻实施，为建设工程的法律治理结构的建立、法律制度的完善和裁判规则的确立提供了进一步的保证。《合同编司法解释》的发布，将为建设工程争议确立新的裁决规则。PPP 新规的实施，将为中国 BOT 等特许经营项目开启崭新的篇章。

展望 2024 年，建设工程争议案件数量仍将维持在高位运行，建设工程争议焦点问题依旧突出，仲裁已成为当事人解决建设工程争议解决的一种重要方式，以争议评审委员会和争议审裁委员会为代表的替代性争议解决方式也将逐渐成为国内建设工程争议解决的有效方式。在“一带一路”倡议提出十周年后的下一个发展阶段，中国仲裁机构将更深入地融入国际建设工程的争议提出解决之中，成为国际建设工程争议的解决中心。

中国房地产争议解决年度观察（2024）

张春丽　胡　宪[①]

一、概述

（一）2023年房地产行业发展概况

接续2022年的调整，2023年全国房地产市场受疫情后需求集中释放的带动，呈现“前高中低后稳”的发展态势[②]，但市场复苏前景仍待观察。其中一季度市场表现活跃，住房交易指标表现较好。二季度急转直下，和市场预期发生背离，市场信心也受到了挫折。三季度在中央政治局会议“中国房地产市场供求关系发生重大变化”的判断和定调下，市场继续下行，“调整优化房地产政策”成为关键词，为使市场回暖，各地支持政策频出。四季度各类支持性购房政策继续加码，尤其以四个一线城市政策放宽为重要特征[③]，但也仅在交易数据上实现了止跌维稳。整体上来说，2023年房地产市场仍处低位运行，政策效应并不明显。[④]

---

① 张春丽，泰和泰（深圳）律师事务所高级顾问，泰和泰全国“不动产和城市运营法律中心”总负责人。胡宪，泰和泰（上海）律师事务所合伙人，涉外业务部主任。同时，特别感谢蔡建宇、裴学敏、李纳、钱冲、王子怡、汤文琪、刘荣昌、郑峥、甘明洁、吴荣彬、王丹丹等参与本报告的部分内容以及为本报告做出的卓有成效的贡献。

② 《2023年全国房地产市场分析和2024年市场预判》，载微信公众号“国信达数据”，访问时间：2024年2月13日。

③ 《2023年全国房地产市场回顾：寒潮退隐》，载微信公众号“易居研究院”，访问时间：2024年2月13日。

④ 《年度十大话题复盘2023中国楼市》，载微信公众号“克而瑞不动产运营上海区域”，访问时间：2024年2月13日。

1. 房地产销售持续低位，政策刺激下市场呈“前高中低后稳”发展态势

2023 年，行业销售规模继续下滑，商品房销售面积 111735 万平方米，比上年下降 8.5%，商品房销售额 116622 亿元，下降 6.5%[①]，降幅较 2022 年大幅收窄。与 2021 年行业顶峰相比，面积和销售额均下降超 30%，行业整体维持底部震荡格局。其中，全年住宅销售面积为 9.5 亿平方米，同比下降 8.2%，办公楼销售面积同比下降 9.0%，商业营业用房销售面积同比下降 12.0%。[②]

具体来看，2023 年一季度销售迎来“小阳春”，在后疫情时期需求集中释放下快速冲高，商品房销售额同比增长 4.1%[③]；二季度在供应收缩、需求退潮下销售回暖、市场复苏动能快速衰退，商品房销售额 63092 亿元，仅增长 1.1%。[④] 三季度、四季度中央至地方出台一系列利好政策，且随着供应加码，销售金额、面积在低位迎来边际改善，一方面体现在降速逐月收窄，另一方面销售金额、面积同比增速降幅在收窄。

2. 房地产投资持续承压，土拍成交热度不高，项目竣工规模增加，但新开工房地产项目规模低

2023 年，全国房地产开发投资 110913 亿元，比上年下降 9.6%；其中，住宅投资 83820 亿元，下降 9.3%。截至 2023 年 12 月 20 日，全国 300 城土地市场成交建筑面积 12.2 亿平方米，成交金额为 37504 亿元，同比分别下降了 21% 和 18%。[⑤] 房地产开发企业房屋施工面积 838364 万平方米，比上年下降 7.2%；其中，住宅施工面积 589884 万平方米，下降 7.7%。房屋新开工面积 95376 万平方米，下降 20.4%；其中，住宅新开工面积 69286 万平方米，下降 20.9%。房屋竣工面积 99831 万平方米，增长 17.0%；其中，住宅竣工面积 72433 万平方米，增长 17.2%。[⑥]

---

① 《2023 年全国房地产市场基本情况》，载微信公众号“统计微讯”，访问时间：2024 年 2 月 14 日。

② 《2023 年全国商品房销售面积为 11.2 亿平米，同比下降 8.5%| 开发经营数据解读》，载微信公众号“中指研究院”，访问时间：2024 年 2 月 13 日。

③ 《2023 年中国房地产总结与展望 | 行业篇》，载微信公众号“克而瑞地产研究”，访问时间：2024 年 2 月 14 日。

④ 《2023 年中国房地产总结与展望 | 行业篇》，载微信公众号“克而瑞地产研究”，访问时间：2024 年 2 月 14 日。

⑤ 《2023 年中国房地产总结与展望 | 土地篇》，载微信公众号“克而瑞地产研究”，访问时间：2024 年 3 月 12 日。

⑥ 《2023 年全国房地产市场基本情况》，载微信公众号“统计微讯”，访问时间：2024 年 2 月 14 日。

以上数据表明，房地产开发投资指标总体呈现了降幅持续扩大的问题，由于销售端数据明显弱于预期，且受困于现金流问题，使得房企投资和开发意愿偏弱。而房屋竣工规模增加，说明房企在房屋交付方面富有成果，政府部门“保交楼”工作的开展卓有成效。

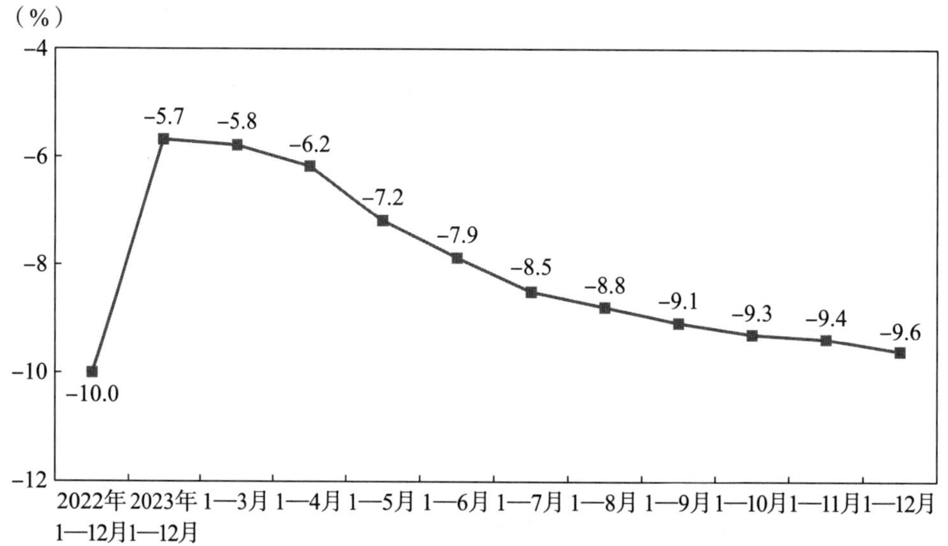

图 1　全国房地产开发投资增速

注：附图来源于国家统计局官网《2023 年全国房地产市场基本情况》。

3. 房企债务风险事件持续频发，多家房企启动债务重组，房企“化债”进入加速阶段 .

据公开统计，2023 年房企到期信用债及海外债合计 9579.6 亿元，相比 2022 年增加 700 亿元，其中信用债占比 65.9%，海外债占比 34.1%。[①] 所涉及的企业中，包括大多数的百强房企。其中，年内到期债券余额最多的分别是恒大集团和碧桂园，其年内到期海外债分别为 185.96 亿元人民币、28.32 亿元人民币，碧桂园到期信用债金额为 52.63 亿元人民币。[②] 上述高债务基数自然提高了房地产企业债务违约的风险，2023 年是房企的债务到期高峰。据不完全统计，截至 2023 年 10 月 11 日，以违约、展期日为口径统计，2023 年以来房地产债券市场已有 181 只境内

① 《高负债房企，有个好消息！》，载微信公众号“中国房地产报”，访问时间：2024 年 2 月 13 日。

② 《2023 年中国房企的债务压力究竟有多大？》，载微信公众号“365 财经”，访问时间：2024 年 2 月 13 日。

外债券违约或展期，共涉及 42 家发行人。其中，116 只地产债展期，65 只地产债最新状态为实质违约，违约类型包括未按时兑付本金或本息、触发交叉违约等。[①]债券逾期违约事件中，房地产行业无论从违约主体的数量还是违约金额来看，都远超其他行业。其中，截至 2023 年 8 月，债务逾期金额前三的是中国恒大、世茂集团、阳光城，违约金额换算成人民币分别为 5321.31 亿元、458.19 亿元、358.13 亿元。[②]此外，包括上市房企金科股份在内的很多房企也存在旧债未偿，新债又接连到期的情况。

房企解决债券违约的主要方式是展期，随着市场政策的逐步利好，大量房企境内债展期方案获得通过。

4. 房地产政策前稳后松，扶持政策密集出台，强调防范化解风险，但收效甚微

2023 年，中国房地产市场继续底部调整。中央政策力度前稳后松，以 7 月中央政治局会议定调“行业供需关系发生重大转变”为分水岭，政策力度逐渐转向“托举并用”，需求端降首付、降利率、认房不认贷、延期置换退税等政策接连落地，支持居民按揭购房，供给端续期“金融 16 条”“三个不低于”“房企白名单”等纾困措施相继提出。中央在 2023 年首次提出“三大工程”，即关于规划建设保障性住房、城中村改造、平急两用基础设施三方面的重要部署。

地方调控政策松绑也同时加力提速，核心一二线城市开启“四限”松绑潮。据不完全统计，截至 2023 年 12 月 18 日，全国至少 273 个省市出台了 622 次宽松性政策，频次已超 2022 年。力度和能级上，2022 年地方“四限”政策松绑的主力军是三四线城市，2023 年则调整为“一线政策边际松动，多数二线城市解除限购限售”的政策导向。[③]

从政策成效来看，虽然政策支持力度相较 2022 年增大，就供给端中央层面的金融支持而言，具体落地情况跟预期还存在较大差距，房企的融资压力并未得到根本缓解和改观。需求端居民信贷增长则受到整体行业预期和整体消费能力的影响，全年新增中长期贷款占境内贷款比重仍处在相对低位。

① 《出险房企化债提速：融创、碧桂园等多家房企债务获展期》，载微信公众号“面包财经”，访问时间：2024 年 2 月 13 日。

② 《2023 年 1 至 8 月哪些房企债务违约？》，载微信公众号“365 财经”，访问时间：2024 年 2 月 13 日。

③ 《2023 年中国房地产总结与展望 | 政策篇》，载微信公众号“克而瑞地产研究”，访问时间：2024 年 2 月 13 日。

5. 房地产行业进一步升级优化，呈现新的增长领域

随着中央政治局会议确定的“适应我国房地产市场供求关系发生重大变化的新形势”“适时调整优化房地产政策”新提法，房地产行业也在经历着内生的重大调整和变化。在供给侧改革的大背景下，较多房地产企业也加快由“销售型物业”向“持有型物业”（包括商业地产、产业园、长租公寓、物流地产等）转型，持有型物业规模比重进一步上升。优质的持有型物业收益稳定，抗通胀能力强，是目前低利率市场环境下大类资产配置的重要筹码。在此基础上，商业类资产纳入基础设施公募 REITs 的试点，则大幅提升了存量和增量持有型商业地产的流动性，也因此受到险资和外资的高度青睐。

另外，房地产代建模式因其“轻投入、逆周期、低杠杆”的三大优势，业务规模不断增长，更多的开发企业投入较多精力增加代建业务。其中，市场经历了政府代建向商业代建，商业代建向资本代建的转型，并逐步形成了最新的标准化管理、代建平台化按需定制的柔性代建模式。行业中，诸如绿城控股这类代建领域的龙头企业已经占据先发优势，形成了较为成熟的运营管理模式及项目落地经验。

保障性住房建设作为“三大工程”建设之首要任务，尤其是《关于规划建设保障性住房的指导意见》（国发〔2023〕14 号）的发布，更是将市场关注的焦点从包租房转换到配售型保障房，逐步形成“二租一售”的住房保障体系。保障性住房的规划建设，不仅整合了从中央到地方金融政策的支持，有效衔接了三大工程中另一重头工程“城中村改造”，还有效改变了以商品房为主的供给模式，成为房地产行业新兴增长点。

（二）2023 年房地产争议概况①

1. 诉讼视角

相较于 2022 年，全国法院 2023 年可检索到的房地产争议案件量持续下降，考虑到法院立案、审理、判决及裁判文书上网均存在一定的滞后性，统计的数据与 2023 年房地产争议的客观情况可能存在一定的差异。事实上，从笔者团队真实

---

① 本节涉及房地产纠纷案件数量根据中国裁判文书网（https://wenshu.court.gov.cn/）筛选检索后获取，其中包括 2023 年度公开的一审、二审、再审、审判监督、特别程序及其他程序中所产生的判决书、裁定书、决定书等。特别说明的是，因部分诉讼案件不予公开、部分撤诉案件不出具文书、部分调解案件文书不予互联网公布等原因，本节统计的数据和实际诉讼案件数量可能存在差异，访问时间：2024 年 2 月 13 日。

办案情况来看，因为行业的困境，房地产合作纠纷、房地产相关金融纠纷、土地使用权纠纷、设计和建设工程纠纷、房地产商品房买卖纠纷、房地产租赁等纠纷，在实务中相比往年大幅增加。

从诉讼案件的数量看，根据中国裁判文书网公布的2023年数据，物业服务合同类的案件最多，占比53.6%，其次是房屋买卖合同类、房屋租赁合同类、土地租赁合同类、农村土地承包合同类、房地产开发经营合同类、建设用地使用权合同类案件。相比2022年，房屋买卖合同类的案件比例较大增加，由3.6%增加至24.3%。

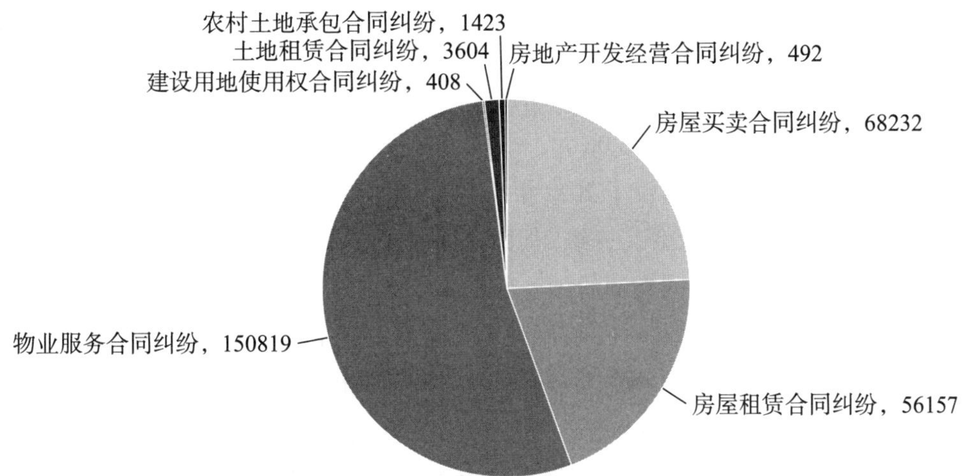

图2　2023年涉及建设工程与房地产案件数量（件）

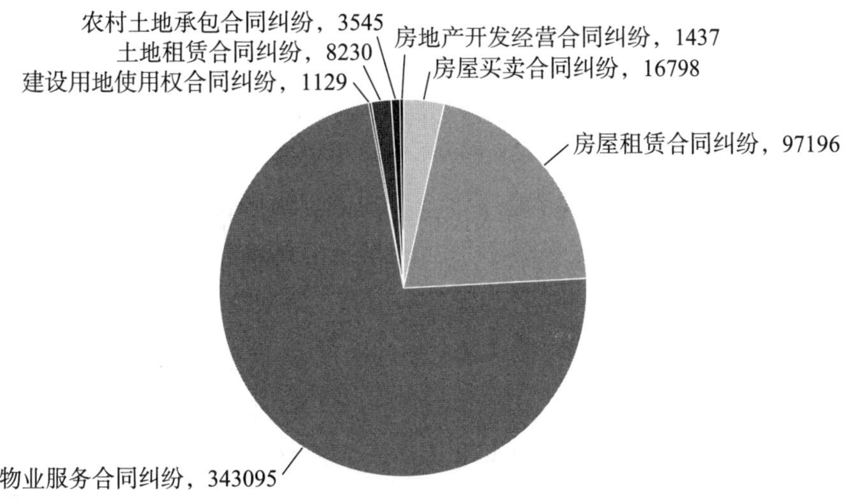

图3　2022年涉及建设工程与房地产案件数量（件）

2. 仲裁视角

相较于2022年，从全国仲裁机构2023年现有公布的数据来看，房地产合作纠纷、房地产相关金融纠纷、土地使用权纠纷、设计和施工、买卖纠纷、房地产买卖纠纷、房地产租赁等纠纷，在实务中相比往年在数量和争议金额上均大幅增加。

以我国主要的仲裁机构公布的情况来看：

北京仲裁委在2023年受理的房地产类案件量为663件，总标的额为2924890360.5元，平均标的额为4411599.3元。占案件总量（12222件）的5.42%。其中，国际案件7件，案件标的额为197949539.35元，平均标的额为28278505.62元。在2022年受理的房地产类案件量为550件，总标的额为3611259319.59元，平均标的额为6542136.45元。占案件总量（8421件）的6.53%，其中，国际案件7件，案件标的额为35633965.06元，平均标的额为5090566.44元。

相比之下，2023年相较于2022年房地产类案件总数量增加了113件、增幅20.5%；国际案件数量虽然保持一致，但案件标的额大幅增加，整体仍然呈上升趋势。

在新增的房地产合同类纠纷中，房屋租赁合同为367件，相较于2022年的270件增加了97件、增幅36%；房屋买卖合同为184件，相较于2022年的121件增加了63件、增幅52%；物业服务合同为45件，相较于2022年的70件减少了25件；房地产服务合同纠纷为5件，房地产合资、合作开发合同为2件，房地产开发项目转让合同为2件，房屋拆迁合同为2件，有关房地产的其他合同12件等。

我国其他主要仲裁机构2023年受理的案件中，房地产均成为主要仲裁案件类型。中国国际经济贸易仲裁委员会受理的房地产类案件为40件；深圳国际仲裁院受理的房地产类案件为1066件；上海国际经济贸易仲裁委员会受理的建设工程房地产类（未作区分）案件为1272件；上海仲裁委受理的房地产类案件居所有受理案件类型中的第五，仅次于买卖合同、建设工程、知识产权、金融类争议。

3. 调解视角

2023年9月，《关于充分发挥人民调解基础性作用 推进诉源治理的意见》出台，强调贯彻非诉讼纠纷解决机制，排查并建立矛盾纠纷台账，区分基层、重点领域、重大纠纷调解方式，并通过诉前引导、分流案件、及时受理调解等加强诉调工作对接；最高人民法院（以下简称最高院）办公厅与住房城乡建设部办公厅联合印发《关于建立住房城乡建设领域民事纠纷“总对总”线诉调对接机制的通知》，对加强住房城乡建设领域民事纠纷诉源治理工作，完善“总对总”在线多元解纷机制提出明确要求，此项工作在广东、福建、山东等地开展试点。

以广东省为例，广东省住房和城乡建设厅与广东省高级人民法院联合行动，目前首批已有 3 个调解组织和 58 名调解员成功入库，指导 9 家省级行业协（学）会组建省住建联调委；广东各级法院亦积极推进多元化解工作，全省去年调解住房城乡建设领域纠纷 15.7 万件，调成率 60%。后续各级法院将与各级住房城乡建设部门建立完善诉调对接工作机制，加强多元解纷机制的司法保障，从源头上预防和减少类案多发高发，推动从事后治理到事前治理的转变。

4. 2023 年度及未来房地产争议主要特点

2023 年及未来的房地产争议主要特点如下：一是群体性诉讼现象较为突出，在房价下行期，业主会通过投诉、信访、行政诉讼、民事诉讼等形式更大范围、更长时间地主动“维权”，这也提示开发商，在行业非上涨期，企业在设计、建设、销售等环节更加需要提升合规管理性；二是房企爆雷导致金融借款合同纠纷、信托、基金、票据等其他融资类纠纷、合作开发纠纷、商品房委托代理合同纠纷、建设工程施工合同、劳动纠纷等持续增加；三是在行业大调整期，部分案件具有较强的社会属性，政府和法院的处理会考虑到行业、社会稳定性，新的审判规则和指导原则会持续出现；四是房地产争议通常涉及土地管理部门、房屋管理部门、自然规划部门等行政部门，增加了房地产纠纷解决的复杂性，但同时促进房地产争议多元解纷机制建立和完善；五是房地产从传统的纯境内争议延伸到跨境争议，包括中国恒大、碧桂园在内的大型房企的破产清算及债务重组往往涉及包括中国内地、中国香港以及美国、开曼群岛、英属维尔京群岛等诸多司法管辖区借助诉讼、仲裁、破产、谈判等多重程序实施，也对我国房地产行业涉外和跨境争议解决服务提出了新的需求。

二、新出台的法律法规或其他规范性文件概述

回顾 2023 年，《最高人民法院关于适用〈中华人民共和国民法典〉合同编通则若干问题的解释》（法释〔2023〕13 号，2023 年 12 月 4 日发布，2023 年 12 月 5 日起实施）（以下简称《合同编通则解释》）及《中华人民共和国公司法（2023 年修订）》（主席令第 15 号，2023 年 12 月 29 日发布，2024 年 7 月 1 日实施）（以下简称新《公司法》）等民商事基础规范更迭发布，创新公司制度，对诸多合同规则及商事实践作出细化指引。国土空间规划及“多规合一、多证合一”、农村土地承包经营制度等得到进一步深化落实。

因房地产市场供需两端持续低迷，2023 年房地产法规政策持续宽松，着力纾困解难、防范化解风险、规范市场秩序、推动转型发展及激发交易活力。购房人

权益保障、房地产矛盾纠纷调解化解机制亦得到深化、完善。

（一）民商事基础规范

1.《合同编通则解释》

完善、创新并细化合同规则，回应实践疑难问题，为商事实践提供更具体、明确的指引。

回应立法及实践，《合同编通则解释》对合同成立、合同效力、合同履行及变更、违约责任、代位权诉讼、撤销权诉讼等内容作出诸多可操作性的解释。比如：明确代位权诉讼不受债务人与相对人之间管辖协议或仲裁协议约束；明确债权经生效法律文书确认非债权人行使代位权之前提、债务人怠于行权为“不履行对债权人的到期债务，又不通过诉讼 / 仲裁向相对人行权”，放宽债权人行权条件，更注重保护债权人权益等。总体而言，《合同编通则解释》更重视实质公平，并对实践中的痛难点作出更具体、明确的解释，更具实操指导意义，也将对房地产、建设工程行为规范及纠纷处理产生重大影响。比如《合同编通则解释》第 4 条第 1 款[①]明确中标通知书到达即视为合同成立，则即使一方拒绝签订书面合同亦不影响合同成立及内容的确定，且拒不履行义务一方将承担违约责任而非缔约过失责任；又如第 22 条第 1 款[②]明确了法人 / 非法人组织代表权行使时印章瑕疵的冲突处理规则，更实质注重有权代表之意思表示的效力，对建设工程领域频发的印章瑕疵问题解决提供重要指引。

2. 新《公司法》

多方面迭代现行公司制度，房企对公司设立、治理、股权合作等需提升合规性，可能出现阶段性、规模化的股权合作变更及退出、减资、公司治理等争议。

新《公司法》在公司资本制度、公司治理、股东权利保护、董监高责任等方面对现行公司制度了较多修订及创新，比如：落实实缴注册资本（有限公司新增 5 年认缴期限、发起设立的股份公司需实缴出资），强化资本充实制度（股东失权、董监高对股东出资的监管及连带责任等），增强董监高义务及责任，改革公司治理

① 《合同编通则解释》第 4 条第 1 款：采取招标方式订立合同，当事人请求确认合同自中标通知书到达中标人时成立的，人民法院应予支持。合同成立后，当事人拒绝签订书面合同的，人民法院应当依据招标文件、投标文件和中标通知书等确定合同内容。

② 《合同编通则解释》第 22 条第 1 款：法定代表人、负责人或者工作人员以法人、非法人组织的名义订立合同且未超越权限，法人、非法人组织仅以合同加盖的印章不是备案印章或者系伪造的印章为由主张该合同对其不发生效力的，人民法院不予支持。

结构（不设监事会的单层治理结构、新设审计委员会等），放宽股东对外转让股权限制，简化公司登记、减资及注销部分流程等。

新《公司法》全面加强股东出资责任、董监高合规履职义务及责任，并设置更为灵活的公司治理模式，也更强调债权人保护，立法变化将对商事实践和公司治理产生深远影响。一方面，前述变化将进一步推动房企治理、经营及交易规范化、精细化；另一方面，在注册资本方面，以往房企注册资本的标的大多金额巨大但实缴期限很长，未来，房企或将对公司设立及出资金额、期限的设置更为审慎，并调整交易策略（如退出股权合作、更严苛选择合作对象等）、经营策略（如减资、注销公司以减缓资金压力）、公司治理结构及权责分配等，或出现阶段性、规模化的股权合作变更及退出、减资、公司治理等争议纠纷。

此外，新《公司法》第 23 条[①]所明确的“横向人格否认”，会对房企的管理产生更规范的要求，以往，房企为统筹管理，常为开发项目等目的设立多个公司并共用办公、人员、经营地址等，且常存在多个公司间资金统筹利用情况，今后，如被认定为资金混用、利益互相输送等混同情况，或将引致关联公司之间连带责任。以上立法变化，会使得房企的母子公司、兄弟公司、关联公司之间的管理更加规范。

（二）土地制度

1.《自然资源部办公厅关于严守底线规范开展全域土地综合整治试点工作有关要求的通知》（自然资办发〔2023〕15 号，2023 年 4 月 23 日发布、实施）

该通知创建了“规划编制—用途管控—项目实施—土地指标配置—资金筹措—城乡协调发展”的国土空间治理新模式。

从严守农业空间、生态空间、城镇空间“三区三线”划定成果、保护耕地和永久基本农田、维护群众合法权益等方面明确土地综合整治试点工作底线，落实国土空间规划、土地集约利用等要求，推动土地高效配置发展。

2.《自然资源部关于深化规划用地“多审合一、多证合一”改革的通知》（自然资发〔2023〕69 号，2023 年 5 月 4 日发布、实施）

该通知提高用地规划建设审批及监督质效，要求加快推进地方各级国土空间

① 新《公司法》第 23 条第 1 款、第 2 款：公司股东滥用公司法人独立地位和股东有限责任，逃避债务，严重损害公司债权人利益的，应当对公司债务承担连带责任。股东利用其控制的两个以上公司实施前款规定行为的，各公司应当对任一公司的债务承担连带责任。

总体规划编审、及时开展详细规划编制或修编；进一步精简规划用地审批环节（如鼓励同步核发市政基础设施和标准厂房建设项目建设用地规划及建设工程规划许可“两证”、探索“交地即交证”等）；要求依据规划审批城镇用地并分类规范建设工程设计方案审查等加强规范管理规划用地；推进用途管制全周期数字化管理。该通知进一步统筹规划、建设、管理三大环节审批事项，将提高审批效能和监管服务水平。

3.《农村土地承包合同管理办法》（农业农村部令 2023 年第 1 号，2023 年 2 月 17 日发布，2023 年 5 月 1 日实施）

《农村土地承包合同管理办法》承接、细化《中华人民共和国农村土地承包法》农村土地所有权、承包权、经营权“三权分置”制度，对作为土地承包经营权法律依据的农村土地承包合同加强规范管理，充分保障农民财产权益。一方面，《农村土地承包合同管理办法》明确农村土地承包方案的制定及实施要求，从民主选举和决策、公示等方面充分保障农民参与权、知情权及监督权。确立同属一个集体经济组织的土地承包经营权互换、转让的程序及要求，明确未经发包方同意的土地承包经营权转让合同无效。另一方面，通过健全农村承包地信息平台及信息库、确立土地承包经营权调查制度加强对农村土地承包经营的精细化管理及监督。

（三）房地产供给端

2023 年，房地产供给端政策持续宽松并逐步深入，从金融支持、税收减免等方面助力企业资金减压，探索、深化保障性住房建设、城市更新、不动产基金等发展着力点助力房地产市场，同时，也进一步落实要求“交房即交证”等，规范建设交付。

1. 金融支持

金融利好持续释放，为房企融资、纾困、保交楼等提供多方面支持，改善房企融资渠道及环境，缓解房企资金压力。

6 月，《关于进一步提升债务融资工具融资服务质效有关事项的通知》（中市协发〔2023〕105 号）明确发挥债券融资支持作用，为民企发债融资提供多种增信支持，支持企业以债权，不动产、基础设施收费收益权等各类资产发行资产各类结构化融资。7 月，《关于延长金融支持房地产市场平稳健康发展有关政策期限的通知》（银发〔2023〕141 号）延长“金融 16 条”[①] 适用期限，深化保交楼金融

① 《中国人民银行 中国银行保险监督管理委员会关于做好当前金融支持房地产市场平稳健康发展工作的通知》。

支持；《中共中央 国务院关于促进民营经济发展壮大的意见》提出系列举措，强调完善融资支持政策制度，健全融资风险市场化分担机制，完善拖欠账款常态化预防和清理机制等。此后，《关于进一步抓好抓实促进民间投资工作努力调动民间投资积极性的通知》（发改投资〔2023〕1004号）、《关于实施促进民营经济发展近期若干举措的通知》（发改体改〔2023〕1054号）等支持政策陆续出台，进一步提出优化民间投资支持、推动民间投资项目发行基础设施领域不动产投资信托基金（REITs）等重要举措。11月，《关于强化金融支持举措助力民营经济发展壮大的通知》（银发〔2023〕233号）提出支持民营经济的25条举措，鼓励银行按市场化原则提前对接接续融资需求，不盲目停贷、压贷、抽贷、断贷，保持信贷、债券等重点融资渠道稳定，合理满足民营房产金融需求。2024年1月5日，《关于建立城市房地产融资协调机制的通知》（建房〔2024〕2号）发布并提出各地级以上城市建立房地产融资协调机制，根据房地产项目开发建设情况及开发企业资信、财务等情况，根据公平公正原则，提出并向本行政区域内金融机构推送可给予融资支持的房地产项目名单。此“白名单”举措有效落实了房地产金融支持措施，助力房企资金及建设交付减压。

2. 税收支持

从保障性住房及不良债权处理等方面深化税费减免措施，推进房地产重点着力点发展及房企债务化解。

8月，《关于继续实施公共租赁住房税收优惠政策的公告》（财政部、税务总局公告2023年第33号）明确延续公共租赁住房建设期间用地及建成后占地免征城镇土地使用税等政策至2025年12月31日；《关于继续实施银行业金融机构、金融资产管理公司不良债权以物抵债有关税收政策的公告》（财政部、税务总局公告2023年第35号）完善以物抵债税费减免政策，明确对抵债资产免征契税等政策自2023年8月1日执行至2027年12月31日。9月，《关于保障性住房有关税费政策的公告》（财政部、税务总局、住房城乡建设部公告2023年第70号）明确自10月1日起，实施对保障性住房项目建设用地免征城镇土地使用税等减免税收措施，从保障性住房供地、建设、交易等环节全面降低成本。

3. 其他发展着力点深化

加大保障性住房建设以推动商品住房与保障性住房“双轨”运行，城市更新温和过渡至“留改拆”并举、创新并深化城中村改造试点工作，探索消费基础设施REITs发行、放开私募基金投资存量商品住宅限制、全面推进乡村振兴，为房企消化存量资产和转型提供更多选择，也为房企带来冲击与挑战。

（1）保障性住房建设

7月，国家发展改革委《关于恢复和扩大消费的措施》（国办函〔2023〕70号，以下简称《扩大消费措施》）提出支持刚性和改善性住房需求，如扩大保障性租赁住房供给、持续推进老旧小区改造（如加装电梯）等。

9月，《关于规划建设保障性住房的指导意见》（国发〔2023〕14号，以下简称《指导意见》）提出加大保障性住房建设供给，强调回归商品住房的商品属性；探索存量商品住房改为保障性住房；明确保障性住房建设用地划拨，售价以土地与建安成本及微利确定、配套设施与住宅同步规划建设交付，封闭运营及配售管理、实施税收优惠。指导意见深入回应中央政治局会议提出的“三大工程”中规划建设保障性住房之要求，被广泛解读为保障性住房及商品住房“双轨”运行，各地亦纷纷响［如广州市人民政府于9月发布《关于优化我市房地产市场平稳健康发展政策的通知》（穗府办函〔2023〕49号），加快推动保障性住房建设］。保障性住房的推广建设或对商品住房市场造成一定程度的冲击，也或成为房企转型发展的契机。

（2）城市更新

7月，《关于扎实有序推进城市更新工作的通知》（建科〔2023〕30号）从坚持城市体检为前提、规划统筹、完善精细化城市设计管理、建立多元化可持续实施模式等方面要求各地扎实推进城市更新，并从“防止大拆大建”过渡为“留改拆”并举之底线；《关于在超大特大城市积极稳步推进城中村改造的指导意见》提出对超大特大城市的城中村分类采取拆除新建、整治提升和拆整结合的改造方式，坚持依法征收、净地出让，鼓励多渠道筹措改造资金，原则上在城中村改造中按一定比例建设保障性住房；《扩大消费措施》亦强调推进超大特大城市城中村改造。9月，自然资源部印发《关于开展低效用地再开发试点工作的通知》（自然资发〔2023〕171号），明确在北京、深圳等43个城市开展原则上为期4年的低效用地再开发试点工作，未纳入试点范围的超大特大城市及具备条件的城区常住人口300万人以上的大城市亦可参照实施城中村改造项目，并从规划统筹、收储支撑、政策激励、基础保障四个重点开展试点探索，提出探索“规划、储备、开发、配套、供应”五位一体的收储模式、零星地块与相邻地块整体供应的产业供地模式等操作路径。

新的城中村改造政策对部分城市现行城中村改造模式产生了颠覆性影响，如深圳长期实施搬迁补偿与建设用地受让均为同一主体的一二级联动开发模式，而在回应中央要求的《关于积极稳步推进城中村改造实现高质量发展的实施意见》

（征求意见稿）中，则变更为以净地入库为节点的一二级分割开发模式，市场主体仅可作为前期服务商介入协助项目以获取微利收储补偿金。对于不满足可继续按旧模式实施的项目，即使企业已经介入开展工作，也可能被动失去项目开发权益；即使可继续按旧模式实施，企业也面临未按期完成相关工作而被清退的风险。市场预测这会给旧的相关从业者及相关项目推进者带来巨大的挑战；企业或可探索整治提升、整拆结合类实施模式，寻求新的利润增长点。

（3）不动产基金

3月，《关于规范高效做好基础设施领域不动产投资信托基金（REITs）项目申报推荐工作的通知》（发改投资〔2023〕236号）、《关于进一步推进基础设施领域不动产投资信托基金（REITs）常态化发行相关工作的通知》首次拓宽试点资产类型至消费基础设施，并限制项目发起人（原始权益人）不得从事商品住宅开发业务，避免为商品住宅开发项目变相融资，落实项目发行要求、申报流程、回收资金使用、运营管理等内容。此后，《关于促进家居消费若干措施的通知》（商消费发〔2023〕146号）拓宽消费基础设施REITs发行范围至家居卖场等商业网点项目、《扩大消费措施》也再次强调支持符合条件的消费基础设施发行不动产投资信托基金（REITs）。消费基础设施REITs可能成为房企盘活存量资产新方向，10月26日，华夏金茂购物中心REIT、华夏华润商业资产REIT、嘉实物美消费REIT以及中金印力消费REIT作为首批4只消费基础设施公募REITs产品正式上报并获受理，华夏金茂商业REIT已于2024年1月22日至26日正式发售。

不动产私募投资基金方面，中国证券监督管理委员会（以下简称证监会）于2月20日宣布启动不动产私募投资基金试点工作[①]。同日，《不动产私募投资基金试点备案指引（试行）》（中基协发〔2023〕4号）发布，不再限制私募投资基金投资热点城市普通住宅地产项目，明确将存量商品住宅纳入投资范围，明确可以基金财产为不动产基金自身融资或基金下设的SPV公司等提供担保以拓宽资金来源，为房企盘活存量资产提供更多选择。

（4）乡村振兴

1月，《中共中央 国务院关于做好2023年全面推进乡村振兴重点工作的意见》发布，提出进一步振兴乡村并部署一系列工作：通过强化耕地保护和用途管控、

① 中国证券监督管理委员会：《证监会启动不动产私募投资基金试点 支持不动产市场平稳健康发展》，http://www.csrc.gov.cn/csrc/c100028/c7139483/content.shtml，访问时间：2024年2月13日。

强化水利基础建设、增强防灾减灾能力等巩固加强基础设施建设。此外，还综合运用各种手段提升农业科技建设、推动农村发展高质量产业（包括但不限于助力农产品加工流通、培育支持乡村服务业等新业态新产业），持续支持农房排查安全隐患并进行危房改造和抗震改造等。

4 月，《关于银行业保险业做好 2023 年全面推进乡村振兴重点工作的通知》（银保监办发〔2023〕35 号）发布，提出重点支持乡村地区新产业新业态（如农产品精深加工、物流建设、农业园区等），并落实“构建层次分明、优势互补的机构服务体系”健全农村金融服务体系、对不同经营主体针对性制定差异化贷款政策（贷款利率、期限）等（如开发性、政策性银行聚焦支持基础设施，商业银行支持各经营主体）等方面创新涉农金融产品和服务模式，致力解决农村地区金融增信难题，同时加强涉农信贷风险管理及监管质效。

6 月，《关于金融支持全面推进乡村振兴加快建设农业强国的指导意见》（银发〔2023〕97 号）发布，意见提出要探索发展特色信贷产品，如排污权、林业碳汇预期收益权、合同能源管理收益权抵质押等。该意见提出要强化对乡村基础设施建设的金融支持，提升对新市民的金融服务，包括但不限于针对性创新开发信贷产品，“鼓励运用信贷、债券、资产支持证券、基础设施领域不动产投资信托基金（REITs）等方式，支持专业化、规模化住房租赁企业发展”，① 从而强化金融对保障性租赁住房建设融资的支持力度。此外，该意见还提出要通过探索“农村产权确权颁证、抵押登记、流转交易、评估处置机制”来推动农村产权交易和搭建融资平台；探索通过人民银行征信中心动产融资统一登记公示系统的登记来支持与保障乡村的特色担保融资业务，如活体畜禽、农业生产设施设备、农业仓单、品种权（证书）、应收账款等；推广农村地区的抵押质押贷款业务，如农村承包土地经营权、集体经营性建设用地使用权等。

（5）深化“交房即交证”实践

“交房即交证”已在多地试点实践，2023 年 10 月，《关于进一步做好地籍调查工作的通知》（自然资发〔2023〕195 号）再次要求推进竣工验收阶段，设定房地一体不动产单元、开展地籍调查、支撑规划用地核实、房屋首次登记、“交房即交证”等工作。相关文件及实践已对办证时间、流程、转移登记等提出一定要求，开发商需提前做好房地产交付项目转移登记的准备，亦需对应处理有关合同条款

---

① 《关于金融支持全面推进乡村振兴 加快建设农业强国的指导意见》，中国人民银行、国家金融监督管理总局、中国证券监督管理委员会、财政部、农业农村部印发。

并及时与购房人、政府部门对接办证事宜。

（四）房地产需求端

2023年，房地产需求端限制持续放松，推动购房“降本增效”刺激需求增长，着力保障商品房消费者优先权利、规范房地产经纪服务。

1. 限制持续松绑

“带押过户”、“认房不认贷”、降首付、降利率、放松限购及限价等组合落地，全方位降低购房成本、提高交易效率、刺激购房需求。

3月，《关于协同做好不动产“带押过户”便民利企服务的通知》（自然资发〔2023〕29号）发布，要求各地做好不动产“带押过户”[①]，并将“带押过户”范围限定为“在银行业金融机构存在未结清的按揭贷款，且按揭贷款当前无逾期”以防控风险。各地纷纷响应，如武汉、深圳相继发布《关于推行二手房“带押过户”深化登记金融协同服务工作的通知》（武自然资规发〔2023〕2号）、《深圳市不动产“带押过户”登记申办指引》等，通过支持“带押过户”减少二手房交易成本、提高交易效率、助推存量房市场增长。

7月，《支持协调发展税费优惠政策指引》提出个人销售住房减免增值税、个人销售或购买住房免征印花税及土地增值税等多项涉房税费减免。8月，《关于延续实施支持居民换购住房有关个人所得税政策的公告》（财政部 税务总局 住房城乡建设部公告2023年第28号）将居民换购住房个人所得税退税政策延续至2025年12月31日；《关于优化个人住房贷款中住房套数认定标准的通知》（建房〔2023〕52号）则推动落实首套购房贷款“认房不认贷”，各地相继贯彻落实。

8月，《关于调整优化差别化住房信贷政策的通知》（银发〔2023〕173号）、《关于降低存量首套住房贷款利率有关事项的通知》（银发〔2023〕174号）（以下简称两通知）出台，统一要求全国首套住宅和二套商业性质个人住房贷款的最低首付比例分别下调为不低于两成、三成，一并下调了二套住房利率下限。两通知不久即在各地落实，如深圳于9月调整优化个人首套住房及二套住房贷款利率下限，并下调此前二套住房最低首付款比例至40%。

据相关统计，2023年，广州、南京等多城放松限购，其中南京、大连、武汉等

① 《民法典》第406条第1款：抵押期间，抵押人可以转让抵押财产。当事人另有约定的，按照其约定。

全面取消限购；厦门、福州等城市放松限售，其中福州、郑州、合肥等城市解除限售。[①]

2. 商品房消费者权利保障

最高院发文明确商品房消费者特定条件下房屋交付请求权及房屋价款返还请求权优先，规范房地产经纪服务，保护购房人权益。

4月20日，最高院发布《关于商品房消费者权利保护问题的批复》（法释〔2023〕1号），明确消费者"以居住为目的购买房屋并已支付全部价款"时的房屋交付请求权和"房屋不能交付且无实际交付可能"时的房屋价款返还请求权，优先于建设工程价款优先受偿权、抵押权以及其他债权。本次批复回应了近年"烂尾楼"购房人权利保护难题。《住房城乡建设部 市场监管总局关于规范房地产经纪服务的意见》（建房规〔2023〕2号）则要求房地产经纪机构明码标价、合理收费、规范签订交易合同、加强购房人个人信息保护等，维护购房人权益。

（五）房地产争议解决

市场下行浪潮下，房企"爆雷"、楼盘"烂尾"、购房人"断供"等层出不穷，相关纠纷频发、群体性事件滋生。对此，我国进一步强调调解化解纠纷，建立诉调对接机制，以期推进多元化解纷止争。

9月，最高院办公厅与住房城乡建设部办公厅联合印发的《关于建立住房城乡建设领域民事纠纷"总对总"在线诉调对接机制的通知》提出，建立住房城乡领域民事纠纷"总对总"在线诉调对接机制，运行人民法院调解平台以及时高效解决矛盾纠纷，明确经住建纠纷调解组织调解达成的调解协议具备民事合同性质，经法院审查裁定有效且主体、给付内容明确的调解协议可申请强制执行，明确调解效力及权威性，衔接诉调、促进房地产领域诉源治理。

（六）小结

2023年，公司制度、合同规则均迎来较多创新，国土空间规划及土地利用质效提升深化夯实，房地产供需两侧利好频发、限制全面放开并在地方各层级逐步响应、落实；既从建设交付办证和购房人权利保障等方面规范市场健康运行，也在保障性住房建设、城中村改造、不动产基金等赛道开拓新的发展点以引领行业转型可持续发展，并深化行业纠纷多元解决机制。前述多套"组合拳"为市场企

① 《2023年中国房地产总结与展望｜政策篇》，载微信公众号"克而瑞地产研究"，访问时间：2024年2月1日。

稳回温、房企纾困转型、融资出清及优化经营、治理和购房人正当权益保障、争议化解提供多个抓手，但部分改革（如保障性住房建设、城中村改造等）也给市场及企业带来冲击和挑战，不排除在一定期限内出现规模化、类型化的争议，还有待相关制度的深化实践回哺制度设计。

三、典型案例

（一）房地产投融资纠纷：较多纠纷涉及合同性质和效力

随着房地产投资持续收缩，较多投资机构陆续收回对房地产项目的投资，过去较多投资人设计的“名股实债”模式效力及性质如何认定？

1. 基本案情[①]

某市财政局、某城投公司、某基金公司、某国资公司签订《基金投资协议》，约定基金公司向城投公司投入4000万元用于项目建设，为确保基金有效投入、使用合规，城投公司将4000万元投入国资公司，由国资公司通过增资入股方式投入项目公司。

2016年，某国资公司、某股份公司、某地产公司（即项目公司）与自然人欧某签署《投资合同》，约定：国资公司向地产公司增资4000万元用于项目建设，国资公司占地产公司40%股权，股份公司占股60%。合同约定项目建设期届满后，由股份公司回购国资公司持有的地产公司的40%股权，地产公司、股份公司关联方为该回购义务提供股权质押担保。

合同签署后，国资公司转账4000万元，履行了出资义务。

2021年底项目建设期满，股份公司未按约向国资公司交纳股权回购准备金，故国资公司诉至法院，要求股份公司立即回购股权、并支付回购款、违约金、投资收益等。

2. 争议焦点

本案主要争议焦点之一是案涉《投资合同》的性质（是股权还是债权）及效力问题。

3. 裁判结果

一审法院认为：案涉投资方式符合国家政策，不违反《公司法》及行业监管

① 案号索引：（2023）皖1003民初974号。

规定。在实践中，基金通过增资入股、逐年退出及回购机制对目标公司进行投资，是符合商业惯例和普遍交易模式的，不属于为规避监管所采取的“名股实债”的借贷情形。具体为：第一，《投资合同》实际上是典型的股权投资协议，在商事投融资实践中，投融资双方约定，由融资方（包含其股东）给予投资方特定比例的利润补偿、按照约定条件回购投资方股权，投资方不参与融资公司具体经营管理的情况非常普遍。利润补偿和股权回购约定本身也是股权投资方式灵活性和合同自由的体现，而非“名股实债”。对于此类条款，只要不存在法定无效事由，不违反《公司法》上关于利润分配、公司资本管制的强制性规定，即为有效。且投资期限内，国资公司作为股东对外仍承担相应责任和风险的。第二，国资公司已依法取得股东资格，且在《投资合同》明确约定了国资公司享有表决权。虽然国资公司不直接参与地产公司日常经营，但不能据此否认股东身份。第三，《投资合同》约定固定年投资收益率为1.2%，远低于一般借款利息。《投资合同》的签订及履行中，签约各方对背景、交易目的、条款内容均知悉，且地产公司实际获得了经营发展所需资金。综上，国资公司与地产公司之间并非借款关系，而是股权投资关系。《投资合同》是各方真实意思表示，该协议内容不违反法律、行政法律的强制性规定，真实合法有效。

4. 纠纷观察

（1）“名股实债”并非一个严格的法律概念，而是地产行业常见的一种融资工具和投资安排，早期主要出现在地产行业。部分地产公司为降低资产负债率、减少授信额度占用等限制，加上信托、基金等投资主体为降低投资风险、获取固定收益率，而创新的外观为股权投资、实质为债权债务关系的模式。近年来，房地产行情逐步下行，较多投资主体急于收回投资、退出房地产项目，进而引发诸多纠纷。该类纠纷中，投资合同往往约定较高收益率，而为降低收益率，接受资金方或会主张交易性质为“名股实债”，故处理此类合作纠纷的先决条件是先确认合作协议的性质到底是债权投资还是股权投资。

（2）关于“名股实债”的性质认定，法院在认定债权关系还是股权关系时，不再局限于以往的核心三要素“存在股权回购条款 + 投资收益率固定 + 不参与目标公司实际经营”，而是综合多因素考量，如本案中，虽然《投资协议》存在股权回购条例、收益固定、投资主体不参与地产公司经营等情形，但法院最终认为《投资协议》并非债权债务性质，笔者认为核心原因之一，为投资收益率低于一般借款利息，按照正常商业逻辑，如为“名股实债”，往往约定高于一般借款利息的收益率。

法院认定合同性质时，一般会考虑的相关因素如下：1）交易架构是否存在“到期履行股权回购”的条款（债权投资往往存在股权回购条款，约定无条件到期赎回）；2）投资主体是否获取固定收益率的投资收益且收益高于一般借款利息，而非不确定性的股东分红（债权投资回报往往固定且高于一般借款利率，即投资主体不承担投资风险，保本保收益，而股权投资回报具有不确定性）；3）投资主体是否行使股东权利、参与目标公司经营管理（“名股实债”情形下，投资主体作为新股东往往不参与目标公司经营管理、不行使主要股东权利，而仅是知情权、监督权）；4）投资主体的股权受让价款是否公允合理（部分被认定“名股实债”的情形，原因之一是股权受让价款严重不符合市场价格）；5）是否有相应的担保措施（“名股实债”情形下，往往设置抵押、质押担保措施）；6）是否签订其他协议以表明真实的交易（部分“名股实债”情形，交易方签署其他文件明确借款）；7）是否涉及第三人的利益（如涉及第三人利益，法院倾向认定为股权交易，以维护第三人的利益）。

（3）即便协议被认定“名股实债”，并非必然无效。根据《民法典》第 146 条规定，“行为人与相对人以虚假的意思表示实施的民事法律行为无效。以虚假的意思表示隐藏的民事法律行为的效力，依照有关法律规定处理”。故如合作协议被认定“名股实债”，假设不存在无效事由，则虚假意思表示的股权交易关系无效，但隐藏的债权债务关系原则上有效［如北京市高级人民法院出具的（2021）京民终 499 号民事判决书以及最高院出具的（2021）最高法民终 35 号民事判决书，合作协议虽被认定并非股权投资而是债权债务性质，但由于不违反法律、行政法规的强制性规定，而被认定有效］。当然，假设协议存在违反法律、行政法规强制性规定、违背公序良俗等，则或将被司法机构依据《民法典》第 153 条①以及《合同编通则解释》第 14 条②等规定，认定无效。

---

①《民法典》第 153 条：“违反法律、行政法规的强制性规定的民事法律行为无效。但是，该强制性规定不导致该民事法律行为无效的除外。违背公序良俗的民事法律行为无效。”

②《合同编通则解释》第 14 条：“当事人之间就同一交易订立多份合同，人民法院应当认定其中以虚假意思表示订立的合同无效。当事人为规避法律、行政法规的强制性规定，以虚假意思表示隐藏真实意思表示的，人民法院应当依据民法典第一百五十三条第一款的规定认定被隐藏合同的效力；当事人为规避法律、行政法规关于合同应当办理批准等手续的规定，以虚假意思表示隐藏真实意思表示的，人民法院应当依据民法典第五百零二条第二款的规定认定被隐藏合同的效力。依据前款规定认定被隐藏合同无效或者确定不发生效力的，人民法院应当以被隐藏合同为事实基础，依据民法典第一百五十七条的规定确定当事人的民事责任。但是，法律另有规定的除外。当事人就同一交易订立的多份合同均系真实意思表示，且不存在其他影响合同效力情形的，人民法院应当在查明各合同成立先后顺序和实际履行情况的基础上，认定合同内容是否发生变更。法律、行政法规禁止变更合同内容的，人民法院应当认定合同的相应变更无效。”

（4）实操建议：作为投资方，在签订相关协议时，要明确协议性质（不仅是名称、表达方式，更需要协议的内容与性质一致）且设置足额担保，确保无论合同性质如何认定、投资权益合法且能如实收回。

（二）破产引发的合作纠纷：是否一方破产，未全面履行完毕的合同必然要被解除

房地产公司或其合作方进入破产后，《中华人民共和国企业破产法》（以下简称《破产法》）第18条是否导致“双方均未履行完毕”的合同必然解除，房地产企业的特殊性能否挑战“履行权”的限制？

1. 基本案情[①]

2010年，甲公司与乙公司、自然人丙签订合作开发协议，约定：乙公司、丙将其原持有丁公司（项目公司）的100%股权全部转让给甲公司，且乙公司、丙通过项目公司负责项目的拆迁、专项规划等工作，乙丙方收取股转款、合作费用并包干拆迁等成本，甲公司负责拆迁费用、建设资金并负责开发建设且向乙丙支付合作款。协议签订后，乙丙方向甲方转让了全部股权，甲公司向乙公司支付了数亿元合作款，甲方投入了数十亿元拆迁费用，项目拆迁约95%时，2020年，乙公司进入破产程序，管理人以合作协议双方均未履行完毕为由，根据《破产法》第18条，宣布解除合作协议。甲公司提起诉讼，诉求法院判决解约通知无效、不产生解约效果。

2. 争议焦点

合议庭总结了四个争议焦点：（1）股权转让协议是否独立于合作开发协议及补充协议，是否属于双方均未履行完毕的合同；（2）乙公司是否已经履行完毕合同全部义务；（3）乙公司如果履行完毕合同主要义务，该合同是否属于《破产法》第18条规定的双方均未履行完毕的合同；（4）如该合同属于双方均未履行完毕的合同，根据《破产法》第18条，管理人在本案中决定解除是否有利于整体利益最大化。

3. 裁判结果

深圳中院认为：《破产法》第18条规定：“人民法院受理破产申请后，管理人对破产申请受理前成立而债务人和对方当事人均未履行完毕的合同有权决定解除或者继续履行，并通知对方当事人……”对于上述“未履行完毕的合同”这一概念在实践中存在“未履行合同全部义务”和“未履行合同主要义务”两种不同理解方式。

① 案号索引：（2020）粤03民初5847号。

上述法律之所以赋予管理人解除或者继续履行合同的权力，一方面是为了尽快明确债务人所涉及的市场交易活动是否继续进行，从而将因债务人破产带来的交易不稳定状态尽快结束，减少破产对正常市场行为的影响；另一方面也是赋予管理人选择的权力，增进债务人的财产，从而实现债权人利益最大化的目的。因此，在适用《破产法》第 18 条时，管理人应当以债务人财产价值最大化为原则，但同时应兼顾合同相对方利益，减少债务人对社会交易行为的影响。因此，在判断某一交易行为涉及的合同是否属于“未履行完毕的合同”时应当考量该债务人和合同相对方是否均未履行完毕合同主要义务或者关键性义务，而不应简单适用“全面履行”原则。如果任意一方当事人已履行完毕合同的主要义务、关键性义务，只是合同的附随义务、非关键性义务未完全履行，如通知、协助、告知等义务，那么该合同不应视为破产法制度下的“债务人和对方当事人均未履行完毕的合同”，对该类合同，管理人无权行使解除权。

4. 纠纷观察

（1）当前特殊的历史环境：较多房地产企业破产，导致诸多房地产企业签署的尚未履行完毕的合同，被破产管理人依据《破产法》第 18 条通知解除，或被合同主体主张依据《破产法》第 18 条主张解除。然而房地产企业的标的物不同于交易市场普通买卖的标的物（如货物买卖合同，出卖人交付货物、买受人支付价款即履约完毕），其签署的合同尤其是合资、合作开发房地产项目协议履约周期较长，各方权利义务诸多、合同金额巨大、合作流程复杂。如房地产企业或合作方破产后，该类双方均未履行完毕“全部”义务的合同，即被破产管理人通知解除或视为自动解除，或会导致合作协议所涉项目陷入“烂尾”，反而损害破产企业及其诸多债权人、公众利益、关联方的利益。故本案作出了有创新、更符合立法本意且更适应当前特殊行业情形的判决。

（2）本案核心在于，如何界定“双方均未履行完毕义务”，当前司法实践中争议较大：目前，《破产法》及其他法律均未对“双方均未履行完毕的合同”进行具体规定。从司法实践来看，法院较为保守，多数判决认为如存在合同义务未履行完毕，则视为该方未履行完毕合同义务；少数判决认为主要义务未履行完毕才视为未履行完毕的合同。学术界与法院类似，少数观点认为不能理解为对合同所有条款不打折扣地全部履行完毕，将均未履行完毕限制于合同主要义务或者关键性义务，在判断复杂商事交易合同的语境下更为合理。例如，王欣新、张思明在《房地产开发企业破产中的房屋产权界定与合同履行》一文中认为：“对破产法上的双方均未履行完毕，不能理解为对合同的所有条款全部履行完毕，只要合同的主要义务或者关键性义务履行完毕，能够实现双方签订合同的实质性目的，即为履行完毕。”[1] 齐树洁主编的《破产法研究》[2] 认为，“《企业破产法》所规定的未履行的合同，应是指双方当事人对合同中规定的主要义务均尚未履行的合同”。笔者认为，基于房地产行业及房地产企业的前述特殊性，以及当下房地产企业频频爆雷、进入破产程序的背景，在破产案件处理中，针对房地产企业签署的合同，破产管理人应当平衡破产企业的债权人、其他当事人的正当利益，包括考虑解约是否涉及公共利益（如涉及较多被拆迁户）、是否涉及合同主体之外的关联方的合法利益（如总包合同项下其他关联方分包单位、供应商、实际施工人、农民工等），重点考虑合同项下“主要义务”的履行情况，谨慎行使“合同解除权”。

上述案例，具有一定的示范性和前沿性，但在司法实践中并不具有普遍性。在房地产行业持续下行期间，土地合作、城市更新等周期性较长的合作项目中，一方破产的可能性大大增加，各方在签订相关合同、履行相应协议，尤其是一方出现债务危机时，要充分认识到《破产法》第 18 条可能产生的合同被解除的风险，需要提前、主动、积极应对。

（三）房屋买卖合同群诉纠纷：开发商的广告宣传或会构成合同内容、涉及违法建筑无法兑现的，开发商会承担违约、赔偿责任

随着房地产市场下行，在房价上涨的黄金时期的较多不规范做法成为购房人主张索赔的重要依据，当宣传符合法定条件、不能兑现时，开发商会承担违约责任，尤其是开发商的宣传涉及违规改造时。

1. 基本案情[3]

王某等购房人与甲公司签订《深圳市房地产买卖合同》，约定由王某等购房人购买坐落于深圳某项目的房产（规划用途为办公、层高为 4.5 米、交付标准为毛坯）。销售过程中，甲公司的宣传资料、销售说辞中存在该房产为复式户型等内容，但买卖合同中未约定。后甲公司向购房人交付了毛坯房产，购房人进行室内装修搭板实现复式、居住户型时，被政府部门发函告知涉嫌违建并要求拆除。尽管后续客观上未实际拆除复式户型，但王某等购房人认为甲公司实际交付与宣传不符构成违约，因此向法院提起诉讼，要求甲公司按每套房产的购房款 30% 的标准向

---

① 王欣新、张思明：《房地产开发企业破产中的房屋产权界定与合同履行》，载《人民司法（应用）》2016 年第 7 期，第 7 页。

② 齐树洁主编：《破产法研究》，厦门大学出版社 2004 年版，第 271 页。

③ 案号索引：（2022）粤 03 民终 22520 号。

王某等购房人赔偿损失。

2. 争议焦点

本案焦点：一是涉案房地产项目复式户型的宣传是否构成要约；二是甲公司是否应承担赔偿责任及如何认定赔偿标准。

3. 裁判结果

法院认为，甲公司通过宣传手册、样板房及宣传资料等方式涉案房地产项目可装修成室内二层的复式户型，已经明确、直观地进行了展示，其描述明确、具体，因此认定涉案房产可装修成复式户型的宣传构成要约。甲公司未经规划许可，允诺购房人可进行隔层搭建，违反了建设工程规划，有关约定应当认定为无效。依常理，在经过许可或者审批可搭建成复式户型的情况下，购房人会愿意以更高的价格购买案涉房屋；相关部门的告知信虽引发一定程度的担忧，但涉案房产大部分购房人已将隔层搭建完毕并实际使用，实质上并未对其权益造成现实影响。法院综合考虑双方当事人的主观过错、宣传为复式户型所造成的影响、房款总价、房屋现状等因素，根据公平原则和诚信原则，酌情确定甲公司按照每套房产的购房款的 2% 赔偿损失。

4. 纠纷观察

（1）本案较典型：在当前的经济及市场环境下，办公类、商业类产品去化周期长、去化难度越发增大，市场接受度较差。部分开发商或改造装修公司推出了办公 / 商业改造成为具有居住功能的产品。但此类产品多涉及违规改造、宣传不实，尤其在房价下跌情形下，引发较多行政立案和处罚、民事群体诉讼纠纷。本案是“商办改住”的典型案例，涉及开发商宣传“居住用途”是否构成要约以及“商办改住”项目被政府部门查处情形下开发商责任承担问题。

（2）实践中，对于“商办改住”项目，开发商在销售时多会通过宣传页、样板房对房屋的“居住用途”进行宣传，并通过第三方改造或购房人自行改造等方式实现房屋的“居住用途”，同时在买卖合同中明确写有“商业”“办公”等。但尽管有上述风险规避措施，一旦项目实现不了居住功能或房价下跌，往往会被购房人以“违建”“虚假宣传”等理由向政府投诉或向法院起诉要求退房或索赔经济赔偿，滋生群诉。政府或法院可能会“穿透式”分析认定是房地产企业主导的改造事项，如同本案，法院从交易的实际情况出发，认定开发商宣传对居住类型的“复式”宣传明确且具体，构成要约，开发商如违反则应当承担违约责任。即便房屋违法搭建客观上虽已经实现，实质上也未对购房人的权益造成现实影响，但法院根据公平原则和诚信原则，并综合考虑双方当事人的主观过错、开发商宣传为复式户型所造成的违规改造等恶劣影响，结合房款总价、房屋现状等因素，最终判令开发商给予购房人一定赔偿。

结合广东省高级人民法院于2023年11月9日发布的《房屋买卖合同纠纷典型案例》之"连某诉莫某、朱某房屋买卖合同纠纷案"[①]，上述案例彰显了法律对违法建设交易、不实宣传的否定性评价，对规范房地产交易行为具有警示作用。

在市场下行期，开发商更应当在建设销售过程中合法合规，任何违规建设、不实宣传、误导客户等行为均更大概率会被追究责任，故，开发商对特殊、重大事宜，不仅不能误导客户，还需主动、全面提示客户，避免不必要的纠纷。

四、热点问题观察

（一）实务热点观察

1. 实务热点一：城市更新

城市更新受到重点关注。一方面，旧的城市更新项目因为市场预期调整，较多难以推进、发生纠纷；另一方面，新的城市更新模式更加迭代，包括既有建筑更新改造、城镇老旧小区改造、完整社区建设、活力社区打造、城市功能完善、城市基础设施更新改造、城市生态修复和城市历史文化保护传承等方面，需要在立法、政策上创新。

（1）在城镇老旧小区改造和既有建筑更新改造方面，2023年全国开工改造城镇老旧小区5.37万个、惠及居民897万户，共完成投资近2400亿元，超额完成年度任务。[②]城镇老旧小区改造的一个重点和突出问题就是既有住宅加装电梯。2023年11月8日，为了明确改造过程中的行为指引、为司法裁判提供方向，最高院、住房城乡建设部联合发布老旧小区既有住宅加装电梯典型案例。从老旧小区改造的纠纷情况来看，不仅包括改建、重建建筑物及其附属设施的行为应由业主共同决定的事项，以及因改建行为受到影响的业主的权利救济，还包含着对改造事项大量实施之后，在使用过程中造成的纠纷。该批案例中从低层住户的适度容忍义务，宣贯有利生产、方便生活的原则等方面倡导业主坚持自愿平等、友好协商、

① 《广东高院发布房屋买卖合同纠纷典型案例》，载微信公众号"广东省高级人民法院"，访问时间：2024年2月26日。

② 住房和城乡建设部官网：《城镇老旧小区改造任务去年超额完成》，https://www.mohurd.gov.cn/xinwen/gzdt/202402/20240201_776516.html，访问时间：2024年2月1日。

兼顾公平的原则，弘扬社会主义核心价值观，对加装电梯改造遇到的各类纠纷提出了解决方案。

（2）在完整社区建设和城市功能完善、城市历史文化保护传承等方面，近年来形成了一批典型案例，其中最有特色的城市更新类型即为“城市微更新”“轻改造”，主要特点是最大限度保留社区的原有机理、建筑本体结构和建筑格局，在不影响社区原有生活气息的情况下，通过统一规划设计，融入时尚元素，改造建筑立面、修缮环境设施。在上述改造案例中，如何平衡社会资本、“无证”建筑的权利人等合同各方的利益与权利保护，成为改造和运营案例中的重要问题。

（3）城市更新的法治化、规范化进程也在不断推进。经过实践检验后，多地也出台了城市更新的新规或补充说明。例如深圳市人民政府在总结2023年之前经验的基础上，发布了《关于积极稳步推进城中村改造实现高质量发展的实施意见》（征求意见稿），对城中村也即深圳市域内原农村集体经济组织继受单位及原村民实际占有使用的现状居住用地为主的区域改造拟进行部分调整，并将针对现有协议出让的一二级联动机制进行修改，将原有的一二级联动开发机制，修改为引入前期服务商、采用综合评价出让或带设计方案出让等公开方式确定土地受让方，由土地受让方实施开发建设的一二级开发分离机制。深圳市自然资源和规划局在修改说明中提到，用地出让和开发建设方面的修改主要是落实国务院相关指导意见，并强化土地市场管理。与上海、广州等城市规定允许一定条件下的协议出让不同，以上政策的实施将对深圳市现有的城中村改造城市更新操作模式带来巨大改变，可能导致原有的城中村改造项目的社会资本方、村股份公司方等各个利益相关方重新审视合作项目的前期拆迁、后期开发等各环节的投入和收益，并可能产生搬迁补偿、房地产合作开发等领域的纠纷。

此外，受市场预期下调、政策持续调整影响，较多城市更新拆除项目停滞、部分经营目标难达预期，出现了较多项目停止合作、资金方要求退出的纠纷，类似纠纷将会成为实务中的痛点和重点；未来，以城中村改造为代表，城市更新政府主导趋势进一步加强，房企（特别是民企）获取项目空间进一步被压缩，存量项目和参与方或将加速出清，现有经济关系及纠纷处理仍将面临更大挑战，法律风险防范及纠纷化解压力或将攀升。例如，由于市场因素停滞的项目已经或将被清退，其中搬迁补偿、其他开发建设经济关系清理的难度和规模巨大，存在处置过程中发生群体事件的风险；此外，已获取土地项目停缓建的，则需处理逾期未开发的土地闲置风险、对被搬迁人逾期回迁的违约责任等，这些动作可能会涉及二次拆迁谈判、换迁方案设计及风险评估等。

2. 实务热点二：房地产资金紧张、合作纠纷不断，矛盾升级加剧

房地产信托风险持续暴露，房地产合作开发领域深层次的矛盾不断凸显，争议不断，将促使未来房地产合作更加重视前端的合规和风控管理。

2023 年 8 月 11 日，“中信信托 · 君琨股权基金投资资金信托计划”项下贵阳“融创 · 九璟湾”项目，在印鉴外借途中发生了“抢夺印鉴”的突发情况。可见，在房地产行业爆发式增长的时代，更多项目采取了合作，但随着房地产行业持续走低，投资人更加担心投资资金的安全，希望加强对项目的控制，因此产生了更多的碰撞乃至纷争。

经过持续调整，在房地产合作领域，行业出现如下变化：

（1）越来越多的房地产企业为了控制风险，逐步减少合作，转而采取独立开发模式。

（2）合作开发房地产项目，合作方之间不仅看重硬实力，更看重软性匹配度；

（3）“简单、粗暴”式的撮合越来越少，建立详尽的合作机制的合作越来越多；

（4）资金进入房地产行业越来越规范、审慎，回归资金本身应有的“风险厌恶”特征。

随着市场风险加大、监管政策的完善，资金进入房地产行业的方式越来越规范和审慎。出现了如下变化：

（1）合规性要求提高：监管机构加大了对房地产金融活动的监管力度，企业需要遵守更为严格的融资规则和资本要求，避免违规操作。

（2）风险评估加强：投资者和金融机构在向房地产行业注入资金前，会进行更为深入和全面的风险评估，包括市场风险、信用风险、操作风险等，以确保资金的安全性。

（3）资金来源审查：资金来源的合法性和合规性成为资金进入房地产行业的重要审查内容。监管机构和投资者会对资金的来源进行严格审查，防止洗钱和其他非法资金流入房地产市场。

（4）融资渠道规范化：房地产企业的融资渠道越来越规范化，包括银行贷款、信托融资、债券发行等，这些渠道都有明确的监管政策和操作流程，提高了资金的透明度和可控性。

3. 实务热点三：部分房地产企业破产及债务化解最新进展

2024 年 1 月 29 日，香港高等法院对中国恒大集团发出清盘令，这标志着公司正式进入破产清算程序，也引发全球投资者和市场关注。在多次尝试提出债务重组方案以延缓清盘过程后，由于进展缓慢，未能满足债权人和法院的期望，最

终香港高等法院宣布颁令清盘。这是在香港资本市场上最大规模的地产公司破产清盘案。

清盘令的颁布，对恒大集团的境内外业务都将产生深远影响。特别是对公司的后续保交楼工作以及国内外投资者、合作伙伴和债权人的利益都可能带来不确定性。恒大集团的股价在消息公布后出现了大幅下跌，被破产、重整企业将迎来“重生”或被处置资源重新利用。

与此同时，不少困境房企积极出清、自救。在全国多地宣布第一批房地产项目“白名单”落地后，包括碧桂园、融创、绿地集团、远洋集团、旭辉集团、世茂集团在内的多家房企纷纷披露公司旗下项目入围“白名单”的相关进展情况。有数据统计显示，截至 2024 年 1 月底，国内 26 个省 170 个城市已建立城市房地产融资协调机制，提出首批房地产项目白名单并推送给商业银行，涉及房地产项目 3218 个，白名单项目中，84% 属于民营房企和混合所有制房企开发的项目，真正落实了一视同仁满足不同所有制房地产企业合理融资需求。此举会加快推进“保交楼”项目建设，通过市场化、法治化的手段隔离房地产企业集团的风险向房地产项目转移，有助于市场信心提升。

（二）学术热点观察

房地产的“执行难”问题日益突出。2022 年 6 月 21 日，最高院起草的《民事强制执行法（草案）》首次提请全国人大常委会会议审议。该草案总则在执行机构和人员部分，草案规定组成专门执行机构，法官和执行员进行明确分工；在执行依据方面，草案总则规定申请强制执行时效并入民事诉讼时效概念；在分则部分，主要规定了对动产、不动产的执行方法，并规定了金钱债权和非金钱债权的终局执行内容。最高院认为，在民事诉讼法执行程序编基础上制定专门的民事强制执行法，有利于推进执行法律规范体系化、具体化。[①]

随着自然资源统一登记的推进，“裁执分离”执行方式的探索，以及制定强制执行的专项法律规范，不动产执行问题的解决在不同层面的共同努力下将打开新局面。

在民事执行中，房地产领域因不动产登记的特殊性，容易产生权利外观和实质权利出现偏差的情况。在民事执行程序中，案外人可以依法向执行法院提出执行异议或提起执行异议之诉，要求裁定终止对标的的执行。对于执行异议之诉尚

---

① 周强:《关于〈中华人民共和国民事强制执行法（草案）〉的说明》，载《人民法院报》2022 年 6 月 26 日，第 1 版。

未明确的部分，许多学者提出了完善观点。

有观点认为，我国现有的案外人执行异议之诉制度仅在《民事诉讼法》中规定了关于案外人可以提出对执行程序的异议，而关于执行异议之诉的异议事由，则仅有《最高人民法院关于适用〈中华人民共和国民事诉讼法〉执行程序若干问题的解释》（2020 年修正）第 14 条规定为“所有权或者有其他足以阻止执行标的转让、交付的实体权利”，《最高人民法院关于适用〈中华人民共和国民事诉讼法〉的解释》（2022年修正）第463条第1款规定为“足以排除强制执行的权益”。对于房地产而言，《最高人民法院关于人民法院办理执行异议和复议案件若干问题的规定》第 28 条的规定已经对占有权人对已登记的建筑提出执行异议进行了明确，但对于无法办理产权证的建筑取得占有是否能够排除强制执行尚未得到统一认识，在异议事由尚未明确到具体情形的情况下，司法实践中对于异议事由的认识和做法分歧较大。在现实情况中，司法实践已经明确了对于未取得相关规划许可的房产进行现状处置，但如何对占有此类房产的权利人进行救济，2022 年发布的《江苏省高级人民法院执行异议及执行异议之诉案件办理工作指引（二）》第 21 条第 1 款规定：“案外人就无证房产提起执行异议之诉，请求排除执行的，应当重点围绕买卖关系的真实性、款项支付情况及占有使用情况等，审查认定案涉无证房产是否属于被执行人的责任财产范畴。如果经审查属被执行人的责任财产，则对案外人排除执行的诉讼请求不予支持。”部分学者认为，对未取得规划许可的违法建筑的占有是否足以排除执行，可以参考以上程序规定，允许对违法建筑依据占有权提出执行异议并进行裁判，但不得就违法建筑本身进行认定或处理，或者判定其所有权归属[①]。

对于各种关于强制执行程序的观点，也是学术界对于强制执行法律规范出台的希望和呼吁。相信通过新的民事强制执行法规的出台和完善，房地产强制执行程序能够更好地保护执行程序各方和案外人的权利。

五、总结与展望

总体来说，2023 年全国房地产市场聚焦三个关键词，即“全面放开”“三大工程”“金融化债”。尤其是中央金融工作会议召开后，防范化解房地产金融风险的重要性和急迫性上升，围绕房企融资和流动性的相关工作陆续开展。在此基础

① 刘颖：《论对执行标的的占有可否排除强制执行》，载《中国不动产法研究》2023 年第 1 期，第 87—98 页。

上，展望2024年，供给端、需求端政策将持续释放，短期内有利于释放购房需求，提振市场信心。长期来看，房地产市场的发展，仍会受经济增长放缓、出生人口增速下降、人口老龄化加速以及城镇化进入减速阶段等因素的影响，房地产市场的整体预期还有待观察。[①] 这些都会对房地产的争议解决产生重大、长远影响。

（一）行业调整会持续，纠纷持续增加，行业合规要求会迭代

在房地产行业的整体困境仍然持续存在，且供求关系发生重大变化的大背景下，房地产买卖合同纠纷、房地产租赁合同纠纷、房地产信托纠纷、合作开发纠纷、融资纠纷、破产纠纷等仍会层出不穷、数量增加、类型迭代，且随着市场情况的持续调整，裁判原则也会发生调整和迭代。在此基础上，房地产争议解决从业人员应当及时更新并掌握业内最新动态，以更好地适应相关争议的专业化、市场化要求。各级人民法院及主要的国内仲裁机构、各地新成立的行业调解机构也应当在仔细调研的基础上，对于其中共性问题、典型问题、新问题形成一定的裁判、调解规则指引，确保裁判的一致性，提升行业自律水平，为行业的稳定健康发展提供更大力度的司法保障。

（二）房地产市场或持续调整分化

2023年，在重点22城方面，优质地块成交量增加，央国企为拿地主力，民企投资力度不足。至2023年12月末，除北京、上海、深圳外，多数城市响应自然资源部的建议取消了土地最高限价，但仅少量核心城市优质地块拍出高溢价，整体热度仍较低。

展望2024年，取消地价上限的城市，在房企投资聚焦下，预计部分核心地块将竞拍出高溢价，但土拍分化仍将延续，非核心区仍会出现底价成交甚至流拍；而北上深有望根据市场变化优化土拍规则，如部分区域取消或提升溢价率上限等。在拿地主体上，央国企由于资金实力相对较好，后续拿地金额占比或继续提升，而对于中小房企而言，核心城市拿地压力增加，参与土拍的实力不足、意愿不强。反映到需求端，由于2023年土地持续缩量，若2023年成交的优质地块2024年逐渐入市，也有望对部分城市新房销售提供一定支撑。

---

① 《【行业研究】2023年地产行业回顾与2024年展望》，载微信公众号“联合资信”，访问时间：2024年2月13日。

（三）房企债务重组迎来新进展，民营房地产企业金融需求被支持

除前文所述的债务展期外，部分房企也会采取境外债务破产重组的方式解决境外债务违约问题。2024 年伊始，碧桂园、正荣地产、旭辉集团、龙光集团、中国奥园等多家出险房企境外债务重组取得进展，2024 年 1 月 16 日，碧桂园公告称，委聘毕马威企业咨询（中国）有限公司担任境外债务重组的主要财务顾问，建立与所有债权人的合作沟通平台，共同制定整体方案来全面解决公司当前境外债务风险，这也意味着 2023 年 8 月宣告违约的碧桂园境外债务重组工作进入正轨。

风险的化解随着债务重组的全流程完成方可实现，一般来说，企业债务重组流程主要包括确定重组需求、梳理资产及债务情况、制定重组方案、完成相关的法律授权及审批备案、披露重组信息、实施债务重组，走完整个流程需要 9 个月至 1 年，甚至更长时间。中国奥园于 2022 年 1 月启动境外债务重组程序，直至今年 1 月才实现成功重组，历时 24 个月。融创重组速度则较快，但也花了 500 多天。而备受关注的恒大，也因迟迟未能提出具体的重组方案，而进入破产清算程序。

在过去的一年，央行等多个部门发声支持合理满足民营房地产企业金融需求，如“对不同所有制房地产企业合理融资需求要一视同仁给予支持”、银行房地产贷款“三个不低于”等。在政策的支持和影响下，可以预见在 2024 年会看到更多存在财务结构优化和债务风险管理迫切需求的房企，通过债务破产重组来解决债务违约问题。

（四）房屋买卖纠纷（包括一手及二手销售）、群诉及信访会持续增加

房地产市场整体持续下行，导致了已购买或正在考虑购买不动产的（包括新房和二手房）购房者心态发生重大变化，进而产生了更多纠纷。另外，在互联网和新媒体的推动下，与房地产有关的群诉维权更是向着组织化、流程化、娱乐化转变。房地产企业及相关法律从业者应当高度关注并研究与房屋买卖相关的纠纷，大幅提升今后建设、销售的合规性，用全新的标准来应对未来存量市场。

（五）房地产投资融资、合作纠纷及不良盘活需要持续增加

房地产并购、合作是常态，在市场下行期，合作纠纷会持续增加，这会引发对行业以往的一些普遍性操作的争议，包括各类创新的合作开发协议的法律性质、合作开发项目公司僵局、控制权争夺、利润分配等问题，再结合合作开发可能涉

及的经济犯罪问题都将成为行业关注的热点和迫切需要解决的问题。[①] 考虑到上述争议具有争议金额大、法律关系复杂、商业惯例运用广泛、保密要求高等特性，通过仲裁方式解决这类争议具有先天优势。因此，仲裁机构和从业人员可以更多关注这一领域并提供有效解决方案。

（六）更多房企纾困项目出现，市场会创新模式、衍生新争议

房企遭遇现金流动性危机以来，AMC（资产管理公司）结合其化解流动性风险、盘活资产、处置不良资产方面有着丰富的资源和经验，成为房地产行业纾困的一股重要力量。

自 2022 年以来，全国性、地方性 AMC 公司纷纷入场房地产，助力停工楼盘实现复工、销售、回款。截至 2023 年 6 月末，中国东方资产累计开展房地产风险化解项目 47 个；中国华融资产充分运用“债权 + 股权”“金融 + 产业”等金融工具箱，以重点房企的重点项目为突破口，积极推动一批项目落地。在包括“金融 16 条”在内的政策支持下，AMC 也在房地产纾困的实践中不断创新纾困模式，其中“共益债投资 + 代建代管”“传统债权收购 + 增量资金投入 + 旗下地产公司代管代建”“AMC 出资 + 房企自主操盘”等新纾困模式，都在 AMC 参与纾困的房企开发项目中得以实施。[②] 在上述新模式中，因整体链条参与主体众多、项目各异，交易架构更创新、更非标，各主体之间的法律关系也更加复杂，从而衍生出更多的争议以待解决。

（七）持有型物业的融资法规及模式会创新

2020 年 4 月 24 日，证监会、国家发展改革委（以下简称发改委）联合发布《关于推进基础设施领域不动产投资信托基金（REITs）试点相关工作的通知》，至此拉开了境内公募 REITs 发展的序幕。近年来，随着公募 REITs 新发和扩容数量增多、规模扩大，REITs 市场迅速发展，证监会、发改委等中央各部门相继出台多项公募 REITs 发展支持政策，并不断完善顶层设计、发行条款、管理规范及保障措施等。例如，2023 年 2 月 20 日，中国证券投资基金业协会发布《不动产私募投资基金试点备案指引（试行）》，通过将机构投资者引入基础设施等不动产市场，

---

① 武彬、刘学森：《当前形势下房地产合作开发争端的特点与趋势（二）》，载微信公众号“兰迪争议解决”，访问时间：2024 年 2 月 13 日。

② 《AMC 上半年纾困房企成效如何？联手代建企业不断创新模式》，载微信公众号“新京报 V 房产”，访问时间：2024 年 2 月 13 日。

促进 Pre-REITs 市场发展；2023 年 3 月 24 日，发改委和证监会等部门分别发布政策，将公募 REITs 试点资产类型拓展至消费基础设施。

我国 REITs 顶层设计逐步完善和清晰，区域试点及底层资产扩容不断推进，这为我国房地产行业带来发展新机遇，为 REITs 市场健康发展提供有力保证，未来 REITs/Pre-REITs 或将实现质的提升和量的增长，由此也可能衍生新型的法律纠纷，值得相关从业者关注。

（八）人工智能技术等新兴行业或对房地产行业产生巨大的影响

在过去的一年，人工智能技术飞速发展，由 OpenAI 开发的人工智能应用 ChatGPT 引起人们的热烈关注和讨论。不少人认为，人工智能技术或许在应用层面展现出了第五次工业革命的潜力。这一颠覆性技术对各个行业产生了极大冲击，房地产市场也不例外。

ChatGPT 等基于语言的人工智能工具的强大之处在于拥有海量的数据且能够以一种类似于人类的方式理解和处理语言，能够自动完成多种任务。在未来的房地产市场中，人工智能技术或许可以应用于房地产的资产管理、开发建设管理、运营管理和风险管理等方面，为房地产行业提供数据支持，从而使得房地产的投资决策、开发建设、运营和资产价值更加稳定、高效和智能，对于制定科学合理的规划和决策具有重要意义。

人工智能技术对房地产行业就业市场的影响可能与其他行业的影响类似，就如 ChatGPT 所述，涉及数据输入、报告生成和客户服务查询等低技能和重复性任务更有可能被取代，而战略思维、创造性问题解决、强大的客户服务和关系建立等高价值和创造性的工作将继续存在。

中国能源争议解决年度观察（2024）

刘洪川　施　蕾　赵燕彬[①]

一、本年度国内外能源形势和纠纷总体情况

（一）全球层面已达成传统能源逐步向新能源转型升级的共识

回顾 2023 年，全球经济在经历新冠疫情、地缘政治危机等负面因素影响后呈现缓慢复苏的态势。传统油气继续在全球能源供应中占据主导地位的同时，各国持续大力推动能源转型升级，加速新能源发展。

随着全球气候变化问题的加剧，能源绿色、低碳转型的整体趋势并未改变。根据 2023 年 11 月 30 日世界气象组织在《联合国气候变化框架公约》第二十八次缔约方大会（28th Conference of the Parties，COP28）发布的暂定版《2023 全球气候状况报告》[②]，2023 年是有记录以来人类历史上最热的一年。为实现 1.5 摄氏度的控温目标，在 COP28 上形成的阿联酋共识“鼓励缔约方加快推进‘雄心勃勃的、全经济范围的减排目标’”[③]。由于能源行业约占全球温室气体排放量的 73%，意识到气候危机对于能源行业可持续发展的掣肘，国际能源署（International Energy Agency，IEA）根据 2050 年实现净零排放的情景，对未来各年度的能源消耗量提出了具体要求。[④]

---

① 刘洪川，美国哈佛大学法学硕士，北京大学法学学士，安杰世泽律师事务所合伙人、执委会执委。施蕾，安杰世泽律师事务所合伙人。赵燕彬，安杰世泽律师事务所资深律师。尤其感谢同事席雨奇在资料整理以及部分章节初稿草拟所做的大量工作，也感谢蔡昱律师、实习生杜汪洋和赵丹洋对本报告的信息检索、数据整理和翻译做出的贡献。

② World Meteorological Organization: “Provisional State of the Global Climate in 2023”，https://wmo.int/publication-series/provisional-state-of-global-climate-2023，访问时间：2024 年 2 月 22 日。

③ COP28 UAE-United Nations Climate Change Conference，访问时间：2024 年 3 月 11 日。

④ IEA: “Net Zero Emissions by 2050 Scenario (NZE)”，https://www.iea.org/reports/global-energy-and-climate-model/net-zero-emissions-by-2050-scenario-nze，访问时间：2024 年 2 月 22 日。

在 COP28 闭幕前夕，全球 200 多个国家经过艰苦的谈判终于达成了到 2030 年逐步弃用化石燃料的共识，并承诺将可再生能源的使用量增加两倍。[①]IEA 根据不同能源利用类型，对于未来全球能源的供应比例与趋势进行了如下预测（见图 1、图 2、图 3）。

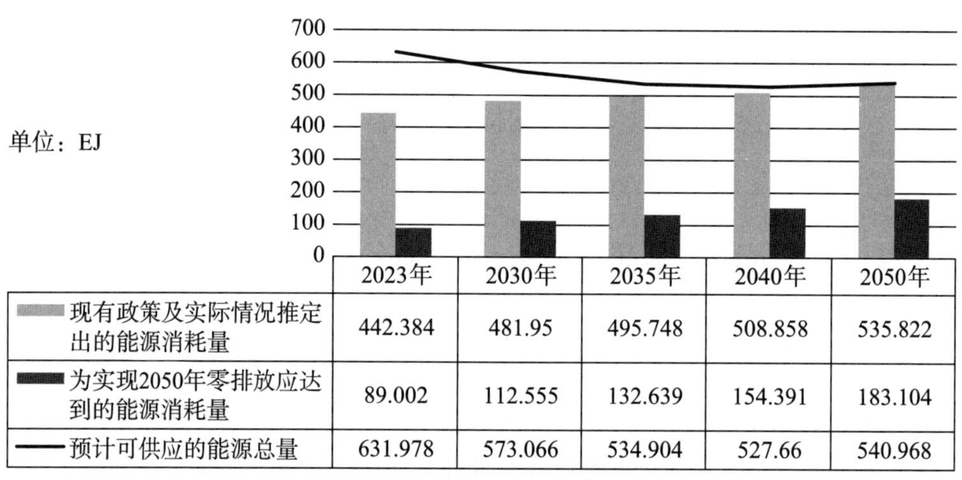

	2023年	2030年	2035年	2040年	2050年
现有政策及实际情况推定出的能源消耗量	442.384	481.95	495.748	508.858	535.822
为实现2050年零排放应达到的能源消耗量	89.002	112.555	132.639	154.391	183.104
预计可供应的能源总量	631.978	573.066	534.904	527.66	540.968

图 1　全球能源消耗量预测趋势图

资料来源：World Energy Outlook，2023

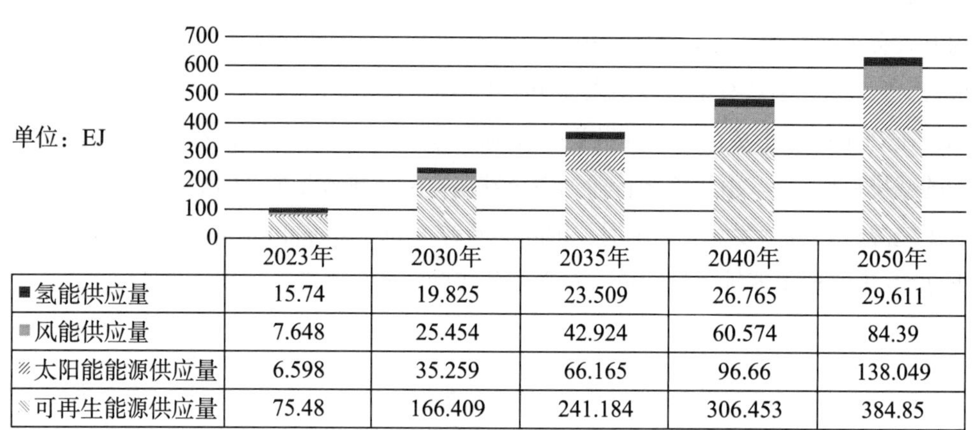

	2023年	2030年	2035年	2040年	2050年
氢能供应量	15.74	19.825	23.509	26.765	29.611
风能供应量	7.648	25.454	42.924	60.574	84.39
太阳能能源供应量	6.598	35.259	66.165	96.66	138.049
可再生能源供应量	75.48	166.409	241.184	306.453	384.85

图 2　全球新型能源供应量预测趋势图

资料来源：World Energy Outlook，2023

① William Brangham: "Nations at COP28 agree to transition away from fossil fuels, but loopholes remain", https://www.pbs.org/newshour/show/nations-at-cop28-agree-to-transition-away-from-fossil-fuels-but-loopholes-remain，访问时间：2024 年 2 月 22 日。

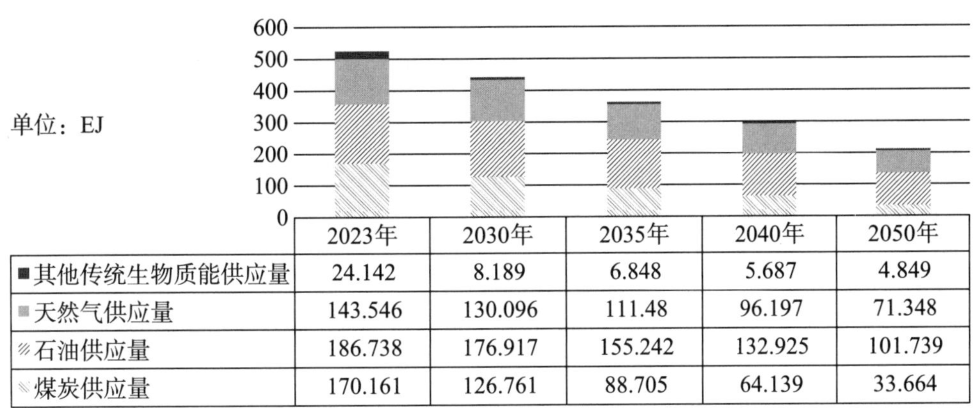

	2023年	2030年	2035年	2040年	2050年
■其他传统生物质能供应量	24.142	8.189	6.848	5.687	4.849
■天然气供应量	143.546	130.096	111.48	96.197	71.348
石油供应量	186.738	176.917	155.242	132.925	101.739
煤炭供应量	170.161	126.761	88.705	64.139	33.664

图 3　全球传统能源供应量预测趋势图

资料来源：World Energy Outlook，2023

基于上述预测，全球经济增长与化石燃料需求之间的密切关系正在因为新的清洁能源经济的出现而松动，清洁能源的加速发展将进一步压缩化石燃料的增长空间。以绿色发展、社会责任以及治理效能为核心的 ESG（环境 Environmental、社会 Social、公司治理 Governance）理念，正成为商业社会和资本市场的新共识。

值得一提的是，虽然俄乌冲突引发的欧洲能源短缺导致欧洲多国被迫调整能源政策，重启燃煤发电或推迟退煤进程，但也让各国意识到传统能源供应存在的风险，开始寻求通过加大可再生能源发展力度，以建立更加多元的能源供应体系，保障本国能源供应安全。俄乌冲突引发的各国对于能源供应安全的关注并未影响甚至进一步推进了清洁能源的发展与全球能源转型的趋势。

（二）2023 年度我国在能源转型升级过程中取得的成就与存在的隐忧

1. 油气稳步增储并与新能源融合发展

2023 年是国家能源局开展“油气增储上产七年行动计划”的第五年，国内油气产量继续保持稳步增长。根据国家能源局数据[①]，2023 年，国内油气产量超过 3.9 亿吨，连续 7 年保持千万吨级快速增长。其中原油产量达 2.08 亿吨，同比增产 300 万吨以上；天然气产量达 2300 亿立方米，连续 7 年保持百亿立方米增产。油气上游勘探开发持续发力，塔里木盆地北西部寒武系取得系列重大油气发现，渤海南部发现全球最大太古界变质岩渤中 26–6 油田，非常规油气勘探开发也取得多

① 国家能源局：《2023 年全国油气勘探开发十大标志性成果》，https://www.nea.gov.cn/2024-01/09/c_1310759352.htm，访问时间：2024 年 3 月 9 日。

项重要突破。

同时，国家出台多项政策推动促进传统能源与新能源的融合发展[①]，中国传统的石化企业也在积极布局新能源业务，收购、设立充换电、光伏发电相关企业，推进油气行业绿色转型。例如，中石油建设塔里木油田喀什地区110万千瓦光伏发电项目、青海油田格尔木燃机重启及配套新能源项目，100%收购普天新能源有限责任公司股权[②]；中石化大力开展新能源汽车充电站运营，截至2023年底，中石化充电网络已遍布全国31个省份的370座城市，累计建成充电站超6000座等。[③]

2. 储能产业爆发增长

2023年，我国储能产业保持高速发展。截至2023年底，全国已建成投运新型储能项目累计装机规模达3139万千瓦/6687万千瓦时，平均储能时长2.1小时。2023年新增装机规模约2260万千瓦/4870万千瓦时，较2022年底增长超过260%，近10倍于“十三五”末装机规模。从投资规模来看，“十四五”以来，新增新型储能装机直接推动经济投资超1千亿元。新型储能项目有力支撑新能源项目开发消纳。

3. 光伏产业发展热潮之下的产能问题引发关注

出于对低碳排放能源的需求，我国太阳能光伏发电产业是当之无愧的“清洁能源革命”领跑者。随着技术不断迭代和大量市场参与者的加入，2023年我国光伏制造产能剧增。根据国家能源局统计数据，2023年度，光伏累计装机609.49GW（吉瓦，单位为10亿瓦），同比增长55.2%[④]，全年新增装机216.88GW，创历史新高。根据中国光伏行业协会数据，2023年国内光伏制造业（不含逆变器）产值超过1.75万亿元，同比增长17.1%。

但是，产能剧增引发了危机。产业终端需求难以消化短时过快增长的新增产能，2023年光伏产业链价格持续下滑。晶硅在2023年年度跌幅达68.78%，硅片价格跌幅达52.97%，电池片跌幅达55%，组件价格跌幅达44.75%，甚至跌破1

---

① 详见本观察第二部分“（一）中国能源领域法规政策总体情况概述”。

② 新华网：《中国石油“双碳三新”业务发展跑出“加速度”》，http://www.nea.gov.cn/2024-01/26/c_1310762224.htm，访问时间：2024年3月9日。

③ 光明网：《中国石化累计建成充电站超6000座》，http://www.nea.gov.cn/2024-03/08/c_1310766945.htm，访问时间：2024年3月9日。

④ 国家能源局：《国家能源局发布2023年全国电力工业统计数据》，http://www.nea.gov.cn/2024-01/26/c_1310762246.htm，访问时间：2024年2月22日。

元/瓦关卡。产能问题引发的“低价竞标”“价格内卷”等行业现象导致相当一部分光伏企业难以盈利，多家拟跨界进入光伏行业的企业宣布终止计划。

从目前看，光伏企业盈利压力、价格内卷等问题难以在 2024 年甚至之后短期内得到缓解。市场激烈竞争中，相对资金实力较差、一体化成本较低或管理运营欠佳的企业将面临相当大的挑战，行业内洗牌将会加速。

4. 以光伏企业和新能源汽车为代表的中国新能源企业加快了出海的步伐

在本土竞争愈发激烈的形势下，将会有更多的新能源企业谋求海外市场，延续光伏业出海建厂的新趋势，从“中国造、全球卖”向“全球造、全球卖”的格局转变，光伏企业出海建厂的目的地已从东南亚为主拓展至美国、中东、印度尼西亚等市场；布局海外产能的环节更多，上下游产业链出海已成趋势。[①]2023 年 5 月 25 日，TCL 中环（002129）发布公告，宣布与 Vision Industries 签署合作条款清单，拟共同成立合资公司并在沙特阿拉伯投资建设光伏晶体晶片工厂项目。6 月 16 日，阿特斯太阳能宣布正在美国得克萨斯州梅斯基特建立年产量为 5GW 的太阳能光伏组件生产设施。

2023 年，我国新能源汽车产销量延续第九年全球第一，分别达 958.7 万辆和 949.5 万辆，同比分别增长 35.8% 和 37.9%，市场占有率达 31.6%；出口量达 120.3 万辆，汽车出口数量首次跃居世界第一，同比增长 77.6%。在巨大的成绩背后，中国车企的全球拓展，也遭遇了来自海外市场的诸多挑战。2023 年 10 月 4 日，欧盟委员会发布公告，决定依职权主动对中国电动载人汽车（New Battery Electric Vehicles for the Transport of Persons）发起反补贴调查。2023 年 12 月 1 日，美国财政部宣布，从 2024 年开始，美国生产的电动汽车中如果包含中国等国家制造或组装的电池组件，将不再有资格享受《通胀削减法案》（Inflation Reduction Act，IRA）提供的高达 7500 美元的税收抵免。

（三）传统能源与新能源的“再平衡”

1. 国际传统能源的供给与消费

首先，从供给层面。2023 年，全球石油市场的供需矛盾有所缓解，国际油气市场的主要生产国仍然保持稳定的生产态势，美国、沙特阿拉伯、俄罗斯这 3 个 1000 万桶/日生产能力的主要原油生产国的格局基本没有变化，为全球经济的

---

① 人民日报：《光伏产品向“全球造、全球卖”格局转变》，https://www.nea.gov.cn/2024-02/02/c_1310763218.htm，访问时间：2024 年 3 月 11 日。

发展提供了重要的能源保障。在供应基本保持稳定的情况下，石油的价格有所下降[①]。2023 年 12 月 15 日，IEA 发布了《2023 年煤炭市场报告》（以下简称《煤炭市场报告》），预计全球煤炭供应量同样出现上涨，达到 87.41 亿吨，涨幅约为 1.4%，刷新历史最高纪录。并且，2023 年全球出现油气并购热潮。上游并购交易金额创历史新高，埃克森美孚、壳牌、BP、埃尼、道达尔能源和雪佛龙的上游并购交易总额超 1440 亿美元。[②] 特别是第四季度埃克森美孚和雪佛龙先后宣布将分别以 595 亿美元和 530 亿美元的价格收购页岩油气生产巨头自然先锋资源公司和石油公司赫斯公司。这两项重大交易表明，美国的石油气巨头们押注石油和天然气将在未来一段时间持续作为全球能源结构的核心。[③]

其次，从消费层面。根据世界三大能源机构石油输出国组织（Organization of Petroleum Exporting Countries，OPEC）、IEA、美国能源信息署（U.S. Energy Information Administration，EIA）对 2023 年全球石油需求的预计，总量上均超过每天 1.01 亿桶的水平，较 2019 年，创下了消费新高。根据 IEA 于 2023 年 10 月发布的《2023 年中期天然气市场》报告，2023 年全球天然气消费出现了恢复性的增长，总量为 4.071 万亿立方米，超过 2022 年。根据《煤炭市场报告》，预计 2023 年全球煤炭消费将增长 1.4%，且总量将达到 85.36 亿吨，创下新高。根据上述统计数据，2023 年石油和煤炭的消费将创下新高，天然气消费将出现恢复性增长，传统的化石能源仍然承担着保证人类社会能源需求的重任。

2. 国内传统能源的供给与消费

首先，从供给层面，传统能源仍占据主要保障地位。2023 年，煤炭行业持续推进淘汰落后产能工作，非供给弹性增强，能源保障能力显著增强。优势产能释放叠加进口快速增长，“压舱石”安全保障能力持续提升。电煤保供稳价方面，2023 年迎峰度夏期间全国统调电厂电煤库存规模保持接近 2 亿吨水平，处于历史高位，煤炭进口量也创 2017 年以来新高。[④] 与此同时，石油增储上产

---

① 北京理工大学能源与环境政策研究中心：《2024 年国际原油价格分析与趋势预测》，https://ceep.bit.edu.cn/docs/2024-01/3e6fa5893c9a4d1ab6821532d967f863.pdf，访问时间：2024 年 3 月 9 日。

② 《全球油气上游出现并购热潮》，载微信公众号“上海石油天然气交易中心”，访问时间：2024 年 3 月 9 日。

③ 中国石油石化：《并购带来大地震》，http://www.chinacpc.com.cn/topic/detail/infoid/8056，访问时间：2024 年 3 月 9 日。

④ 中国石化集团经济技术研究院有限公司：《2023 年中国能源行业回顾及 2024 年展望》，载《当代石油石化》2024 年第 1 期。

成效显著，2023 年全国工业原油产量为 2.09 亿吨，同比增长 2.0%，原油进口量 5.64 亿吨，同比上升 11%。并且，天然气 7 年连续增产超百亿立方米，供应保障能力再提升。2023 年，传统化石能源仍然发挥着保障能源供给和安全的重要作用。

其次，消费层面，传统能源在我国能源消费结构中仍占据主体地位。2023 年能源消费总量约 56.0 亿吨标准煤，同比增长 3.4%，消费整体稳定；石油、天然气消费需求实现较快增长（见图 4）。

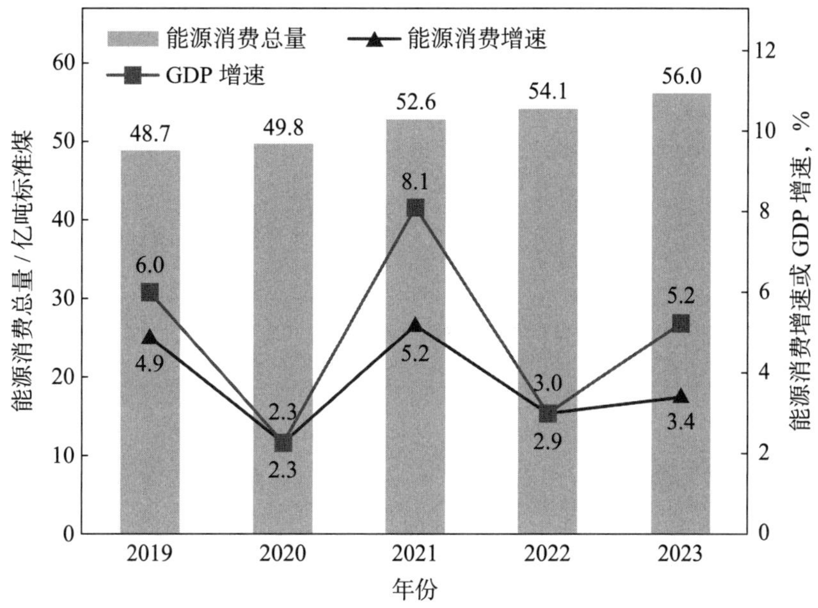

图 4　中国能源消费总量、增速及 GDP 增速趋势图

资料来源：国家统计局、中国石化集团经济技术研究院有限公司

3. 中国传统能源与新能源的“再平衡”

鉴于传统化石能源的重要地位，在新能源发展的同时，中国能源业也显示出了对传统能源的足够重视，旨在达成传统能源和新能源的“再平衡”。正如习近平总书记所强调，“加强煤炭等化石能源兜底保障能力，抓好煤炭清洁高效利用，注重水电等优势传统能源与风电、光伏、氢能等新能源的多能互补、深度融合，加快建设新型能源体系，推进源网荷储一体化”。[①] 以“再平衡”为目标，推动化石能

① 2023 年 10 月 12 日，习近平在江西省南昌市主持召开进一步推动长江经济带高质量发展座谈会并发表的重要讲话。

源和非化石能源协同互补、融合发展加快构建以清洁低碳、安全高效、数字智能、普惠开放为主要特征的新型能源体系，为助力经济高质量发展、推进中国式现代化提供能源支撑。

（四）复杂地缘政治下的各国能源政策的变化对中国构成新的挑战

根据国家统计局提供的数据及《中国能源统计年鉴》，尽管我国化石能源的自产量在逐步提升，但自产规模与消费总量依然有着较大的差距，并且短期内难以得到显著改变。自 2022 年以来，我国石油自产量占总消费量的比重继续呈现相对下滑的态势，我国传统能源难以实现自给自足的问题构成中国能源供应链安全的最大软肋。并且，俄乌冲突的爆发和持续以及巴以冲突的爆发扰乱了能源市场和价格，国际基础能源价格上涨，中国进口石油的成本增加。虽然 2023 年国际油价相较 2022 年有所回落，但仍处于历史中高位。全球能源市场的波动凸显了具备可靠、可负担和有韧性的供应链的重要性，特别是对发展中经济体而言，由于其对能源需求增幅大、对价格更敏感，因此更加迫切追求能源的供应稳定。这也促使我国直视当前客观上处于化石燃料时代的脆弱性，以及将能源转型推上政策议程并加紧部署的必要性。

2023 年 10 月 1 日，欧盟碳边境调节机制（Carbon Border Adjustment Mechanism，CBAM），也被称为碳边境税或碳关税（Carbon Border Tax，CBT）正式进入过渡期。CBAM 与欧盟碳排放交易体系互为补充机制，旨在让欧盟境外的外国企业承担与境内企业相同的碳排放成本，从而保护欧盟本土企业，避免高额碳排放成本引起产业转移或增加进口。CBAM 过渡阶段覆盖电力、钢铁、铝、水泥、化肥和氢六大行业，对我国企业的总体影响较为有限。但随着未来 CBAM 覆盖范围逐渐扩大，CBAM 可能会纳入更多碳排放交易体系中涵盖的行业。因此，长期来看，该政策将导致我国相关行业对欧盟出口成本增加，打破原本的利益平衡，从而可能引发与此相关的新类型的争议。

地缘政治、气候变化给国际能源投资规则与供应链安全的保障带来了巨大挑战。数据显示，近一半的国际仲裁来源于供应链安全的威胁。[①] 尽管各国都在努力减少对进口能源的需求，或是减少对地理位置集中的清洁能源技术供应链的依赖，但国际贸易与合作的需求仍然十分强烈。任何国家都不能指望完全自给自足，大

① 《国际能源仲裁调查报告》，https://arbitration.qmul.ac.uk/media/arbitration/docs/Future-of-International-Energy-Arbitration-Survey-Report.pdf，访问时间：2024 年 2 月 23 日。

多数国家将继续依赖清洁能源技术的进出口。清洁能源技术的发展对于具有创新性的国际合作能源项目仍然至关重要。

（五）能源纠纷整体观察

1. 年度数据

能源仲裁涵盖了从可再生能源到核能和化石燃料等各个子行业。多个仲裁机构的报告指出 2023 年度能源案件场景愈发多元化，其中新能源（风、电、太阳能、核、热等）持续增长，碳排放权交易纠纷等新型案件开始涌现（见图 5）。

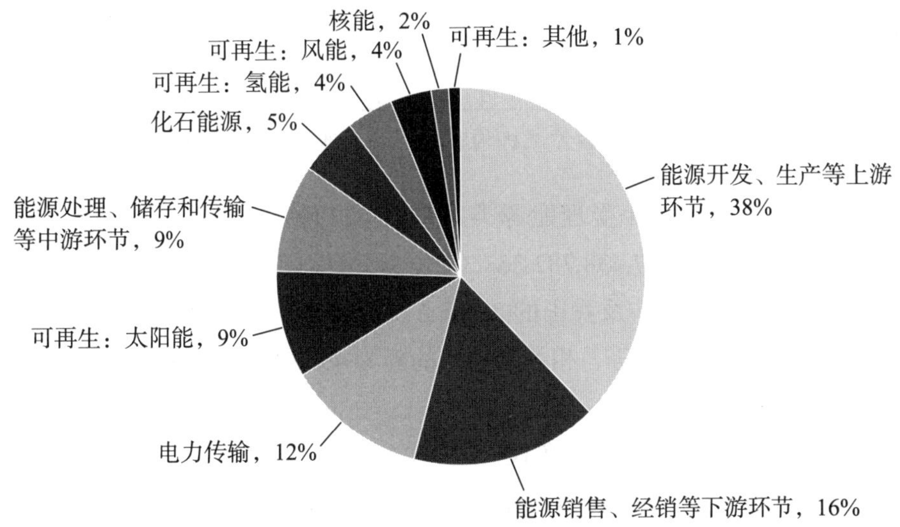

图 5　能源仲裁案件类型分布

资料来源：Jus Mundi 收录的能源仲裁案件

根据公开检索的不完全统计，2023 年度与能源争议有关的仲裁案件共有 1174 件，其中商事仲裁案件 544 件，投资仲裁 261 件。①

近五年来，主要国际仲裁机构能源类案件占比呈现较为稳定略有下降的趋势（见表 1）。

① 在 Jus Mundi 平台，以“能源行业”为筛选条件检索得出的结果。参见：“Industry Insights: 2023 Energy Arbitration Report”，https://dailyjus.com/reports/2023/10/industry-insights-2023-energy-arbitration-report，访问时间：2024 年 2 月 23 日。

表 1　能源行业的仲裁案件占总案件数量的比例

	2023 年	2022 年	2021 年	2020 年	2019 年
国际投资争端解决中心（ICSID）	42%	44%	47.00%	52.00%	41.00%
伦敦国际仲裁院（LCIA）	—	11%	25.00%	22.00%	19.00%
国际商会仲裁院（ICC）	—	11%	—	16.00%	13.00%
北京仲裁委员会 / 北京国际仲裁中心（以下简称北仲）	4.25%	5.11%	6.99%	9.49%	9.26%
中国国际经济贸易仲裁委员会（CIETAC）	—	7.1%	5.77%	4.71%	2.84%
香港国际仲裁中心（HKIAC）	0.4%	0.9%	1.40%	0.40%	<0.40%
美国仲裁协会国际争议解决中心（AAA-ICDR）	—	0.6%	3.26%	1.60%	3.48%

资料来源：各仲裁机构官方网站发布的年度报告

以北仲为例，2023 年受理能源类案件共 520 件，占案件总量（12222 件）的 4.25%，总标的额为 7,438,782,362.3 元，平均标的额为 14,305,350.7 元。其中，国内案件 509 件，涉及我国的 28 个省及直辖市，国际案件 11 件，涉及英国、加拿大、塔吉克斯坦等，相关案件标的额为 497,663,444.29 元，平均标的额为 45,242,131.3 元。

2. 国际可再生能源领域投资争议

2024 年 1 月 8 日，联合国贸易和发展会议（United Nations Conference on Trade and Development，UNCTAD）更新了截至 2023 年 7 月 31 日“发起投资者——国家”的争端解决（Investor-State Dispute Settlements，ISDS）案件的统计数据[①]。在 2023 年前七个月，索赔人根据国际投资协定提起了至少 35 起 ISDS 案件。由于一些仲裁是保密的，因此实际提起的争议数量可能更高。

过去十年，可再生能源投资者发起的 ISDS 案件激增，已知案例有 80 起[②]，其中大多数是在《能源宪章条约》（Energy Charter Treaty，ECT）下针对捷克、意大利和西班牙提出的。由于这些国家在 2000 年早期到中期使用上网电价补贴（Feed-in Tariff，FIT）来吸引对可再生能源部门的投资，最初 FIT 政策成功地吸引了大量

① UNCTAD: “Investment Dispute Settlement Hub”, https://investmentpolicy.unctad.org/investment-dispute-settlement，访问时间：2024 年 2 月 22 日。

② UNCTAD: “The International Investment Treaty Regime and Climate Action”, https://unctad.org/system/files/official-document/diaepcbinf2022d6_en.pdf，访问时间：2024 年 2 月 22 日。

投资。然而，在2008年严重金融危机的背景下，许多欧洲国家无法维持其可再生能源支持政策，西班牙政府取消了可再生能源的激励政策。

2023年7月，世界银行集团和能源宪章秘书处发布了一份关于促进可再生能源领域外国直接投资的报告[①]，其中包括对因可再生能源发电项目引起的119起投资者与国家之间的仲裁案件的分析。其中的重要发现是：大多数仲裁是根据几个欧洲国家颁布的可再生能源领域激励计划的监管变化而针对西欧国家（55%）、东欧和中亚国家（25%）提起（见图6）。投资者据此声称，监管变化违反了ECT下的公平公正待遇（Fair and Equitable Treatment，FET）标准对投资者合法合理期望的保护。[②]大多数索赔人都来自经济发达的国家。迄今为止，西班牙已经发生了至少51起ISDS案例。截至2022年11月，在27个裁决中，有21个裁决裁定西班牙违反了FET标准。到目前为止，西班牙政府仍欠付投资者约12亿欧元补偿金以及1.01亿欧元的法律和仲裁费用。[③]

其中前述有关投资者与国家纠纷的报告中指出，有近一半的仲裁涉及太阳能发电(49%)，其次是水电(19%)和风能(16%)，其他技术所占比例相对较小(16%)。报告指出，除水电外，各分部门的争议分布与可再生能源市场中各自技术的份额相匹配。

报告认为，对争端和国家特征的分析表明，与争端明显相关的主要因素是政治风险，其形式是监管的突然和意外变化。64%的仲裁案件涉及RPG的国家激励计划，与此相关的索赔人声称违反了承诺的条件。该报告确定了26种不利措施，最常见的是可再生发电机上网电价的变化（52%）。其他争议涉及实施协议（15%）和购电协议（10%）。最常见的实质性条约保护是公平和公正待遇（27%），其次是

---

① The World Bank, IBRD, IDA: "Enabling Foreign Direct Investment in the Renewable Energy Sector", https://www.energycharter.org/fileadmin/DocumentsMedia/Occasional/Renewable_Energy_FDI_Final__032923.pdf，访问时间：2024年2月22日。

② 律汇通：《投资仲裁：从新能源案件中探寻投资者"合理期待"的边界》，https://www.sohu.com/a/485781072_120677543，访问时间：2024年2月22日；Maximilian Schmidl: "The Renewable Energy Saga from Charanne v. Spain to The PV Investors v. Spain: Trying to See the Wood for the Trees", https://arbitrationblog.kluwerarbitration.com/2021/02/01/the-renewable-energy-saga-from-charanne-v-spain-to-the-pv-investors-v-spain-trying-to-see-the-wood-for-the-trees/，访问时间：2024年2月22日。

③ Ladan Mehranvar, Sunayana Sasmal: "The Role of Investment Treaties and Investor-State Dispute Settlement (ISDS) in Renewable Energy Investments", https://scholarship.law.columbia.edu/sustainable_investment/5/，访问时间：2024年2月22日。

防止任意或歧视性措施（17%）。

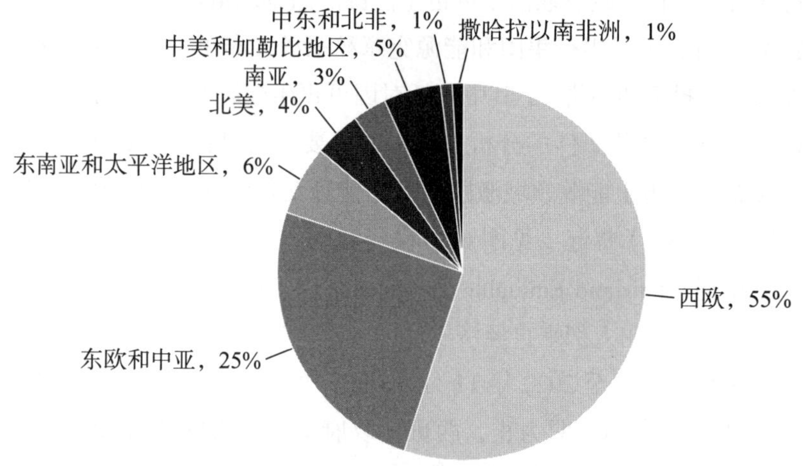

图 6　被索赔国家

资料来源：世界银行—能源宪章秘书处分析报告（2023）

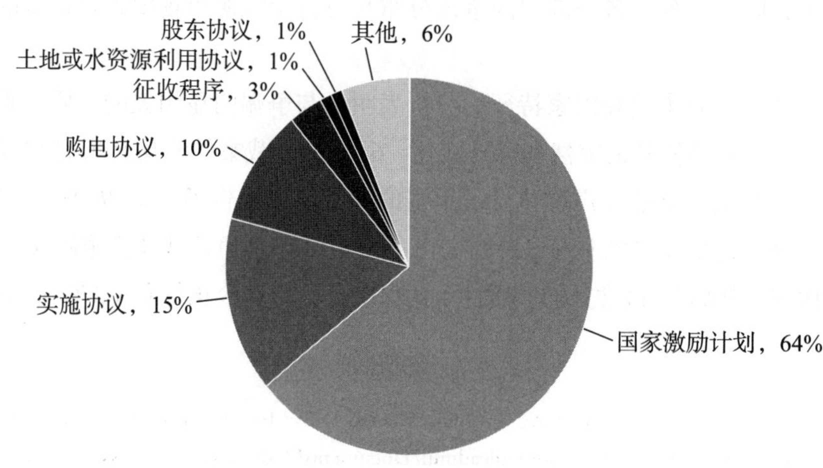

图 7　实质争议类型

资料来源：世界银行—能源宪章秘书处分析报告（2023）

3. 在涉及国际能源领域的纠纷当中，中国企业越来越多地采取和解的方式

在国际仲裁或者诉讼过程中，和解结案与裁决或者判决结案相比，相对耗时短、费用低，同时给予当事人高度灵活性和自治权，有助于维护争端各方的长期、稳定、友好的关系以及保护外国投资，从而起到定分止争、避免矛盾激化的作用。

2023 年，国家电投集团旗下某海上风电有限公司在其风电建设项目中与新加坡船舶公司发生纠纷，涉及中国、日本、新加坡等多个国家和地区，标的额高达 2.6 亿元人民币。这是一起引起关注、波及广泛的重大国际纠纷案件。[①] 由于案涉不同性质的利益，所涉金额巨大，各方诉求不一，中国青岛海事法院最终推动各方共同协商、达成和解，由日方直接向风电公司支付部分购船款以满足请求的全部债权数额。

另一起实务中的热点案例，即我国某一光伏组件龙头公司（以下简称 J 公司）与一家印度光伏 EPC 总承包公司（以下简称 SW 公司）于 2017 年就位于阿拉伯联合酋长国阿布扎比酋长国（以下简称阿联酋）的某光伏项目开展合作，案涉《组件供货合同》约定由 J 公司为相关光伏项目提供 3,228,400 片组件，以达到 1.18 吉瓦（GW）的发电量。由于 J 公司的 N 型光伏组件技术不够成熟，导致安装后的实际发电量比约定发电量少 32 兆瓦（MW）。2022 年，SW 公司向国际商会国际仲裁院就 J 公司的违约行为提起索赔指控，主张的赔偿金额高达 3.26 亿美元。

在案件裁决过程中，由于 SW 公司未提出充分证据证明 J 公司违反了案涉《组件供货合同》及质保文件项下义务，亦未能列明其主张赔偿金额的具体计算方式，且完整的仲裁程序预计将持续超过三年的时间。2023 年 12 月 15 日，双方经仲裁庭确认正式达成和解协议，由 J 公司承担 SW 公司用于补建或安装 32 兆瓦（MW）光伏组件产品所产生的费用以及 SW 公司主张的违约金，共计 28,737,865.16 美元，以及 50% 的仲裁费用，J 公司合计总承担金额为 0.31 亿美元，约为 SW 公司此前主张金额的十分之一。

中国是光伏产品的主要输出国，光伏领域相关企业面临的纠纷主要是产品质量纠纷。在处理涉案金额较大的复杂国际项目纠纷时，如果企业确有一定责任，可考虑以双方可接受的条件达成和解，以避免高额的法律费用同时降低追索巨额赔偿金所耗费的时间成本。

二、法规政策转向：新旧能源博弈下的重要法规政策梳理

（一）中国能源领域法规政策总体情况概述

2023 年，国家稳步推进《中华人民共和国矿产资源法》修订、《中华人民共和国

① 青海早报：《2.28 亿元和解款“三难”变“三赢”——青岛海事法院成功解决一起海上风电项目合同纠纷》，https://epaper.qingdaonews.com/qdzb/resfile/2023-12-26/A11/qdzb-20231226-A11.pdf，访问时间：2024 年 2 月 22 日。

能源法》及《中华人民共和国原子能法》的出台。[①] 前述法律均被包含在 2023 年度立法工作计划中。国务院 2023 年立法计划中还包括制定《生态保护补偿条例》《煤矿安全生产条例》《碳排放权交易管理暂行条例》等重要法规，其中《煤矿安全生产条例》《碳排放权交易管理暂行条例》已分别于 2024 年 1 月 24 日、1 月 25 日正式公布。

2023 年能源法规政策的制定工作依照保障能源安全、推进绿色低碳转型、深化体制改革、加强市场监管四个主要原则展开，在重申加大油气资源勘探开发力度，推动国内石油、天然气增储上产目标的同时，强调加快规划建设新型能源体系，促进传统能源与新能源的融合发展；持续深化油气体制改革，进一步推进电力体制改革，深入推进全国统一电力市场体系及电力现货市场建设。

基于上述原则，国家能源局《2023 年能源工作指导意见》明确，加强国内能源资源勘探开发和增储上产，坚持积极稳妥推进绿色低碳转型，深入推进能源领域碳达峰工作。2023 年 2 月 27 日，《加快油气勘探开发与新能源融合发展行动方案（2023—2025 年）》提出大力推动油气勘探开发与新能源融合发展，积极扩大油气企业开发利用绿电规模；《关于加快推进能源数字化智能化发展的若干意见》提出，到 2030 年能源系统运行与管理模式要向全面标准化、深度数字化和高度智能化加速转变。2023 年 10 月 10 日，国家发展改革委、国家能源局等多部门印发《关于促进炼油行业绿色创新高质量发展的指导意见》，指出优化炼油行业产能结构布局，推进能源高效利用，加快绿色低碳发展，加强科技创新引领，支撑 2030 年前全国碳排放达峰。

此外，国家能源局《2023 年能源监管工作要点》着重强调了“聚焦市场监管，进一步强化电力市场体系建设”，提出加快推进全国统一电力市场体系建设，强化电力市场基础制度规则的统一，规范电力市场方案规则制定程序；进一步发挥电力市场机制作用，不断扩大新能源参与市场化交易规模，研究修订发电机组进入及退出商业运营管理办法，深化电力市场秩序监管。

（二）中国能源领域法规政策总体情况分述

1. 传统能源

2023 年，就石油天然气及煤炭等传统能源，国家主要从矿业权管理、天然气

① 矿产资源法修订草案已于 2023 年 12 月 1 日的国务院常务会议通过，经 12 月 25 日审议后面向公众征求意见。能源法及原子能法草案分别经 2024 年 1 月 5 日、22 日召开的国务院常务会议讨论后决定提请全国人大常委会审议。

管输、煤矿安全生产等方面制定相关法规，以放宽矿产综合勘查、矿业权转让等方面的限制，精简审批，减轻企业在矿业权出让过程中的支付成本，进一步深化石油天然气市场体系改革，推动油气管网公平接入，以及保证煤矿生产安全。

2023年5月6日，《自然资源部关于进一步完善矿产资源勘查开采登记管理的通知》明确取消综合勘查矿种限制；简化探矿权转采矿权程序，精简矿业权登记申请要件等。2023年7月26日，《自然资源部关于深化矿产资源管理改革若干事项的意见》明确规定了全面推进矿业权竞争性出让和进一步优化并细化了油气探采合一制度。2023年3月24日，财政部、自然资源部、税务总局印发《矿业权出让收益征收办法》规定了包括石油、天然气、页岩气、煤层气、煤炭在内的144个矿种，分“按额征收”和“逐年按收益率征收”两部分缴纳矿业权出让收益。同时，降低了按金额形式征收的首付比例，最大限度延长了分期缴款年限，以降低企业支付成本。①

2023年11月28日，国家发展改革委印发《关于核定跨省天然气管道运输价格的通知》，首次分区域，按照“一区一价”核定了国家管网公司经营的跨省天然气管道运输价格。2023年2月14日，国家能源局发布《天然气管网设施托运商准入与退出管理办法（征求意见稿）》，拟要求管网运营企业对符合准入条件的托运商提供管网设施公平开放服务。

2023年9月9日，中共中央办公厅、国务院办公厅发布《关于进一步加强矿山安全生产工作的意见》，明确规定了严格灾害严重煤矿安全准入，停止新建产能低于90万吨/年的煤与瓦斯突出、冲击地压、水文地质类型极复杂的煤矿；煤矿安全设施设计审查和安全生产许可证审批由省级以上矿山安全监管部门负责，不得下放或者委托。

2. 新能源及电力

2023年度，国家出台多项法规支持新能源行业发展，健全绿证交易。

2023年6月8日，《关于进一步构建高质量充电基础设施体系的指导意见》提出，到2030年，基本建成覆盖广泛、规模适度、结构合理、功能完善的高质量充电基础设施体系，有力支撑新能源汽车产业发展。

2023年3月20日，自然资源部，国家林业和草原局和国家能源局共同印发《关于支持光伏发电产业发展规范用地管理有关工作的通知》，鼓励利用未利用地和存量建设用地发展光伏发电产业。考虑到我国早期投运的风电场已陆续进入运营后期，

---

① 《三部门解读〈矿业权出让收益征收办法〉》，载微信公众号“自然资源部”，访问时间：2024年2月22日。

2023 年 6 月 5 日，国家能源局印发《风电场改造升级和退役管理办法》，指导和推动风电场改造升级和退役工作。2023 年 10 月 7 日，《关于进一步规范可再生能源发电项目电力业务许可管理的通知》豁免了分散式风电项目的电力业务许可。

2023 年 7 月 19 日，国家发展改革委等六部门联合印发国家层面首个氢能全产业链标准体系建设指南：《氢能产业标准体系建设指南（2023 版）》，指出到 2025 年，支撑氢能制、储、输、用全链条发展的标准体系将基本建立，并制修订 30 项以上氢能国家标准和行业标准。

2023 年 7 月 25 日，国家发展改革委、财政部、国家能源局发布《关于做好可再生能源绿色电力证书全覆盖工作 促进可再生能源电力消费的通知》，明确了绿证是可再生能源电量环境属性的唯一证明，要实现绿证核发全覆盖。电力行业新出台的法规政策主要针对电力现货市场建设，推动能源绿色低碳转型方面。

2023 年 9 月 7 日，国家发展改革委、国家能源局发布《电力现货市场基本规则（试行）》，10 月 12 日，国家发展改革委、国家能源局发布《关于进一步加快电力现货市场建设工作的通知》，旨在规范电力现货市场建设运营，进一步扩大电力现货市场经营主体范围。

2023 年 11 月 8 日，国家发展改革委、国家能源局发布《关于建立煤电容量电价机制的通知》中提到，为适应煤电向基础保障性和系统调节性电源并重转型的新形势，更好保障电力安全稳定供应，需要促进新能源加快发展和能源绿色低碳转型。自 2024 年 1 月 1 日起，将现行煤电单一制电价调整为两部制电价（电量电价 + 容量电价），其中电量电价通过市场化方式形成，灵敏反映电力市场供需、燃料成本变化等情况；容量电价水平根据转型进度等实际情况合理确定并逐步调整，充分体现煤电对电力系统的支撑调节价值，确保煤电行业持续健康运行。

3. 碳排放与碳交易

我国通过出台法规进一步规范碳排放管理，重启国家核证自愿减排量（以下简称 CCER）项目。

2023 年 9 月 19 日，中共中央办公厅、国务院办公厅正式印发了《关于推动能耗双控逐步转向碳排放双控的意见》，提出推动能源消耗总量和强度双控逐步转向碳排放总量和强度双控。同年 11 月 7 日，生态环境部等 11 部门印发《甲烷排放控制行动方案》，作为中国开展甲烷排放管理控制的顶层设计文件，明确了“十四五”和“十五五”期间甲烷控排的主要目标，提出了控排重点任务及主要措施。

2023 年 10 月 19 日，生态环境部与国家市场监督管理总局发布《温室气体自愿减排交易管理办法（试行）》，正式重启 2017 年起暂停的增量 CCER 项目。同年

11月15日，生态环境部发布《温室气体自愿减排注册登记规则（试行）》、《温室气体自愿减排项目设计与实施指南》和《温室气体自愿减排交易和结算规则（试行）》，奠定了全国CCER市场的制度基础。

2024年1月25日，国务院发布了《碳排放权交易管理暂行条例》，并从5月1日起正式施行，该行政法规的发布标志着我国在碳市场建设方面取得新的进展。新条例的颁布将为碳市场交易提供层级更高、更为明晰、具体的法律依据。

4. ESG信息披露要求及标准

《企业环境信息依法披露管理办法》自2022年2月8日施行后，我国政府与监管层不断加大对企业ESG的披露要求与管理力度。

2023年5月27日，国务院国资委发布《提高央企控股上市公司质量工作方案》，明确提出央企需要贯彻落实新发展理念和建立健全ESG体系的目标。《关于转发〈央企控股上市公司ESG专项报告编制研究〉的通知》明确，要力争在2023年实现央企控股上市公司ESG专项报告披露的"全覆盖"。

交易所层面，2023年2月10日，《深圳证券交易所上市公司自律监管指引第3号——行业信息披露》《深圳证券交易所上市公司自律监管指引第4号——创业板行业信息披露（2023年修订）》，明确强化了对上市公司的ESG信息披露的要求。2023年12月22日，深交所全资子公司正式发布深证国企ESG指数、深证民企ESG指数、深证ESG成长指数、深证ESG价值指数4个指数，多维度反映深市ESG表现领先的上市公司的股价变化情况，进一步完善深市ESG指数体系。

国内的ESG披露标准正在加速建立一致性共识。关于这一新的议题，将在本文的"第四部分热点观察"中予以讨论。

5. 双碳司法意见及最高院典型案例

2023年2月17日，最高人民法院（以下简称最高院）发布《关于完整准确全面贯彻新发展理念 为积极稳妥推进碳达峰碳中和提供司法服务的意见》（以下简称《双碳司法服务意见》），暨司法积极稳妥推进碳达峰碳中和典型案例（以下简称双碳典型案例），为各级人民法院审理涉碳案件提供及时、有力的审判指导，加大裁判规则和裁判标准的供给力度。《双碳司法服务意见》共24条内容，对依法审理能源各领域17类案件的原则与细节问题等加以明确，尤其提出推进完善碳市场交易机制，对碳排放配额及CCER的交易纠纷、担保纠纷、金钱债权执行案件及碳排放配额清缴行政处罚案件、温室气体排放报告纠纷案件中涉及的多项法律问题提供了裁量原则指引。

从双碳典型案例对碳排放及碳交易纠纷中若干典型的争议焦点问题的裁判口径，我们可以窥得未来有关案件的审判思路，例如：

表 2　碳排放及碳交易纠纷典型案例解读

典型案例名称	裁判思路及案件启示
广州某低碳科技公司诉广州某交易中心等合同纠纷案	• 法院依据碳排放权交易中心的交易规则，认定该交易中心作为交易平台，既非案涉交易相对方，也非保证方，并无法定或者约定的义务承担交易风险和法律责任，无须承担赔偿责任。 • 最高院要求审理涉交易平台责任的纠纷案件时，应当依照法律法规，参照行政规章关于注册登记机构与交易机构之间的职能划分以及风险防范制度、结算风险准备金制度等规定，结合碳市场业务规则、交易合同约定等，依法予以处理。
深圳某容器公司诉深圳市发展和改革委员会行政处罚行为案	• 温室气体重点排放单位应当在确定的碳排放额度范围内进行碳排放。碳排放配额行政主管部门有权对于未按时足额履行碳排放清缴履约义务的温室气体重点排放单位依法作出行政处罚。 • 碳排放行政主管部门在碳排放总量控制的前提下，可结合产业政策、行业特点、温室气体重点排放单位碳排放量等因素，确定初始分配的碳排放额度。
中国农业银行某县支行与福建某化工公司等碳排放配额执行案	• 法院明确，碳排放配额具有财产属性，可用于清偿持有人债务，减轻债务负担。 • 执行法院应准确把握碳排放配额作为新型财产的法律属性，将其作为与被执行人存款、现金、有价证券、机动车、房产等财产属性相同的可执行财产，依法冻结被执行人持有的相应碳排放配额，并将该碳排放配额变卖后抵偿债权人的债权。

三、典型案例

【案例 1】碳排放权交易管辖权纠纷[①]

【基本案情】

位于甲地的 A 绿色交易所（原审被告 1、上诉人）、位于乙地的 B 公司（原审被告 2）在碳排放权交易中与位于丙地的 C 公司（原审原告、被上诉人）就《A 绿色交易所国家核证自愿减排量入场交易协议书》（以下简称《入场协议书》）产生纠纷。由于《入场协议书》未约定争议解决方式，故引发对案件管辖权的争议。

案涉纠纷最初由位于丙地的人民法院（以下简称原审法院）受理，原审法院采纳了 C 公司的观点，认为案涉《入场协议书》为以信息网络方式订立的买卖合

① （2023）青 28 民辖终 25 号民事裁定书。

同符合《最高人民法院关于适用〈中华人民共和国民事诉讼法〉的解释》（以下简称《民诉法解释》）第 20 条之规定，“以信息网络方式订立的买卖合同，通过信息网络交付标的的，以买受人住所地为合同履行地”。据此原审法院为买受人住所地乙地的人民法院，因此原审法院据此作出管辖裁定。A 绿色交易所以原审裁定认定事实错误、适用法律错误为由，上诉要求撤销原审法院作出的管辖裁定。

A 绿色交易所认为，碳排放权交易合同不属于以信息网络订立的买卖合同，不应适用《民诉法解释》第 20 条之规定[①]，而应适用第 18 条规定[②]，以交易行为地即 A 绿色交易所电子交易平台所在地为合同履行地。

【争议焦点】

在碳排放权交易合同未约定合同履行地的情况下，如何确定合同履行地，进而确定案件的管辖权。

【裁判观点】

二审法院认为，案涉国家核证自愿减排量（China Certified Emission Reduction，CCER）属于碳金融产品中的一种，根据生态环境部发布关于碳排放权登记、交易、结算办理规则（试行）来看，该类产品交易具有明确的交易场所。

《中华人民共和国民事诉讼法》（以下简称《民事诉讼法》）第 24 条规定，“因合同纠纷提起的诉讼，由被告住所地或者合同履行地人民法院管辖”。本案中被告住所地为甲地，合同履行方式是通过甲地的碳排放权电子交易平台完成交易，故本案合同履行地为甲地，应由甲地有管辖权的人民法院管辖。据此，二审法院撤销原审民事裁定，将案件移送至甲地人民法院审理。

【纠纷观察】

1. 碳排放权交易，尤其是 CCER 的交易，其合同性质在法律上呈现出特殊性。尽管案件中碳排放权交易的合同性质存在界定的争议，但该争议的本质在于如何适用现有的法律框架来解决新型环境权益交易带来的法律问题。根据《民事案件案由规定》的修订，碳排放权交易纠纷被单独列为三级案由，区分于传统的买卖

---

① 以信息网络方式订立的买卖合同，通过信息网络交付标的的，以买受人住所地为合同履行地；通过其他方式交付标的的，收货地为合同履行地。合同对履行地有约定的，从其约定。

② 合同约定履行地点的，以约定的履行地点为合同履行地。合同对履行地点没有约定或者约定不明确，争议标的为给付货币的，接收货币一方所在地为合同履行地；交付不动产的，不动产所在地为合同履行地；其他标的，履行义务一方所在地为合同履行地。即时结清的合同，交易行为地为合同履行地。合同没有实际履行，当事人双方住所地都不在合同约定的履行地的，由被告住所地人民法院管辖。

合同纠纷。这一划分反映了碳排放权作为一种新兴的环境权益在法律属性上的独立性，它既不同于传统的物权交易，也不完全符合债权交易的模式。碳排放权交易涉及的是对环境保护的贡献或责任的转让，其背后既有市场化交易的特征，又有政策导向的目的。法院通过《民事案件案由规定》和《民事诉讼法》的结合，认定了碳排放权交易合同与一般买卖合同的区别。揭示了法院在处理新兴领域合同纠纷时，应试图寻找最接近合同本质的法律适用路径的理念。

2. 关于合同履行地的认定。《民事诉讼法》规定因合同纠纷提起的诉讼，由被告住所地或者合同履行地人民法院管辖。但《民事诉讼法》中对“合同履行地”这一概念没有明确的界定，仅在《民诉法解释》第 18 条中规定了合同履行地的确定规则。对于通过碳排放权电子交易平台达成的碳排放权交易，在交易合同未明确约定的情况下，如何确定“合同履行地”并由此进一步确定管辖法院这一问题也随之产生。

原审法院根据《民诉法解释》第 20 条，认为原告将碳排放权交易视同于通过信息网络进行的买卖。然而，碳排放权交易作为一种通过信息网络平台完成的金融交易活动，其履行地的确定更为复杂。二审法院在处理碳排放权交易等新型合同纠纷时，考虑根据合同的实际情况。根据《碳排放权交易管理办法（试行）》第 22 条[①]，以及《温室气体自愿减排交易管理办法（试行）》第 25 条的规定[②]，无论是碳配额还是 CCER 的交易都必须通过相应的交易平台进行。这种交易方式下，达成交易合同至履行合同之间往往存在时间差，并不属于即时结清的合同。二审法院并未回应上诉人关于本案系即时结清合同的主张，而是将案涉 CCER 定性为碳金融产品，进而类比金融产品认定本案的合同履行地为甲地，应由甲地所在人民法院审理。

3. 鉴于目前法律法规和司法解释对碳排放权交易纠纷的地域管辖未作出特别规定，本案的争议强调了在签订碳排放交易权合同时，明确约定合同履行地或合同争议管辖权的重要性。为避免类似纠纷，建议在碳排放权交易协议中明确约定合同的履行地点及争议解决途径，或直接约定合同争议的具体管辖法院，以减少因管辖权争议而导致的诉讼成本和时间损失。

---

① 碳排放权交易应当通过全国碳排放权交易系统进行，可以采取协议转让、单向竞价或者其他符合规定的方式。全国碳排放权交易机构应当按照生态环境部有关规定，采取有效措施，发挥全国碳排放权交易市场引导温室气体减排的作用，防止过度投机的交易行为，维护市场健康发展。

② 核证自愿减排量的交易应当通过交易系统进行。核证自愿减排量交易可以采取挂牌协议、大宗协议、单向竞价及其他符合规定的交易方式。

【案例 2】因国家政策变化以不可抗力为由的合同解除纠纷[①]

【基本案情】

2016 年 2 月，申请人 A 公司作为买方与被申请人 B 公司作为卖方，签署有关《××一期 49.5MW 风电制氢示范工程塔筒采购项目塔筒采购合同》，其中约定单台设备合同价格为 681,335.76 元，合同总价为 22,484,080 元。合同约定，如因项目建设实际需要，申请人可以调整具体交货的数量及时间，但申请人应提前 7 天通知被申请人。

本案合同签订后，双方未按合同约定时间全面履行交货付款义务。2016 年 6 月，申请人因项目建设进度调整原因，通知被申请人暂停供货，但此前被申请人已进行包括采购原材料、与被申请人沟通监造进场和开工计划等履约行为。后 2017 年国家能源局发文将项目所在的省份列为风电开发建设红色预警区域，导致本案项目必须暂停。其间合同处于中止履行状态，直至 2019 年项目恢复建设，申请人与被申请人沟通恢复履行事宜，此时被申请人不同意按照原合同条款履行，双方发生争议。

申请人 A 公司申请解除合同，被申请人 B 公司提出反诉，认为申请人 A 公司拒绝支付货款也拒绝接受剩余的货物，造成被申请人巨大损失，致使合同目的不能实现，应赔偿被申请人经济损失。

双方在仲裁过程中一致同意解除合同，但相互指责对方对造成合同解除具有过错和应承担责任。

【争议焦点】

关于本案合同解除的原因及后果责任。

【裁判观点】

仲裁庭认为，国家政策不构成不可抗力事件，申请人需要对合同解除承担责任。根据本案合同第 14.4 条的约定，双方当事人在签署本案合同之时已经预见到该项目可能会遭遇国家政策的变更的影响，并就此明确约定发生该等情形时，由双方协商处理。同时结合本案合同第 15.1 条关于不可抗力定义的约定，双方当事人并未将国家有关风电项目的政策变化确认为影响合同履行的不可抗力事件。相关政策对本案合同的不能履行既不构成不可抗力事件，亦不构成阻却合同履行的法定事由。在双方有明确约定协商自救的情形下，不能仅据此政策变化认定申请人或被申请人承担合同不能履行的后果责任，还必须关注造成合同不能继续履行的法律事实及原因关系。

---

① 北京仲裁委员会 / 北京国际仲裁中心仲裁案。

本案中，申请人在履行合同期间多次且无固定期限地推迟被申请人的交货进场时间，使合同处于中止履行的状态，后又遭遇国家政策变更。在本案合同中止履行近 3 年之后，申请人仅以政策变化属于不可抗力为理由，仍坚持严格执行本案合同固定价格等各项约定，既未考虑到被申请人已经完成工作成果和付出的各项成本，也未顾及市场原材料价格上涨等客观因素，事实上形成了合同继续履行仅对被申请人一方极为不利的局面。

仲裁庭认为，申请人对造成本案合同不能继续履行并最终解除合同所造成的损失后果应承担主要责任。

【纠纷观察】

1. 本案对于合同解除后的实体处理思路值得关注。本案中，被申请人已经按照申请人的个性化需求完成加工但尚未向申请人交付的成品，因其已为特定物，难以转卖他人。仲裁庭虽然认为根据司法实践的通常做法，应当裁决将全部标的物交货给申请人，并由申请人按照合同约定价格向被申请人支付对价款，较为合理。但是，仲裁庭注意到案涉标的物数量多、体积和重量大，无论存放或运输均较为复杂且财物成本较高；且其中部分标的物已被用于银行贷款抵押，部分标的物被相关司法机关查封扣押，存在相关权属不清晰及权利负担等法律问题。若裁决被申请人将全部标的物交货给申请人，可能会导致因裁决无法执行而产生更多争议最终久拖不决，不仅增加双方的时间、财物成本损失，亦与个案裁决实现定分止争的目的相悖。因此，仲裁庭综合考虑本案的实际情况，认为将案涉标的物全部归属于被申请人所有，并享有物的处分和收益权，同时参考鉴定机构出具的量价数据，由申请人给予被申请人以适当补偿，以此平衡双方之间的利益关系，减少当事人的诉累负担，亦属适当。

2. 本案分析了国家政策变化是否属于不可抗力，一般来说，若涉案双方当事人均为相关行业的专业从业人员，应当对有关政策的变化有充分的认知——尽管无法准确预知所有的变动，但是应当有能力认识到相关市场风险。在此情况下，不能直接认为国家政策的变更都属于不可抗力。由于国家政策调整的可预见性和控制性区别于自然灾害等典型不可抗力事件，该种情况下的合同解除责任一般认为需要基于合同双方的预见性和风险承担能力进行公平合理的分配。

3. 项目合同中条款的明确性和预见性至关重要。仲裁决定特别强调，本案合同条款对于不可抗力的定义未包含国家政策变化，并且合同条款中明确体现了双方对于国家政策变化可能性和其可能对项目造成影响的预见。如果能在合同中将政策变化纳入不可抗力所覆盖的范围，则国家政策变化属于不可抗力的主张很可能会获得支持。由此得出，在合同中对于诸如不可抗力等条款的定义，不仅要求签订合同的双方进行充分的风险评估和预防，也要求合同条款尽可能明确、具体，避免因解释不一而产生纠纷。

【案例 3】协调、组织成品油经销商在分销过程中涉嫌实施横向垄断行为引发的侵权纠纷[①]

【基本案情】

A 公司工业润滑油在中国通过分销模式销售。B 公司为 A 公司在内蒙古地区经销商。在双方合作期间，A 公司屡次在具体项目（尤其是客户直接面向 A 公司各经销商招标采购特定 A 公司工业润滑油产品，由 A 公司不同经销商进行竞争的项目）中协调、组织经销商投标，并进行以下行为：首先，在某项目中，A 公司协调、组织协调除其指定经销商外的其他经销商一致不参与报价，使得该指定经销商依据其报价取得该项目；其次，在某项目中，A 公司应其他经销商要求，协调、组织包括 B 公司在内的经销商或者不参与报价，或者报高价，使其他经销商依其报价取得项目；再次，在某项目中，在下游客户明确采购 A 品牌润滑油，且已经给出 A 品牌润滑油供应商名单的情况下，A 公司通过协调、组织名单中的 B 公司报高价、其他两家经销商放弃报价等，致使其指定的经销商取得该项目；最后，在某项目中，B 公司在已经被该项目招标单位选中为经销商的情况下，A 公司要求 B 公司退出该项目投标。

B 公司认为，A 公司上述协调、组织经销商投标行为，明显属于组织具有竞争关系的经营者达成分割销售市场、和/或固定或者变更商品价格的轴辐协议[②]（一种横向垄断协议），违反了 2008 年施行的《中华人民共和国反垄断法》（以下简称 2008 年《反垄断法》）[③]，构成横向协议垄断侵权，应承担停止侵权的民事责任。

一审法院认为 A 公司的被诉侵权行为不具有排除、限制竞争的效果，驳回了 B 公司的起诉。B 公司不服，上诉至最高院。

---

① （2021）最高法知民终 1315 号民事判决书。

② 根据最高院法官在本案判决书中的阐释，反垄断法语境下所称的轴辐协议，又称中心辐射型垄断协议，是处于产业链上下游的经营者之间达成的一种排除、限制竞争的协议。由轴心经营者与上游或者下游的多个轮缘经营者分别达成相互平行的纵向协议，轮缘经营者之间通过处于中心位置的轴心经营者的组织、协调达成横向合谋，轴心经营者与轮缘经营者的共同作用下，实现排除、限制竞争的目的。轴辐协议中既有纵向关系，即轴心经营者与轮缘经营者之间“明”的安排，又有横向关系，即轮缘经营者之间“暗”的合谋。

③ 2022 年《反垄断法》第 19 条明确规定了“组织”达成垄断协议的帮助者侵权责任，而本案应适用的 2008 年《反垄断法》尚无相关规定。

【争议焦点】

A 公司是否实施了协调、组织经销商达成并实施横向垄断协议的行为及应承担的民事责任

【裁判观点】

首先，轴辐协议本质上依然是轮缘经营者（详见上页脚注②）之间达成横向垄断协议。2008 年《反垄断法》虽然没有专门规定经营者组织或实质性帮助其他经营者达成垄断协议的违法行为，但并不意味着不能依据 2008 年《反垄断法》及《中华人民共和国侵权责任法》（以下简称《侵权责任法》）相关规定追究该等经营者的民事侵权责任。如果轴心经营者组织其他经营者达成、实施横向垄断协议，主观故意明显，应当依据《侵权责任法》第 8 条规定[①]，审查判断其是否构成共同侵权；如果轴心经营者为其他经营者达成、实施垄断协议提供实质性帮助，则应当依据《侵权责任法》第 9 条规定[②]，审查判断其是否构成帮助侵权。

在本案中，B 公司提供的在案证据能够初步证明在 A 公司协调、组织下以轴辐协议的形式达成横向垄断协议，且 A 公司不能对其行为的正当性做出合理解释。A 公司通过对授权经销商的纵向控制，在授权经销商之间来回穿梭，一方面与指定授权经销商合谋对特定销售对象固定价格或变更价格；另一方面限制非指定授权经销商参与针对特定销售对象的品牌内竞争，限制了 A 品牌工业润滑油品牌内竞争，损害了 A 品牌润滑油下游市场用户的利益。已构成 2008 年《反垄断法》第 13 条第 1 款第 1 项规定的固定或者变更商品价格行为，以及第 3 项规定的分割销售市场的行为[③]。

虽然双方当事人均确认涉案项目已经完成，但是 B 公司要求 A 公司停止侵权，不仅在于制止涉案项目的侵害行为，更在于要求 A 公司未来停止协调、组织经销商之间达成并实施横向垄断协议行为，消除排除、限制竞争效果，恢复竞争秩序，保护市场公平竞争。某公司应当承担停止侵害的民事责任。

【纠纷观察】

在我国法律对轴辐协议并未进行明确规定的情况下，最高院在本案中对轴辐

---

① 《侵权责任法》第 8 条规定："二人以上共同实施侵权行为，造成他人损害的，应当承担连带责任。"

② 《侵权责任法》第 9 条第 1 款规定："教唆、帮助他人实施侵权行为的，应当与行为人承担连带责任。"

③ 2008 年《反垄断法》第 13 条规定："禁止具有竞争关系的经营者达成下列垄断协议：（一）固定或者变更商品价格；……（三）分割销售市场或者原材料采购市场；……"

协议的法律概念、属性及实质进行了比较充分的阐述，并妥善适用2008年《反垄断法》及《侵权责任法》相关规定，对A公司利用其作为上游供应商与下游经销商之间的纵向关系，组织、协调经销商们达成横向垄断协议的行为进行了合法、合理的规制，具有一定的示范作用。

本案较为特殊的一点在于，A公司的侵权行为限制的并非整个行业，而是其品牌内部的竞争。这一特殊情形主要是由于我国油气领域（本案中为成品油领域）运营主体高门槛、强垄断的特性导致的。由于成品油市场中可选择的产品及供应商本身有限，终端客户在采购时将可能需要在同一品牌的不同关联方、经销商之间进行选择，也为上游供应商出于自身商业考虑在自己品牌内部限制、排除竞争提供了土壤，进一步压缩了下游用户的选择空间。本案的裁判结果对于保护成品油市场公平竞争具有积极意义，对于成品油市场供应主体具有警示作用。

【案例4】产业政策调整导致煤矿探矿权无法转让引发的联营合同纠纷①

【基本案情】

2009年12月，某矿务局与A公司、B公司、C公司签订《增资扩股协议》，约定：（1）四方对D公司增资扩股，合作建设某煤矿及相关产业链项目。（2）某矿务局以现金2000万元出资，持有D公司40%股权，并应分别在探矿权协议签订及需缴纳探矿权价款时分两期向A、B公司支付项目前期费用补偿款共11300万元。（3）A、B、C公司承诺，办理并完成矿权受让事宜，若探矿权不能转让至D公司，则本协议终止，某矿务局有权退出D公司，已支付的出资及补偿金（含按国家同期利率计算的利息）全额退还；且A、B公司还应向某矿务局支付其已出资额的20%作为违约金。

2010年4月，当地市发改委致函D公司，同意案涉煤矿项目探矿权优惠转让。某矿务局同意以前述发改委函件替代探矿权协议，并按约定支付了第一笔补偿金3500万元及出资款2000万元。2012年8月，国家能源局复函委托省发改委按规定核准案涉项目，项目建设规模60万吨/年。2013年1月，E公司自某矿务局受让上述D公司40%股权。2014年10月，E公司决定暂停对D公司投资，案涉煤矿项目停建。其间，D公司一直未能与探矿权人F公司（系当地市国资委间接100%控股）达成探矿权转让协议，未能取得案涉探矿权。

① （2023）最高法民终142号民事判决书。

A、B、C公司起诉要求E公司继续履行《增资扩股协议》，向A、B公司支付剩余补偿款7800万元及利息；E公司反诉要求退还已支付出资款、补偿金及利息，并要求A、B公司支付未拿到探矿权的400万元违约金。本案审理期间，当地市政府、市发改委、F公司国有股东、省发改委能源局就此项目进行座谈，一审法院也对F公司及其国有股东、市发改委征询意见，确认因产业政策调整，当地不再核准新建120万吨以下煤矿项目，案涉项目已无法按2012年国家能源局的委托核准且不具备单独建井条件，F公司不会也不可能向D公司转让案涉探矿权。

一审判决支持了E公司大部分反诉请求（仅未支持出资款利息）。A、B、C公司不服，上诉至最高院。

【争议焦点】

1. 案涉《增资扩股协议》是否应当继续履行；

2. A、B、C公司是否应返还出资款、补偿金并承担违约责任。

【裁判观点】

根据当地市政府及相关单位的座谈情况及一审法院的意见征询结果，案涉煤矿的探矿权人已无意转让、国家政策已不允许转让、有权机关已认为不能转让案涉探矿权，因此，案涉探矿权已经确定无法转入D公司，按照协议约定，《增资扩股协议》可以终止。因D公司未与探矿权持有人签署探矿权转让协议，未明确缴纳探矿权价款的主体、对象、时间、金额、模式等主要内容，第二笔补偿款支付条件尚未成就。

《增资扩股协议》中关于探矿权不能转让至D公司则退还某矿务局（E公司）出资款的约定，一审法院理解为股东间预先设立的、附条件的股权转让协议并无不当，现已确定条件成就，故该项出资款2000万元应依约由A、B、C公司共同退还给E公司。《增资扩股协议》未约定出资款利息，E公司在参与D公司经营管理期间也不应获得利息，但在产业政策调整后，案涉探矿权客观上已经无法转让至D公司，各方以探矿权转让方式共同经营D公司的合同目的亦不能实现，自A、B、C公司接到E公司退还款项通知，至迟至E公司提起反诉起，A、B、C公司即负有返还出资款的义务，并承担未及时返还的资金占用费损失责任。

在合同履行过程中，虽经A、B、C公司努力，但因产业政策调整、各方利益难以协调等原因，案涉探矿权未能实现转让，该结果不能仅归责于A、B、C公司方。一审判决虽未述及A、B、C公司的违约责任，但支持了E公司违约金的诉讼请求，虽有不当，但考虑到以E公司（某矿务局）2000万元出资款为基数，自E公司一审提起反诉时起，按照2016年至2019年中国人民银行一年期贷款利率和 2020 年至今全国银行间同业拆借中心公布的一年期贷款市场报价利率计算，该资金占用费用的损失与一审判决的 400 万元大致相当，因此一审裁判结果公平合理，予以维持。

【纠纷观察】

为解决我国小煤矿数量多、布局不合理、破坏资源和环境、煤矿安全生产形势严峻等问题，国家持续出台政策严控小产能煤矿井的审批。早在 2007 年 11 月国家发展改革委发布的《煤炭产业政策》中就规定"山西、内蒙古、陕西等省（区）新建、改扩建矿井规模不低于 120 万吨 / 年"。随后，国家陆续出台多份文件，停止审批晋、陕、蒙地区新建和改扩建后产能低于 120 万吨 / 年的煤矿。这些政策促使煤炭产区落后产能加速淘汰，推动资源向大矿聚集，提升了煤炭生产安全系数；但政策的更迭也确实给相关行业企业的投资与运营带来了相当的不确定性。实践中，因国家政策调整导致项目无法核准、矿业权难以转让而引发的争议屡见不鲜。

本案中，一、二审法院均明确因产业政策调整导致案涉探矿权无法转让致使案涉《增资扩股协议》的合同目的无法实现，已触发协议约定的终止条件。最高院的判决在本案特定的条件下确认国家产业政策的调整能够导致合同目的无法实现。同时，对于探矿权事实是无法转让这一关键事实的认定，一审法院和有关当事人包括征询相关主管部门意见在内谨慎做法对类似的案件审理有一定的借鉴作用。二审最高院特别关注到了案涉探矿权的无法转让同样不应全部归责于上诉方 A、B、C 公司，虽然最终维持了原判，但系考虑到 E 公司出资款长时间的资金占用问题，实际上没有支持协议约定的违约金。在国家煤炭产业政策调整的宏观背景下，在各方当事人合同约定的框架范围内，法院关注到了企业因政策调整所面临的难处与背负的风险，尽可能合法、合理地平衡双方的利益。

【案例 5】公司在海外收购交易中主张索赔的国际仲裁案件①

【基本案情】

2012 年，我国大型能源行业巨头集体旗下的两家公司：S 国际石油勘探开发有限公司（申请人一，以下简称 S 公司）和于加拿大上市的 A 石油公司（申请人二，以下简称 A 公司）合资，于加拿大 T 能源股份有限公司（被申请人一，以下简称

① In The Singapore International Commercial Court of The Republic of Singapore, [2023] SGHC(I) 1, Originating Summonses Nos 7 and 8 of 2020; No 9 of 2021.

T 公司）处以 15 亿美元作为对价收购其英国子公司（以下简称 T 子公司）49% 的股份（以下简称 2012 收购交易）。

2015 年，西班牙 R 石油天然气公司（被申请人二，以下简称 R 公司）以 83 亿美元作为对价收购 T 公司，从而取得对 T 子公司的控制权。

同年，S 公司和 A 公司基于 T 公司对于“储量、项目、产量、弃置和维护”五个业务主题作出不实陈述，主张 T 公司违反了其在 2012 收购交易中约定的保证条款并构成陈述欺诈侵权，向 T 公司和 R 公司提交了仲裁通知，要求索赔包括初始投资金额以及可得的投资机会补偿款，共计 55 亿美元。

2017 年 8 月 15 日，仲裁庭作出首次部分裁决，仲裁庭以时效为由，驳回了申请人就违反合同保证条款提出的索赔，并明确其将分别对本案的赔偿责任定性和赔偿数额定量两个阶段进行裁决。R 公司另案提起仲裁，对尚未定量赔偿额的任何不利裁决寻求救济，未获得仲裁庭支持。2020 年 1 月 29 日，仲裁庭作出第二次部分裁决，部分支持申请人的请求，认定被申请人对“储量”的披露构成虚假陈述，应向申请人承担相应责任；并且仲裁庭支持了申请人依据“生效日前赔偿条款”（Pre-Effective Date Indemnity Clause，PEDI 条款）[①] 的索赔，即卖方在 2011 年底（生效日前）因错估储量而造成收购方的损失，应当向收购方予以赔偿。2021 年 4 月 20 日，仲裁庭作出第三次部分裁决，部分支持申请人的请求，认定被申请人对“生产活动”这一项的不实陈述负有赔偿责任。

2021 年 7 月 19 日，R 公司以首席仲裁员为 Ruritanian 最高法专家小组成员、有碍案件的公正审理为由向新加坡国际商事法庭申请撤裁。新加坡国际商事法庭审理后维持原仲裁裁决，判处 R 公司应当承担仲裁庭认定的欺诈责任，同时驳回首席仲裁员存在利益冲突的申请。本案随后达成和解，R 公司将以 21 亿美元收购申请人持有的 T 子公司 49% 的股份，净现金支出为 11 亿美元，双方合意以和解的方式结案。

【争议焦点】

1. 如何认定对于“储量”“产量”等业务主题的欺诈？

2. 如何认定收购交易中依据 PEDI 条款的赔偿责任？

---

① PEDI，即 Pre-Effective Date Indemnity 的简称，直译为“生效日前赔偿”条款。根据该条款，若收购方在收购股权后遭受的损失是基于卖方生效日前的行为所导致的，则收购方有权向卖方索赔。

【裁判观点】

1. 对于“储量”和“产量”的披露

在2012收购交易过程中，卖方向收购方披露了该T子公司拥有具体数额的丰富储量[①]，并按照美国SEC标准进行计量和登记。仲裁中，各方对未开发石油和天然气储量中的“概略储量”是否应合理确认产生争议。这个问题又引向“开发计划”“最终投资决定”等关键词语的解释，以及卖方是否合理认识和披露了T子公司的储量。仲裁庭认为，“未开发储量”是指已通过开发计划，并具备最终投资决定的未实际钻探地点的新井储量。T公司将T子公司仅具备开发意图，但未获得最终投资决定的未开发储量计算在内，属于对相关概念的错误理解，因而构成对收购方的不实陈述。卖方向收购方提供了许多财务模型和销售案例，但在收购方不知情的情况下，卖方还准备了这些文件的完全不同版本，仅供内部使用，包含技术和财务数据、子公司的预计生产水平、PE、资本支出、运营支出和净现值。仲裁庭认为，“产量”是指在未来指定年份的生产活动总量，要求实际生产量与潜在生产量的比率存在较为稳定的“生产效率”，否则对买家构成不实披露。T公司在对于T子公司的“生产活动”这一主题项下内容披露时，未达到上述要求，夸大生产效率，使收购方以不合理价格收购，因此负有对S公司和A公司的赔偿责任。

2. 对于PEDI条款的认定

经仲裁庭审查，卖方在2011年底前已经出现了严重的资金链短缺、无法按计划完成重点项目，并急于寻找收购方来填补其高额负债和极其昂贵的前期开发成本。仲裁庭注意到，2012收购交易中Z先生存在明显的利益冲突：不仅担任了独立储量评估师，还同时担任T公司的高管，为促成2012年收购交易起到了关键作用；另外，由于Z先生负责记录的T子公司2011年储量被发现高估后，T子公司在2012年至2014年的储量被相应调减，导致收购方支付过高的价格收购T子公司股权。仲裁庭认为，卖方存在高估储量的动机，并且卖方诱导收购方的行为与收购方的经济损失有直接因果关系。

综上，仲裁庭支持申请人根据PEDI条款的索赔，要求T公司与R公司根据合同约定向S公司和A公司赔偿损失。新加坡国际商事法庭审理后维持以上仲裁庭的裁决。

---

① 具体来说，截至2011年底，子公司拥有1P储量为249.4 Mmboe，2P储量为455.9 Mmboe，以及489 Mmboe的商业计划2P储备。

【纠纷观察】

本案充分凸显了在国际投资并购的交易文件中“陈述与保证”、PEDI条款等条款的重要性。卖方在交易谈判过程中披露的信息和作出的承诺，是中国买方作出收购决定以及确定最终的收购价格的重要基础。在收购完成后，如果发现收购的标的公司与卖方当初的描述存在重大的背离，甚至是由于卖方为促成交易而存在虚假陈述、欺诈等情形，也是依法维护自身权利的重要法律依据。

在国际油气区块的收购过程中，相关区块的估值以及估值的依据往往是整个收购过程中最关键的一环。估值本身与“未开发储量”“产量”等高度专业化且技术性很强的核心概念和数据密切相关，而这些数据的计算和确认多数时候是以卖方提供的基础资料为基础的。因此中国买家在国际并购过程中要高度重视这些基础资料制作的过程和方法，得出结论的假设和依据，并在合同的条款中作出针对性的回应。并在取得收购标的之后，尽早对标的企业进行全面的核查和审计，及时发现问题并在收购合同约定的时效到期之前提出权利主张。

出于对国际仲裁程序的不熟悉和不了解以及对高昂费用的顾虑，中国企业对在海外积极通过仲裁或者诉讼的方式维护自身的权利还有很多顾虑。本案虽然历时数年、费用高昂，但最终还是基本挽回了损失。说明中国企业只要平时注重了解和研究国际仲裁的规则和实践，认真谈判和签署重要的合同，在出现纠纷时敢于积极主动地维护自身的权益，又能根据个案的实际情况采取灵活的策略，必要时作出适当的让步，是可以通过国际仲裁和司法途径保护好自身的利益。

四、热点问题观察

（一）反ESG浪潮的兴起

ESG相关的议题继续引起国内外的持续关注，但是反对ESG的浪潮也在美国和其他国家兴起。并且，据晨星公司统计，2023年第四季度，全球可持续基金首次出现季度资金净流出，净流出额为25亿美元，其中美国的投资者从ESG基金中撤资额更是高达51亿美元。全球反对ESG的原因主要如下：其一，混乱的评价标准，使得ESG实践难以形成公认的权威影响力。其二，以环境保护和社会责任履行等神圣名义形成的ESG外部评级压力，产生激励扭曲，使得一些公司有动机从事“洗绿”和“漂绿”等机会主义行为。例如，2023年9月，德意志银行的投资部门DWS Investment Management Americas同意支付1900万美元，以了结对该公司涉嫌“洗绿”的调查，因为该公司夸大了将ESG数据纳入投资决策的方式。其三，ESG行为演变为符合政治正确的形式主义，对企业的实际经营和管理改善未能带来实质性益处，甚至逐步异化为一项公司治理成本。

2023年，大多数与ESG相关的股东提案未能通过，并且相关诉讼也在不断兴起。[①] 四名纽约市雇员和保守的非营利组织向纽约最高法院提起诉讼，其认为纽约市前市长将公共养老基金中数十亿美元的化石燃料投资剔除给他们的退休生活带来了负面影响，资产管理公司在评估能源公司的财务责任时将气候相关风险纳入其中“违反了信托义务并滥用了控制权”。该案如果原告胜诉，可能会为ESG投资的批评者带来新的法律诉求。[②]2023年12月，众议院司法委员会主席分别传唤了某著名国际非营利基金组织和联合国支持的格拉斯哥净零金融联盟成员，据称涉调查主体未能充分遵守ESG的相关文件要求，且该违规行为同时触及了反垄断规则。[③] 截至2024年1月1日，美国已有20个州颁布了反ESG投资规则。[④]

随着ESG的诉讼风险不断攀升，能源公司在承担环境、社会和治理责任的同时，也要注意避免ESG理念的滥觞。应当明确量化ESG要求的具体内容和标准，针对ESG要求设置审计监督条款，明确供应链中各方的ESG义务，在积极作为的同时平衡好与反垄断、反倾销、消费者保护法等法律、法规所保护的其他法益。

（二）ESG管理不断优化

总的来说，ESG仍然是大势所趋。全球正在不断搭建和完善ESG管理框架和披露标准。公众环境研究中心（Institute of Public and Environmental Affairs，IPE）和世界绿色设计组织（World Green Design Organization，WGDO）正在联合部署一个企业和组织报告其环境绩效和可持续发展目标的报告和披露框架，以及一项推进可持续供应链的倡议。2023年6月26日，国际可持续准则理事会（International

---

① ArentFox Schiff：“Top 10 ESG Developments for 2023”，https://www.afslaw.com/perspectives/alerts/top-10-esg-developments-2023，访问时间：2024年3月12日。

② Lesley Clark：“Anti-ESG claim faces first legal test in New York”，https://www-eenews-net.translate.goog/articles/anti-esg-claim-faces-first-legal-test-in-new-york/?_x_tr_sl=en&_x_tr_tl=zh-CN&_x_tr_hl=zh-CN&_x_tr_pto=sc，访问时间：2024年2月22日。

③ Press Release, House Judiciary Chairman Jim Jordan, Chairman Jordan Subpoenas as You Sow and GFANZ in ESG Investigation (Nov. 1, 2023).

④ Morgan Lewis:“THE ESG INVESTING DEBATE: 2023 YEAR-END UPDATES”，https://www.morganlewis.com/pubs/2024/01/the-esg-investing-debate-2023-year-end-updates#_ftn1，访问时间：2024年3月12日。

Sustainability Standards Board，ISSB）正式发布了《国际财务报告可持续披露准则第 1 号：可持续发展相关财务信息披露一般要求 IFRSS1》和《国际财务报告可持续披露准则第 2 号：气候相关披露 IFRSS2》，并将于 2024 年 1 月 1 日正式生效。截至目前，来自全球 64 个司法管辖区近 400 个组织已承诺推动 ISSB 气候相关准则的采纳和使用。

同时，中国在 ESG 信息披露方面也在加速构建标准体系接轨国际，监管方、金融机构和实体企业也对该标准保持了较高的关切与持续跟进。中国监管机构正在酝酿要求国内上市公司进行强制性环境、社会和公司治理信息披露。①

另外，国际大型资产所有者与资管机构在 ESG 投资策略与产品开发等方面实践逐步深入，ESG 金融产品规模再创新高，提振可持续投资信心。并且，ESG 投资主题也更加多元，除关注气候转型外，也向性别多样性、可持续粮农系统等领域延伸。ESG 评价的议题、指标、维度、模型等随着市场发展进入了一个持续优化的过程。②

（三）国际上与气候变化有关的诉讼

其一，公司的管理层直接对气候变化承担个人责任的案件出现。2023 年 5 月 12 日，克莱恩斯欧洲环保协会对壳牌公司（一家环境法慈善机构）的董事会提起个人诉讼，声称壳牌公司违反了英国公司法，对气候风险管理不善，没有达到 2015 年巴黎气候协定的标准，也没有达到法律规定的目标。③ 该案是有史以来第一起通过确定公司董事在应对气候变化风险方面承担个人责任的气候诉讼，极具开创性。

其二，“漂绿”行为有关的争议持续增多。例如，2023 年 5 月 30 日，美国加

---

① 2023 年，中央企业 ESG 联盟相继参与了 ESG 与可持续发展国际研讨会，举办了“ESG 中国论坛创新年会”“2023 高质量发展与中国企业社会责任论坛”等重要活动。《国内煤炭行业 ESG 研究报告》《旅游企业环境、社会和治理信息披露指南》《中国酒业 ESG 发展报告》《中国汽车行业 ESG 信息披露指南》等各行业 ESG 标准密集发布。研究机构深入探索 ESG 中国标准。2023 年 3 月，由中国企业社会责任报告评级专家委员会牵头编制的《中国企业 ESG 报告评级标准（2023）》正式发布；中国社会科学院教授、责任云研究院院长钟宏武在 2023 年 10 月举办的 ESG 中国论坛创新年会上发布了《中国 ESG 研究十大课题（2024）》；同月，国内首本《环境、社会及治理（ESG）基础教材》正式出版。

② 社会价值投资联盟（深圳）联合华夏基金：《2023 中国 ESG 投资发展创新白皮书》。

③ England and Wales High Court (Chancery Division) Decisions, https://www.bailii.org/ew/cases/EWHC/Ch/2023/1137.html，访问时间：2024 年 2 月 22 日。

利福尼亚州地方法院对达美航空公司提起了集体诉讼，认为达美航空公司碳抵消的做法构成漂绿行为。[①]美国加利福尼亚州地方法院指责该航空公司通过其碳中和的主张误导公众，实际并未削减碳排放量，而是利用碳抵消额度抵消其碳排放，从而构成漂绿风险。在中国，针对“漂绿”行为虽然国家尚未建章立制，但相关领域已有法律法规加以规制。[②]“漂绿”行为实际存在很大的法律和合规风险，不再局限于“自愿”或者“商业道德”的范畴。

五、总结与展望

以 2023 年底 COP28 的成功召开和闭幕为标志，世界各国对从传统能源向清洁能源转型正取得越来越多的共识。随着全球对清洁能源的需求不断增长，太阳能、风能和其他可再生能源技术的发展得到了加速。同时，传统的化石燃料行业也在面临着越来越大的压力，需要转型以适应新的市场需求和环境要求。

但是中国以及其他国家向新能源的转型之路不会一帆风顺，中间的坎坷、曲折甚至短期的倒退或者回调，都不可避免。在认清新能源发展总的趋势同时，出于复杂的国际地缘政治和安全等因素的考量，也要充分认识到传统能源在当下的重大意义，注意传统能源和新能源之间的再平衡。对于具体参与其中的企业来说，未来既蕴含着巨大的商机又充满不确定性和风险，在法律争端领域笔者认为以下几个方面值得关注：

首先，随着近几年国内太阳能、风能等领域产能的迅速扩大，行业“内卷”的压力也越来越大，导致产品生产企业的利润空间进一步被压缩，交货条件和质保要求越来越苛刻。巨大的成本和竞争压力，容易导致生产厂家的动作变形，交付货物的长期质量无法保证，从而容易引发围绕产品质量的法律纠纷，今后此类争议也有进一步增加的趋势。

其次，无论是在中国还是其他国家，新能源领域的高速发展离不开国家和地方政府的大力扶持和政策倾斜（包括直接或者间接的补贴）。这些政策有时会成为

---

① L. David Russell, “Mayanna Berrin v. Delta Airlines Inc.” , https://www.classaction.org/media/berrin-v-delta-air-lines-inc.pdf，访问时间：2024 年 2 月 22 日。

② 例如，涉“漂绿”虚假信息披露、隐瞒信息披露的多为环保类行政处罚，司法实践中常适用《最高人民法院关于审理证券市场虚假陈述侵权民事赔偿案件的若干规定》认定“虚假陈述”；对于伪绿营销与环境破坏行为，则将受到《反不正当竞争法》《产品质量法》《环境保护法》《土地管理法》等部门法的规制。

投资者和项目其他参与者进入相关领域或者投资具体项目的决定性因素之一。但这些优惠和扶持性政策因受到自身的合法性、临时性和可持续性等因素的影响，本身也具有很多不确定性。这些政策每一次的重大调整，都可能打破项目参与方的利益平衡并对利益再平衡产生巨大影响，从而引发纠纷。为尽量避免此类纠纷的发生，相关行业的从业者应随时关注和研究相关领域政策法规的演进趋势，并未雨绸缪，在合同安排等方面对未来政策法律的调整留下适当的空间。

再次，随着 2022 年开始国际能源领域并购和整合的进一步活跃，不论是传统能源还是新能源领域，在很多国际交易中都能看到中国企业的身影。但是绝大多数中国企业对于包括国际争端解决机制在内的国际法律和商务规则还有一个从初步熟悉到能完全适应和运用的过程。今后与国际收购相关的争议，如收购未达到预期的目的或者因为资金链断裂或者无法及时获得必要的审批无法兑现收购时的承诺等，未来相信会有增多的趋势。

最后，在 2023 年，以新能源汽车、锂电池和光伏产品（中国出口的“新三样”）在国际市场拓展高歌猛进为标志，中国新能源产业的国际影响力不断提升的同时，与世界各国相关产业的融合也变得更加深入和复杂。一些国家对中国产业能力输出充满警惕和焦虑，导致一些针对中国制造的专门法案、制裁和限制措施以及反倾销和反补贴调查频繁出现。未来预计在相关领域的争议也会不断增加，中国企业为此要做好充分的准备。

中国投资争议解决年度观察（2024）

戴　月[①]

一、概述

回望2023年，随着疫情防控平稳转段，中国经济走出了一条复苏曲线，整体呈现波浪式发展、曲折式前进的恢复过程，主要预期目标圆满实现。国家统计局和商务部于2024年1月发布的相关数据显示，在国内投资方面，2023年全国固定资产投资规模达50.3万亿元，比上年增长3.0%。[②]新设立外商投资企业53766家，同比增长39.7%。[③]在对外投资方面，2023年全国对外非金融类直接投资1301亿美元，同比增长11.4%；对外承包工程新签合同额2645.1亿美元，增长4.5%。[④]

在世界大变局下，全球经济增长的速度连续几年放缓，加之数十年来最为紧缩的金融条件以及日益加剧的地缘政治紧张局势影响，经济不确定性导致全球外国投资势头羸弱，国内外投资者对于投资目标和投资地点的选择更加谨慎。为了应对经济挑战、鼓励各方投资，国务院和最高人民法院（以下简称最高院）相继颁布指导意见促进经济发展、优化营商环境。与此同时，我国完成了《中华人民

---

① 戴月，北京市金杜律师事务所合伙人。同时，感谢北京市金杜律师事务所主办律师安迪以及律师潘珍雪、林泽宇、任晓楠、许帆为本报告做出的贡献。

② 国家统计局：《2023年国民经济回升向好高质量发展扎实推进》，https://www.stats.gov.cn/sj/zxfb/202401/t20240117_1946624.html，访问时间：2024年2月4日。

③ 商务部：《2023年全国吸收外资1.1万亿元人民币》，http://www.mofcom.gov.cn/article/xwfb/xwrcxw/202401/20240103467642.shtml，访问时间：2024年2月4日。

④ 商务部：《全国对外投资合作和对外援助执行工作会议在京召开》，http://www.mofcom.gov.cn/article/syxwfb/202402/20240203470713.shtml，访问时间：2024年2月4日。

共和国公司法》和《中华人民共和国民事诉讼法》的修改，出台司法解释细化了《中华人民共和国民法典》（以下简称《民法典》）相关规则，为投资者提供更加全面和有力的法律保障，形成了2023年的立法亮点。

司法和仲裁实践方面，在经济环境复杂性、严峻性、不确定性上升的背景下，因设立企业、股权投资而产生的争议频发。2023年，与股权投资、公司治理等投资争议[①]相关的案件数量在全国法院和仲裁机构受理的案件中仍占较大比例，争议金额也普遍较高。[②]以北京仲裁委员会/北京国际仲裁中心（以下简称北仲）2023年度统计为例，在案件数量和标的总额创历史新高的同时，投资经营并购类的案件仍占据着重要地位，数量达到653件。[③]

本报告将基于立法和实践的情况，对2023年中国商事投资争议解决的发展以及相关纠纷的处理规则进行总结和评述。

二、新出台的法律法规或其他规范性文件

2023年，全国人大、国务院、最高院、相关部委及地方政府深入总结改革经验成果，采取了一系列立法努力，以便进一步优化投资环境、提振投资信心和稳定投资预期。

（一）《中华人民共和国公司法》在公司资本制度、股东责任等方面迎来重大变革

2023年12月29日，十四届全国人大常委会第七次会议表决通过新修订的《中华人民共和国公司法》（以下简称新《公司法》[④]）。新《公司法》将于2024年7月1日正式施行。本次修订是1993年《公司法》颁布后的第二次全面修订，其中总

① 常见的投资方式包括实业投资、股权投资、信托存款、证券投资、基金投资等，考虑到本书金融篇已经对信托、证券和基金等金融类投资进行了深入的分析，本报告将主要针对非金融类的投资问题展开讨论。

② 《仲裁 | 上海国际仲裁中心2023年度仲裁业务报告》，载微信公众号“上海国际经济贸易仲裁委员会”，访问时间：2024年2月3日；《深圳国际仲裁院2023年数据概览》，载微信公众号“深圳国际仲裁院”，访问时间：2024年2月3日。

③ 《北京仲裁委员会/北京国际仲裁中心2023年度工作报告》，载微信公众号“北京仲裁委员会”，访问时间：2024年2月8日。

④ 由于截至本文完成写作时，新修订的《公司法》尚未施行，下文将其简称为新《公司法》，现行《公司法》简称为旧《公司法》，以示区分。

结了既往的有效经验与改革成果，内容涉及公司资本制度、股东和债权人权益平衡、股权交易规则、公司治理等诸多方面的重要变革及制度完善，同时增强了公司设立、运行与退出的全过程制度供给。新《公司法》涉及投资的如下内容值得重点关注：

1. 资本形成制度的重大变革

第一，授权资本制的引入。新《公司法》借鉴英美法系和大陆法系的共同经验，规定股份有限公司章程或股东会可以授权董事会在三年内发行不超过已发行股份50% 的股份。[①] 对于有融资需求的股份有限公司而言，在一定限度内实施授权资本制，允许公司董事会在授权范围内决定公司的股份发行，不仅可以使得决策更为便捷、高效，而且通常情况下，负责公司日常经营管理决策的董事会针对发行融资所作的决策也更加符合公司实际运营情况和资金需求。但同时值得注意的是，因授权资本制稀释了既有股东的股权比例，因此可能导致新老股东间的紧张关系，而这还有待于实务界后续的有效应对。

第二，新增无面额股与类别股。在新《公司法》颁布之前，我国一直采用面额股，并规定股票不得折价发行，起到股东平等与债权人保护的作用。[②] 新《公司法》则规定股份有限公司可以择一采用面额股或无面额股，并且两者之间可自由转换；采用无面额股的，应将股款的二分之一以上计入注册资本。[③] 无面额股为处于财务困境、存在融资需求的公司提供了便利，避免了投资过程中的价值误导，使得股权投资回归到“股款—股份”的映射关系上来。此外，新《公司法》总结了《国务院关于开展优先股试点的指导意见》以及《上市公司章程指引》的改革经验，在法律层面认可类别股安排，规定股份有限公司可以发行并在公司章程中注明类别股，该等类别股在利润、剩余财产分配次序、表决权数及转让限制方面与普通股份有所不同，[④] 从而满足股东的多元投资需求。

第三，限期认缴制的制度转向。在前三十余年，我国公司的注册资本经历了从严格实缴制到完全认缴制的转变。新《公司法》引入了股东认缴的出资额在公司设立后五年内完成实缴的限期认缴制度，[⑤] 在注册资本制度方面有所收紧。在完

---

① 新《公司法》第 152 条。

② 叶林、张冉：《无面额股规则的创新与守成：不真正无面额股》，载《证券法苑》第 37 卷，第 10—11 页。

③ 新《公司法》第 142 条。

④ 新《公司法》第 144 条、第 145 条。

⑤ 新《公司法》第 47 条。

全认缴制的时代，因缺乏对实缴期限的强制约束，股东容易逃避其出资责任，这也是导致股东出资类纠纷大量涌现的原因之一。[①]限期认缴制在一定程度上提高了投资人市场准入门槛，加大了公司投资人的资金负担。可以预见，为了应对新规，部分存量公司可能会启动减资程序，由此或将引起债权人要求公司提前清偿债务的争议。因此，公司宜对此类违约风险提前准备预案。

2. 资本充实责任的规范延伸

第一，关于股东出资全面加速到期，新《公司法》规定，公司不能清偿到期债务的，公司或者已到期债权的债权人有权要求已认缴出资但未届出资期限的股东提前缴纳出资。[②]此前，《全国法院民商事审判工作会议纪要》（以下简称《九民纪要》）为平衡债权人与股东间的利益，已然为认缴出资加速到期打开了有限开口，但其适用情形仅限于“公司已具备破产原因但不申请破产”和“恶意延长出资期限”两种。[③]新《公司法》采取的全面加速到期制度，不要求公司明显缺乏清偿能力，进一步加强了债权人利益的保护。

第二，关于董事、监事和高级管理人员（以下简称董监高）的资本充实义务，新《公司法》规定，董事会应当及时向未履行出资义务的股东进行催缴，因怠于履行催缴义务给公司造成损失的董事应承担赔偿责任。[④]针对抽逃出资的情形，此前《最高人民法院关于适用〈中华人民共和国公司法〉若干问题的规定（三）》（以下简称《公司法司法解释三》）只规定了董监高存在协助股东抽逃出资的行为时应承担连带责任。[⑤]而新《公司法》第53条进一步扩大了董监高的责任范围。即凡是“负有责任”的董监高均应与股东承担连带赔偿责任，从而加大了董监高维护公司资本充足的义务和责任。除此之外，新《公司法》还新增了一系列针对董监高的规定，包括在公司违法为他人取得公司股份提供财务资助、[⑥]或者违法向股东进行利润分配、[⑦]或者违法减少注册资本[⑧]并给公司造成损失的，对此负有责任的董监高需要承担赔偿责任。新《公司法》这一系列新增规定是在总结司法实践经验的基础之上，

---

① 朱慈蕴：《有限责任公司全面认缴制该何去何从？——兼评〈公司法（修订草案三审稿）〉第47条》，载《现代法学》2023年第6期，第141页。

② 新《公司法》第54条。

③ 《九民纪要》第6条。

④ 新《公司法》第51条。

⑤ 《公司法司法解释三》第14条。

⑥ 新《公司法》第163条。

⑦ 新《公司法》第211条。

⑧ 新《公司法》第226条。

对董监高资本充实责任的细化。例如，最高院在（2018）最高法民再366号民事判决书中，曾认定追缴股东出资属于董事勤勉义务的范围。[①] 可以预见，新规定为投资者提起股东代表诉讼提供了抓手。目前，相关条文中并未就“损失”范围、董监高之间的责任分配等问题予以规定，因此仍有待通过司法实践形成规则。

第三，关于股权转让后出资责任的承担规则，新《公司法》也专门作出了规定，进一步完善了资本充实规范体系。一方面，对于认缴但未届出资期限的股权，转让后由受让人承担缴纳义务。受让人未按期足额缴纳的，转让人承担相应的补充责任。此前对于出资期限届满前、转让股权后的出资义务由哪一方承担的问题，在司法实践中长期存在争议。新《公司法》就该问题予以明确，即股权与出资义务同时转让，但为避免转让人借股权转让逃避债务，因此转让人仍需承担一定的补充责任。另一方面，对于出资不实股东转让股权的情形，新《公司法》并未对《公司法司法解释三》的规定作出实质性变更，即出资不实股权转让后，转让人与受让人在出资不足范围内承担连带责任。如果受让人善意，则不承担责任。[②]

第四，关于经催缴仍未出资的后果，新《公司法》规定，公司经董事会决议可以向经催缴但仍不履行出资义务的股东发出失权通知，从而使得该股东丧失未缴纳出资对应的股权。[③] 这一规则是对《公司法司法解释三》第17条股东除名规则的进一步发展。相比于股东除名制度，股东失权制度在适用范围上扩张至不完全出资，在启动机关上流转至董事会，因此具有更广阔的适用空间。股东失权制度可能成为未来公司控制权争夺中的又一争议焦点。

3. 资本退出制度的便利性改革

第一，简化有限责任公司股权转让程序。新《公司法》删除了有限责任公司股东转让股权时需获其他股东过半数同意的要求。转让股东仅需履行对其他股东的通知义务；[④] 同时，新《公司法》规定，受让人自记载于股东名册时起可以向公司主张权利。[⑤] 这两条规定简化了有限责任公司股权转让的程序，鼓励股权的自由流通，同时确立了股权变动的记载形式主义，即以股东名册作为股权变动的依据。

第二，新设控股股东滥用权利时其他股东的回购请求权。新《公司法》在旧《公司法》的异议股东回购请求权基础上，补充规定了有限责任公司控股股东滥用

---

① 最高院（2018）最高法民再366号民事判决书。

② 《公司法司法解释三》第18条。

③ 新《公司法》第52条。

④ 新《公司法》第84条。

⑤ 新《公司法》第86条。

股东权利、严重损害公司或其他股东利益时，其他股东有权请求公司按合理价格回购控股股东所持股权。[①] 该规定使旧《公司法》禁止股东权利滥用的原则更加具体，完善了中小股东的权利救济途径。目前规定中对控股股东违信情形仍有待类型化归纳，如何认定控股股东滥权将是未来案件中的争议焦点之一。

（二）《最高人民法院关于适用〈中华人民共和国民法典〉合同编通则若干问题的解释》（以下简称《合同编通则解释》）进一步明确了合同效力、违约责任等方面的规则

2023 年 12 月 4 日，最高院公布《合同编通则解释》，自 2023 年 12 月 5 日起施行。该解释全文共计 69 条，在总结有益实践经验的基础上，进一步发展了民法典合同编的有关规定。投资纠纷常见的争议除了股权、公司方面的纠纷外，投资合同争议亦不在少数。因此，《合同编通则解释》的如下内容值得在投资争议中重点予以关注：

第一，完善了无权处分、越权代表、越权职务代理订立合同的效力规则。一是无权处分本身并不使合同无效，但是因此履行不能的，受让人可以解除合同并要求赔偿；[②] 二是代表权、工作人员职权符合法定范围的，即使与法人、非法人组织内部规定不符，推定相对人尽到了合理审查义务，除非法人、非法人组织能举证证明相对人知情；[③] 三是明确了印章与法定代表人、负责人或者工作人员的权限、签名或者指印的效力位阶及效力归属；[④] 四是明确了代表人或代理人与相对人恶意串通的举证责任和判断因素、标准。[⑤] 这些规定有利于更好地维护法人、非法人组织的合法权益。

第二，完善了债权人代位权、撤销权制度，进一步强化了对债权人的保护。相关规定一是和《民法典》保持一致，扩大了代位权的行使范围；[⑥] 二是规定了债权人提起代位权诉讼后，债务人对债权的处分行为应当受到相应限制，如不能无正当理由减免相对人的债务等；[⑦] 三是进一步补充了债权人可以行使撤销权的不合理交易的类型，包括以明显不合理的价格实施以物抵债、知识产权使用许可等。[⑧]

---

① 新《公司法》第 89 条。

② 《合同编通则解释》第 19 条。

③ 《合同编通则解释》第 20 条、第 21 条。

④ 《合同编通则解释》第 22 条。

⑤ 《合同编通则解释》第 23 条。

⑥ 《合同编通则解释》第 33 条。

⑦ 《合同编通则解释》第 44 条。

⑧ 《合同编通则解释》第 43 条。

这些规定有利于进一步应对“逃废债”等情况。

第三，细化了合同解除制度。在合同解除部分，《合同编通则解释》重点作了以下规定：一是确立最低限度的协商解除制度，明确是否对结算、清理问题达成一致不影响合同解除的认定，并放宽当事人就解除合同“协商一致”的认定标准。[①]二是明确通知解除合同欲发生解除合同的效果，需以通知方享有解除权为前提。[②]因此无论对方是否在约定或者合理期限内提出异议，人民法院均应对通知方是否享有解除权进行审查。三是明确当事人在撤诉后再次起诉解除合同的，合同自再次起诉的起诉状副本送达对方当事人时解除，但撤诉后又通知对方解除合同且该通知已经到达对方的除外。[③]

第四，细化了预约合同规则，[④]明确了违反预约合同的违约责任。[⑤]成立预约合同的前提是当事人以认购书、订购书、预订书等形式约定在将来一定期限内订立合同或者为该目的交付了定金作为担保，且能够确定将来所要订立合同的主体、标的等内容，二者缺一不可。对违反预约合同的损失赔偿责任，当事人有约定的按约定进行赔偿，没有约定的需要综合考虑预约合同在内容上的完备程度以及订立本约合同的条件成就程度等因素加以酌定。预约合同规则的细化使得在投资领域广泛使用的认购书、订购书、预订书等文件有了更为准确的定性。

第五，明确了“可得利益损失计算规则”[⑥]和“可预见性规则”[⑦]两个违约损害赔偿的基本规则的具体适用，重点强调了成本扣减规则和非违约方的减损规则。实践中通常较难直接判断生产利润、经营利润或转售利润，如果最终无法计算出可得利益损失，则可以由法院综合违约方因违约获得的利益、过错程度及其他违约情节等因素，通过公平和诚信原则加以确定。在可预见性规则的适用方面，需要综合当事人订立合同的目的、合同主体、合同内容、交易类型、交易习惯、磋商过程等因素加以考虑。但如果违反减损规则故意或者放任损失扩大，则无法就该部分损失主张赔偿。另外，在违约金调整方面，进一步规定了请求调整违约金的方式和举证责任、[⑧]

① 《合同编通则解释》第 52 条。

② 《合同编通则解释》第 53 条。

③ 《合同编通则解释》第 54 条。

④ 《合同编通则解释》第 6 条。

⑤ 《合同编通则解释》第 7 条、第 8 条。

⑥ 《合同编通则解释》第 60 条、第 61 条、第 62 条。

⑦ 《合同编通则解释》第 63 条。

⑧ 《合同编通则解释》第 64 条。

违约金的司法酌减一般以损失的30%作为标准以及违约金调整的释明与改判规则，[①]并特别规定了不予支持恶意违约当事人减少违约金的请求。

（三）新《民事诉讼法》为涉外投资争议解决提供了更多便利

2023年9月1日，十四届全国人大常委会第五次会议通过了《关于修改〈中华人民共和国民事诉讼法〉的决定》。这是《民事诉讼法》的第五次修正，新增法条15条。新《民事诉讼法》对投资纠纷的争议解决具有一定的影响，其中如下要点值得关注：

第一，扩张中国法院对涉外民事案件的专属管辖权。新《民事诉讼法》规定，因在中华人民共和国领域内设立的法人或者其他组织的设立、解散、清算，以及该法人或者其他组织作出的决议的效力等纠纷提起的诉讼，由中国法院专属管辖。[②]一方面，法人和非法人组织的设立与解散涉及国家公权力的确认，与登记地法，即我国法律密切相关，关系到我国的公共秩序，[③]同时法人设立与解散及决议涉及多边主体的法律行为，[④]由我国法院专属管辖，可以避免大量平行诉讼，也有利于保护我国投资者的合法权益和国家利益；另一方面，考虑到近年来政治因素对国际经济与投资的影响愈发强烈，单边主义抬头，涉外投资合同对专属管辖可能持一定负面态度，对此，新《民事诉讼法》也明确，具有涉外因素的合同可以约定将争议提交境外仲裁机构进行仲裁。[⑤]

第二，扩大管辖连结点，同时增加对平行诉讼与不方便法院原则的规定。新《民事诉讼法》将此前《民事诉讼法》规定的“合同纠纷或者其他财产权益纠纷”拓展至“除身份关系以外的诉讼”，并增设“适当联系”作为管辖连结点。[⑥]这一变更为涉外投资类合同的争议解决提供了灵活的选择。同时新《民事诉讼法》规定了“受理在先”和“判决在先”两项处理平行诉讼的基本原则，[⑦]并放宽了不方

---

① 《合同编通则解释》第65条。

② 新《民事诉讼法》第279条。

③ 关峰、赵冠男、范丹杰：《民诉法修改解读（四）：中国法院新增两类专属管辖的涉外案件》，载微信公众号“金杜研究院”，访问时间：2024年2月8日。

④ 向在胜：《中国涉外民事专属管辖权的法理检视与规则重构》，载《法商研究》2023年第1期，第56—57页。

⑤ 新《民事诉讼法》第288条。

⑥ 新《民事诉讼法》第276条。

⑦ 商务部：《中国外资统计公报2023》，http://images.mofcom.gov.cn/wzs/202310/20231010105622259.pdf，访问时间：2024年2月8日。

便法院原则的适用条件。[①] 上述规定体现了我国对国际礼让原则的尊重和坚持多边主义、平等保护中外当事人合法权益的立场。

第三，完善了仲裁裁决的跨境执行制度，一方面，明确了中国境内的仲裁裁决均可以向有管辖权的外国法院申请承认和执行，而不仅限于涉外仲裁机构作出的裁决。[②] 另一方面，扩大了申请承认和执行外国仲裁裁决的法院范围，对于被执行人住所地或者其财产不在中国领域内的，当事人可以向申请人住所地或者与裁决的纠纷有适当联系的地点的中级人民法院申请承认和执行，为中国境内的申请人提供了较大的便利。[③]

第四，完善外国法院生效判决、裁定承认与执行的基本规则。新《民事诉讼法》新增承认与执行外国判决、裁定时的五项审查标准，包括管辖权、正当程序、是否构成欺诈、是否存在我国在先判决和公共政策保留。[④] 该规定提升了投资类争议解决途径的灵活性，提升了投资自由化和便利化水平。同时值得注意的是，《最高人民法院关于内地与香港特别行政区法院相互认可和执行民商事案件判决的安排》也自2024年1月29日起正式施行。香港特区政府此前颁布的《内地民商事判决（相互强制执行）条例》（第645章），亦于同日正式生效。因此，两地绝大多数民商事领域的生效裁判文书，均可得到承认与执行。[⑤] 香港地区对内地投资金额占据我国实际使用外资额的逾70%，[⑥] 内地对外直接投资中亦有近60%流向香港地区，[⑦] 可以预见，上述安排将显著降低两地间投资争议解决的费用和时间成本。需特别关注的是，针对不服法院关于承认和执行或不予承认和执行的裁定的，新《民事诉讼法》首次赋予了当事人的复议权，可以在裁定送达之日起十日内向上一级人民法院申请复议，[⑧] 充分保障当事人实体权利义务的救济。

---

① 新《民事诉讼法》第282条。

② 新《民事诉讼法》第297条。

③ 新《民事诉讼法》第304条。

④ 新《民事诉讼法》第300条。

⑤ 戴月、滕海迪、宋君：《对内地和香港相互认可与执行民商事判决中唯一管辖权的最新实践》，载微信公众号“金杜研究院”，访问时间：2024年2月8日。

⑥ 《中国外资统计公报2023》，http://images.mofcom.gov.cn/wzs/202310/20231010105622259.pdf，访问时间：2024年2月8日。

⑦ 商务部：《2022年度中国对外直接投资统计公报》，http://images.mofcom.gov.cn/hzs/202310/20231027112320497.pdf，访问时间：2024年2月8日。

⑧ 新《民事诉讼法》第303条。

三、典型案例

【案例1】北仲裁决：在投资争议中区分合同性质与合同目的，积极查明合同主观目的

【基本案情】

2018年，申请人A合伙企业与被申请人B公司及其三家关联公司签署《可转债协议》，约定鉴于B公司作为上市主体，计划未来启动境外上市，A合伙企业与B公司及其关联公司（分别为C公司、D公司和E公司）达成交易安排，A合伙企业向B公司及其三家关联公司提供8000万元借款并有权在一定期间内行使或不行使认股权。若A合伙企业未行使认股权，则C公司负有到期偿还本金并按照年化3%的利率支付利息的义务。B公司及D公司、E公司承担担保责任。后B公司的创始人、实际控制人、法定代表人崔某涉嫌犯罪，B公司相关业务已经停滞。

申请人A合伙企业认为，《可转债协议》的合同目的已经落空，请求解除合同并由被申请人承担偿还义务。

被申请人B公司认为，《可转债协议》的目的仅是由A合伙企业提供借款，而非进行投资，以投资目的无法实现主张《可转债协议》合同目的的落空不能成立。

【争议焦点】

当合同包含不同的法律关系时，如何确定合同目的。

【裁判观点】

仲裁庭注意到，被申请人主张"《可转债协议》约定的借款在特定情形下可以转换为股权，但条件未成就，因此在该协议项下申请人与被申请人之间仍然属于借贷关系而不具有投资关系"。仲裁庭认为，合同的性质与合同目的是根据合同条款"表示"的意思，并非根据合同"履行"的状态进行判定，因此合同中约定的借款用途不足以用于确定合同的目的。若将借贷合同的目的解释为贷方将款项出借给借方以满足借方的需求而不是自己获利，显然是不符合商事交易常识和合同解释基本逻辑的。因此，由于本案《可转债协议》同时包含借贷关系和投资关系，将借款用途解释为整个合同的目的，相对于将投资关系作为借贷合同的目的，后者更合乎逻辑。这种解释也符合"鉴于"条款中载明的事实。因此，仲裁庭认为，《可转债协议》的核心是投资关系，借贷关系只是建立投资关系这个目标之下的过渡性安排，最终目的是实现向对方的投资，即债转股；投资合同基础的丧失，则意味着借款合同目的的落空。

【纠纷观察】

合同目的对确定合同用语的含义乃至整个合同内容具有重要意义，[①] 合同目的的不能实现也是法定的合同解除事由。但《民法典》抑或是《合同编通则解释》均未对合同目的作出定义或是对如何查明合同目的给出指引。

投资争议解决中，合同目的可以有两种定性，一是合同的客观目的，二是合同的主观目的。前者由合同所欲实现的法律效果确定，后者则取决于当事人签订合同时的动机。[②] 在司法裁判中，一般以合同客观目的作为合同目的，在当事人约定不明时，不以主观目的不能实现作为合同解除的基础。[③] 理论界也倾向于认为，司法应保持谦抑性，不宜过分介入当事人自治，[④] 而应当通过举证责任分配规则来探寻合同目的、确定各方权利义务关系。[⑤]

本案仲裁庭相比于司法机关对合同目的查明体现出更积极的态度。首先，仲裁庭区分了合同性质与合同目的。《民法典》中虽然对二者进行了区分，但在实践层面常常将二者等同视之，[⑥] 或以合同目的作为合同性质判定的辅助工具。[⑦] 本案则体现了合同目的在合同解除纠纷中的独立价值。仲裁庭虽然并未否认《可转债协议》的借贷合同定性，但在交易安排背后的最终目的，即实现对目标公司的投资不能实现时，支持合同解除。其次，仲裁庭认可当事人的整体交易安排可以划分为借贷和转股两个阶段，但在两个阶段相对独立可分的情况下，仲裁庭以“商事交易常识和合同解释基本逻辑”为原则，积极探究当事人缔结合同的真实意图，将整体的交易目的作为判断交易过程中各项合同目的的基础，有利于在复杂交易中实现纠纷裁决的可预期性。

---

① 崔建远：《论合同目的及其不能实现》，载《吉林大学社会科学学报》2015 年第 3 期，第 41 页。

② 崔建远：《论合同目的及其不能实现》，载《吉林大学社会科学学报》2015 年第 3 期，第 41—45 页。

③ 最高院（2016）最高法民再 251 号民事判决书；最高院（2020）最高法民申 6124 号民事裁定书。

④ 阙梓冰：《论合同定性中的“目的”——以名实不符合同为视角》，载《法学家》2023 年第 6 期，第 38 页。

⑤ 李建伟、李亚超：《商事合同目的的解释中举证责任的个案反思》，载《法治研究》2023 年第 3 期，第 109 页。

⑥ 李建伟、李亚超：《商事合同目的的解释中举证责任的个案反思》，载《法治研究》2023 年第 3 期，第 108 页。

⑦ 最高院（2019）最高法民申 4490 号民事裁定书。

【案例 2】北仲裁决：对赌失败目标公司不能回购股权，投资者可诉请目标公司支付违约金

【基本案情】

2020 年，申请人 A 合伙企业与目标公司 B 公司、B 公司的实际控制人及其他股东签订《投资协议》，A 合伙企业通过认购目标公司 B 公司的股权，成为 B 公司的股东。同日，申请人与 B 公司及包括 B 公司的实际控制人在内的时任全体股东签署《股东协议》，约定了 B 公司的对赌业绩目标，且 A 合伙企业有权根据《股东协议》的约定，要求被申请人向申请人支付回购款并约定了违约金条款。随后，A 合伙企业又与 B 公司及其实际控制人就《股东协议》签订了《补充协议》。后因新冠疫情，B 公司业务受到严重影响，业绩目标未能实现，A 合伙企业以 B 公司、实际控制人及部分股东作为仲裁被申请人，请求支付股权回购款并承担违约责任。

申请人主张，目标公司时任全体股东签署《股东协议》的行为，应被视为全体股东同意在满足合同约定情况下由 B 公司进行减资回购，而无需另行出具股东会决议。B 公司及其实际控制人均未提交答辩意见。

【争议焦点】

对赌纠纷中投资者向目标公司主张权利所需程序及所获赔偿的范围。

【裁判观点】

仲裁庭认为，《股东协议》对 B 公司生效，理由在于《补充协议》是《股东协议》的一部分，B 公司虽然不是《股东协议》的签署方，但 B 公司签署了股东协议的《补充协议》，可视为对签署《股东协议》的追认。

对于申请人就减资程序的主张，仲裁庭认为《股东协议》的相关约定并不构成或替代减资决议，且本案没有证据证明目标公司已完成减资程序。因此，对于申请人要求 B 公司回购股权并支付股权回购款的请求，仲裁庭未予支持。

此外，仲裁庭考虑到实际控制人在履行股权回购及支付回购款等合同义务时存在违约，以及 B 公司同时存在未按约定提供经营月报等违约行为，最终支持了申请人关于违约金的主张，裁决实际控制人和 B 公司向 A 合伙企业支付违约金。

【纠纷观察】

本案仲裁庭参照《九民纪要》的要旨，对对赌协议中的股权回购程序保持谦抑态度，认为投资者以目标公司回购股权形式退出时，必须经过减资程序。本案的特殊性在于，目标公司全体股东签订的《股东协议》中明确了回购条件与程序，这与投资人仅与部分股东和目标公司订立对赌协议的情形存在一定程度的不

同。[①]《股东协议》在形式上似乎符合《公司法》中“股东以书面形式一致表示同意的，可以不召开股东会会议，直接作出决定”的规定，因此本案中投资人一方亦借此主张该协议可以替代减资决议，但该主张未能得到仲裁庭的支持。

但是，在笔者参与处理的其他仲裁案件中，亦有仲裁庭基于协议约定的连带责任等内容而不再另行要求公司履行减资程序，而支持目标公司给付股权回购款的情形。不同案件仲裁庭基于协议的不同约定和履约的情形，特定化地处理案件，亦是仲裁的特点所在。

本案中，仲裁庭在认定《股东协议》及其《补充协议》对目标公司生效后，基于实际控制人和B公司存在的违约行为，裁决目标公司及其实际控制人向申请人支付违约金。该认定再次体现出仲裁相较于法院的差异化优势。在司法实践中，对赌失败时投资人能否因股权回购未能实现而向目标公司主张违约责任仍然存在不同观点。部分法院认为，目标公司在不回购股权的情况下，其基于未履行股权回购义务支付违约金，并不导致公司注册资本的减少，亦不必然导致债权人利益受损，因此向投资者承担违约责任不存在法理上的障碍。[②]但也有案例认为，目标公司因未完成减资程序而不能回购投资者股份，若支持投资者请求目标公司支付基于回购义务而产生的违约金，则相当于让股东变相抽逃或部分抽逃出资，有违法律的强制性规定。[③]对此，笔者认为，股权回购款或违约金属于公司资产向股东的单向流出，需谨慎处理与债权人保护之间的关系。同时，这也对交易前期的协议文本拟定提出警示，需要关注违约金或股权回购款约定的可执行性。事实上，在本案中，目标公司及实际控制人除了未履行股权回购义务外，亦存在其他违约情形，且投资者请求的违约金数额并不高昂，这或许也是仲裁庭支持其仲裁请求的考量因素之一。

【案例3】最高院裁定书：股权让与担保中的名义股东具有股东代表诉讼的原告资格[④]

【基本案情】

胡某系Y公司全资控股股东，袁某为胡某的代持人。2014年胡某向喻某借款2000万元。同年10月，袁某与喻某签订《股权转让协议》，约定袁某将Y公司80%的股权转让给喻某，转让价款800万元。协议签订当日，袁某与喻某即办理

---

① 最高院（2020）最高法民申2957号民事裁定书。

② 北京市高级人民法院（2021）京民终495号民事判决书。

③ 北京市高级人民法院（2020）京民终549号民事判决书。

④ 最高院（2023）最高法民再7号民事裁定书。

工商变更登记并成立由袁某、喻某组成的新股东会。

2016年2月3日，Y公司与A公司、B公司和见证方共同签署《四方协议》，约定Y公司将持有B公司41%的股权依法转让给A公司。

喻某认为，Y公司法定代表人袁某在没有获得公司股东会批准的情况下，将Y公司合法持有的B公司41%股权无偿转让给A公司，涉嫌恶意串通，严重损害了Y公司及其股东喻某的合法权益。喻某遂以Y公司股东身份向人民法院提起诉讼。袁某辩称其与喻某之间的股权转让实为对借款的担保，喻某自始至终不是Y公司的股东，不具有本案诉讼主体资格。

【争议焦点】

股权让与担保中的受让人是否具有股东代表诉讼的原告资格。

【裁判观点】

一审法院认为，本案的《股权转让协议》是为喻某与胡某之间的借款合同提供担保，实为股权的让与担保。因此喻某与袁某、胡某之间的真实意思表示并非转让股权，喻某虽在工商登记中记载为Y公司的股东，但仅为名义股东，而非实际股东，不得行使Y公司股东的权利。江西高院二审认为，一审裁定认定事实清楚，适用法律及处理结果正确，裁定驳回上诉，维持原裁定。①

最高院再审认为，袁某与喻某签订了《股权转让协议》并变更了工商登记，且在公司章程上明确喻某为Y公司股东。无论喻某取得案涉股权是否系因股权让与担保，均不能否认喻某已经实际取得了Y公司的股权。喻某作为Y公司的股东，有权主张公司权益受损的股东救济和股东权益受损的诉讼救济。原审仅因股权让与担保即认为喻某不具有提起股东代表诉讼的主体资格，明显有悖于《公司法》的规定，裁定指令宜春中院对本案进行审理。

【纠纷观察】

本案确立了新的裁判规则，无论是股权转让或是股权让与担保，被工商登记和章程记载为股东的受让人均具有股东代表诉讼的主体资格。股权让与担保的效力在《最高人民法院关于适用〈中华人民共和国民法典〉有关担保制度的解释》②中已得到肯定，但对登记为股东的担保权人是否可以向公司主张股东权利在司法中存在不同见解。2022年第6期《最高人民法院公报》刊登的一起案例中认为，

---

① 江西省高级人民法院（2020）赣民终149号民事裁定书。

②《最高人民法院关于适用〈中华人民共和国民法典〉有关担保制度的解释》第68条、第69条。

股权让与担保权人仅为名义股东，不实际享有股东权利。[①]另一起案例进一步明确地表示担保权人“既不享有股权中的财产权，也不享有股权中的成员权”。[②]相比此前案例，本案的亮点有二：

一是缓和了此前对股权让与担保中受让人股权权利的严格否认。此前，有观点认为股权让与担保是一项法律手段超越了经济目的的行为。[③]受此种认识的影响，最高院在 2019 年的一起判例中认为，债权人并不能取得所持股权对应的相关股东权利，而只能在担保目的范围内行使权利，但对于“担保目的范围内”的权利是否包括股东权利则无进一步展开论述。[④]相比于此，北京市第一中级人民法院的区分更为细致，认为受让股权的债权人仅享有财产性权利，不享有身份性权利。[⑤]股东代表诉讼系股东为防止公司的财产性权益遭受减损而直接以自己名义提起诉讼，保护的仍然是股权中的财产性权利，同时也是债权人应对侵害担保物的救济手段，因此，认可受让人具有股东代表诉讼的原告主体地位，可以使担保目的得以更好实现。

二是尝试将公司意思确认为股权变动的重要影响因子。关于股东资格的取得时点，理论和实践上存在意思主义和形式主义的分歧，进一步引发公司认可是否可以介入或影响股权变动。从股权的社员权特性和公司的组织自治性特征而言，不应否认公司认可在股权变动中的作用。[⑥]广西壮族自治区高级人民法院民二庭曾发布指引，认为股权转让合同成立生效后，应当自公司认可新股东资格时发生股权变动效力，只有经过公司及全体股东的知晓或确认环节，受让人才能完整地获得股东成员资格，才能完整地行使股权权利并承担股东义务。[⑦]新《公司法》规定，股东转让股权的应当书面通知公司，[⑧]由此确立了有限责任公司股东转让股权时对公司的通知义务，为公司在股权转让中得以提出异议提供了前提，也为公司认可

---

① 江西省高级人民法院（2020）赣民终 294 号民事判决书。

② 最高院（2022）最高法民再 82 号民事判决书。

③ 王闯：《关于让与担保的司法态度及实务问题之解决》，载《人民司法》2014 年第 16 期，第 17 页。

④ 最高院（2019）最高法民终 1725 号民事判决书。

⑤ 郭帅：《股权让与担保下的股东资格认定》，载《人民司法》2021 年第 8 期，第 70 页。

⑥ 李建伟：《公司认可生效主义股权变动模式——以股权变动中的公司意思为中心》，载《法律科学（西北政法大学学报）》2021 年第 3 期，第 66—67 页。

⑦ 广西壮族自治区高级人民法院民二庭《关于审理公司纠纷案件若干问题的裁判指引》第 18 条。

⑧ 新《公司法》第 86 条。

作为股权变动生效提供了规范基础。公司认可可以从变更股东名册、变更章程等行为中进行推断。最高院在本案中着重强调了公司章程的记载，否定了股权让与担保情形下的名义股东绝对不能提起股东代表诉讼的立场。笔者认为，本案将公司的契约性属性作为逻辑起点，划定了股权让与担保权人作为名义股东的权利边界，具有较强的启示意义。

【案例 4】全体股东可以通过附条件协议的形式解散公司①

【基本案情】

陈某、李某和胡某为 Y 公司的股东，各持股 40%、40% 和 20%。2014 年 7 月，Y 公司经营期限届满，各方对延长经营期限未达成一致。2016 年 12 月，各股东就公司展期签署承诺书，约定：（1）日后收益按股权份额当月进行分配；（2）股东对公司财务状况有知情权；（3）若任何一方违反本承诺书，三方可协商解决；（4）协商不成的，则三方均同意解散该公司。同日，Y 公司通过延长经营期限的股东会决定及新的公司章程，营业期限延长至 2040 年 7 月。

2020 年 1 月，陈某提起股东知情权诉讼，并经强制执行实现权利。2020 年 10 月，陈某诉请公司分配盈余，后撤诉并以 Y 公司为被告提起公司解散纠纷诉讼。

【争议焦点】

股东是否可以通过协议解散公司。

【裁判观点】

上海市嘉定区人民法院一审认为承诺书虽合法有效，但陈某所受权利侵害可通过知情权诉讼或盈余分配诉讼等途径得到救济，承诺书约定的公司解散条件尚未成就。退一步讲，股东请求法院解散公司必须符合“公司经营管理发生严重困难，继续存续会使股东利益受到重大损失”，以及“通过其他途径不能解决”两个实质要件。本案中，Y 公司对外正常经营，即使股东间存在矛盾，也应当在公司内部治理无法解决的前提下才能诉诸司法强制解散。因此一审判决驳回诉讼请求。

上海市第二中级人民法院二审认为，承诺书经 Y 公司全体股东签署，所涉内容为股东会职权范围内，属于公司法所指的股东决定，与股东会决议具有同等效力。全体股东对公司解散设定条件，属于意思自治的范畴，不为法律所禁止。本案中李某、胡某未按承诺书约定分配收益，保障陈某的知情权，承诺书约定的解散生效条件已经成就，理应发生公司解散的法律效果。

---

① 上海市第二中级人民法院（2022）沪 02 民终 2752 号民事判决书。

【纠纷观察】

股权流动性弱是投资入股有限责任公司的内在阻力，也为股东压制留下了伏笔。旧《公司法》提供了有限情形下的股份回购请求权和股东代表诉讼等单项权利救济，但由于触发条件和程序的严苛，相关条文并未能充分发挥其应有的救济功用。新《公司法》引入控股股东滥用权利时其他股东的回购请求权，为股东压制提供了一项一般性的救济条款。而在域外经验上，最普遍的救济方式是解散公司。[①] 我国公司法中可类比的制度是司法解散诉讼，但将“公司经营管理出现严重困难，继续存续会使股东利益受到重大损失”作为前提条件，以内部机制是否失灵作为决定司法解散时的主导动机。[②]

但无论是司法解散还是股东回购请求权，或是股东代表诉讼制度，都属于“后见之明”。通过事前股东协议对股东间权利义务关系和公司治理进行安排，实现对股东压制的预防并提供事后救济的基础，能有效减少股东压制的发生，但这一机制在我国实践中尚不发达。

本案确认有限责任公司股东可以通过协议解散公司，其对既往认识的突破点有两处。一是认可了公司在解散纠纷中的意思自治。法院在解散纠纷中可能倾向从自身认定的效率最大化结果出发，侵入公司的商事判断，进而否定公司的意思自治以保全公司的主体资格。如上海市第二中级人民法院在 2014 年一起案例中，在公司章程规定了经营期限届满后自动解散时，法院认为，解散清算“对于经营业绩良好的公司来说，绝非为股东间离散的最佳选择”，并认为诉请解散的股东可以进行股权转让或请求回购，进而驳回其诉请。[③] 而在本案中，法院则秉持谦抑的原则，主张强制解散案件的审查理念不宜一概适用于公司自行解散的纠纷解决，而应保障公司的自治空间。二是为股东协议寻找到了妥当的组织法落点。本案认为股东协议（即本案的承诺书）在性质上属于股东决定，与股东决议具有同等效力。尽管股东协议可能由全体股东一致同意而签署，但其并不等同于公司章程，也不等同于公司决议，作为一项契约，其并不当然地发生组织法效力，这也是上海法院此前的立场。[④] 本案提出的“股东决定”虽非成熟的法律概念，但为股东协议的组织法效力寻找了合适的连结点，不可谓不是亮点。

---

① 翁小川:《受压迫股东的救济路径研究：股东受信义务与法定压迫救济制度》，载《比较法研究》2021 年第 4 期，第 194 页。

② 林某清诉常熟市凯莱实业有限公司、戴某明公司解散纠纷案，最高院指导案例 8 号（2012 年）。

③ 上海市第二中级人民法院（2013）沪二中民四（商）终字第 1282 号民事判决书。

④ 上海市第二中级人民法院（2020）沪 02 民终 782 号民事判决书。

四、热点问题观察

（一）认缴制度的革新和过渡

旧《公司法》于2013年修订时取消了原先的分期认缴制，确立了完全认缴制，但也诱发了投资人设置巨额注册资本和超长出资期限等滥权行为。[①]《公司法（修订草案）》第一次审议稿和第二次审议稿均未对完全认缴制作出实质性修改，第三次审议稿首次提出有限责任公司股东认缴出资需在五年内缴足的规定，并在最终第四次审议中获得通过。

认缴制的初衷在于解决实缴制下的资金闲置问题并降低公司投资门槛，激发投资热情与活力。因此，普遍观点认为全面取消认缴制并不可取，并最终达成了限期认缴制或五年认缴制的折中结果。对此，批评者认为，修法者并未把握认缴制的精髓，即"实现公司与股东资金供需的实时匹配"，根据该原则，出资时间应由股东会或董事会决议决定，且在加速到期制度下，限期认缴实无增益。[②] 也有法律从业者从实践角度出发，认为注册资本并非债权人评估融资风险的依据，故实缴、认缴对债权人保护实是"无可无不可"的形式选择。[③] 而支持者认为，限期认缴制至少可以解决如下问题：（1）遏制股东滥用期限利益的机会主义行为；（2）加强对转让瑕疵股权以逃避出资义务的约束；（3）对债权人利益与股东期限利益的再平衡，树立债权人优位理念。[④] 完全认缴制和限期认缴制的优劣之争均不影响后者已成为新《公司法》的选定方案。

新《公司法》施行后，已经设立超过五年出资期限的公司如何过渡是限期认缴制改革涉及的重要实践问题。对此，新《公司法》规定，[⑤] 原则上应当逐步调整至规定期限内，至于期限调整的具体实施办法则由国务院规定。根据国家市场监

---

① 朱慈蕴：《有限责任公司全面认缴制该何去何从？——兼评〈公司法（修订草案三审稿）〉第47条》，载《现代法学》2023年第6期，第135页。

② 丁勇：《股东出资期限对抗的矫正与规制》，载《北京大学学报（哲学社会科学版）》2023年第6期，第151页。

③ 清澄君：《无可无不可的"五年认缴"》，载微信公众号"比较公司治理"，访问时间：2024年2月9日。

④ 朱慈蕴：《有限责任公司全面认缴制该何去何从？——兼评〈公司法（修订草案三审稿）〉第47条》，载《现代法学》2023年第6期，第142页；刘俊海：《论新〈公司法〉的四项核心原则》，载《北京理工大学学报（社会科学版）》2022年第5期，第11页。

⑤ 新《公司法》第266条。

督管理总局于2024年2月6日发布的《国务院关于实施〈中华人民共和国公司法〉注册资本登记管理制度的规定（征求意见稿）》[以下简称《注册资本管理制度规定（征求意见稿）》]，新《公司法》施行前设立的有限责任公司自2027年7月1日起剩余出资期限不足五年的，无需调整出资期限；剩余出资期限超过五年的，应当在2024年7月1日至2027年6月30日的过渡期内将剩余出资期限调整至五年内，因此新《公司法》施行前的存量公司可根据自身情况确定是否需要在章程中修改出资期限。《注册资本管理制度规定（征求意见稿）》为存量公司出资期限的调整设置了较为合理的过渡期和起算日，当然，征求意见稿中的内容是否会与最终生效的规定保持一致，仍需进一步关注立法动向。

（二）股东出资全面加速到期制度的适用

尽管要求五年内缴足，立法与司法均认可认缴与实缴的期限错位对于投资效率的制度价值。公司股东的出资义务兼具约定性与法定性的双重属性，公司股东可以约定出资期限，但在资本充实原则的要求下，股东对公司的出资亦是其保证公司偿债能力的法定义务。[①]因此，未届出资期限的股东期限利益与债权人利益何者处于优位在实践中始终存在争议。此前由于旧《公司法》对于认缴出资期限没有限制，司法实践中法院在处理个案时不得不以出资加速到期来进行制约。对此，《九民纪要》确立了“原则禁止，例外允许”的裁判思路，形成了出资加速到期的雏形，并得到了广泛应用。一审稿吸收其精神，对非破产情形加速到期设置的限制为“不能清偿到期债务，且明显缺乏清偿能力”，而自《公司法（修订草案）》第二次审议稿至最终修订版本均删除了“明显缺乏清偿能力”的要求，由此可以看出放松加速到期的条件限制是立法上的价值取向。

根据笔者观察，尽管《九民纪要》在形式上仍试图与《中华人民共和国企业破产法》保持步伐协调，对加速到期提出较高要求，但司法实践中已然对此种情形进行了一定灵活处理。例如，仅以法院“终结本次执行程序”的裁定，作为认定具备破产情形的标准；[②]或者，即使公司存在对第三人的到期债权，仍然不能作为证明其存在清偿能力的证据。[③]那么在新《公司法》中，债权人或公

---

① 张其鉴：《股东出资义务约定性及其限制的命题确立与运用——基于债法与公司法二元系统的分析》，载《华东政法大学学报》2023年第3期，第122页；朱慈蕴：《股东出资义务的性质与公司资本制度完善》，载《清华法学》2022年第2期，第75页。

② 北京市高级人民法院（2022）京民终732号民事判决书。

③ 广东省广州市中级人民法院（2023）粤01民终30192号民事判决书。

司主张股东出资义务加速到期，应遵循何种裁量尺度？债权人是否可以直接将股东与公司列为共同被告？对此，一种观点认为，未经执行程序不能认定“不能清偿到期债务”。[①]笔者认为，首先，公司法应与破产法区分。公司实际清偿能力的测试不属于公司纠纷的审理范畴，修法与司法已然反映出债权人利益优越于股东期限利益的理念，因此债权人或公司仅需提供初步证据，如公司未能按约定期限清偿债务，此时应由股东证明其已完全履行出资义务。其次，公司法应与执行程序区分。新《公司法》已经为公司或债权人请求股东履行出资义务提供了充分的诉讼基础，裁判机构应当对债权人的诉讼请求进行实体审理。如果要求债权人仅能在执行程序中根据公司法条文追加股东为被执行人，不仅是对公司法的功能错置，也是一种拒绝司法的不当行为。而如果必须以其他案件裁定终结程序作为不能清偿的标准，则有悖于商事活动“效率优先”的要求，也未能公平地对待公司的全部债权人。

（三）未按期足额缴纳出资的责任及后果

1. 股东未按期足额缴纳出资的责任承担

除了该股东自身对公司应承担的补足出资、损害赔偿责任之外，[②]新《公司法》还明确规定了有限责任公司设立时，其他股东对出资瑕疵股东在出资不足的范围内应当承担的连带责任。[③]此处应注意责任范围的区别，司法实践中，给公司造成的损失往往体现为利息，但原始股东承担连带责任的范围应当限于出资不足的范围之内，而不包括给公司造成损失的部分。对此，笔者建议股东在确定出资义务时应当更加理性地评估投资风险、经营需求，并考量其他股东的资信情况，避免因其他股东的瑕疵出资而承担连带责任。

2. 股东失权制度的适用

如前所述，新《公司法》设立了股东失权制度。[④]由于失权通知需由董事会在决议后发出，公司股东是否拥有董事席位和董事席位的数量，将影响股东失权的难度。笔者认为，在同样未缴纳出资的情况下，相较于能够控制公司董事会的实际控制人及控股股东而言，在董事会没有席位的小股东所面临的失权风险将会更高。此外，实践中持有干股、代为出资的情况均不鲜见，类似情形下对于股东自

---

① 最高院（2020）最高法执监 41 号执行裁定书。

② 新《公司法》第 49 条。

③ 新《公司法》第 50 条。

④ 新《公司法》第 51 条、第 52 条。

身是否出资不实很可能会产生争议。因此不难预见，未来因股东失权而引发的争议将有所增加。对于失权股东的救济程序，新《公司法》也一并予以了规定。股东对失权有异议的，可以在收到失权通知之日起30日内向法院起诉，由法院就股东是否出资不实作出最终认定。

在公司债权人利益保护方面，从新《公司法》所体现的保护债权人的立法导向来看，笔者认为，在丧失的股权被依法转让或者减资注销完成前，由于该股权仍然登记在失权股东名义下，因此为了保障公司债权人的利益，仍应当赋予债权人请求原股东承担出资不实责任的权利。失权股东不得以失权为由而免予承担责任。失权股东承担责任之后，可以考虑向负有责任的受让人、公司或者其他股东进行追偿。但是关于债权人利益在股东失权制度下如何得到保障的具体问题，仍然有待于后续立法和实践进一步澄清。

（四）董事会在公司治理中的角色定位及董事责任

从新《公司法》对于董事会权利的扩张以及董事责任的细化规定来看，公司董事会地位提升，董事会或将逐步上升至公司治理的核心地位，进一步强化公司自治。一方面，新《公司法》明确删除了“董事会对股东会负责”这一关键表述。另一方面，新《公司法》对股东会、董事会、经理的职权重新进行了分配。股东会职权层面，删除了股东会“决定公司的经营方针和投资计划”的经营性权力；经理职权层面，明确规定根据公司章程和董事会授权行使职权，不再采取列举式规定，经理的职权被进一步弱化。总体看来，本次公司法修订反映了立法者将经营者权力向董事会集中的倾向，董事会在公司治理中的地位上升。

实际上，2005年《公司法》修订时参考域外信义义务的概念为董事配置了勤勉义务，这一起源于衡平法的概念为公司中的利益调和与董事的角色定位提供了一项具有弹性的制度工具，在裁判中也具有扩张适用的趋势。[①] 新《公司法》规定，董事执行职务应当为公司的最大利益尽到管理者通常应有的合理注意，[②] 以公司利益作为董事行事的旨归。[③]《民法典》第81条规定董事会为营利法人的执行机构，通过立法方式明确了董事会系“公司”的执行机构，而不仅是股东会的执行机构，

① 王建文：《我国董事信义义务制度的扩张适用：一般规定的确立》，载《当代法学》2023年第1期，第108—110页。

② 新《公司法》第180条第2款。

③ 司法审判亦表现出此种态度，参见北京市第三中级人民法院（2023）京03民终7324号民事判决书。

体现了董事会在公司治理中的独立法律地位。[①]而《公司法（修订草案三次审议稿）》删除了一审稿关于将董事会明定为公司的执行机构的相关规范，则体现了修法者不局限于将董事会作为执行机关的态度，亦希望其承担监督与决策功能。[②]康美药业案体现的对公司董事义务与责任的进一步加重的趋势，以及新《公司法》中催缴失权的制度设计均传递了强化董事会独立地位，使之成为公司中异于股东的治理力量的立法与司法理念。笔者认为，从投资争议解决的角度观察，在其后的投资争议中，裁判者可能不再倾向于股东为投资关系中最重要的利益相关者，而因股东利益与公司利益或其他利益相关者的冲突而引发的纠纷可能出现增长趋势，这与全球范围内公司治理理念的变化也具有一致性。[③]

在董事会中心主义的趋势影响之下，经营权与所有权逐渐分离。随着董监高地位在公司制度发展中的强化，需要进一步规范董监高行为、实现权责匹配。对此，新《公司法》对于董监高的责任亦作出了详尽的规定，包括但不限于与公司资本催缴有关的赔偿责任、[④]与抽逃公司资本有关的连带赔偿责任、[⑤]与违规提供财务资助有关的赔偿责任、[⑥]董监高的勤勉和忠实义务[⑦]等。鉴于新《公司法》在公司董监高义务和责任方面进行了细化和加强，未来涉及董监高履职相关的赔偿纠纷数量也将逐步上升。

（五）中小股东的权利保障

1. 扩大股东行使知情权范围[⑧]

在旧《公司法》中，有限责任公司股东行使知情权的范围限于查阅会计账簿，不涉及会计凭证，而股份有限公司股东行使知情权的范围则更为狭窄，只限于查

---

① 刘斌、查宇星、许皓然：《〈公司法〉最新修订前瞻（二）丨强化股东出资责任之催缴失权》，载微信公众号“金杜研究院”，访问时间：2024 年 2 月 9 日。

② 林一英：《公司监督机构的立法完善：超越单层制与双层制》，载《法学杂志》2022 年第 4 期，第 36 页；林一英、刘斌、沈朝晖等：《公司法修订的立法选择笔谈》，载《政法论坛》2022 年第 4 期，第 111 页。

③ Cydney Posner: “So Long to Shareholder Primacy”, https://corpgov.law.harvard.edu/2019/08/22/so-long-to-shareholder-primacy/，访问时间：2024 年 2 月 9 日。

④ 新《公司法》第 51 条。

⑤ 新《公司法》第 53 条。

⑥ 新《公司法》第 163 条。

⑦ 新《公司法》第 180 条。

⑧ 新《公司法》第 57 条。

阅会计报告。对此，新《公司法》明确了股东行使知情权可以要求查阅会计凭证，即有限责任公司股东行使知情权的范围扩大到会计凭证，股份有限公司股东符合法定持股比例或者章程约定的较低持股比例条件的，也可以按照要求查阅公司的会计账簿、会计凭证。从文义上理解，笔者认为，此处的会计凭证应当包括原始凭证。除此之外，无论是有限责任公司还是股份有限公司，股东均可以要求查阅、复制公司全资子公司的相关材料，进一步扩大了股东行使知情权的范围。

2. 完善撤销权行使期限①

从此前的实践经验来看，旧《公司法》规定的60日内撤销公司决议的除斥期间具有一定的局限性，对于没有参加会议的股东而言，往往不知道决议已经作出，不利于其在规定期限内行使撤销权保护自身合法权益。对此，新《公司法》专门针对股东未被通知参会的情况，规定了60日除斥期间的特殊起算时点，即自知道或者应当知道股东会决议作出之日起计算除斥期间。当然，为了避免公司决议效力长期处于无法确定的状态，维护公司的稳定性，修订公司法的过程中曾一度将最长的期限定为自决议作出之日起2年，但最终正式颁布的新《公司法》中将该期限缩短为1年。从整体上来看，中小股东的撤销权仍然得到了更全面的保障，未来涉及撤销公司决议的案件数量也将有所增加。

3. 新增股东向公司主张回购的兜底条款②

新《公司法》在原有的异议股东回购请求权的规定之后，增设了有限责任公司的其他股东在控股股东滥用股东权利情形下有权向公司主张回购这一兜底条款。在此之前，中小股东在权益受到侵害时的法定退出路径，只有股东对特定股东会决议提出反对的情况下主张回购，以及公司僵局情形下主张强制解散两种。从实践情况来看，前者适用的情形较为有限，而后者适用的条件又过于严苛，难以充分保障中小投资者的权益。新《公司法》通过新增上述兜底条款，为不同的个案留下解释空间，能够更好地适应现实中的复杂情况，不仅为中小股东提供了有效的救济渠道，也为公司股东处理公司僵局提供了相较于直接解散更为温和的解决方案。预计未来将会有更多的中小股东依据该兜底条款维护自身合法权益，上述规定将对控股股东可能涉及不当行为形成有效牵制，控股股东在行使相关权利的过程中应当更加注意遵守法律规范、考虑企业经营的合规性。

---

① 新《公司法》第26条。

② 新《公司法》第89条。

（六）外观主义和穿透式审查的交织适用

近年来外观主义与穿透式审判两种思维模式在投资争议解决中交织出现，裁判者同时强调要把握两种裁判逻辑的边界，不同裁判思维的主导对裁判走向具有关键性的影响。

外观主义系民商法上的学理概念，是为保护交易安全设置的例外规定，在《九民纪要》中首次被提及，也因此获得了更多关注。依《九民纪要》观点，外观主义一般适用于合理信赖权利外观或意思表示外观的交易行为。[①]“穿透式审判”则是借鉴自金融监管的理念。[②]《九民纪要》要求各级法院“注意处理好民商事审判与行政监管的关系，通过穿透式审判思维，查明当事人的真实意思，探求真实法律关系”，换言之，穿透式审判通过否定外观主义下当事人约定的表面意思，探究当事人之间的真实意思表示，并据此认定合同性质及其效力。[③]

在股权代持的隐名股东提出案外人异议之诉的场合，多数法院认为：（1）外观主义不局限于交易行为场合，在执行案件中亦可以适用；[④]（2）股权登记具有公信力，只要第三人的信赖合理，第三人对权利公示外观的信赖即应受到法律的优先保护；[⑤]（3）股权代持关系仅在名义股东与隐名股东间具有内部效力。[⑥]但也有法院认为：申请执行人不是交易相对方，对登记事项缺乏信赖利益。[⑦]也有法院不局限于股权登记的公信力与对抗力的区分，而主张强制执行的基本逻辑是必须以实质归属于被执行人的财产进行执行，[⑧]这则是穿透式审判思维的体现。

在公司债权人追加出资不实的名义股东为被执行人的场合，法院一般认为

---

① 《九民纪要》引言。

② 黄海龙、潘玮璘：《论“穿透式审判”的基本内涵与实践方法》，载《法律适用》2023年第7期，第3页。

③ 李鹏：《穿透式思维在金融商事审判中的运用》，载微信公众号“上海高院”，访问时间：2024年2月10日。

④ 上海市高级人民法院（2023）沪民终49号民事判决书。

⑤ 福建省宁德市中级人民法院（2023）闽09执复18号执行裁定书；浙江省台州市中级人民法院（2022）浙10民终2817号民事判决书。

⑥ 山东省济宁市中级人民法院（2023）鲁08民终1936号民事判决书。

⑦ 福建省长汀县人民法院（2022）闽0821民初1103号民事判决书。

⑧ 福建省漳平市人民法院（2022）闽0881民初1397号民事判决书；福建省长汀县人民法院（2022）闽0821民初1103号民事判决书。

债权人有权信赖公司登记信息，[①]《公司法司法解释三》也规定：“公司债权人以登记于公司登记机关的股东未履行出资义务为由，请求其对公司债务不能清偿的部分在未出资本息范围内承担补充赔偿责任，股东以其仅为名义股东而非实际出资人为由进行抗辩的，人民法院不予支持。”[②]此时外观主义的司法模式居于主导地位。

在合同定性的审查方面，穿透式监管思维则占据优势。例如法院或仲裁庭在认定“名股实债”时的考察逻辑有：（1）合同约定使得一方不参与经营，只享有利润而不承担风险；[③]（2）双方虽然在形式上类似借贷，但是否有投资入股的实际目的。[④]在股权让与担保还是股权转让的定性纠纷上，法院也从交易结构和交易目的两方面入手，“穿透式”地对合同进行定性。[⑤]《合同编通则解释》第1条规定法院应当以词句的通常含义为基础，结合相关条款、合同的性质和目的、习惯以及诚信原则，参考缔约背景、磋商过程、履行行为等因素确定争议条款的含义。这也可以视为法院对于此类案件裁判经验的总结。同时，穿透式审判与外观主义的审判逻辑在同一起案件中也会交织出现。即使法院认定股权让与担保关系存在，但因名义股东已被登记为公司股东，公司以外的相对人如因此产生信赖利益损失，名义股东仍可能无法以其实际不是公司股东而免除相关责任。[⑥]

笔者认为这两种思维模式在未来的投资争议解决中仍将呈现竞争局面，但两者各有侧重。穿透式审判是金融领域的穿透式监管在司法实务中的延伸和扩展，因此其首先多在强监管属性的领域或问题上予以适用，例如投资合同约定是否违反强制性规定或违背公序良俗；其次，在内部关系上，因不涉及第三方利益或交

---

① 广东省广州市中级人民法院（2023）粤01民终21705号民事判决书；北京市第三中级人民法院（2023）京03民终9721号民事判决书。

② 《公司法司法解释三》第26条。

③ 最高院（2021）最高法民终1236号民事判决书；青海省西宁市中级人民法院（2023）青01民终1534号民事判决书；中国法律服务网司法行政（法律服务案例库）：《枣庄仲裁委员会就申请人与被申请人合伙合同纠纷进行仲裁案》，https://alk.12348.gov.cn/Detail?dbID=77&dbName=GNZC&sysID=3213，访问时间：2024年2月4日。

④ 最高院（2019）最高法民终688号民事判决书。

⑤ 山东省济南市中级人民法院（2022）鲁01民终899号民事判决书；新疆维吾尔自治区阿克苏地区中级人民法院（2023）新29民终307号民事判决书。

⑥ 上海市静安区人民法院（2020）沪0106民初1405号；相反态度参见广东省佛山市中级人民法院（2023）粤06民终3040号民事判决书。

易安全，所以更适合采取实质重于形式的穿透式审理方式。[①] 而外观主义在外部关系中应得到优先考虑。外观主义是平衡所有权静态安全与交易动态安全的“矫正法”，[②] 也是善意取得、表见代理等民商法基本原则的基础。[③] 尽管《九民纪要》表达了对外观主义被滥用的担忧，但笔者认为，随着登记公示系统的完善，例如动产融资统一登记公示系统的建立与完善、市场主体登记管理行为的规范化，外观主义法理在投资争议解决中仍将占据重要地位。

穿透式审判的强监管属性使得案件审理方式具有浓厚的职权主义色彩。案件审理一旦“穿透”，就可能脱离当事人诉讼请求的范围，导致诉讼主体、审理范围、事实调查和当事人证明范围的扩大。[④] 因此在仲裁场合，仲裁庭对穿透式思维展现出更谨慎的态度。如武汉仲裁委员会审理的一起担保追偿纠纷案件中，基础债权及其当事人均不属于申请人与被申请人约定仲裁的范围，因此不对基础债权进行穿透审理，而按照其“外观”，即担保追偿纠纷进行审理。[⑤]

（七）新《公司法》对回购型对赌协议履行的影响

关于回购型对赌协议的适当履行，《九民纪要》已有较为成熟的观点，即将视点从协议效力转移至协议履行，规定对赌协议原则有效，但若诉讼请求不符合“股东不得抽逃出资”及股份回购的强制性规定，则不予支持。按照旧《公司法》要求，公司减资需要召开股东会、通过减资决议、董事会编制资产负债表及财产清单、履行债权人保护程序等。[⑥] 若投资人未能举证证明公司已经完成减资程序，则其诉请获得支持存在障碍。[⑦]

依《九民纪要》精神，减资程序应理解为旧《公司法》第 142 条，即经股东

---

① 谷昔伟：《穿透式审判思维在民商事案件中的运用与界限》，载《山东法官培训学院学报》2022 年第 4 期，第 148 页。

② 毛海波：《〈民法典〉框架下司法对外观主义理论的精准把握与限缩适用》，载《法律适用》2021 年第 9 期，第 137 页。

③ 李建伟：《民法典背景下再论商法基本原则的判断标准与厘定》，载《荆楚法学》2022 年第 1 期，第 106—107 页。

④ 张卫平：《论民事纠纷相对性解决原则》，载《比较法研究》2022 年第 2 期，第 99 页。

⑤ 中国法律服务网司法行政（法律服务案例库）：《武汉仲裁委员会关于申请人甲融资担保集团公司与被申请人乙公司等担保纠纷仲裁案》，https://alk.12348.gov.cn/Detail?dbID=77&dbName=GNZC&sysID=3119，访问时间：2024 年 2 月 4 日。

⑥ 旧《公司法》第 142 条、第 177 条。

⑦ 最高院（2020）最高法民申 1191 号民事裁定书。

大会作出有效决议。但实践中则常常将减资程序扩张为包含通知债权人、完成工商变更等程序，[①] 对于投资人诉请“判令公司办理减资程序”，裁判机关亦持消极态度，认为减资属于公司内部自治事项，司法不宜介入。[②] 因此，在旧《公司法》下，对赌协议中的公司回购承诺极易借助于严苛的减资程序和形式上的股东自治原则而沦为空头支票。对此，新《公司法》的制度改革在一定程度上为回购型对赌协议的履行提供了新的指导：

第一，关于减资程序。旧《公司法》要求减资决议“必须经代表三分之二以上表决权的股东通过”，[③] 该规定未区分定向减资或等比例减资。对于定向减资，法院存在观点分歧，部分法院坚持文义解释该条文，认为仅需特殊多数决即可进行定向减资，[④] 也有法院认为定向减资会改变公司股权结构，因此必须经全体一致决议。[⑤] 新《公司法》规定，公司原则上应等比例减资，但“法律另有规定、有限责任公司全体股东另有约定或者股份有限公司章程另有规定的除外”。[⑥] 在形式上，该条文使得公司定向减资的履行更为困难，但从另一方面看，对于有限责任公司定向减资，“另有约定”的规定在严格程度上显著低于“章程另有约定”或“股东决议”，从解释论上使得股东协议作为定向减资的依据成为可能。

第二，关于异议股东回购请求权。新《公司法》增设的控股股东滥用股东权利时的异议股东回购请求权，为投资者退出提供了兜底性的保护措施。实践中参与对赌的公司股权结构较为简单，减资程序难以完成通常是因为控股股东对公司决议的故意否决，而并非公司意思的真实体现。如果投资者能够证明控股股东对目标公司存在过度支配与控制，故意阻碍减资决议通过，亦有望使得司法适当介入，借助该异议股东回购请求权迂回实现股权回购。

---

① 中国法律服务网司法行政（法律服务案例库）：《武汉仲裁委员会关于申请人谢某与被申请人武汉某股份有限公司请求公司收购股份争议仲裁案》，https://alk.12348.gov.cn/Detail?dbID=77&dbName=GNZC&sysID=2772，访问时间：2024 年 2 月 4 日。

② 最高院（2020）最高法民终 223 号民事判决书。

③ 旧《公司法》第 43 条。

④ 上海市第一中级人民法院（2017）沪 01 民终 14920 号民事判决书。

⑤ 上海市第一中级人民法院（2018）沪 01 民终 11780 号民事判决书。

⑥ 新《公司法》第 224 条。

五、结语与展望

2023 年是三年新冠疫情防控转段后经济恢复发展的一年，受外部环境的影响，投资者的投资行为更加审慎，行政力量对投资行为的约束与引导也更加精细。在以经济建设为中心与全球经济下行周期的内在张力支配下，笔者认为，投资争议解决数量在未来一段时间内仍会呈现上升趋势，争议内容也会更加新颖多样。

2023 年度的立法呈现出“改革”与“发展”的特点，立法者吸取了过去多年经实践验证的制度经验，也吸收了经过充分论证的理论成果，更发展了多项制度创新，并将其以规范形式确定下来。新《公司法》和《合同编通则解释》作为年度立法的代表，对原有制度进行了系统性、全面性修改，也留下了众多有待实践回答的命题。笔者相信，通过立法机构、司法机关和法律从业者的讨论与探索，解决投资争议的规范会愈发完善，投资者、公司、职工、债权人及其他利益相关者的合法权益将得到充分平衡。

2023 年国家层面全方位鼓励外商和民营投资、持续优化投资环境。2023 年中央经济工作会议提出“鼓励发展创业投资、股权投资”“扩大有效益的投资”。中共中央、国务院相继发布《关于促进民营经济发展壮大的意见》《关于进一步优化外商投资环境加大吸引外商投资力度的意见》等规范性文件，与新《公司法》的立法动态相呼应。与此同时，最高院也发布了 11 个人民法院依法保护民营企业产权和企业家权益典型案例，并印发了《关于优化法治环境 促进民营经济发展壮大的指导意见》，强调了司法在投资类争议中的能动主义，表达了经济效率优先的态度，要求司法机关在争议解决程序中关注企业持续生产与经营的保障。

2023 年也是仲裁制度得到完善的一年。随着中共中央办公厅与国务院办公厅印发《关于完善仲裁制度提高仲裁公信力的若干意见》，仲裁在投资争议解决领域的存在感、重要性也不断提升，具体体现在：（1）2023 年 9 月 1 日通过的《中华人民共和国外国国家豁免法》规定，涉外国国家的含投资在内的商事仲裁和投资仲裁不享有管辖豁免，[①] 仲裁将成为此类纠纷解决的优选路径；（2）《中华人民共和国立法法》在 2023 年修改中，将只能制定法律事项中的“仲裁制度”修改为“仲

① 《中华人民共和国外国国家豁免法》第 12 条。

裁基本制度”，为地方探索仲裁制度改革留出空间，[①] 仲裁制度的灵活性优势将得到充分发挥；（3）仲裁作为对外开放过程中强化权益保护机制的重要环节，以北京为代表的中心城市致力于打造国际商事仲裁中心，正在探索制定临时仲裁、专业领域仲裁的规则，笔者相信，在投资争议解决中，仲裁制度的便利性、专业性、公信力也将得到更加充分的发掘。

① 中国人大网：《立法法修改：为加强新时代立法工作提供制度保障》，http://www.npc.gov.cn/npc/c2/c30834/202303/t20230320_428453.html，访问时间：2024 年 2 月 4 日。

中国国际贸易争议解决年度观察（2024）

王雪华　邢　媛[①]

一、概述

2023年，在地缘政治局势紧张、货币政策紧缩、通货膨胀居高不下等多重因素的叠加冲击下，全球贸易增速明显放缓。据联合国预测，2023年全球贸易的增速预计为0.6%，较2022年的5.7%大幅下滑；2024年将恢复至2.4%，仍低于新冠疫情前3.2%的趋势。其中，商品贸易的下滑趋势尤为明显，服务贸易，特别是旅游业和运输业则将继续复苏，国际旅游业有望在2024年恢复至疫情前的水平。[②]

值得关注的是，自2022年末以来，全球贸易模式受地缘政治影响加剧，友岸外包[③]、近岸外包[④]趋势明显，贸易集中度显著提高，贸易伙伴多元化有所下降。产业政策复苏和履行气候承诺推动的贸易限制措施，尤其是非关税措施的大幅增加，促使各国倾向于支持国内产业和减少对外国供应链的依赖，这些因素在一定

① 王雪华，法学博士，北京市环中律师事务所首席合伙人。邢媛，北京市环中律师事务所合伙人。同时，衷心感谢北京市环中律师事务所国际贸易和商事争议解决部律师团队的其他成员，包括甘瑞芳律师、耿朋朋律师、范龙娇律师、陶欣舳实习律师为本报告做出的卓有成效的贡献。

② 联合国：《2024年世界经济形势与展望执行摘要》，https://desapublications.un.org/sites/default/files/publications/2024-01/WESP%202024_Executive%20Summary_Chinese_0.pdf，访问时间：2024年2月17日。

③ 友岸外包（Friend-shoring）是指将供应链网络重点放在被视为政治和经济盟友的国家。

④ 近岸外包（Near-shoring）是指将业务外包给地理、时区、语言相近的邻国或邻近地区的企业。

程度上将阻碍国际贸易的增长。[①]

面对复杂严峻的外部环境，中国对外贸易在2023年规模稳中有增，质量优中有升，展现出较强的发展韧性与活力。[②] 规模上，据海关统计，2023年我国进出口总值高达人民币41.76万亿元，同比增长0.2%。其中，出口237,726亿元，增长0.6%；进口179,842亿元，下降0.3%。[③] 进出口规模呈现逐季抬升的趋势，一季度为人民币9.69万亿元，二、三、四季度都在人民币10万亿元以上，12月进出口人民币3.81万亿元，创月度规模历史新高。[④] 质量上，体现产业配套和集成能力的装备制造业出口人民币13.47万亿元，占我国出口总值的比重提升到56.6%。汽车和船舶行业发展势头良好，汽车产销量屡创新高。电动载人汽车、锂离子蓄电池和太阳能电池"新三样"产品出口突破万亿元大关，同比增长近30%。[⑤] 此外，我国自主品牌产品的出口增长了9.3%，占出口总值的比重提升1.7个百分点，中国品牌的影响力进一步扩大。[⑥]

与此同时，2023年是共建"一带一路"倡议提出十周年。这一年中，我国对共建"一带一路"国家进出口达到人民币19.47万亿元，同比增长2.8%，占我国外贸总值的46.6%，外贸规模和占比均为"一带一路"倡议提出以来的最高水平。

---

① 商务部:《贸发会议预计2023年全球贸易将萎缩近5%》, http://chinawto.mofcom.gov.cn/article/ap/p/202401/20240103464100.shtml，访问时间：2024年2月17日；UNCTAD "Global Trade Update (December 2023)", https://unctad.org/publication/global-trade-update-december-2023，访问时间：2024年2月17日。

② 中国政府网:《规模稳中有增 质量优中有升——2023年外贸运行观察》, https://www.gov.cn/yaowen/liebiao/202401/content_6925842.htm，访问时间：2024年2月23日；商务部国际贸易经济合作研究院:《中国对外贸易形势报告》(2023年秋季)，第4页。

③ 海关总署:《2023年1至12月进出口商品贸易方式总值表（人民币）》, http://www.customs.gov.cn/customs/302249/zfxxgk/2799825/302274/302275/5624323/index.html，访问时间：2024年2月23日。

④ 人民日报:《2023年我国进出口总值41.76万亿元（新数据 新看点）——外贸运行总体平稳，进出口规模逐季抬升》, http://paper.people.com.cn/rmrb/html/2024-01/13/nw.D110000renmrb_20240113_8-01.htm，访问时间：2024年1月31日；海关总署:《进出口商品总值表（人民币值）B：月度表》, http://www.customs.gov.cn/customs/302249/zfxxgk/2799825/302274/302277/302276/5637009/index.html，访问时间：2024年2月25日。

⑤ 中国政府网:《2023年"新三样"出口首破万亿元大关》, https://www.gov.cn/lianbo/bumen/202401/content_6925616.htm，访问时间：2024年2月26日。

⑥ 中国政府网:《国务院新闻办就2023年全年进出口情况举行发布会》, https://www.gov.cn/zhengce/202401/content_6925703.htm，访问时间：2024年2月17日。

中欧班列开行 1.7 万列，发送货物 190 万标箱，同比分别增长 6% 和 18%；[①] 西部陆海新通道班列运输货物 86 万标箱，同比增长 13.8%。[②]

此外，2024 年初，《区域全面经济伙伴协定》（以下简称 RCEP）迎来生效实施两周年。两年以来，RCEP 在降低关税、开放市场、减少贸易壁垒、加强产业供应链合作等方面为我国企业和自贸伙伴带来了诸多红利。2023 年，中国对 RCEP 其他成员国出口人民币 6.41 万亿元，占中国出口比重较 2021 年提升 1.1 个百分点，达到 27%。其中“新三样”的出口表现尤为亮眼。同期，中国自 RCEP 其他成员国进口人民币 6.19 万亿元，占我国进口总值的 34.4%。其中，能源产品进口量较 2021 年增加了 31.2%，占我国能源产品进口量比重提升 2.5 个百分点至 32.4%。[③]2023 年，中国与东南亚国家联盟（以下简称东盟）之间的双边贸易额也持续攀升，规模达人民币 6.41 万亿元，东盟已连续四年成为中国最大的贸易伙伴，我国也连续多年为东盟第一大贸易伙伴。[④]

2023 年，国际形势云谲波诡，中国面临着前所未有的机遇与挑战。在这一时代背景下，中国坚定维护国家主权、安全及发展利益，并积极深化国际合作与交流，致力于推动构建人类命运共同体，为全球和平与发展贡献中国智慧和中国方案。具体体现在：

第一，在国内法方面，我国系统性梳理了涉外法律体系，构建了对外关系各领域基础性、纲领性、综合性的法律框架，确立了外国国家豁免制度，并对海关、进出口管制法律体系进行了完善。特别值得关注的是，2023 年 7 月 1 日施行的《中华人民共和国对外关系法》（以下简称《对外关系法》）为我国近年来的国际贸易领域的法律法规提供了法理基础；根据 2024 年 1 月 1 日施行的《中华人民共和国外国国家豁免法》（以下简称《外国国家豁免法》），我国法院管辖以外国国家为被告的商业性的国际贸易案件。

第二，在自由贸易试验区（以下简称自贸区）建设方面，中国积极对接国际

---

① 光明网：《2023 年中欧班列开行 1.7 万列 铁路保障国家重大战略成效显著》，https://economy.gmw.cn/2024-01/10/content_37080416.htm，访问时间：2024 年 2 月 23 日。

② 交通运输部：《西部陆海新通道班列辐射 144 个铁路站点》，https://www.mot.gov.cn/jiaotongyaowen/202401/t20240109_3981451.html，访问时间：2024 年 2 月 26 日。

③ 中国政府网：《国务院新闻办就 2023 年全年进出口情况举行发布会》，https://www.gov.cn/lianbo/fabu/202401/content_6925700.htm，访问时间：2024 年 2 月 26 日。

④ 人民网：《东盟连续 4 年保持中国第一大贸易伙伴地位》，http://world.people.com.cn/n1/2024/0114/c1002-40158550.html，访问时间：2024 年 2 月 23 日；海关总署：《2023 年 12 月进出口商品国别（地区）总值表（人民币）》，http://www.customs.gov.cn/customs/302249/zfxxgk/2799825/302274/302277/302276/5637013/index.html，访问时间：2024 年 2 月 23 日。

高标准经贸规则，不断完善自贸区网络布局。2023 年 11 月 1 日，中国（新疆）自由贸易试验区（以下简称新疆自贸区）正式揭牌成立，成为我国第 22 个自贸区。同年，中华人民共和国国务院（以下简称国务院）先后出台了《关于在有条件的自由贸易试验区和自由贸易港试点对接国际高标准推进制度型开放的若干措施》和《全面对接国际高标准经贸规则推进中国（上海）自由贸易试验区高水平制度型开放总体方案》，积极开展更高水平自贸区试点建设。①

第三，在全球贸易治理方面，中国继续扮演重要角色。2023 年 6 月 27 日，中国正式接受世界贸易组织（以下简称 WTO）《渔业补贴协定》议定书，成为较早完成接受该协定批准程序的主要 WTO 成员之一。②2023 年 12 月 20 日，包括中国、美国、欧盟在内的 90 个 WTO 成员实质性结束部分全球数字贸易规则谈判，就电子签名和认证、电子合同、无纸贸易等 13 个议题③达成基本共识。各参与方将推动在电子支付、电信服务、使用密码的信息通信技术产品、发展等议题形成尽快共识，并力争就电子传输免征关税作出高水平承诺，增加协定的商业意义。未来，各方还将继续讨论数据流动、计算设施本地化、源代码以及水平性议题，尽快全面结束谈判。④

第四，在双边、多边及区域自由贸易协定（以下简称自贸协定）的谈判和签署方面，中国展现出显著的活跃性和领导力。2023 年 6 月 2 日，由东盟牵头、中国积极参与的 RCEP 对 15 个签署国全面生效。同年，中国创造了新签 4 个自贸协定的新记录，包括与厄瓜多尔、尼加拉瓜、塞尔维亚签署的自贸协定，以及与新加坡签署的自贸协定进一步升级议定书。截至 2024 年 1 月 26 日，中国已经和 29 个国家和地区签署了 22 个自贸协定，占中国对外贸易总额的三分之一左右。⑤此外，

---

① 中国政府网：《国务院印发关于在有条件的自由贸易试验区和自由贸易港试点对接国际高标准推进制度型开放若干措施的通知》，https://www.gov.cn/zhengce/content/202306/content_6889026.htm，访问时间：2024 年 2 月 25 日；中国政府网：《国务院关于印发〈全面对接国际高标准经贸规则推进中国（上海）自由贸易试验区高水平制度型开放总体方案〉的通知》，https://www.gov.cn/zhengce/content/202312/content_6918913.htm，访问时间：2024 年 2 月 25 日。

② 外交部：《〈世贸组织渔业补贴协定〉进程》，https://www.mfa.gov.cn/web//ziliao_674904/tytj_674911/tyfg_674913/202308/t20230803_11121840.shtml，访问时间：2024 年 2 月 25 日。

③ 该 13 个议题具体包括：电子签名和认证、在线消费者保护、无纸贸易、电子交易框架、电子合同、开放式政府数据、非应邀商业电子信息、透明度、网络安全、开放式互联网接入、电子发票、单一窗口和个人数据保护。

④ 商务部：《世贸组织实质性结束部分全球数字贸易规则谈判》，http://chinawto.mofcom.gov.cn/article/ap/o/202312/20231203462679.shtml，访问时间：2024 年 2 月 25 日。

⑤ 中国政府网：《国务院新闻办就稳中求进、以进促稳推动商务高质量发展取得新突破举行发布会》，https://www.gov.cn/zhengce/202401/content_6929006.htm，访问时间：2024 年 2 月 25 日。

在第三届“一带一路”国际合作高峰论坛期间，中国还与30多个国家共同发布了《数字经济和绿色发展国际经贸合作框架倡议》，致力于协同推进数字和绿色转型，以实现经济、社会、环境的可持续发展。①

第五，在国际贸易争议解决方面，面对多种新型案件，人民法院和仲裁机构展现出卓越的专业素养和办案水平。2023年，中国的对外贸易持续扩大，数字贸易和电子商务领域更是迅速崛起。在这一背景下，一系列值得关注的新型案件出现，涉及《联合国国际货物销售合同公约》（以下简称CISG）的理解与适用、国际贸易诈骗、域外法查明、跨境电商等多个领域。处理这些案件时，人民法院和仲裁机构凭借卓越的办案水平与专业能力，为维护国际贸易的公平、公正与稳定提供了坚实的法律支撑。

第六，在跨境贸易摩擦方面，供应链风险、出口管制与制裁措施、欧盟的碳边境调节机制及其针对中国新能源汽车产业采取反补贴措施，都是备受关注的热点问题。这些情况揭示出西方国家国际贸易政治化、贸易保护主义抬头、单边主义盛行的趋势，无疑将对我国企业在西方国家的市场布局和未来发展产生重大而深远的影响。

总体而言，2023年，在当下冲突频发的国际环境中，我国在国际贸易领域遭遇了极大挑战。为应对这些挑战，中国以推动贸易自由化、坚持多边主义为原则，对涉外法的立法和司法体系进行了完善与强化，积极参与全球贸易治理，为维护国际贸易秩序稳定和推动自由贸易持续发展贡献了不可或缺的重要力量。

二、新出台的法律、法规、规范性文件

（一）确立对外关系法律体系、国家豁免制度一般原则与例外，维护国家利益、保护公民权利

1.《对外关系法》施行②

2023年7月1日，《对外关系法》正式施行。《对外关系法》是我国首部集中阐述我国对外工作大政方针、原则立场和制度体系，对我国发展对外关系作出总体规定的基础性涉外法律，其内容涵盖了我国对外关系、对外工作的方方面面，在涉外

---

① 商务部：《〈数字经济和绿色发展国际经贸合作框架倡议〉在京发布》，http://www.mofcom.gov.cn/article/syxwfb/202310/20231003446762.shtml，访问时间：2024年2月25日。

② 中国人大网：《中华人民共和国对外关系法》，http://www.npc.gov.cn/npc//c2/c30834/202306/t20230628_430341.html，访问时间：2024年2月25日。

立法领域发挥统摄、总括作用。[①] 在国际贸易领域，有以下方面值得特别关注：

第一，该法明确了我国在国际贸易方面的目标任务，即，“坚持推进高水平对外开放”“发展对外贸易”“维护多边贸易体制，反对单边主义和保护主义，推动建设开放型世界经济”[②]，这与我国一直以来在国际贸易领域秉持的发展理念相一致。

第二，该法为我国出台的一系列反制措施巩固了法理基础。[③] 近年来，为积极应对个别国家的霸权主义、强权政治，我国先后出台了一系列涉外法律予以反制，这些法律多集中在国际贸易领域，涉及出口管制、经济制裁等方面[④]。此次《对外关系法》的出台，巩固了现存反制措施的法理基础，同时也明确了反制和限制措施的实施对象和机制[⑤]，为我国未来实施反制措施预留了空间。

2.《外国国家豁免法》施行[⑥]

长期以来，我国实施绝对国家豁免政策，即我国法院不管辖外国国家为被告或针对外国国家财产的案件，这使我国当事人在与外国国家的商业纠纷中难以通过我国法院进行维权。而多数国家实施限制国家豁免制度，进而形成了外国法院可管辖我国国家，我国法院不能管辖外国国家的不对等局面。[⑦]

2024 年 1 月 1 日，《外国国家豁免法》正式施行。该法立足于我国国情和现

---

① 中国人大网：《贯彻对外关系法，为新时代中国特色大国外交提供坚强法治保障》，http://www.npc.gov.cn/c2/c30834/202306/t20230629_430360.html，访问时间：2024 年 2 月 26 日；人民网：《全国人大常委会法工委负责人就对外关系法答记者问》，http://politics.people.com.cn/n1/2023/0630/c1001-40024476.html，访问时间：2024 年 2 月 26 日。

② 《对外关系法》第 26 条规定：“中华人民共和国坚持推进高水平对外开放，发展对外贸易，积极促进和依法保护外商投资，鼓励开展对外投资等对外经济合作，推动共建‘一带一路’高质量发展，维护多边贸易体制，反对单边主义和保护主义，推动建设开放型世界经济。”

③ 环球时报：《首以法律形式写明中国法域外适用制度！〈外对关系法〉意味着什么？》，https://news.cctv.com/2023/06/29/ARTIJlz7IDnVYeAI2Ejbx1HS230629.shtml，访问时间：2024 年 1 月 31 日。

④ 该等法律包括：《中华人民共和国反外国制裁法》《阻断外国法律与措施不当域外适用办法》《不可靠实体清单规定》《中华人民共和国出口管制法》。

⑤ 《对外关系法》第 33 条规定：“对于违反国际法和国际关系基本准则，危害中华人民共和国主权、安全、发展利益的行为，中华人民共和国有权采取相应反制和限制措施。国务院及其部门制定必要的行政法规、部门规章，建立相应工作制度和机制，加强部门协同配合，确定和实施有关反制和限制措施。依据本条第一款、第二款作出的决定为最终决定。”

⑥ 中国政府网：《中华人民共和国外国国家豁免法》，https://www.gov.cn/yaowen/liebiao/202309/content_6901571.htm，访问时间：2024 年 2 月 25 日。

⑦ 马新民：《我国出台外国国家豁免法——涉外法治建设的里程碑》，http://cn.chinadiplomacy.org.cn/2023-09/04/content_112153728.shtml，访问时间：2024 年 2 月 23 日。

实需要，将“绝对国家豁免”转向“限制国家豁免”，确立了外国国家及其财产在中国享有豁免的基本原则，同时也明确了管辖豁免的例外情形。该法施行后，我国法院可以依法在特定情形下受理以外国国家为被告的民事案件，包括商业性质的国际贸易案件。

随着“一带一路”倡议的深入推进，我国对外交往不断扩大，中国公民和企业与外国国家之间的贸易往来也日益频繁。我国制定《外国国家豁免法》并采纳限制豁免制度，符合国际主流趋势，同时避免了我国与采取限制豁免主义的国家交涉过程中，陷入不平等、不利地位的局面。[①]同时，该法也为我国公民和企业增加了更多的法律救济途径，提供了更完善的法律保障，为其“走出去”保驾护航。[②]

（二）完善海关法律法规，健全出口管制体系

1.《中华人民共和国海关法（修订草案征求意见稿）》公开征求意见[③]

2023年11月10日，中华人民共和国海关总署发布了《中华人民共和国海关法（修订草案征求意见稿）》（以下简称《海关法征求意见稿》），面向社会公众广泛征求意见。

《海关法征求意见稿》在确立风险管理理念、强化事中事后监督、促进贸易便利化、完善法律责任制度等多方面进行了革新，为实现海关治理能力现代化提供法治保障，主要包括：第一，与一系列与进出口检验检疫、关税、国家赔偿、执法监督有关的法律[④]相衔接，避免重复规定，增强海关法律体系的系统性、整体性、协同性、时效性。第二，首次在法律层面确立“风险管理”地位，并将其作为海关工作原则之一。增设“海关风险管理”专章（第三章），整合了《中华人民共和国对外贸易法》、《中华人民共和国生物安全法》、《中华人民共和国国境卫生检疫

① 孔庆江：《制定〈中华人民共和国外国国家豁免法〉能否解决美国对华滥诉？——兼谈中国国家豁免立法的利弊》，载微信公众号“全面依法治国研究院”，访问时间：2024年1月30日。

② 人民日报：《我国出台外国国家豁免法　涉外法治建设的里程碑》，http://cn.chinadiplomacy.org.cn/2023-09/04/content_112153728.shtml，访问时间：2024年2月23日。

③ 海关总署：《关于〈中华人民共和国海关法（修订草案征求意见稿）〉公开征求意见的通知》，http://xian.customs.gov.cn/customs/302452/302329/zjz/5485994/index.html，访问时间：2023年2月3日。

④ 该等法律包括：《中华人民共和国国境卫生检疫法》《中华人民共和国进出境动植物检疫法》《中华人民共和国食品安全法》《中华人民共和国进出口商品检验法》《中华人民共和国关税法（草案）》《中华人民共和国国家赔偿法》《中华人民共和国公职人员政务处分法》《中华人民共和国监察法》。

法》、《中华人民共和国出口管制法》及《中华人民共和国反外国制裁法》等法律、行政法规关于风险控制措施的规定。第三，促进贸易便利化，增加推进国际贸易“单一窗口”平台建设，提高通过效率。第四，强化事中事后监管，健全海关对企业全链条管理机制，明确“核查”制度，完善“稽查”制度。第五，按照过罚相当、比例原则、罪刑法定原则，完善法律责任制度。①

2.《商务部关于在部分自由贸易试验区开展两用物项出口管制相关试点工作的通知》发布②

2023年8月20日，中华人民共和国商务部（以下简称商务部）发布《关于在部分自由贸易试验区开展两用物项出口管制相关试点工作的通知》，拟在自贸试验区先行先试两用物项出口管制新办法新举措。此次试点选择在天津市、河北省、上海市、江苏省、福建省、山东省、广东省、海南省的自贸区或自由贸易港（以下简称自贸港）率先展开。试点内容主要包括推行通用许可便利化、优化通用许可适用条件、优化通用许可审核措施、加强全流程监管、鼓励企业合规自查和主动报告、完善联合执法机制、推进对企业的合规指导与服务等方面。值得关注的是，《2023年国务院立法工作计划》已将《两用物项出口管制条例》列入预备制定的行政法规名单。③上述试点形成的可复制可推广的制度创新成果，也将在出口管制条例和有关规章的制定与修订中予以体现。④

3.新版《商用密码管理条例》施行⑤

2023年4月14日，新版《商用密码管理条例》修订通过，自2023年7月1日起施行，这是该条例自1999年生效以来的首次修订。此次修订延续了《中华人民共和国出口管制法》《中华人民共和国密码法》的相关规定与精神，规范了商用

---

① 海关总署：《〈中华人民共和国海关法（修订草案征求意见稿）〉起草说明》，http://xian.customs.gov.cn/customs/302452/302329/zjz/5485994/index.html，访问时间：2024年2月3日。

② 商务部：《商务部关于在部分自由贸易试验区开展两用物项出口管制相关试点工作的通知》，http://aqygzj.mofcom.gov.cn/article/zcgz/gzgf/202309/20230903438283.shtml，访问时间：2024年2月3日。

③ 中国政府网：《国务院办公厅关于印发国务院2023年度立法工作计划的通知》，https://www.gov.cn/zhengce/content/202306/content_6884925.htm，访问时间：2024年2月25日。

④ 商务部：《商务部关于在部分自由贸易试验区开展两用物项出口管制相关试点工作的通知》，http://aqygzj.mofcom.gov.cn/article/zcgz/gzgf/202309/20230903438283.shtml，访问时间：2024年2月3日。

⑤ 中国政府网：《商用密码管理条例》，https://www.gov.cn/zhengce/content/202305/content_6875927.htm，访问时间：2024年2月25日。

密码进出口管理，将涉及国家安全、社会公共利益且具有加密保护功能的商用密码，列入商用密码进口许可清单，实施进口许可；将涉及国家安全、社会公共利益或者中国承担国际义务的商用密码，列入商用密码出口管制清单，实施出口管制。但是，大众消费类产品所采用的商用密码不实行进口许可和出口管制制度。①

新版《商用密码管理条例》项下的进出口行为包括商用密码的过境、转运、通运、再出口，在境外与综合保税区等海关特殊监管区域之间进出，或者在境外与出口监管仓库、保税物流中心等保税监管场所之间进出的行为。进出口受管制的商用密码的，应当向国务院商务主管部门申请领取进出口许可证，向海关交验该许可证，并按照相关规定办理报关手续。②

4. 新版《中国禁止出口限制出口技术目录》公布③

2023 年 12 月 21 日，商务部会同科技部对《中国禁止出口限制出口技术目录》（以下简称《出口技术目录》）进行了例行调整。在 2020 年版本的基础之上，新版《出口技术目录》中的技术条目由 164 项压缩至 134 项，共删除 34 项技术条目，新增 4 项，对 37 项技术条目的控制要点和技术参数进行了修改，旨在适用技术发展形势变化，完善技术贸易管理，在维护国家经济安全和发展利益的基础上，为

① 《商用密码管理条例》第 31 条规定："涉及国家安全、社会公共利益且具有加密保护功能的商用密码，列入商用密码进口许可清单，实施进口许可。涉及国家安全、社会公共利益或者中国承担国际义务的商用密码，列入商用密码出口管制清单，实施出口管制。商用密码进口许可清单和商用密码出口管制清单由国务院商务主管部门会同国家密码管理部门和海关总署制定并公布。大众消费类产品所采用的商用密码不实行进口许可和出口管制制度。"

② 《商用密码管理条例》第 32 条规定："进口商用密码进口许可清单中的商用密码或者出口商用密码出口管制清单中的商用密码，应当向国务院商务主管部门申请领取进出口许可证。商用密码的过境、转运、通运、再出口，在境外与综合保税区等海关特殊监管区域之间进出，或者在境外与出口监管仓库、保税物流中心等保税监管场所之间进出的，适用前款规定。"第 33 条规定："进口商用密码进口许可清单中的商用密码或者出口商用密码出口管制清单中的商用密码时，应当向海关交验进出口许可证，并按照国家有关规定办理报关手续。进出口经营者未向海关交验进出口许可证，海关有证据表明进出口产品可能属于商用密码进口许可清单或者出口管制清单范围的，应当向进出口经营者提出质疑；海关可以向国务院商务主管部门提出组织鉴别，并根据国务院商务主管部门会同国家密码管理部门作出的鉴别结论依法处置。在鉴别或者质疑期间，海关对进出口产品不予放行。"

③ 商务部：《公告 2023 年第 57 号关于公布〈中国禁止出口限制出口技术目录〉的公告》，http://www.mofcom.gov.cn/article/zwgk/gkzcfb/202312/20231203462079.shtml，访问时间：2024 年 2 月 4 日。

促进国际经贸合作创造积极条件。①

5. 对镓、锗相关物项、部分无人机及其相关物项、特定石墨物项实施出口管制

2023年商务部陆续发布公告，宣布中国对镓、锗相关物项②、无人机相关物项③、部分无人机④和石墨相关物项⑤等实施出口管制。2023年度《两用物项和技术进出口许可证管理目录》中新增了上述列管物项。镓、锗为重要的稀有金属，在半导体材料、新能源、航空航天、红外光学等领域应用广泛⑥；高性能无人机具有一定军事属性，涉及多项敏感技术⑦；石墨为高端装备制造、新能源、新材料等战略性新兴产业及核电领域的关键资源。⑧ 对上述物项实施出口管制，确保其用于合法用途，前瞻性地维护了国家安全与利益，同样也是践行全球安全倡议的重要举措。

（三）进一步扩大自贸区网络，推进高标准自贸区建设

1. 新疆自贸区揭牌成立

2023年10月31日，国务院印发《中国（新疆）自由贸易试验区总体方案》，明确了新疆自贸区建设的总体要求、区位布局、八大主要任务和举措等，为新疆

---

① 商务部：《商务部、科技部修订发布〈中国禁止出口限制出口技术目录〉》，http://www.mofcom.gov.cn/article/xwfb/xwrcxw/202312/20231203462243.shtml，访问时间：2024年2月17日。

② 商务部、海关总署：《公告2023年第23号关于对镓、锗相关物项实施出口管制的公告》，http://www.mofcom.gov.cn/article/zwgk/gkzcfb/202307/20230703419666.shtml，访问时间：2024年2月4日。

③ 商务部、海关总署、国家国防科工局、中央军委装备发展部：《公告2023年第27号关于对无人机相关物项实施出口管制的公告》，http://www.mofcom.gov.cn/article/zwgk/gkzcfb/202307/20230703424598.shtml，访问时间：2023年2月4日。

④ 商务部、海关总署、国家国防科工局、中央军委装备发展部：《公告2023年第28号关于部分无人机实施临时出口管制的公告》，http://www.mofcom.gov.cn/article/zwgk/gkzcfb/202307/20230703424616.shtml，访问时间：2024年2月4日。

⑤ 商务部、海关总署：《公告2023年第39号 关于优化调整石墨物项临时出口管制措施的公告》，http://www.mofcom.gov.cn/article/zwgk/gkzcfb/202310/20231003447368.shtml，访问时间：2024年2月4日。

⑥ 观察者网：《中国管制关键金属镓、锗出口，美国半导体公司已着手申请》，https://www.guancha.cn/economy/2023_07_04_699511.shtml，访问时间：2024年2月3日。

⑦ 商务部：《高性能无人机具有一定军用属性，对其实施出口管制是国际惯例》，http://finance.people.com.cn/n1/2023/0731/c1004-40047520.html，访问时间：2024年2月3日。

⑧ 李深：《2023年中国石墨产业发展现状：我国天然石墨产量世界第一，下游行业高度景气拉动石墨需求高增》，载微信公众号“智研咨询”，访问时间：2024年2月3日。

高标准高质量建设自贸区指明了工作方向和主要内容。[①]2023 年 11 月 1 日，新疆自贸区揭牌成立，这是中国第 22 个自贸区，也是中国在西北沿边地区设立的首个自贸区。[②] 新疆自贸区旨在成为中西部地区高质量发展的典范，强化与周边国家经贸合作，同时加强风险防控体系建设，维护国家安全和社会安全。[③]

2. 对接国际高标准经贸规则，推进自贸区制度型开放

2023 年 6 月 1 日，国务院印发《关于在有条件的自由贸易试验区和自由贸易港试点对接国际高标准推进制度型开放的若干措施》，着眼于货物贸易、服务贸易、商务人员临时入境、数字贸易、营商环境、风险防控等 6 个方面，提出 33 条具体举措，旨在有条件的自贸区和自贸港聚焦若干重点领域试点对接国际高标准经贸规则，统筹开放和安全，构建与高水平制度型开放相衔接的制度体系和监管模式。[④]2023 年 11 月 26 日，国务院印发《全面对接国际高标准经贸规则推进中国（上海）自由贸易试验区高水平制度型开放总体方案》。作为中国首个自贸区，上海自贸试验区将继续发挥其先行先试作用，主动对接国际高标准规则，打造国家制度型开放示范区。[⑤]

值得一提的是，2024 年，我国将继续推动加入《全面与进步跨太平洋伙伴关系协定》（以下简称 CPTPP）和《数字经济伙伴关系协定》（以下简称 DEPA）等高标准国际经贸规则。上述措施与方案亦将主动对接 CPTTP 规则，为中国参与国际经贸规则制定积累有利条件。[⑥]

---

① 中国政府网：《国务院关于印发〈中国（新疆）自由贸易试验区总体方案〉的通知》，https://www.gov.cn/zhengce/content/202310/content_6912936.htm，访问时间：2024 年 2 月 22 日。

② 国务院新闻办：《中国（新疆）自由贸易试验区正式成立》，http://www.scio.gov.cn/gxzl/ydyl_26587/jmwl_26592/jmwl_26593/202311/t20231102_777505_m.html，访问时间：2024 年 2 月 25 日。

③ 中国政府网：《打造促进中西部地区高质量发展的示范样板——详解〈中国（新疆）自由贸易试验区总体方案〉》，https://www.gov.cn/zhengce/202311/content_6913200.htm，访问时间：2024 年 2 月 25 日。

④ 中国政府网：《国务院印发关于在有条件的自由贸易试验区和自由贸易港试点对接国际高标准推进制度型开放若干措施的通知》，https://www.gov.cn/zhengce/content/202306/content_6889026.htm，访问时间：2024 年 2 月 22 日。

⑤ 中国政府网：《国务院关于印发〈全面对接国际高标准经贸规则推进中国（上海）自由贸易试验区高水平制度型开放总体方案〉的通知》，https://www.gov.cn/zhengce/content/202312/content_6918913.htm，访问时间：2024 年 2 月 25 日。

⑥ 中国政府网：《国务院新闻办就稳中求进、以进促稳推动商务高质量发展取得新突破举行发布会》，https://www.gov.cn/lianbo/fabu/202401/content_6929003.htm，访问时间：2024 年 2 月 3 日；中国政府网：《高水平制度型开放深入推进》，https://www.gov.cn/zhengce/202307/content_6889510.htm，访问时间：2024 年 2 月 3 日。

（四）积极签署国际高水平自贸协定、推进高水平对外开放

1. RCEP 全面生效

2023 年 6 月 2 日，RCEP 对菲律宾正式生效，这标志着 RCEP 对东盟十国，以及澳大利亚、中国、日本、韩国、新西兰等十五个签署国全面生效。作为当前世界上参与人口最多、成员结构最多元、经贸规模最大、最具发展潜力的自贸协定，RCEP 的生效为区域合作的深化发展创造了崭新机遇，为世界经济的开放融通注入了强劲动力，为中国经济的持续繁荣提供了强大引擎。[①]

2. 中国与厄瓜多尔、尼加拉瓜、塞尔维亚等国新签自贸协定，与新加坡签署自贸协定进一步升级议定书

2023 年，我国在自贸协定的谈判和签署方面取得了前所未有的成果，创造了一年新签 4 个自贸协定的历史记录[②]，进一步巩固了我国在全球贸易格局的领先地位。该等自贸协定在内容与高标准方面均达到了更高水平[③]，具有自由化水平高、产品覆盖面广、便利化措施丰富等特点，旨在为双边企业创造更加便利、优惠、稳定、透明的营商环境。

中国与厄瓜多尔自贸协定涵盖货物贸易关税减让、贸易投资便利化合作等方面，双方将分别对 90% 的税目相互取消关税，并在世贸组织规则基础上加强海关合作、提高投资环境透明度[④]；中国与塞尔维亚自贸协定是中国与东欧国家签署的第一个自贸协定，也是第三届“一带一路”国际合作高峰论坛的重要成果。该协定涉及货物贸易、投资与服务、知识产权保护、竞争等多个领域，并包含多项便利化措施；[⑤]中国与尼加拉瓜自贸协定以及与新加坡的自贸协定进一步升级议定书均适用了负面清单的模式，并作出了高水平跨境服务贸易和相互投资开放承诺，这是中国在自贸协定谈判中的首次尝试。[⑥]

---

① 中国政府网：《RCEP 对地区及世界经济的积极意义》，https://www.gov.cn/xinwen/2022-01/16/content_5668513.htm，访问时间：2024 年 2 月 3 日。

② 中国自贸易区服务网：《新记录！ 2023 年新签 4 个自贸协定》，http://fta.mofcom.gov.cn/article/fzdongtai/202401/55102_1.html，访问时间：2024 年 2 月 3 日。

③ 中国政府网：《国务院新闻办就稳中求进、以进促稳推动商务高质量发展取得新突破举行发布会》，https://www.gov.cn/lianbo/fabu/202401/content_6929003.htm，访问时间：2024 年 2 月 3 日。

④ 中国政府网：《中国与厄瓜多尔签署自由贸易协定》，https://www.gov.cn/yaowen/liebiao/202305/content_6856444.htm，访问时间：2024 年 2 月 3 日。

⑤ 商务部：《商务部国际司负责人解读中国—塞尔维亚自贸协定》，http://www.mofcom.gov.cn/article/xwfb/xwsjfzr/202310/20231003446559.shtml，访问时间：2024 年 2 月 3 日。

⑥ 中国政府网：《国务院新闻办就稳中求进、以进促稳推动商务高质量发展取得新突破举行发布会》，https://www.gov.cn/lianbo/fabu/202401/content_6929003.htm，访问时间：2024 年 2 月 3 日。

三、典型案例

【案例 1】国际货物买卖合同纠纷（CISG 项下合同解除时的利息计算标准）[①]

【基本案情】

2020 年 4 月 3 日，宁波某公司（以下简称卖方）向德国某医疗技术公司（以下简称买方）发出一份形式发票。根据该形式发票，买方向卖方购买 1050 万只口罩，总价款为 529.5 万美元，货物交付日期为 2020 年 4 月 20 日。随后，买方向卖方支付了全部货款。

2020 年 4 月 20 日前，卖方就拟交付的货物向海关申报出口。其中，部分口罩顺利交付至买方，部分口罩被海关查扣，被查扣部分对应的合同价款约为 187 万美元。卖方认为，货物被查扣的原因是，买方要求在货物上贴上 CE 标识，导致海关认为这种口罩需要商检。

2020 年 4 月 29 日，买方表示，由于未能及时交付货物，下游买家撤销了合同，因此要求卖方不再交付货物并返还多支付的货款。随后，买方要求卖方返还货款约 187 万美元，卖方向买方实际返还货款约 60 万美元。

2020 年 5 月 20 日，杭州萧山机场海关出具《行政处罚决定书》，认定卖方未报经检验合格擅自将三批次口罩申报出口。经检验，上述口罩质量不合格。

因卖方未及时返还所有剩余货款，买方提起诉讼，要求卖方返还剩余货款并支付相应利息。卖方认为口罩被查扣的原因应归责于买方，买方单方解除合同，卖方无须返还货款，承担利息损失。经审理，法院部分支持了买方的主张。

【争议焦点】

本案主要争议焦点为：1. 卖方是否须承担违约责任？ 2. 如果卖方须承担违约责任，如何确定责任大小？

【裁判观点】

1. 卖方是否须承担违约责任？

本案中买方为德国公司，本案属于涉外商事纠纷案件，适用《中华人民共和国民事诉讼法》涉外民事诉讼程序的特别规定。因中国和德国都是 CISG 缔约国，且双方均未排除 CISG 适用，本案应适用 CISG。

---

① 浙江省高级人民法院于 2023 年 2 月 16 日作出的（2022）浙民终 1205 号民事判决书。

本案中，卖方未按合同约定及时交货且退还部分货款的事实清楚。根据 CISG 第 35 条，货物是否符合合同约定，除当事人另有协议外，首先应判断其是否符合同一规格货物通常的使用目的。因此，卖方有权要求案涉口罩符合欧盟市场准入标准。同时，根据《关于有序开展医疗物资出口的公告》，出口医用口罩等医用物资时须承诺取得我国医疗器械产品注册证书，符合进口国（地区）的质量标准要求。根据杭州萧山机场海关《行政处罚决定书》，案涉口罩质量不合格。因此，卖方不能将因口罩质量不合格及未依法申报出口导致的无法交付责任归于买方，而应当自行承担相应责任。

2. 如何确定违约责任的大小？

关于应退还货款，根据计算，全部剩余货款约 187 万美元，扣除卖方已返还的约 60 万美元货款，卖方还需返还约 127 万美元货款。

关于利息事宜，法院根据 CISG 第 84 条第 1 款[①]的规定，认定卖方具有支付利息的义务，并确定了计收利息的起点。但关于利率标准问题，CISG 第 84 条未作规定，CISG 第 7 条第 1 款规定，“在解释本公约时，应考虑到本公约的国际性质和促进其适用的统一以及在国际贸易上遵守诚信的需要”，CISG 咨询委员会持续发布多项意见以解决裁判实践中适用 CISG 遇到的疑难问题，致力于促进 CISG 在国际范围的统一适用和解释，故在准确理解 CISG 相关条款时可以适当参考 CISG 咨询委员会的意见。买方主张应参考 CISG 咨询委员会第 9 号意见[②]，适用卖方营业地现行的商业投资利率，即中国贷款市场报价利率（LPR）的 1.5 倍；卖方则主张应参考 CISG 咨询委员会第 14 号意见[③]，适用债权人营业地法院判决同类案件适用的利率，即根据德国法确定年利率为 4.12%。法院认为，CISG 第 84 条项下的利息规定旨在恢复原状，归还非法所得，CISG 第 78 条[④]规定的利息则旨在补偿，遵循损害赔偿类似原则。CISG 咨询委员会第 9 号意见系对合同解除的意见，第 14 号

① CISG 第 84 条第 1 款规定：“如果卖方有义务归还价款，他必须同时从支付价款之日起支付价款利息。”

② CISG 咨询委员会第 9 号意见（合同无效的后果）：“……由于卖方返还利息的义务是得利返还性质的，应当适用卖方营业地现行的商业投资利率。在大多数案件中，卖方营业地现行的行业投资利率可以通过适用法院地的国际私法规则得出……”

③ CISG 咨询委员会第 14 号意见（公约第 78 条下的利息）：“……因此，到期债权的利率标准可以参考债权人营业地所在国的法律确定。该国关于利率标准的规定决定了当事人可以主张的利息损失……”

④ CISG 第 78 条规定：“如果一方当事人没有支付价款或任何其它拖欠金额，另一方当事人有权对这些款额收取利息，但不妨碍要求按照第七十四条规定可以取得的损害赔偿。”

意见主题为“公约第78条下的利息”，故本案利率参考第9号意见更为合理。但鉴于双方一致同意适用债权人营业地法院判决同类案件适用的利率，法院据此判决卖方应支付的利息。

【纠纷观察】

CISG作为国际贸易的“通用语”，是迄今为止最为成功的国际统一私法运动成果。[①] 但是，CISG并未事无巨细地对所有事项都作了详细规定。相反，有相当一部分事项都未在CISG中得到体现。这又分为两种：第一种情形是系争问题不属于CISG调整的范围，第二种情形是系争问题属于CISG调整范围，但CISG未作规定。[②] 本案所涉利率标准问题即属于第二种情形。这种情况下，应根据公约所规定的解释原则确定适用的利率。

本案中，法院援引了CISG第7条第1款关于公约解释的规定，并据此参照CISG咨询委员会的意见。在判断参照适用CISG咨询委员会第9号意见还是第14号意见时，法院区分了得利返还和损害赔偿两种计算标准，进而结合CISG第84条的立法目的，最终认定应当参照适用第9号意见，即卖方应当返还所得利益。

事实上，合同无效、被撤销或者不发生效力情形下，已给付利益的返还问题一直存在分歧。司法实践中，按照得利返还路径[③] 和按照损害赔偿路径[④] 计算利息的案件都不在少数，这直接影响当事人在合同解除时可以得到的利息金额。[⑤] 本案在区分CISG项下不同条款的立法目的的基础上，就合同解除情形下利息返还的利率计算标准作出了明确的规定，为后续案件提供了指引。作为人民法院案例库的入库案例[⑥]，法院在后续审理类似案例时，必须参考本案作出裁判[⑦]，这将有助于保障法律适用统一、裁判尺度统一，避免“同案不同判”。

---

① 韩世远：《CISG在中国国际商事仲裁中的适用》，载《中国法学》2016年第5期。

② 王海峰、张丝路：《〈联合国国际货物销售合同公约〉在中国法院的适用》，载《人民司法》2021年第31期。

③ 在得利返还路径下，利息被认为是法定孳息，合同无效后利息应与本金一并返还。

④ 在损害赔偿路径下，利息被认为是赔偿，赔偿责任是否存在及责任的大小，需结合当事人的过错程度判断。

⑤ 邵永乐：《合同无效后金钱给付的利息偿还》，中南财经政法大学2022年硕士学位论文。

⑥ 入库编号：2024-10-2-084-001。

⑦ 《最高人民法院相关部门负责人就征集人民法院案例库参考案例有关问题答记者问》，载微信公众号“最高人民法院”，访问时间：2024年3月15日。

【案例2】国际货物买卖合同纠纷（因邮件诈骗而错误付款的损失由哪方承担）[①]

【基本案情】

2020年10月19日，经中间人李某介绍，一家波兰公司（以下简称卖方）与一家中国公司（以下简称买方）签订买卖合同，向买方销售两台设备。合同约定，设备应于2020年11月30日前在汉堡港交付，合同总价款为42万欧元，买方在合同签署后支付30%作为预付款，并在收到提单后支付剩余的70%货款。合同中载明的卖方收款账户尾号为3934（以下简称3934账户）。

本案中，李某的身份为居间人，其报酬由卖方支付。买卖双方之间沟通均由一方通过邮件发送给李某，再由李某向另一方转达。合同履行过程中，双方对于李某的居间沟通行为从未提出异议。

2020年10月21日至26日期间，李某收到卖方邮箱发来的要求变更收款账户的邮件。邮件内容先后包括：（1）由卖方负责人签字的发票，载明尾号为8730的账户信息（以下简称8730账户）；（2）尾号为5968的账户信息（以下简称5968账户）；（3）未经卖方签章的发票，载明尾号为7660的账户信息（以下简称7660账户）。2020年10月26日，李某向卖方发送邮件确认以哪个账户为准，并要求卖方提供签字盖章的有效发票。随后，李某收到了卖方邮箱发来的发票，该发票载明的收款账户为5968账户，且有卖方负责人的签字确认。根据该邮件指示，买方于2020年10月28日向5968账户支付了126000欧元。然而，卖方后续表示其并未收到预付款，并因此取消发货。卖方确认，载有8730账户和7660账户的发票是由其自行发出的。

2020年11月，卖方向波兰警方报警。经初步调查，黑客拦截了卖方向李某发送的邮件，并将收款账户更改为5968账户。

2021年12月，因协商无果，买方提起仲裁，申请解除《进口合同》并返还已支付的预付款。经审理，仲裁庭支持了买方的仲裁请求。

【争议焦点】

本案主要争议焦点为：买方是否已完成合同项下的预付款支付义务？

【裁判观点】

仲裁庭认为，买方向5968账户支付了预付款，已经履行了预付款支付义务。

---

① 北京仲裁委员会 / 北京国际仲裁中心（BAC/BIAC）2023年裁决案例。

具体理由如下：第一，李某系交易居间人，其报酬由卖方支付。买方向 5968 账户付款所依据的是卖方邮箱向李某发送的邮件。卖方长期使用该邮箱与李某联系，买方有理由对该邮箱发出的内容予以信赖。第二，证据显示，卖方邮箱被黑客入侵，银行账户被改写。申请人基于交易习惯和信任将预付款付至 5968 账户。第三，尽管合同中明确 3934 账户是首选账户，但卖方多次发送载明其他账户信息的发票，使得买方相信收款账户可以通过邮件往来方式进行变更。另外，尽管合同要求发票上需有签章，但卖方并未严格遵守该要求，也未及时说明合同约定的账户与发票载明的账户不一致的问题，导致犯罪分子有机可乘。

【纠纷观察】

在国际贸易往来中，交易双方往往来自不同国家或地区，彼此之间缺乏了解。这就给不法分子带来可乘之机，利用当事人之间的信息不对称和沟通障碍实施诈骗。实践中，通过信用证进行诈骗[①]、冒名诈骗[②]等时有发生。本案涉及的黑客邮件诈骗也是一种典型国际贸易诈骗方式，近年来随着技术的进步甚至愈加多发，值得警醒。

在该类案件中，不法分子往往通过黑客、钓鱼软件等形式侵入当事人邮箱盗取账号，再假冒当事人名义发出变更收款账户的邮件，或者通过注册与当事人域名类似的假冒邮箱，再发出虚假的指令。在此情形下，当事人若不注意甄别，则极容易上当受骗。一旦发生损失，法院通常会结合双方的过错情况来分担责任承担。

因此，当事人在从事国际贸易时应当提高风险防范意识和安全意识，做好尽职调查，注意核实对方信息和资信情况；订立合同时要缜密，尤其对付款信息仔细确认；合同履行过程中，在涉及付款方式变更时，当事人最好通过多个渠道进行沟通确认，以免上当受骗，财货两失。

国际贸易诈骗中，一旦当事人发现被诈骗，接下来就需要及时采取措施追回损失。采取刑事程序是一种常见的救济手段。但诈骗案件往往比较复杂，再加上跨境因素更是难上加难，若诈骗分子已经将相关资金转移，则当事人很难通过刑事途径挽回损失。此时，当事人往往需要通过民事诉讼或仲裁等法律途径向交易相对方追究相应的责任，由法院或仲裁庭根据案件的具体情况和各方的责任决定损失的承担。因此，当事人应当妥当保存相关的交易文件及沟通记录。

---

① 《环中案例｜如何化解买方信用证国际“骗局”》，载微信公众号“环中商事仲裁”，访问时间：2024 年 2 月 17 日。

② 《外贸实务｜谨防国际贸易中的冒名诈骗》，载微信公众号“环中商事仲裁”，访问时间：2024 年 2 月 17 日。

【案例3】国际货物买卖合同纠纷（域外法查明与法律适用）[①]

【基本案情】

2020年3月30日，我国香港特别行政区（以下简称香港）A公司与香港B公司签订《销售合同》（以下简称合同一），约定A公司向B公司采购冻鸡爪。合同签订后，A公司按照约定向广州C公司银行账户支付了10万元定金。但是，合同一因故未能履行，双方约定将定金转为下一份合同的定金。

2020年4月10日，A公司和B公司重新签订《销售合同》（以下简称合同二），约定A公司向B公司采购冻鸡爪。但是，合同二因故亦未能履行。

2020年4月13日，B公司向A公司发送第三份《销售合同》，但A公司并未签字。

2020年5月12日，晏某向B公司的股东兼法定代表人[②]黄某发送《债权转让通知书》，通知将A公司对B公司的10万元定金债权转让给晏某。

后因B公司未归还10万元定金，晏某提起诉讼，要求黄某返还10万元，广州C公司承担连带责任。A公司在该案件中为第三人。

经审查，一审法院判决驳回晏某的所有诉讼请求；二审法院判决广州C公司向晏某返还10万元，并驳回其他诉讼请求。

【争议焦点】

本案主要争议焦点为：1. 本案的法律适用如何确定？ 2. 黄某是否应返还10万元？ 3. 广州C公司是否应返还10万元？

【裁判观点】

1. 一审法院观点

本案第三人A公司系香港公司，本案为涉港买卖合同纠纷，应参照涉外民事诉讼程序审理。根据《中华人民共和国涉外民事关系法律适用法》（以下简称《涉外法律适用法》）第41条[③]及各方当事人意见，本案适用我国内地法律。

本案中，各方确认合同一已经解除，故A公司有权请求B公司退还10万元

① 广州市中级人民法院于2023年8月24日作出的（2023）粤01民终16656号民事判决书。

② 本案判决书载明，庭审中，黄某确认其为香港B公司的“一人股东及法定代表人”。但香港公司法下并无法定代表人这一概念，而是由执行董事负责处理公司的事务，因此黄某是香港B公司的执行董事。

③《涉外法律适用法》第41条规定：“当事人可以协议选择合同适用的法律。当事人没有选择的，适用履行义务最能体现该合同特征的一方当事人经常居所地法律或者其他与该合同有最密切联系的法律。”

定金。2020年5月12日，A公司将其对B公司的债权转让给晏某，依法有效。但是，黄某和广州C公司并非合同一的当事人，晏某要求两者承担责任没有法律依据。

2. 二审法院观点

二审法院通过“域外法查明通”平台对香港地区公司法进行了查明。根据查明内容，香港公司法的一个基本原则是依法成立的公司是一个独立于其成员[①]的主体，公司的成员不需为公司的债务承担个人责任。但根据案例，法院可以在某些情况下“刺破公司面纱”或“揭开公司面纱”。

关于法律适用问题，第一，根据合同约定，合同一的准据法为CISG；第二，关于黄某责任承担问题的准据法为香港法；第三，关于广州C公司责任承担问题的准据法为我国内地法律。

关于实体问题，晏某未能举证证明黄某存在滥用B公司法人独立地位足以“刺破公司面纱”的隐瞒或逃避等情形，故无权要求黄某承担责任。在合同一已经解除的情况下，广州C公司收取10万元定金没有法律依据和事实依据，基于不当得利原则应当返还。

【纠纷观察】

国际贸易往来中涉外因素较多，各方主体之间法律关系复杂。在审理该类案件时，法院首先需根据《涉外法律适用法》确定具体法律关系的适用法，再根据适用法对各方权利义务进行认定。同一起案件涉及多个法律关系的，不同法律关系也可能分别适用不同法域的法律，本案即是例证。

适用域外法时，法院需对域外法进行查明，但这一直是我国涉外审判中的难题，最高院对此极为重视[②]。为突破该难题，最高人民法院（以下简称最高院）近年采取了两项举措[③]：第一，最高院于2023年12月1日发布《关于适用〈中华人民共和国涉外民事关系法律适用法〉若干问题的解释（二）》，就域外法查明的对

① “成员”为香港《公司条例》原文，意指股东。

② 最高院在2015年发布的《关于人民法院为“一带一路”建设提供司法服务和保障的若干意见》，2019年发布的《最高人民法院关于人民法院进一步为“一带一路”建设提供司法服务和保障的意见》均明确提出要加强准确查明和适用外国法律。最高院在2020年发布的《关于人民法院服务保障进一步扩大对外开放的指导意见》中则要求“进一步提升域外法查明平台功能，规范完善域外法查明和适用规则，推动域外法查明法律资源及案例数据库建设，提高人民法院在涉外案件中查明和适用域外法的能力”。

③ 人民法院报：《为高质量共建“一带一路”提供有力司法服务和保障——最高人民法院民四庭负责人就发布第四批涉“一带一路”建设典型案例相关问题答记者问》，https://www.court.gov.cn/zixun/xiangqing/413292.html，访问时间：2024年2月18日。

象、查明责任、查明途径及程序等作了体系化规定，也为今后国际贸易争端解决中域外法适用提供了指引。第二，最高院积极推进域外法律服务查明平台建设。2019 年 11 月 29 日，最高院域外法查明统一平台正式上线启动[①]，该平台汇聚了国际商事专家委员和五家域外法查明服务机构[②]。各地法院及第三方机构也纷纷设立域外法查明平台。[③]其中，广州市中级人民法院的“域外法查明通”于 2022 年 3 月 29 日正式上线[④]，最高院对此极为支持[⑤]，本案正是通过该平台对香港公司法进行了查明。相信通过长期实施这些举措，域外法查明难的问题能够得到有效破解。

【案例 4】跨境电商物流服务合同纠纷（国际贸易新业态之跨境电商引发的法律问题）[⑥]

【基本案情】

2019 年 1 月起，广州某国际货运代理有限公司（以下简称广州公司）与杭州某纺织有限公司（以下简称杭州公司）进行合作，由广州公司负责杭州公司 C 端 FBA 亚马逊[⑦]货物前端国际物流、后端派送入仓及海外仓储提供服务。双方通过微信聊天发布指令并完成对账，未签订书面合同。广州公司的主要义务有：（1）从

---

① 人民法院新闻传媒总社：《最高人民法院域外法查明统一平台今天正式上线启动》，http://cicc.court.gov.cn/html/1/218/149/156/1524.html，访问时间：2024 年 2 月 18 日。

② 五家域外法查明服务机构包括：西南政法大学中国—东盟法律研究中心、中国政法大学外国法查明研究中心、武汉大学外国法查明研究中心、蓝海法律查明和商事调解中心、华东政法大学外国法查明研究中心。

③ 例如广州市中级人民法院“域外法查明通”、上海海事法院外国法查明平台、“一带一路”域外法查明（广州）中心、福建省域外法查明中心（又称金谷域外法查明中心）、浙江省“域外法查明线上委托”应用、青岛海事域外法查明研究中心、上海东方域外法律查明服务中心、“丝绸之路经济带”沿线国家法律查明研究中心等。

④ 广东政法网：《广州中院上线“域外法查明通”平台，破解域外法查明难问题》，https://www.gdzf.org.cn/xbsy/znzf/content/post_111094.html，访问时间：2024 年 2 月 18 日。

⑤ 2023 年 10 月 11 日，最高院发布了《关于为广州南沙深化面向世界的粤港澳全面合作提供司法服务和保障的意见》，其第 15 条中规定：“加强域外法查明统一平台建设，支持广州法院完善域外法查明平台建设机制，深化全国涉外审判裁判文书资源共享，支持广州法院加强域外法律及案例资源库建设。拓展域外法律查明有效途径，建立健全与‘一带一路’域外法查明（广州）中心等第三方机构常态化合作机制，支持港澳专家在南沙法院出庭提供法律查明协助。”

⑥ 浙江省杭州市钱塘区人民法院于 2023 年 1 月 31 日作出的（2022）浙 0114 民初 959 号民事判决书。

⑦ FBA 亚马逊：全称为 Fulfillment By Amazon，指亚马逊提供的仓储配送服务，包括仓储，打包，配送，收款以及售后。

杭州公司萧山工厂至广州公司宁波仓储的货物运输及仓储服务；（2）从宁波将杭州公司货物运送至美国，再运送至亚马逊仓库；（3）在美国为杭州公司从亚马逊仓库退货提供仓储、理货、派送服务。

2019年1月至2021年8月期间，双方交易方式为：广州公司提供相应服务后，提交账单给杭州公司确认，双方确认无误后，广州公司开具发票，杭州公司再支付相关费用。自2019年起至2021年8月初，双方按照上述交易模式支付多笔款项。

2021年8月26日，杭州公司对广州公司提交的8月份账单金额进行确认并要求开票，广州公司于2021年9月3日开票，但杭州公司未支付。

2021年10月21日，广州公司提出后续交易不再垫款，需预付费用后再交易，杭州公司未同意。

2021年11月16日，杭州公司确认了9—11月份账单，并要求广州公司开票。但由于双方对付款日期未达成一致，广州公司未开具发票，并留置了杭州公司的货物，杭州公司也未付款。

随后，广州公司提起诉讼，要求杭州公司支付拖欠的运输费、仓储费等费用；杭州公司提起反诉，主张案涉货物具有季节性，因广州公司扣货错过黑五销售旺季，并要求广州公司支付因此造成的损失。

经审理，法院最终部分支持广州公司的诉讼请求，驳回了杭州公司的诉讼请求。

【争议焦点】

本案的争议焦点是：1. 广州公司是否有权主张运输费、仓储费等各项费用？2. 杭州公司是否有权主张因扣留货物造成的货物损失？

【裁判观点】

法院认为，广州公司和杭州公司之间成立了包含运输、仓储、货运代理等复合型的合同关系，但未签订书面合同对各自的权利义务进行约定。本案中，2021年8月之前，双方始终按照稳定的交易模式履行合同，应当认定为交易习惯。在没有其他约定的情况下，双方应按照交易习惯履行。

根据查明事实，双方开票后付款周期平均为32天。2021年10月，广州公司提出变更费用结算方式，但双方未达成合意，仍应按交易习惯履行。据此，关于2021年8月的费用，双方已完成对账并开票，杭州公司应予支付；关于2021年9—11月的费用，广州公司未开票，付款条件未成就，杭州公司有权拒绝支付；关于因留置货物产生的临时仓储费，该费用系因广州公司违反交易习惯处理货物导致，广州公司无权主张。

关于杭州公司主张的货物损失，货物是否能够销售取决于多种因素，杭州公司未能证明损失系广州公司造成，因此不予支持。

【纠纷观察】

近年来，我国跨境电商行业发展迅速，成为我国对外贸易增长的新引擎。但是与传统对外贸易不同，跨境电商业务模式多样，且往往涉及多方主体，这就导致其中法律关系和纠纷相较传统贸易更为复杂，既涉及正常交易中的买卖合同关系、运输合同关系、货运代理关系，也涉及与第三方平台之间的服务合同关系、与第三方支付机构之间的结算、清算合同关系等。本案中所涉海外仓系企业在境外通过自建或租用，分批将货物发往国外仓库，实现本地销售、本地配送的跨境电商模式，是外贸新业态新模式的重要组成部分。

本案中，广州公司按照杭州公司的指示，负责提供货物从境内工厂到境外海外仓的运输、仓储、理货、退换货等综合服务，双方之间存在复合型的合同关系。[①]该种模式下，由于案涉货物始终处于服务提供者实际控制下，其相较于货主享有天然的信息优势。一旦发生纠纷，货主往往难以举证。如果当事人并未签订合同或对于具体事项缺乏明确约定，则其举证将更加困难。因此，跨境电商经营者需要尽可能加强对货物的控制并明确双方之间的权利义务关系。

四、热点问题观察

（一）出口管制和制裁问题依旧突出

在地区冲突不断，大国博弈日渐激烈的背景下，出口管制与经济制裁在全球政治经济格局中扮演着越发重要的角色。2023 年，美国继续加大出口管制和经济制裁的监管措施，受地缘政治影响，多个国家也采取了更为严格的出口管制政策，加强对关键技术和物项的出口管制。对于中国企业来说，以出口管制和经济制裁

---

① 以海外仓业务为例，根据跨境物流合作方式的不同，可能构成不同的法律关系。例如，在宁波海事法院审理的（2022）浙 72 民初 1610 号海上货运代理合同纠纷案中，法院认定当事人之间属于海上货运代理合同关系。在浙江省高级人民法院审理的（2023）浙民终 336 号海上、通海水域货运代理合同纠纷案中，法院认定当事人之间属于多式联运合同关系。在某些案件中，法院并未就案涉合同性质进行准确定性，而是简单概括为（海上）合同纠纷，如在上海海事法院审理的（2021）沪 72 民初 1897 号海商合同（物流）纠纷案中，法院认为案涉合同系“具有全程物流合同特征的海商合同”。

为主的跨境合规风险依旧突出。

在出口管制方面，美国加大对华高科技领域的出口管制，重点打击半导体、芯片、量子计算、人工智能等我国着力发展的高科技行业，力图限制我国企业获取相关美国产品、技术和软件，遏制我国高精尖技术的发展。2023 年 10 月，美国商务部下属的工业与安全局（以下简称 BIS）发布了《加强对先进计算半导体、半导体制造设备和超级计算物项出口到有关国家的限制》，[①] 进一步加严了关于人工智能相关芯片、半导体制造设备的对华出口限制。[②] 与此同时，美国在 2023 年继续将大量中国实体和个人列入实体清单。[③] 除了加强对我国高科技领域的出口管制外，美国还积极同盟国开展合作，意图全方位打击我国高科技产业发展。2023 年初，美国与荷兰、日本两国达成协议，限制向中国出口制造先进半导体所需的设备。[④] 此后，日本和荷兰陆续修改了出口管制法律法规和物项管制清单，

---

① BIS: "Commerce Strengthens Restrictions on Advanced Computing Semiconductors, Semiconductor Manufacturing Equipment, and Supercomputing Items to Countries of Concern", https://www.bis.doc.gov/index.php/documents/about-bis/newsroom/press-releases/3355-2023-10-17-bis-press-release-acs-and-sme-rules-final-js/file，访问时间：2024 年 2 月 22 日。

② 人民网：《商务部回应美方发布对华半导体出口管制最终规则》，http://finance.people.com.cn/n1/2023/1018/c1004-40098288.html，访问时间：2024 年 2 月 22 日。

③ 例如，（1）当地时间 2023 年 4 月 23 日，BIS 将亿商网络（深圳）有限公司等在内的 12 家中国实体列入实体清单。Federal Register: "Additions and Revisions of Entities to the Entity List A Rule by the Industry and Security Bureau on 04/17/2023", https://www.federalregister.gov/documents/2023/04/17/2023-07840/additions-and-revisions-of-entities-to-the-entity-list，访问时间：2024 年 2 月 22 日。（2）当地时间 2023 年 6 月 14 日，BIS 将中国航空工业集团 612 研究所在内的 31 家中国实体列入实体清单。Federal Register: "Additions of Entities to the Entity List and Removal of Entity From the Entity List A Rule by the Industry and Security Bureau on 06/14/2023", https://www.federalregister.gov/documents/2023/06/14/2023-12726/additions-of-entities-to-the-entity-list-and-removal-of-entity-from-the-entity-list，访问时间：2024 年 2 月 22 日。（3）当地时间 2023 年 9 月 27 日，BIS 将中国科学院国家天文台南京天文光学技术研究所在内的 10 家中国企业以及 1 名中国自然人列入实体清单。Federal Resister: "Addition of Entities and Revision to Existing Entities on the Entity List; Removal of Existing Entity From the Military End User List A Rule by the Industry and Security Bureau on 09/27/2023", https://www.federalregister.gov/documents/2023/09/27/2023-21080/addition-of-entities-and-revision-to-existing-entities-on-the-entity-list-removal-of-existing-entity，访问时间：2024 年 2 月 22 日。

④ 中国新闻网：《美日荷达成协议将限制向中国出口相关半导体设备？中方回应》，https://www.chinanews.com.cn/gn/2023/01-30/9944068.shtml，访问时间：2024 年 3 月 6 日。

加强了对半导体行业的管控。[①] 随着美国及其盟国多边协同趋势的加强，除美国出口管制限制以外，中国企业还可能面临其他国家或地区相似政策的出口管制影响。

在经济制裁方面，美国 2023 年度实施的经济制裁活动依旧活跃。美国财政部公开信息显示，美国财政部下属的海外资产控制办公室（以下简称 OFAC）管理的现行有效的制裁项目共计 38 个，其中 30 个项目在 2023 年度进行了更新。[②] 总体来看，俄罗斯依旧是美国经济制裁的重点对象，美国频繁地将大量俄罗斯个人和企业列入特别指定国民清单（以下简称 SDN 清单），并加大对规避俄罗斯制裁行为的打击力度。另外，为进一步削弱俄罗斯的军事能力，美国对第 14024 号行政令进行了修订，新增对促成俄罗斯特定军工行业重大交易的外国金融机构的次级制裁规定。

2023 年，中国在出口管制和经济制裁方面均采取了相应举措。一方面，如前所述，中国在自贸区对两用物项出口管制进行试点，增加了对商用密码出口管制的规定，并加强了对镓、锗相关物项以及无人机等特定技术和产品的出口管制，中国的出口管制体系逐步完善，反映出中国政府在尖端科技、高端制造和战略性资源等方面的关注，也彰显出中国政府在维护技术安全和国家利益方面的坚定信念。另一方面，美国 2023 年对华制裁持续升级，将大量中国个人和实体列入 SDN

---

① 例如，（1）2023 年 3 月 31 日，日本政府宣布修改《外汇及对外贸易法》，计划扩大半导体制造设备出口管制范围，涉及 6 个大类 23 种设备。新增的 23 个品类产品除了面向 42 个国家和地区之外，向其他地区出口都需要获得个别许可。日本企业在涉及该领域产品对华出口时，须获得日本经济产业大臣审批的单独许可证后方可对华实施出口，该单独许可证所需申请文件类型包括证明用户业务资质、出口产品用途、用户承诺文件等资料。2023 年 7 月 23 日，该管制措施正式实施。央视网：《中国半导体行业协会就日方计划扩大半导体制造设备出口管制范围发布严正声明》，https://news.cctv.com/2023/04/29/ARTIPDQm1QT0uuYxfcnyIknL230429.shtml，访问时间：2024 年 1 月 30 日。商务部外贸发展事务局：《日本贸易指南（2023）》，https://www.tdb.org.cn/u/cms/www/202309/28153525kb1x.pdf，访问时间：2024 年 1 月 30 日。（2）2023 年 6 月 30 日，荷兰政府发布《先进半导体生产设备法规》，对《欧盟两用物项管制清单》中未列管的部分半导体生产设备实施管制措施。该法规于 2023 年 9 月 1 日生效。该措施要求荷兰半导体设备厂商将指定半导体生产设备出口到欧盟以外的目的地，须申请出口许可。中国国际贸易促进委员会北京市分会：《荷兰出于国家安全 对先进半导体生产设备实施出口管制》，http://www.ccpitbj.org/web/static/articles/catalog_40fcc036830c53550183597640d5026e/article_40fcc036830c535501891ff2fd7530f2/40fcc036830c535501891ff2fd7530f2.html，访问时间：2024 年 1 月 30 日。

② OFAC, “Sanctions Programs and Country Information”, https://ofac.treasury.gov/sanctions-programs-and-country-information，访问时间：2024 年 2 月 5 日。

清单。面对美国制裁措施的升级和滥用，中国加强了制裁和反制裁措施的实践，使之逐步走向制度化。中国外交部网站的政府信息公开栏目项下新增“反制裁清单和措施”这一板块，[①] 意味着反制裁措施的采取已成为中国政府信息公开的常态化内容，反映出中国政府维护国家主权和利益的坚定决心。司法实践中，法院也为当事人通过司法途径应对制裁风险提供司法保障，例如，在“中国企业被外国制裁遭拒签提单案”中，上海海事法院依法开具海事强制令，支持中国企业要求外国承运人出具提单的合法诉求。[②] 与此同时，中国政府在 2023 年多次运用反制措施对美国反华议员、机构及其负责人进行了有效反击。[③]

伴随着科技竞争的加剧以及地缘政治引发的贸易风险持续增加，中国企业面临的出口管制和经济制裁风险依旧突出。对此，相关中国企业要继续高度重视并积极采取应对措施。第一，企业可以全面评估自身面临的出口管制和制裁风险，建立有效的合规体系并确保其有效实施；第二，企业可以密切关注中国和美欧等主要国家的出口管制政策变化，确保进出口活动符合相关法律规定；第三，企业可以采取多种措施应对经济制裁风险，例如，加强对交易伙伴的尽职调查和黑名单筛查工作、谨慎开展涉高风险国家 / 地区以及涉黑名单主体的交易活动、制定风险处置预案以便妥善应对美方执法调查等制裁风险事件。

（二）气候变化议题对贸易政策的影响进一步增加

气候变化是当今世界面临的最严峻挑战之一。《联合国气候变化框架公约》、《京都议定书》和《巴黎协定》的签署，确立了发达国家与发展中国家在应对气候

---

① 外交部：《政府信息公开》，http://new.fmprc.gov.cn/web/wjb_673085/zfxxgk_674865/gknrlb/fzcqdcs/，访问时间：2024 年 2 月 5 日。

② 《上海两院工作报告信息量很大》，载微信公众号“上海高院”，访问时间：2024 年 3 月 7 日。该案具体细节可参见上海海事法院（2023）沪 72 行保 7 号非诉审查保全裁定书。

③ 例如，（1）2023 年 4 月 7 日，中国外交部首次运用外交部令的形式发布反制措施，对美国哈德逊研究所、里根图书馆及其负责人采取反制措施。外交部：《关于对美国哈德逊研究所、里根图书馆及其负责人采取反制措施的决定》，https://www.mfa.gov.cn/web/wjb_673085/zfxxgk_674865/gknrlb/fzcqdcs/202304/t20230407_11055802.shtml，访问时间：2024 年 1 月 30 日。（2）2023 年 4 月 13 日，中国外交部对美国反华议员迈克·麦考尔采取反制措施。外交部：《关于对美国反华议员迈克·麦考尔采取反制措施的决定》，http://new.fmprc.gov.cn/web/wjb_673085/zfxxgk_674865/gknrlb/fzcqdcs/202304/t20230413_11058780.shtml，访问时间：2024 年 1 月 30 日。

变化问题上“共同但有区别的责任”[①]，以及“国家自主贡献”的原则[②]。截至2023年9月，全球已有150多个国家做出了碳中和承诺，出台了大量能源转型和减排政策。[③]

2023年5月17日，欧盟的《碳边境调节机制条例》正式生效。[④]碳边境调节机制（CBAM）是一种针对进口货物的碳排放进行定价的政策工具。它要求进口商在进口欧盟境外生产的特定货物时，根据该货物在生产过程中的二氧化碳等温室气体排放的数量，向欧盟额外支付一笔款项（该笔款项也被称为碳关税）。2023年10月1日至2025年底为CBAM实施的过渡期。在过渡期内，进口商应按照CBAM要求报告商品中的碳排放量，但不必支付碳关税。2026年CBAM正式实施后，欧盟进口商则需购买与在欧盟碳价规则下生产商品中应付碳价相应的CBAM证书。如果非欧盟生产商能够证明自己已在第三国为进口产品的生产支付了碳价，则相应的费用可以从CBAM项下付款义务中全额扣除。CBAM目前涉及的行业有水泥、

① 《联合国气候变化框架公约》第3条规定：“各缔约方在为实现本公约的目标和履行其各项规定而采取行动时，除其他外，应以下列作为指导：1.各缔约方应当在公平的基础上，并根据它们共同但有区别的责任和各自的能力，为人类当代和后代的利益保护气候系统。因此，发达国家缔约方应当率先对付气候变化及其不利影响。2.应当充分考虑到发展中国家缔约方尤其是特别易受气候变化不利影响的那些发展中国家缔约方的具体需要和特殊情况，也应当充分考虑到那些按本公约必须承担不成比例或不正常负担的缔约方特别是发展中国家缔约方的具体需要和特殊情况……5.各缔约方应当合作促进有利的和开放的国际经济体系，这种体系将促成所有缔约方特别是发展中国家缔约方的可持续经济增长和发展，从而使它们有能力更好地应付气候变化的问题。为对付气候变化而采取的措施，包括单方面措施，不应当成为国际贸易上的任意或无理的歧视手段或者隐蔽的限制。”《巴黎协定》进一步重申了这一原则。

② 《巴黎协定》第2条第1款规定：“本协定在加强《公约》，包括其目标的履行方面，旨在联系可持续发展和消除贫困的努力，加强对气候变化威胁的全球应对，包括：（一）把全球平均气温升幅控制在工业化前水平以上低于2℃之内，并努力将气温升幅限制在工业化前水平以上1.5℃以内，同时认识到这将大大减少气候变化的风险和影响……”第3条规定，“作为全球应对气候变化的国家自主贡献，所有缔约方将采取并通报第四条、第七条、第九条、第十条、第十一条和第十三条所界定的有力度的努力，以实现本协定第二条所述的目的”。第4条第1款规定，“在本世纪下半叶实现温室气体源的人为排放与汇的清除之间的平衡”。

③ 清华大学碳中和研究院：《2023全球碳中和年度进展报告》，https://www.cntracker.tsinghua.edu.cn/report，访问时间：2024年3月11日。

④ EUR-Lex: Regulation (EU) 2023/956 of the European Parliament and of the Council of 10 May 2023 establishing a carbon border adjustment mechanism (Text with EEA relevance), https://eur-lex.europa.eu/legal-content/EN/TXT/?uri=uriserv%3AOJ.L_.2023.130.01.0052.01.ENG&%3Btoc=OJ%3AL%3A2023%3A130%3ATOC，访问时间：2024年3月11日。

钢铁、铝、化肥、电力、氢，未来涉及的行业范围会进一步扩大。[①]

欧盟表示，收取碳关税的目的是防止碳泄漏[②]，确保欧盟气候政策的有效性，补充和加强欧盟的碳排放交易体系，有助于全球脱碳以及欧盟 2050 年实现气候中和。[③]我国学者总结，以七国集团（G7）为代表的发达国家对 CBAM 普遍持支持或开放态度，而发展中国家普遍持质疑或强烈反对态度。[④]如前所述，“共同但有区别的责任”和“国家自主贡献”原则是解决气候问题的基石，CBAM 通过要求第三国采取与欧盟类似的碳定价体系为其出口产品取得豁免，将欧盟的排放标准单方面强加于第三国，并不符合前述原则。早在 2009 年，部分国家和组织提议实施碳关税制度时，我国政府就表示，碳关税制度违反 WTO 的基本规则，是以环境保护为名，行贸易保护之实。[⑤]2021 年 7 月，中华人民共和国生态环境部指出，CBAM 本质上是一种单边措施，既违反 WTO 规则，也不符合《联合国气候变化框架公约》及《巴黎协定》的原则和要求。[⑥]2023 年 3 月，中国在 WTO 贸易与环境委员会的会议上建议就 CBAM 开展多边专题讨论，受到 WTO 成员的广泛关注。[⑦]

除此之外，在气候议题备受关注的当下，清洁能源产业已被视为大国博弈中的战略性产业。美国于 2022 年出台《通胀削减法案》，根据该法案，联邦政府预计在

---

① European Commission Taxation and Customs Union: “Carbon Border Adjustment Mechanism (CBAM) Questions and Answers (Last updated on 28 February 2024)”, https://taxation-customs.ec.europa.eu/carbon-border-adjustment-mechanism_en，访问时间：2024 年 3 月 13 日。

② 所谓的“碳泄漏”是指，由于欧盟的碳排放政策较为严格，欧盟企业会把碳密集型生产活动转移至欧盟境外，从欧盟境外较宽松的环境标准中获益，或者通过进口碳密集型产品来取代欧盟本土产品。

③ 欧盟委员会税务与海关总司：《碳边境调节机制（CBAM）欧盟进口碳定价的绿色新方法》，https://www.eeas.europa.eu/sites/default/files/documents/2023/CBAM%20general%20presentation_2023-11-16_CN.pdf, last visit on March 13, 2024。

④ 屠新泉、金兴雪、秦若冰：《欧盟碳边境调节机制及其贸易影响分析》，载《东南学术》2023 年第 5 期。

⑤ 商务部：《商务部就碳关税问题发表谈话：违反 WTO 的基本规则》，https://www.gov.cn/gzdt/2009-07/03/content_1356241.htm，访问时间：2024 年 3 月 12 日。

⑥ 生态环境部：《生态环境部召开 7 月例行新闻发布会》，https://www.mee.gov.cn/ywdt/zbft/202107/t20210726_851421.shtml，访问时间：2024 年 3 月 13 日。

⑦ 商务部：《世贸组织讨论环境政策贸易影响中方提案受关注》，http://chinawto.mofcom.gov.cn/article/ap/o/202303/20230303399438.shtml，访问时间：2024 年 3 月 13 日。

气候和清洁能源领域投资 3690 亿美元。[①] 欧盟则于 2023 年 2 月推出绿色协议产业计划。[②] 作为该计划的一部分，欧盟委员会于 2023 年 3 月 16 日发布了《净零工业法案》的提案，旨在确保到 2030 年欧盟本土战略性净零技术 [③] 的生产能力能够满足或接近欧盟年需求的 40%。[④] 此外，欧盟委员会于 2023 年 10 月 4 日决定正式启动对华电动汽车反补贴调查程序。[⑤] 这是自 2012 年光伏案之后，欧盟再次对中国的清洁能源产业发起的反补贴调查，也是首次针对中国的电动汽车行业进行的反补贴调查。2024 年 2 月 16 日，欧盟委员会又宣布对中车青岛四方机车车辆股份有限公司（以下简称中车青岛公司）发起反补贴深入调查。这是自欧盟《关于外国补贴扭曲欧盟内部市场的条例》于 2023 年 7 月 12 日正式施行以来，欧盟委员会依据该新规发起的首次深入调查。欧盟认为，中车青岛公司参与的保加利亚一项电动列车公共采购招标项目中可能存在利用外国补贴“扭曲”欧盟内部市场的现象。[⑥]

可见，欧盟一方面以保护环境为名，出台 CBAM 制度，对进口自非欧盟国家和地区的碳密集产品加收碳关税；另一方面则在加大对本区域内清洁能源产业扶持力度的同时，对进口自中国的电动汽车和电动列车采取反补贴措施。这些政策反映出欧盟贸易保护主义抬头和营商环境政治化的趋势。

近年来，贸易政策在气候问题和能源转型中的作用属于热点问题。2023 年 12 月 2 日，在迪拜举行的第 28 届联合国气候变化大会（COP28）上，WTO 秘书处发

---

① 清华五道口国际金融与经济研究中心：《美国〈2022 年通胀削减法案〉文本梳理汇总（下）》，https://cifer.pbcsf.tsinghua.edu.cn/info/1109/2549.htm，访问时间：2024 年 3 月 13 日。

② European Commission: The Green Deal Industrial Plan, https://commission.europa.eu/strategy-and-policy/priorities-2019-2024/european-green-deal/green-deal-industrial-plan_en，访问时间：2024 年 3 月 11 日。

③ 《净零工业法案》附件中列举的清洁技术包括：太阳能光伏和太阳能热技术、陆上风电和海上可再生能源技术、电池 / 储能技术、热泵和地热能技术、电解器和燃料电池、可持续生物气 / 生物甲烷技术、碳捕集和储存（CCS）技术、电网技术。

④ EUR-Lex: “Proposal for a REGULATION OF THE EUROPEAN PARLIAMENT AND OF THE COUNCIL on establishing a framework of measures for strengthening Europe’s net-zero technology products manufacturing ecosystem (Net Zero Industry Act)”, https://eur-lex.europa.eu/legal-content/EN/TXT/HTML/?uri=CELEX：52023PC0161，访问时间：2024 年 3 月 11 日。

⑤ EUR-Lex: “Notice of initiation of an anti-subsidy proceeding concerning imports of new battery electric vehicles designed for the transport of persons originating in the People’s Republic of China”, https://eur-lex.europa.eu/eli/C/2023/160/oj，访问时间：2024 年 2 月 22 日。

⑥ European Commission: “Commission launches first investigation under Foreign Subsidies Regulation”, https://public-buyers-community.ec.europa.eu/news/commission-launches-first-investigation-under-foreign-subsidies-regulation，访问时间：2024 年 2 月 21 日。

布了一套包括10项内容的“气候行动贸易政策工具”[①]，为各国政府实现全球气候目标提供了支持。[②]在WTO于2023年6月举办的贸易与环境周中，我国在日内瓦世贸组织总部举办了“能源转型及贸易政策贡献”研讨会，以中国能源转型历程和前景展望为切入点，探讨如何通过优化国际贸易环境为全球能源低碳发展做出贡献。[③]然而，气候议题也屡屡成为部分经济体推行贸易保护主义的工具，现行的多边贸易规则也被诟病阻碍能源转型的目标[④]。在这一背景下，如何应对以气候目标为借口的贸易保护主义，如何使多边贸易规则和各国贸易政策更好地促进气候目标变化的实现，仍将在未来一段时间备受关注。

五、总结与展望

2023年，世界经济在疫情之后复苏乏力，经济全球化遭遇逆流，地缘冲突影响外溢，全球产业链供应链加速重构，国际贸易持续低迷，国际贸易壁垒增多。面对这样严峻复杂的外部形势，中国外贸承压前行、总体平稳，展现出较强的发展韧性和创新活力，为国民经济持续恢复向好做出了积极贡献。[⑤]

整体而言，2023年，我国对外贸易的平稳发展主要得益于以下几个方面：

其一，我国始终坚持高水平开放原则，积极参与区域经济合作。一方面，我

---

① 这些贸易政策包括：（1）引入贸易便利化措施，减少与烦琐的边境海关程序相关的温室气体排放；（2）实施绿色政府采购政策；（3）采用国际标准，在升级能源效率法规时避免碎片化；（4）审查对气候相关服务提供者的法规和限制，以支持减缓和适应气候变化的努力；（5）重新平衡进口关税，增加低碳技术的引入；（6）改革对环境有害的补贴，为气候行动释放额外资源；（7）促进和增加贸易融资，以支持气候相关技术和设备的推广；（8）通过放宽粮食贸易，改善粮食和农业市场的运作方式，支持适应和减缓气候变化；（9）加强卫生和植物检疫系统，以保护经济免受病虫害和其他因气候变化而加剧的相关风险的传播；（10）加强与气候相关的内部税收的协调，包括碳定价和同等政策，以减少政策碎片化和合规成本。

② WTO: “WTO Secretariat launches trade policy toolkit at COP28 to support action on climate goals”, https://www.wto.org/english/news_e/news23_e/publ_02dec23_e.htm，访问时间：2024年3月11日。

③ 中国政府网：《中方在世贸组织举办“能源转型及贸易政策贡献”研讨会》，https://www.gov.cn/yaowen/liebiao/202306/content_6886253.htm，访问时间：2024年3月13日。

④ Henok Asmelash: “The Role of International Trade Law in the Energy Transition”, https://brill.com/view/journals/jwit/24/6/article-p847_2.xml?ebody=full%20html-copy1，访问时间：2024年2月25日。

⑤ 商务部国际贸易经济合作研究院：《中国对外贸易形势报告（2022年秋季）》，https://www.caitec.org.cn/upfiles/file/2023/10/20231122154806544.pdf，访问时间：2022年1月19日。

国积极对接国际高标准经贸规则，大力建设更高开放水平的自由贸易区，为加入CPTPP 与 DEPA 等国际协定创造更成熟的机会；另一方面，我国继续积极实施“一带一路”倡议，签署多个自贸协定，推进 RCEP 的实施，为我国企业和自贸伙伴带来了诸多红利。

其二，我国系统性加强了涉外法方面的立法和司法建设，为保障我国企业应对复杂多变的国际形势提供了法律保障与支持。在立法方面，《对外关系法》明确了我国在国际贸易中的基本原则，为反制裁相关法律规定提供了理论基础，《国家豁免法》则明确了主权国家在商业性国际贸易案件中能够成为诉讼主体，扩大了我国法院的管辖范围。在司法方面，各地法院积极应对国际贸易中发生的新问题，在具体案件中积极查明和适用域外法，体现了我国法院积极适应新的国际和国内形势，积极与国际接轨，公平合理解决纠纷的宗旨。

其三，我国积极顺应全球能源转型的大趋势。为应对气候变化，实现《巴黎协定》所规定的目标，国际社会近年来都在积极推进能源转型。近年来，在国家的支持下，我国可再生能源产业得到了长足的发展，我国企业生产的新能源汽车、锂电池、光伏产品“新三样”的出口增速亮眼。

然而，未来几年，国际形势仍不乐观，国际贸易泛政治化，贸易保护主义和单边主义盛行的情况，短期内并不会消失，我国在国际贸易领域仍面对诸多挑战。首先，主要经济体之间的地缘政治经济关系不稳定，部分国家以所谓国家安全和意识形态为借口，推行脱钩、断链、友岸外包、近岸外包等，全球供应链布局从侧重成本、效率、科技因素转向侧重安全、稳定、政治因素。① 这样的情况在未来一段时间内仍将持续，全球经贸碎片化进一步加剧。其次，受贸易保护主义、地缘政治冲突等因素影响，贸易壁垒将进一步增加，这既包括传统的反倾销、反补贴等贸易限制措施，又包括近年来出现的碳关税等绿色贸易壁垒，以及不断升级的出口管制与制裁措施。这种情况显然不利于国际贸易的稳定通畅，制约着全球经济复苏。以上这些情况，将会给我国企业从事国际贸易业务增加大量的合规成本，带来更多不确定性。在国际贸易国内立法和司法裁判领域，新问题仍将频频发生，给我国的立法和司法机关带来更多挑战。此外，如何通过对多边贸易规则的完善，建立更为自由、稳定、公平、公正、透明、可持续发展的贸易环境，仍需各经济体、国际社会各方面力量共同的努力和探索。

---

① 商务部国际贸易经济合作研究院：《中国对外贸易形势报告（2022 年秋季）》，https://www.caitec.org.cn/upfiles/file/2023/10/20231122154806544.pdf，访问时间：2022 年 1 月 19 日。

中国金融争议解决年度观察（2024）

胡宇翔　魏朦璐[①]

一、概述

过去一年，在服务实体经济、防控金融风险、推进金融高质量发展的基础上，金融行业稳步发展。

以《中华人民共和国公司法》（2023 修订）（以下简称新《公司法》）、《最高人民法院关于适用〈中华人民共和国民法典〉合同编通则若干问题的解释》（以下简称《合同编通则解释》）为代表的法律法规及司法解释，对金融争议解决产生了广泛而深远的影响。

以北京仲裁委员会 / 北京国际仲裁中心（以下简称北仲）为代表的各地仲裁机构和以金融法院为代表的各级人民法院，在过去一年作出了一系列具有开创性、典型性的裁决和判决，为金融争议解决领域提供了很好的裁判指引，也对金融行业的健康发展提供了有益的参考。

“认人还是认章”“督导券商的责任”“托管人义务的边界”等问题成为行业内的热点问题，引发学者和实务人士的广泛讨论。

纵观中国金融争议解决领域一整年的发展，以下动向值得重点关注：

---

① 胡宇翔，北京卓纬律师事务所管委会委员、争议解决部执行主任、中国人民大学法学院法律硕士实务导师。魏朦璐，北京卓纬律师事务所资深律师。

北京仲裁委员会仲裁员、中国仲裁法学研究会金融专委会主任卜祥瑞先生为本文提出了宝贵的专业建议，在此深表感谢。

（一）金融法治和金融审判工作受到党中央、最高人民法院的高度重视

2023年召开的中央金融工作会议指出，要加强金融法治建设，及时推进金融重点领域和新兴领域立法，为金融业发展保驾护航。①

2023年1月，最高人民法院（以下简称最高院）召开了全国法院金融审判工作会议，周强发表了《建设公正高效权威的中国特色现代金融审判体系 为推进中国式现代化提供有力司法服务》的讲话，该讲话总结了新时代10年金融审判工作的发展实践和基本经验，提出了新时代新征程金融审判工作面临的形势任务，要求全面推进新时代新征程金融审判工作高质量发展。②

在全国法院金融审判工作会议中，刘贵祥亦发表了《关于金融民商事审判工作中的理念、机制和法律适用问题》的讲话，就进一步深化对金融审判理念的认识问题、完善金融审判工作机制问题、金融监管规章在金融民商事审判中的适用问题、金融借款等传统金融纠纷案件的法律适用问题、融资担保纠纷案件的法律适用问题、有效治理“逃废债”的法律适用问题以及金融民刑交叉案件审理问题作出指引。③

以上政策方面的动向为金融争议解决领域提供了非常有价值的指引。

（二）多地成立金融审判法庭，金融审判呈现集约化、专业化、精细化的特征

2023年，多地法院成立金融法庭（如太原④、上饶⑤、保定⑥等），统一负责审理

① 新华社：《中央金融工作会议在北京举行 习近平李强作重要讲话》，https://www.gov.cn/yaowen/liebiao/202310/content_6912992.htm?slb=true，访问时间：2024年3月14日。

② 周强：《建设公正高效权威的中国特色现代金融审判体系 为推进中国式现代化提供有力司法服务》，https://www.chinacourt.org/article/detail/2023/01/id/7096240.shtml，访问时间：2024年3月14日。

③ 刘贵祥：《关于金融民商事审判工作中的理念、机制和法律适用问题》，载《法律适用》2023年第1期，第10—22页。

④ 太原市中级人民法院：《全省首家｜太原金融法庭今日挂牌！》，https://sxtyzy.shanxify.gov.cn/article/detail/2023/12/id/7692961.shtml，访问时间：2024年3月14日。

⑤ 江西法院网：《上饶挂牌成立金融法庭为社会经济高质量发展提供有力司法保障》，http://jxgy.jxfy.gov.cn/article/detail/2023/09/id/7612921.shtml，访问时间：2024年3月1日。

⑥ 保定市人民政府：《能动司法服务营商环境 打造金融纠纷解决“优选地”》，https://www.baoding.gov.cn/xwfbhcon-1061-415041.html，访问时间：2024年3月14日。

金融商事案件。部分法院还倡导“专案专审、难案精审”，注重金融审判实践问题的针对性研究。[①]

在金融案件中，以证券虚假陈述、管理人责任为代表的案件进一步体现专业化和精细化审判的特点。裁判者在遵循法律逻辑的同时，更加关注金融交易的结构和特点，顺应金融交易的基本逻辑，确定各方责任时更加精细，摒弃“一刀切”的处理方式。

（三）监管与审判协同进一步深入，穿透式审判理念继续深入

2023 年初，最高院在全国法院金融审判工作会议上重点强调了金融治理协同观念。[②] 过去一年中，金融监管和金融司法的协同治理更为密切，呈现出从个案调整到常态化的总体趋势。

当前日渐严格的监管政策之下，金融司法理念对于金融交易的创新持更为严谨的态度、对金融机构的责任认定更为严格。监管政策的进一步趋严，使得穿透式审判理念进一步深入，在识别合同性质、评价合同效力、分配法律责任问题上均有所体现。

（四）压实金融机构责任，促进金融机构规范展业

过去一年中，金融争议解决领域涌现了诸多热点、知名案件，大多涉及金融机构的责任承担。各地仲裁委和人民法院更加注重对金融机构法定义务、约定义务履行情况的详细审查，在银行、信托、证券等领域体现得尤为明显。具体案件中，金融机构是否违反相关监管规定或行业规范性文件，金融机构的作为或不作为与损失之间是否存在因果关系，往往成为相关案件的争议焦点。

（五）金融消费者保护力度进一步增强

金融消费者保护类案件从此前集中于银行、保险类案件，逐渐扩展至信托、基金、证券类案件。涉案的金融消费者从普通消费者逐渐向高净值人士扩张。该等扩张，既与经济周期性因素有关，亦与金融消费者保护力度相关。

---

① 福建法院网：《聚焦金融审判 助力城区发展》，https://fjfy.fjcourt.gov.cn/article/detail/2018/04/id/3255788.shtml，访问时间：2024 年 3 月 14 日。

② 中国法院网：《周强：建设公正高效权威的中国特色现代金融审判体系 为推进中国式现代化提供有力司法服务》，https://www.chinacourt.org/article/detail/2023/01/id/7096240.shtml，访问时间：2024 年 3 月 14 日。

在证券集体诉讼领域，中证中小投资者服务中心有限责任公司代表 7195 名适格投资者获 2.8 亿余元全额赔偿，成为涉科创板上市公司特别代表人诉讼和中国证券集体诉讼和解第一案，在金融消费者保护领域具有里程碑意义。[①]

（六）更加注重股东和公司利益保护

在金融争议解决领域，印章效力规则、越权代表及职务代理等规则的更新和变化，均呈现强化股东和公司利益保护的趋势，对包括债权人在内的交易相对方赋予更严格的审查义务和举证责任。该等变化，一方面将促进金融行业债权人合规审慎开展交易，另一方面也有助于稳定交易预期、促进交易规范有序。

（七）风险处置问题横亘金融机构内外部，风险化解问题成为新主题

金融机构外部所面临的风险处置问题在 2023 年着重体现为以“中植系”[②]“恒大系”[③]为代表的巨型企业破产事件。此外，A 股市场超过 20 家上市公司（被）申请破产重整或预重整[④]，亦引起各界对金融机构外部风险的思考。在此背景下，在金融机构作为债权人主动起诉的案件中，被执行人清偿能力不足或进入破产程序的情形越来越多，金融机构的债权清收在程序和结果上均受到不同程度的影响，处置债权的流程复杂、周期变长、难度增加。

就金融机构内部而言，包括中融信托、华夏人寿、易安财险、天安财险、天安人寿在内的多家金融机构因出现重大风险，或被监管机构接管，或面临债务重组[⑤]。金融机构在处置自身风险时，可能涉及集中管辖、行民交叉、刑民交叉等一系列复杂的法律问题，引发市场的广泛关注。

---

① 人民法院报：《中国证券集体诉讼和解第一案生效》，https://www.chinacourt.org/article/detail/2024/01/id/7765480.shtml，访问时间：2024 年 3 月 14 日。

② 上海证券报：《“中植系”终局 法院正式受理中植集团破产清算》，https://company.cnstock.com/company/scp_gsxw/202401/5173057.htm，访问时间：2024 年 3 月 14 日。

③ 中国恒大集团，“WINDING UP OF THE COMPANY; APPOINTMENT OF JOINT AND SEVERAL LIQUIDATORS; AND SUSPENSION OF TRADING”，https://www1.hkexnews.hk/listedco/listconews/sehk/2024/0129/2024012900565.pdf，访问时间：2024 年 3 月 14 日。

④ 《2023 年上市公司破产重整年终盘点》，载微信公众号“高成资产”，访问时间：2024 年 3 月 14 日。

⑤ 南方都市报：《被接管的华夏人寿、易安财险风险处置有新进展，结局陆续揭晓》，https://new.qq.com/rain/a/20230227A06CHG00，访问时间：2024 年 3 月 14 日。

（八）进一步脱虚向实，提升金融服务实体经济的质效

2023 年，随着中央金融工作会议召开，最高院发布《关于优化法治环境 促进民营经济发展壮大的指导意见》，金融服务实体经济的政策导向进一步深化。在拓宽企业融资渠道、降低企业融资成本与企业利益维护等问题上，该政策导向将对金融争议解决领域的法律适用和利益衡量方面产生深远的影响。

二、新出台的法律法规或其他规范性文件

2023 年以来，对于金融争议解决领域有较大影响的法律有新《公司法》，行政法规有《私募投资基金监督管理条例》，司法解释及规范性文件主要包括：《合同编通则解释》《最高人民法院关于商品房消费者权利保护问题的批复》《最高人民检察院关于充分发挥检察职能作用 依法服务保障金融高质量发展的意见》《中国银保监会关于规范信托公司信托业务分类的通知》《证券经纪业务管理办法》等。

作为裁判规则，上述法律、法规、司法解释及规范性文件对金融争议处理的影响有三个方面：一是新设 / 变更法律规则或裁判规则；二是解决既有争议，统一裁判标准；三是明确、重申既有裁判标准及司法政策。具体如下：

（一）新设 / 变更法律规则或裁判规则

1. 新《公司法》

明确将债权、股权列入可出资资产的范围，金融机构的股权投资纠纷及债权清收纠纷将面临更多争议。新《公司法》首次将债权、股权纳入出资财产，如杨永清、潘勇锋在《公司法修订若干问题探讨》一文中所指出，“相对于现金、实物等其他出资形式而言，债权存在一定不稳定性，其本身真实性较难核实，最终能否实现也存在不确定性”[①]，股权亦存在类似情况。考虑到五年实缴期带来的压力，可能会出现许多股东使用虚假的债权或瑕疵股权出资引发的争议。在金融债权清收案件中，如何认定出资债权系虚构？超过诉讼时效的债权能否用于出资？未经评估的债权或股权能否用于出资？使用未实缴的股权出资，公司和股东是否应参照股权转让的情形承担出资责任？在金融机构的股权投资纠纷中，金融机构股东能否通过债权与出资义务相抵销的方式完成出资？诸如此类争议可能成为相关案

① 杨永清、潘勇锋：《公司法修订若干问题探讨》，载《法律适用》2023 年第 1 期，第 23—34 页。

件审理的难点。

出资期限限定为五年，银行、信托、证券及基金债权清收案件将面临更多争议。虽然存在过渡期，但五年的出资期限仍然会对很多公司形成较大压力，实践中可能会出现更多股东使用过桥资金出资或违法减资的情形，形式亦会更加隐蔽，如以合法形式完成资金的多轮流转以完成出资。在金融债权清收案件中，如何认定股东是否已完成合法出资、是否允许金融债权人提出书证提出命令以查询股东出资前后的公司账户银行流水等问题，将产生新的争议。

新增董监高忠实义务和勤勉义务的定义，金融机构委派董监高被追责案件将产生新的争议。此前司法实践中，对于董监高忠实义务和勤勉义务的理解不一。对于忠实义务中是否仅包括自我交易、是否包括关联交易未予明确，对于勤勉义务的具体内容也不甚明确。新《公司法》对此予以明确，将忠实义务明确为不得从事利益冲突行为、利用职权谋取不正当利益的行为，将勤勉义务明确为公司的最大利益尽到合理注意的义务。在金融机构委派董监高被追责案件中，上述定义的明确可能引发进一步争议。例如，金融机构作为财务投资人或者"名股实债"股东委派的董监高是否适用同样的忠实义务和勤勉义务标准？金融机构委派董监高一方面要维护金融机构的利益，另一方面还要维护公司的利益，是否可能存在利益冲突？该利益冲突中，董监高个人是否要承担责任？资管产品管理人的忠实义务和勤勉义务标准是否可参照董监高的标准？

新增董事对于原始出资的催缴义务，金融机构委派董事未履行催缴义务引发的案件会产生新的争议。《中华人民共和国公司法》（2018 修正）（以下简称原《公司法》）及其司法解释的相关规定仅规定董事就增资负有催缴义务，对原始出资并无催缴义务。新《公司法》将董事的催缴义务扩展至全部出资，大大增加了董事责任。金融机构作为财务投资人或者"名股实债"股东委派的董事是否也负有催缴义务？什么是合理的催缴时间间隔和次数？只有执行董事才有催缴义务还是董事都有此项义务？如果未履行此项义务，债权人可否直接主张金融机构委派董事对公司债务在股东原始出资未实缴范围内承担赔偿责任？

将清算义务人从股东修改为董事，金融机构委派董事被追究清算责任的案件面临新的争议。金融机构作为"名股实债"股东委派的董事能否豁免清算义务？非执行董事是不是清算义务人？公司章程能否将清算义务人修改为董事以外的其他主体？该修改后的条款是否有效？以上争议均值得关注。

2.《合同编通则解释》

违反强制性规定的合同效力规则变化，对金融交易合同效力认定将产生重大影响。《合同编通则解释》改变了此前对效力性强制性规定和管理性强制性规定的区分，就违反强制性规定的合同的效力问题，列举了五种除外情形，对于不属于五种除外情形的违反强制性规定的合同原则上认定无效。就金融领域而言，可能需要重点关注“合同的实际履行对社会公共秩序造成的影响显著轻微，认定合同无效将导致案件处理结果有失公平公正”及“强制性规定旨在要求当事人一方加强风险控制、内部管理等，对方无能力或者无义务审查合同是否违反强制性规定，认定合同无效将使其承担不利后果”两项例外情形。如何认定对金融秩序的“影响显著轻微”？如何认定对金融案件的“处理结果有失公平公正”？“认定合同无效将使其承担不利后果”是否可包括被要求“加强风险控制、内部管理”的一方（即金融机构一方）？均有待实践中的进一步观察。

违背公序良俗的合同效力规则细化，对金融领域违背公序良俗的认定标准将产生重大影响。《合同编通则解释》明确，在审查合同是否违背公序良俗时，应当“以社会主义核心价值观为导向，综合考虑当事人的主观动机和交易目的、政府部门的监管强度、一定期限内当事人从事类似交易的频次、行为的社会后果等因素”。该等规定细化了违背公序良俗的认定标准，在实践中亦可能产生新的争议，如金融交易中的交易动机和交易目的有何区别？金融监管机关的监管强度是否以行政监管措施为主要标准？“一定期限内当事人从事类似交易的频次”是否可以不限于案件中的当事人而考虑其他市场主体的类似行为？需要重点关注。

职务代理规则的细化，对于涉及由非法定代表人牵头完成的金融类合同效力的案件将产生新的争议。《合同编通则解释》对《中华人民共和国民法典》（以下简称《民法典》）第170条的规定作出进一步细化解释，明确了非日常交易的四种情形，并对日常交易行为和非日常交易情形下职务代理行为的效力作出规定。值得关注的是，在金融交易中，很多事项并非日常交易事项，在金融案件中如何判断特定事项是否属于“通常情形下依其职权可以处理的事项”，存在较大争议。比如，在章程未明确的情况下，公司的融资部负责人是否有权代表公司出具回购承诺，公司副总经理是否有权代表公司签署公司所持有股权的转让协议，存在一定的判定难度。

明确格式条款提示说明义务的范围和履行方式。《合同编通则解释》在《民法典》的基础上，将提示说明义务的范围限定为“异常条款”。从一般意义上理解，“异常条款”的范围要比“条款”的范围小，但“异常条款”的定义和范畴并不明确，需要相关规定或司法实践进一步明确。对于提示说明义务的履行方式，《合同编通则解释》认为仅采用设置勾选、弹窗的方式并不能证明尽到了充分的提示说明义务，那么在电子合同签署中，金融机构采取何种简便方式可以认定为尽到提示说明义务？加粗加黑、强制阅读或语音播放是否足够？有待于司法实践的进一步观察。

3.《私募投资基金监督管理条例》（以下简称《条例》）

在《条例》出台之前，私募基金监管体系主要由中国证券监督管理委员会（以下简称中国证监会）和中国证券投资基金业协会发布的各类部门规章和行业自律规则组成。《条例》生效后，对于违反其中强制性规定的行为，将可能直接影响合同的效力。《条例》中的强制性规定包括：禁止第三方募集私募基金、基金管理人和托管人的禁止性行为、基金管理人股东不得实施的行为、私募基金不得用于的业务领域、嵌套层级不超过两层等，均是对缔约、履约行为的限制，哪些条款的违反影响合同效力？哪些条款的违反属于不影响合同效力的例外情形？应当予以重点关注。

此外，在确定权利义务关系方面，《条例》亦对诸如基金管理人的职责、募集环节的适当性要求、托管人义务等方面进行了规定。在管理人和托管人责任案件中，此类规定将直接影响管理人、托管人过错的判定。

4.《衍生品交易监督管理办法（二次征求意见稿）》

该办法规定了禁止通过衍生品交易实施规避监管等违法违规行为。① 实践中，不少场外衍生品是为客户量身定制的，交易结构非常复杂，一旦发生争议，裁判机关如何认定该交易是否存在规避监管的目的，不无疑问，如果确实存在规避监管的目的，能否依据本条认定该行为因违背公序良俗而无效，亦值得进一步探讨。

此外，该办法还明确了衍生品经营机构及其从业人员交易者不得进行不当宣传推介。考虑到衍生品交易的复杂性，如何认定“不当宣传推介”需在具体案件中具体分析。例如，当从业人员发现投资者虽理解了该衍生品交易能够实现的目的和效果，但并不十分了解非常具体的交易结构，此时从业人员仅通过安排投资者签署书面文件的方式提示交易结构，是否构成“不当宣传推介”？有赖于进一步观察。

（二）解决既有争议，统一裁判标准

1. 新《公司法》

明确出资期限未届满情形下转让股权，转让方的出资责任承担问题，将影响

① 《衍生品交易监督管理办法（二次征求意见稿）》第 15 条规定：“禁止通过衍生品交易实施欺诈、内幕交易、操纵市场、利益输送、规避监管等违法违规行为。”

金融机构出资责任的承担。对于未届出资期限股权转让后，转让方是否仍需承担出资责任的问题，此前司法实践中一直存在争议。部分观点认为，除非转让方的股权转让存在逃债恶意（如转让时公司已无法偿还债务、受让方明确缺乏出资能力等），否则原则上转让方不应当承担继续出资的义务。新《公司法》对此问题予以明确，明确转让方在受让方未按期足额缴纳出资时应承担补充责任，无须考虑转让方有无逃债恶意。在金融案件中，经常会出现已退出公司的金融机构股东被公司债权人起诉承担出资责任的问题，本条生效后，类似案件中金融机构股东承担责任的可能性大幅上升，金融机构股东似乎只能尝试依赖《最高人民法院关于适用〈中华人民共和国民法典〉有关担保制度的解释》（以下简称《担保制度司法解释》）第69条[①]进行抗辩。

明确股权变动的时间点，将影响金融案件中的股东身份认定。在此前的司法实践中，对于股权变动的时点存在四种观点：签订股权转让协议、通知公司股权转让事实、完成股东名册变更、完成工商登记变更。新《公司法》将该时间明确为股东名册登记时点，解决了这一争议。在金融债权执行类案件中，时常面临被执行股权是原股东责任财产还是新股东责任财产的争议，本条生效后，类似案件将会更多参考股东名册来判断股权的归属。

规定出资无条件加速到期，为金融债权清收案件中股东出资能否加速到期的争议画上了句号。《全国法院民商事审判工作会议纪要》（以下简称《九民纪要》）对股东出资加速到期问题作出规定，在达到公司作为被执行人无财产可执行且具备破产原因的情形或公司债务产生后延长股东出资期限两种情形下，债权人可以主张股东的出资期限加速到期。该规定出台后，实践中对于何种情形属于“公司作为被执行人无财产可执行且具备破产原因的情形”一直存在争议。新《公司法》明确，公司不能清偿到期债务的，即可要求未届出资期限的股东提前缴纳出资，对于加速到期的条件大大放宽，有利于保护金融债权人的利益。

2.《合同编通则解释》

明确“主要认人、次要认章”的规则，更改了金融交易合同效力的审查规则。司法实践中，对于人持章用印的效力问题始终存在争议。《九民纪要》首次提出应当重点审查行为人有无代表权或代理权。《合同编通则解释》及其理解与适用

---

① 《担保制度司法解释》第69条规定：“股东以将其股权转移至债权人名下的方式为债务履行提供担保，公司或者公司的债权人以股东未履行或者未全面履行出资义务、抽逃出资等为由，请求作为名义股东的债权人与股东承担连带责任的，人民法院不予支持。”

在《九民纪要》之后，进一步强化了“主要认人、次要认章”的规则，除“真人假章”外进一步明确了“有人无章”“有章无人”“空白合同”等情形。这意味着，审理金融交易相关合同效力时，不仅仅审查公章的真实性，更要重点审查行为人是否有代理权限或者代表权限以及金融机构是否尽到了审查权限的义务。

明确越权代表规则不限于担保交易，影响各类需决议的金融交易的效力审查规则。对于相对人进行交易时是否要审查公司决议的问题，既往比较明确的规定是针对对外担保交易，对于其他法律法规对法定代表人代表权存在限制的交易（如国有参股企业转让重大财产，具体见《中华人民共和国企业国有资产法》第 30 条及第 33 条），如相对人未审查公司决议，交易的效力如何，实践中存在争议。《合同编通则解释》在《九民纪要》和《担保制度司法解释》的基础上，将相对人的合理审查义务从公司对外担保扩展至全部法律法规对法定代表人代表权存在限制的交易，并明确若未尽合理审查义务将导致合同无效。这意味着，在具体案件中，裁判机关将会重点审查案涉交易是不是法律法规所规定的须经过决议的事项、是否存在相关决议、决议与章程是否一致。

明确合同当事人“缺乏判断能力”的认定规则，对涉金融消费者案件中的合同效力审查产生影响。《合同编通则解释》对于显失公平情况下何谓“缺乏判断能力”的判断标准进行了明确，即需要考察当事人的年龄、智力、知识、经验及交易的复杂程度，并考察当事人是否了解合同的性质、合同订立的法律后果或者对风险的认知能力。近年来，金融消费者保护成为实践中的热点问题，本条可能会成为一些金融消费者在具体案件中撤销较为复杂金融交易的依据。如金融衍生品案件中，交易结构和规则十分复杂，且交易风险较大，裁判机关可能会依据本条判定金融消费者是否享有撤销权。

第三人代为清偿规则中“合法利益”的标准，对金融不良资产处置过程中的相关争议产生影响。《民法典》首次规定了第三人代为清偿规则，虽然清偿行为可以使得原债权人顺利退出，但亦会发生法定的债权转移，且债权的从权利一并转移，对于债务人亦存在一定影响。故合法利益第三人的范围具体如何认定存在争议。《合同编通则解释》将该范围限定为担保人、股东、近亲属等存在直接利益关系的第三人。实践中，存在部分资产管理公司代为清偿债务后直接在案件中主张担保权利的情形。本条实施后，裁判机关会重点审查资产管理公司是否属于本条规定的合法利益第三人，进而确定其是否取得债权附属的担保权利。

（三）明确、重申既有裁判标准及司法政策

1. 新《公司法》

将横向人格否认制度上升为法律，未来金融机构债权人向姐妹公司共同追索的案件会增多。原《公司法》仅规定了纵向人格否认制度，对于横向人格否认制度，最高院指导案例 15 号徐工集团工程机械股份有限公司诉成都川交工贸有限责任公司等买卖合同纠纷案予以认可。本次新《公司法》的修订采纳了该指导案例确定的规则。考虑到实践中金融机构有可能掌握姐妹公司的财务账簿，且增加被告无须额外的诉讼成本，未来此类案件的数量会增多。

2.《合同编通则解释》

重申阴阳合同与名实不符问题，明确了金融类阴阳合同和名实不符合同的效力认定规则。《合同编通则解释》出台之前，阴阳合同与名实不符合同现象已广泛存在，司法实践中存在的问题是：未能区分表面合同与隐藏合同，未能区分适用法律，一概认定无效。《合同编通则解释》细化了《民法典》第 146 条的规定，明确区分表面合同与隐藏合同，表面合同属于通谋虚伪意思表示无效，隐藏合同根据实际法律关系认定效力。该规定将对金融领域抽屉协议等相关交易的合同成立、效力以及权利义务的认定问题产生影响。

3.《最高人民法院关于为新时代东北全面振兴提供司法服务和保障的意见》

该意见重申了金融审判中，应当“依法查明当事人的真实意思，正确认定多层嵌套金融交易合同下的真实交易关系。对以金融创新为名掩盖金融风险、规避金融监管、进行制度套利的违规行为，以其实际构成的法律关系认定合同效力和权利义务。通过依法判处金融机构及其高管人员承担民事责任等途径，推动完善金融治理结构”。

4.《最高人民检察院关于充分发挥检察职能作用依法服务保障金融高质量发展的意见》

该意见明确，在民事检察监督中，应“准确认定非持牌机构开展金融业务、套取金融机构资金转贷、高利贷等违规行为，准确把握金融机构适当性义务，穿透判断多层嵌套交易中的真实法律关系，加强对团伙性放贷、‘职业放贷人’相关民事诉讼案件的监督，密切关注案件中存在的‘砍头息’‘套路贷’行为，妥善保护金融消费者等各类金融市场主体的合法权益”。

5.《中国银保监会关于规范信托公司信托业务分类的通知》

该意见进一步明确了信托业的禁止性业务，即，信托公司不得以管理契约型

私募基金形式开展资产管理信托业务，不得以信托业务形式开展为融资方服务的私募投行业务，不得以任何形式开展通道业务和资金池业务，不得以任何形式承诺信托财产不受损失或承诺最低收益，坚决压降影子银行风险突出的融资类信托业务。相关禁止性规定可能会在金融争议解决案件中构成违背公序良俗的情形。

6. 中国证监会《证券经纪业务管理办法》

该规定对于证券公司严格履行适当性义务，履行客户管理职责，切实做好客户身份识别、客户适当性管理、账户使用实名制等工作予以明确。同时，该规定对于证券公司的业务流程规范、禁止性行为以及保障投资者知情权等予以规定。该规定为证券经纪类案件中，判断证券公司是否存在过错，提供了进一步依据。

三、典型案例

过去一年，银行、证券、保险、信托、基金等金融行业的争议解决案件频发，其中涌现了许多具有代表性、典型性的案例。在梳理了最高院指导性案例、最高院公报案例、各金融法院及各级各地法院发布的典型案例、全国法院系统 2023 年度优秀案例、北仲金融行业典型案例、“绳墨之间 | 金融机构典型案例参考”[①] 之后，我们按照“力求覆盖多个金融行业、案件对热点问题的裁判导向具有开创性和指引性、在行业内具有广泛影响力、兼顾诉讼和仲裁程序”的标准，遴选了七个典型案例。我们对相关案例的基本情况进行梳理，并就其涉及的争议焦点问题撰写深度观察，供读者参考。

【案例 1】基金——投后管理阶段资管计划管理人责任问题[②]

【基本案情】

申请人与被申请人签订资管合同，约定申请人出资认购被申请人管理的资管计划。合同约定资管计划投资于 G 公司所持有的 H 公司股权，资管计划到期后，G 公司应回购资管计划持有的 H 公司的股权，但 G 公司未能如期回购股权，申请人认为被申请人在投后管理阶段未能尽到勤勉尽责的义务，从而导致申请人未能及时收回投资本金和收益，应承担违约责任。

① 该参考系由笔者所在的北京卓纬律师事务所金融争议解决团队主办，以月刊形式定期发布于“北京卓纬律师事务所”官方微信公众号。2023 年，“绳墨之间 | 金融机构典型案例参考”共发布了 12 期，共计 75 个案例，详见 https://flbook.com.cn/c/jUUE16FUNh。

② 本案为 2023 年度北京仲裁委员会 / 北京国际仲裁中心案例。

【争议焦点】

管理人在投后管理阶段是否尽到勤勉尽责义务？未尽义务应承担多少损失？

资管计划未经清算，投资者能否直接要求管理人承担违约赔偿责任？

【裁判观点】

仲裁庭认为，管理人未在案涉资管计划无法兑付后及时并积极地向回购义务主体主张权利，资管计划到期五年有余未采取法律措施，在投后管理阶段未尽勤勉尽责义务。考虑到股权回购安排是案涉投资的核心增信保障措施，管理人未主张权利，是案涉资管计划出现损失的重要原因，故管理人应承担投资者的全部本金损失。

同时，案涉资管计划尚未完成清算，也未见清算报告或相关公告，清算情况并不明确，难以认定被申请人履行了组织清算的职责或对项目退出实施了全面跟踪和管理。被申请人被注销了管理人登记，事实上已无法履行投资运作、清算分配等基金管理人基本职责。故即使资管计划未经清算，投资者亦有权直接要求管理人承担赔偿责任。

【纠纷观察】

与管理人勤勉尽责义务有关的纠纷近年来呈现井喷式增长。《中华人民共和国证券投资基金法》《私募投资基金监督管理暂行办法》以及新发布的《条例》等对于管理人应当履行诚实信用、勤勉谨慎的义务均有规定。

本案的典型性在于：

第一，以管理人长期未履行投后管理义务为由，认定管理人承担全部本金损失。既往管理人责任案件中，管理人承担全部本金损失的情形主要是投资前未履行适当性义务或者投资时挪用了资金，而如存在投后管理阶段的违约行为，通常仅判定承担部分赔偿责任。如此认定，主要是考虑到投资者的损失是底层项目自身的商业风险所导致，即怠于追偿与损失之间虽有一定因果关系，但通常难以达到 100% 的因果关系。本案的结果上没有认定管理人承担部分赔偿责任，而是直接判令 100% 的本金赔偿责任，主要是考虑到管理人怠于追偿的时间过长（超过 5 年），且回购安排是避免损失的核心措施的因素。该裁决凸显了投后管理义务的重要性，为管理人敲响了警钟。

第二，以管理人怠于清算为由，突破了损失确定的障碍。实践中，清算未完成往往是投资者索赔时的主要障碍之一。主流观点认为，通常情形下应坚持清算前置，未经清算，投资损失无法确定，应驳回投资者诉请，但若出现例外情形，例如有证据证明损失已确定实际发生，或管理人失联、跑路、实际歇业等，可判令支持投资者诉请。[①]本案存在管理人长期怠于清算且已注销登记的例外情形，故仲裁庭突破了这一障碍，以减少当事人诉累，使投资者的权益可以及时得到救济。从笔者办理的类案来看，很多管理人并非故意不清算，而是依赖于口头或者非正式的方式与投资者达成的约定，比如协商产品延期，或者就是否清算进行协商等，这种情况如无证据证明，很可能会被视为怠于履行清算义务。

【案例2】保险——投保人对险种产生混淆时，如何认定双方达成的合意[②]

【基本案情】

A物流公司向B保险公司投保物流责任保险，约定B保险公司对保单列明车牌号的承运车辆发生的保险事故承担保险责任。后，A物流公司的一辆未载明于案涉保险单中的车辆发生事故。A物流公司认为，在缔约过程中，其曾发送过另一份货物运输保险的保险条款，B保险公司当时明确表示案涉物流责任保险的承保条件和A物流公司发送的货物运输保险承保条件一致，故应当按照货物运输保险的约定，对事故予以理赔。B保险公司认为案涉事故不属于承保范围，予以拒赔。A物流公司提起本案诉讼。

【争议焦点】

缔约过程中，A物流公司发送某保险公司货物运输保险条款，B保险公司其后回复“承保条件与某保险公司一致”，最终双方签署物流责任险合同，能否认定双方就货物运输保险达成合意。

【裁判观点】

法院认为，对于A物流公司发送的货物运输险的条款，B保险公司在收到后即提示该险种与案涉物流责任保险险种不一致。A物流公司在B保险公司提示和收到案涉投保单时未提出异议，故案涉投保单应当理解为最后作出的要约。B保险公司同意承保后，案涉保险合同依法成立并生效，应当以案涉物流责任险的保单和保险条款确认B保险公司的承保范围。由于事故车辆并非保单记载的车辆，故不属于B保险公司的承保范围，B保险公司不承担保险责任。

---

① 沈竹莺、杨晖、黄佩蕾、徐家云：《私募基金纠纷的裁判逻辑与法律适用——基于上海法院2014—2020年案件审理情况分析》，载《证券法苑》2022年第2期，第87—113页。

② （2020）沪0106民初10591号案。

【纠纷观察】

保险合同为典型的格式合同，投保单、保险单、保险条款均由保险人事先拟制，经投保人同意、接受后，对投保人具有法律约束力。但在投保磋商过程中，投保人可能会对不同的险种产生认识上的混淆，比如本案中对于投保需求是货物运输险还是物流责任险，投保人即产生了混淆。

该案的典型性在于，就投保人对险种产生混淆的这一类争议，提出应以最终签署的书面文件认定双方的最终合意，磋商过程中的单方意思表示或者认识错误，不能作为认定双方最终权利义务的依据，仅可作为判定是否存在重大误解等意思表示瑕疵的依据。

应当注意的是，本案中，A 物流公司向 B 保险公司发送某保险公司货物运输保险条款后，B 保险公司在发送物流责任险条款的邮件中说明“承保条件与某保险公司一致”，确实容易让 A 物流公司对险种产生一定混淆，若非 B 保险公司在起初收到投保人发送的某保险公司货物运输保险条款时及时提示了两个险种的区别，案涉合同存在被以重大误解为由撤销的可能性。

【案例 3】增信措施——独立合同型增信措施须经公司决议案[①]

【基本案情】

A 公司作为信托计划委托人与受托人 B 公司签署《信托合同》，信托财产用于向 H 公司发放信托贷款。A 公司与 C 公司签署《差额补足协议》，约定若 A 公司在《信托合同》约定的核算日未能足额收到信托合同约定的投资本金或收益的，C 公司向 A 公司承担差额补足义务。后 A 公司起诉 C 公司，要求 C 公司支付差额补足款。

【争议焦点】

案涉《差额补足协议》的性质、效力；差额补足义务人的责任认定问题。

【裁判观点】

关于案涉《差额补足协议》的性质，法院认为属于独立合同。具体理由为：（1）C 公司的差额补足义务不从属于 B 公司在《信托合同》项下管理信托财产等义务，不满足保证合同的特征；（2）H 公司在信托贷款关系项下的债权人为 B 公司而非 A 公司，案涉《差额补足协议》亦不构成对 H 公司债务的保证。

关于案涉《差额补足协议》的效力，法院认为该协议因未经公司决议对 C 公司不发生效力。具体理由为：（1）原《公司法》第 16 条的立法目的在于防止法定

① （2022）粤民终 1734 号案。

代表人随意代表公司为他人提供担保给公司造成损失，损害中小股东利益，故对外担保行为须经有权机关决议作为授权的基础和来源，案涉《差额补足协议》体现了为信托受益权提供担保的功能，案涉《差额补足协议》对C公司而言是纯负担合同，在对公司和股东的影响上与担保责任一致，应当经有权机关决议；（2）C公司为上市公司，A公司作为纯获益的一方，要求其甄别法定代表人实施的行为是否符合公司的真实意思未不合理地增加A公司的负担。由于未有证据证明C公司有权机关作出过决议且A公司已尽到注意义务，法院认定《差额补足协议》对C公司不发生效力。

关于差额补足义务人的责任认定问题，法院根据各公司的过错程度，认定C公司承担40%的损失赔偿责任。

【纠纷观察】

关于增信措施的性质，《担保制度司法解释》第36条根据意思表示内容的不同将其分为保证、债务加入和独立合同三类。如构成保证，应适用原《公司法》第16条审查其效力；如构成债务加入，则根据《九民纪要》第23条规定，参照适用原《公司法》第16条审查其效力。如不构成保证、债务加入，是否亦应适用或者参照适用原《公司法》第16条审查其效力，理论界与实务界存在争议。

曾有观点认为，若增信措施构成独立合同，不属于对外担保行为，故不适用原《公司法》第16条的规定，无须公司决议。① 但该观点曾受到质疑。理论界与实务界均有不少观点认为，独立合同将给公司带来额外的债务负担，② 担保之外的增信措施在公司财产对外承担责任的问题上，与担保行为并无二致，增信义务作为独立合同在性质上属于直接加入债务，因此从保护增信义务人股东利益的角度出发，关于其对外签署增信协议的效力亦应适用《公司法》以及司法实践中有关公司对外担保的相关规范。③

本案采纳第二种观点，认为增信措施即使被认定为独立合同，亦应参照适用原《公司法》第16条的规定，对相对人是否审查股东会或者董事会的决议进行考察，进而认定独立合同的效力。从《人民司法》刊登的文章体现出的相关动向来看，本案应该体现了未来裁判规则的发展方向，值得高度关注。

---

① （2020）沪74民初3448号案、（2020）皖01民初639号案。

② 李志刚、邓江源、王赫等：《差额补足的性质、效力与担保的从属性》，载《人民司法》2021年第25期，第109页。

③ 贾旭、杨扬：《公司对外提供非典型人保增信措施案件疑难问题研究》，载《人民司法》2022年第28期。

【案例4】定增保底——上市公司控股股东与投资方签订的定增差额补足协议无效案[①]

【基本案情】

上市公司A公司的控股股东T公司在A公司定向增发股票时，与投资者B公司签署《差额补足协议》，约定由B公司通过基金间接认购A公司定增股份，T公司承诺B公司认购股份的年化收益率不低于10%。此后，因A公司股价低于认购价格，T公司支付了部分补足款。T公司现提起诉讼请求确认《差额补足协议》无效。

【争议焦点】

上市公司控股股东与投资方签订的定增差额补足协议效力。

【裁判观点】

法院认定，《差额补足协议》保证投资者无论股票涨跌都能有收益，实质上违反了《中华人民共和国证券法》（以下简称《证券法》）投资者风险自担的原则，也违反了《证券发行与承销管理办法》关于发行人和承销商等相关人员不得直接或通过其利益相关方向参与认购的投资者提供财务资助或补偿的规定，扰乱证券市场的正常交易秩序和金融安全稳定，损害社会公共利益，应当被认定为违背公序良俗的无效协议。

【纠纷观察】

定增保底协议效力认定问题是金融监管政策影响合同效力的经典体现。针对一些当事人提出的定增保底协议违反《证券发行与承销管理办法》第27条规定应属无效的主张，最高院曾有案例认为，《证券发行与承销管理办法》属于部门规章，并非法律、行政法规，当事人主张无效的依据不足。[②]但是，2022年6月23日最高院发布的《关于为深化新三板改革、设立北京证券交易所提供司法保障的若干意见》采取了另一种立场。该意见指出："在上市公司定向增发等再融资过程中，对于投资方利用优势地位与上市公司及其控股股东、实际控制人或者主要股东订立的'定增保底'性质条款，因其赋予了投资方优越于其他同种类股东的保证收益特殊权利，变相推高了中小企业融资成本，违反了证券法公平原则和相关监管规定，人民法院应依法认定该条款无效。"

《关于为深化新三板改革、设立北京证券交易所提供司法保障的若干意见》虽然仅针对新三板，但是代表了一种趋势，即与资本市场相联系的保底协议效

---

① （2021）苏05民终7621号案。

② （2020）最高法民终1295号案。

力将受到质疑。实际上，除了保底协议，与资本市场相联系的对赌协议的效力在司法实践亦可能被否定。[①] 本案作为第二届长三角金融司法论坛上发布的典型案例，旗帜鲜明地重申定增保底协议无效，影响深远。

司法政策对于定增保底的效力认定存在一个演变的过程，但当前定增保底协议确定无效的规则确立之后，实践中将面临着该规则的溯及力问题，即之前的定增保底协议是否都应当认定无效。有观点认为，禁止定增保底的规定属于新增规定，溯及既往将突破当事人交易当时的预期，不应具有溯及力。[②] 但另一种观点认为，认定相关交易无效所依据的无效事由为“违背公序良俗”，在1998年《证券法》就已经就证券公平原则进行明确规定的情况下，《上市公司非公开发行股票实施细则》（2020修正）或其他规定的颁布与否不影响对定增保底条款违背公序良俗的认定，并进而否定其效力。因此，该观点认为，定增保底被认定无效与溯及力问题无关，可适用于定增保底具体规则发布之前的交易。

除此以外，定增保底协议被认定无效的情况下，之前已经依据该协议收取的保底款项是否应当退还？无效后，保底人是否仍需承担部分赔偿责任？相关问题有待对后续司法动向的进一步观察。

【案例5】证券——ABS欺诈发行案[③]

【基本案情】

A资管公司作为管理人、销售机构和发行人发行资产支持证券，由K律所担任法律顾问，Z公司担任评级机构，D公司为原始权益人，H公司担任财务顾问。Y公司投资了该资产支持证券后，未能如约获得清偿产生巨大损失。Y公司认为该资产支持证券的基础资产不真实是导致其产生巨额损失的原因，故起诉A公司、K律所、Z公司、D公司以及H公司就虚假陈述行为承担连带赔偿责任。

【争议焦点】

资产支持证券虚假陈述的法律适用问题、发行人的认定以及中介机构责任的

① 如“南京高科新浚成长一期股权投资合伙企业（有限合伙）诉房某某、梁某某等上市公司股份回购合同纠纷案”（2022年度全国法院十大商事案件）中，上海高院即认为，保底保收益的承诺将导致投资者为追求自身投资利益而故意在行权期内操纵二级市场的股票交易价格，致使二级市场的股票交易价格背离目标公司的正常市场交易估值，造成股票交易市场的其他公众投资者因参与该股的买卖交易而不当致损，进而对股票市场的交易秩序、公众投资者的财产性权益等公共利益构成损害，乃至会涉及危害国家金融安全等公序良俗，故应当认定为无效承诺。

② （2020）最高法民终1161号案。

③ （2020）沪74民初1801号案。

认定。

【裁判观点】

关于谁是发行人的问题，法院认为原始权益人实际上是发行人，而管理人类似于承销商。

关于资产支持证券虚假陈述的法律适用问题。法院认为，资产支持证券是以基础资产所产生的现金流为偿付支持、由证券公司的子公司设立特殊目的载体而发行的标准化权利凭证，即便 2014 年《证券法》未将资产支持证券纳入适用范围，但其他规定已将其纳入债券市场予以规定，应当适用《证券法》及《最高人民法院关于审理证券市场虚假陈述侵权民事赔偿案件的若干规定》（以下简称《新虚假陈述司法解释》）的相关规定。

关于中介机构的责任问题。法院认为，对投资者而言，基础资产的未来现金流是首要和主要的偿付支持和保障。本案中，入池租赁合同的真实性存疑、大量资金流水系人为制造，并不存在独立、可预期、持续、稳定的现金流基础资产，构成欺诈发行。后，法院根据各中介机构应尽义务、实际履行情况、过错程度，对不同中介机构判决承担不同比例的赔偿责任。

【纠纷观察】

本案是全国首例资产支持证券欺诈发行案。具有以下典型性：

第一，解决了谁是资产支持证券发行人的问题。资产证券化的基本操作模式是，由证券公司设立专项资产计划发行资产支持证券，并将证券销售给投资者，募集资金用于购买原始权益人的基础资产。因此，从表面上看，资产支持证券的发行人似乎是证券公司。但事实上，原始权益人才是实质的融资主体和融资受益人，证券公司的发行工作更像是一种中介服务。如果将证券公司认定为发行人，一方面背离了交易实质，另一方面将使得证券公司对于虚假陈述承担无过错责任，缺乏合理性。本案判决即详细说明了原始权益人应认定为发行人的原因，并基于此认定不同主体的责任。

第二，解决了资产支持证券是否适用《新虚假陈述司法解释》的问题。鉴于资产支持证券具有私募属性，投资者通常是专业机构投资者，与原始权益人之间可以进行面对面交易，与只能依赖公开信息的股票市场和债券市场存在一定差异，部分观点认为资产支持证券不应当适用《新虚假陈述司法解释》。[①] 但事实上，《新虚假陈述司法解释》明确其适用范围包括“在证券交易场所发行、交易证券过程

① 郭锋:《新虚假陈述司法解释适用探讨》，载《法律适用》2023 年第 9 期，第 10—25 页。

中实施虚假陈述引发的侵权民事赔偿案件”，且没有限定为公开发行，故法院认定资产支持证券纠纷亦应当适用《新虚假陈述司法解释》，具有合理性。

第三，本案原告的诉讼请求超过了 5.26 亿元，且判决了证券公司承担 100% 的连带责任。本案判决的力度，相对于过去两年证券虚假陈述领域的司法实践，有明显区别。事实上，在以“五洋债”“吉粮债”为代表的证券公司 100% 连带责任的时代后，随着《新虚假陈述司法解释》的出台，行业内普遍认为证券虚假陈述案件需要精细化审理，不宜笼统判决中介机构承担 100% 的连带责任，否则会产生寒蝉效应，不利于资本市场的健康发展。在这一新的理念下，“大连机床债”“胜通债”等虚假陈述案件，均未判决证券公司承担 100% 的责任。本案再现了证券公司承担 100% 连带责任的情形，引发了行业的巨大震动。

另一个相关问题是，银行间债券市场的虚假陈述案件是否应当适用《新虚假陈述司法解释》的规定。实践中对此观点不一。主张不适用的观点认为，银行间债券市场属于私募市场，不具有公开性，且投资者的损失往往由证券化的资产造成，不是二级市场交易中的损失，且投资者以机构投资者为主，投资者本身的专业性强，具有更高的谨慎投资的义务，不属于需要特别保护的对象。[①] 主张适用的观点认为，银行间债券市场交易的债券属于国务院认定的“其他证券”，且相关规范性文件已对银行间债券市场和公开发行市场的信息披露规则和法律责任承担问题进行了统一。[②] 另，公募与私募不应作为区分法律适用的标准。司法实践中，北京金融法院曾作出（2021）京 74 民初 1 号判决，认为银行间债券市场属于《证券法》规定的全国性证券交易场所，银行间债券的发行和交易属于国务院认定的其他证券的发行和交易，故应当适用《证券法》及其司法解释。在（2021）沪民终 962 号案判决中，上海金融法院和上海市高级人民法院认为，应当对“证券”进行扩张解释，对于银行间债券市场的违法行为，应当依据《证券法》有关规定作出认定和处罚。[③] 一定程度上，通过对证券交易所和证券的扩张性解释，将银行间债券市场纳入《证券法》及相关司法解释的适用范畴，可能是未来审判领域内的一个趋势。

---

① 郭锋:《新虚假陈述司法解释适用探讨》，载《法律适用》2023 年第 9 期，第 10—25 页。

② 《公司信用类债券信息披露管理办法》第 2 条第 1 款规定：本办法所称公司信用类债券包括企业债券、公司债券和非金融企业债务融资工具。企业公开发行的企业债券、公司债券以及银行间债券市场非金融企业债务融资工具的发行及存续期信息披露适用本办法。

③ （2021）沪民终 962 号案。

【案例6】担保——有关应收账款质押权效力范围纠纷案[①]

【基本案情】

G公司对K公司享有债权，K公司的关联公司D公司自愿将其债权转让给G公司，用于偿还K公司欠付款项，并与K公司一起共同偿付欠付G公司的全部货款。各方另约定，G公司实际收到D公司债务人支付的款项后，才视为K公司偿还了欠款。

后，H银行为质权人办理应收账款质押登记，质押财产为G公司对K公司等的应收账款。各方对应收账款质权的效力是否及于D公司向K公司转让的债权发生争议。

【争议焦点】

应收账款质权的效力范围是否及于应收账款上设定的担保性权利。

【裁判观点】

法院认为，根据D公司转让债权及承诺共同还款的交易安排，D公司构成债务加入，D公司的债务人构成辅助D公司履行债务加入义务的第三人，G公司对于D公司债务人的债权在性质上属于应收账款上具有担保属性的权利。因权利质权的设立与权利让与存在相似性，参照适用《民法典》规定的债权人转让债权的情形下从权利一并转让的规定，应当认定权利质权的效力及于出质权利的担保权等从权利，亦及于比保证等从权利担保功能更强的其他担保性权利。

【纠纷观察】

本案的核心观点是，债权让与和债权质押具有相似性，因而在权利质押的问题上应参照适用债权让与的规定，本案的典型性在于，在法律法规没有明确应收账款质权效力是否及于出质债权之上的担保性权利的情况下，通过参照债权转让的相关规则，认定质权效力及于出质债权的从属担保性权利，对后续司法实践具有指导意义。

就法律关系的同构性而言，债权让与和债权质押的效力均有对内效力和对外效力之分。[②]对内效力指对当事人之间的效力，对外效力指对二重让与或二重出质下对第三人的效力。让与和出质均会导致权利变动，这也是让与和出质的处分行

---

① （2022）苏02民终2447号案。

② 郑玉波:《民法债编总论》，陈荣隆修订，中国政法大学出版社2004年版，第438页。

为的特质所导致。此为法律关系的同构性。[①] 从制度功能的同质性来看，债权让与和债权质押兼具融资功能，质权人在实现债权时，需要按照债权转让的规则进行。从规范路径上来看，美国统一商法典在第九编将债权转让和债权担保作统一规范，将债权让与纳入担保交易规则的适用范围。大陆法系国家亦在权利质权和权利让与中对二者的衔接问题作出准用规范。基于上述，理论和实务界认为，债权质押应当参照适用权利让与的规则具备理论基础。

此外，从交易目的来看，债权质押的功能在于为融资提供担保，出质债权是否附有其他担保性权利，对质押所对应债权的金融机构债权人提供融资的意愿、金额均有比较大的影响。认定债权质权效力范围及于债权上附的担保性权利，也是平衡金融交易中质权人的合理信赖利益和出质当事人的利益所需。

【案例 7】信托——因受托人严重违反合同义务及法定义务致使信托合同法定解除之营业信托纠纷案[②]

【基本案情】

委托人 A 某与信托公司 B 签署集合资金信托计划《信托合同》，由 A 某认购 B 公司管理的集合资金信托计划。A 某主张，B 公司存在违反适当性义务、管理信托过程中未尽审慎义务、从事多个信托计划通过多层嵌套的方式投资于同一项目的违规资金池“业务”的情形，构成根本违约，且致使投资者的合同目的无法实现，故请求法院解除集合资金信托计划《信托合同》、返还认购款、支付资金占用费等。

【争议焦点】

B 公司在履行信托合同过程中是否存在导致合同目的无法实现的违约行为，该行为是否导致集合资金信托合同法定解除。

【裁判观点】

法院认为，根据法律规定和《信托合同》的约定，B 公司下述行为构成违约：（1）违反《资管新规》的规定，向投资者推荐底层资产已经出险的信托产品，且未披露该等风险、与投资者续期该产品，明显违反诚实、信用义务；（2）未披露底层资产情况，且监管认定其存在不同信托计划投资于同一项目、违规开展资金

① 李宇：《民法典中债权让与和债权质押规范的统合》，载《法学研究》2019 年第 1 期，第 56—77 页。

② （2021）京 74 民初 590 号案。

池业务的情形，未经信托合同约定进行投资，构成违约；（3）出现逾期兑付情形后未及时披露风险情况及应对措施；（4）未按合同约定处理投资者的赎回申请。法院认为，B 信托公司存在多重违约行为，导致 A 某申购信托产品在封闭期届满之后依约得到兑付的合同目的不能实现，构成根本违约。最终，法院判决解除《信托合同》，并判决 B 公司向 A 某返还认购款，并赔偿投资收益损失和资金占用损失。

【纠纷观察】

受托人责任问题越来越成为金融争议解决领域的热点和重点问题。本案具有如下典型性：

第一，关于投资者可否在集合资金信托合同项下行使解除权的问题。对此问题，实践中存在争议。有观点认为，委托人得依据《民法典》第 563 条的规定行使法定解除权，解除集合资金信托合同。另有观点认为，《信托法》第 50 条仅赋予单一信托计划的受益人解除信托的权利，未赋予集合资金信托计划的委托人解除合同的权利。还有观点认为，集合资金系共益信托，其权益性质为共有，若解除信托，应当经过受益人大会表决通过。本案的典型性在于，认为委托人可以就集合资金信托合同行使法定解除权，且未考察是否经过受益人大会表决通过。

第二，本案委托人的请求权基础是合同解除后的返还原状及赔偿损失，这与过往大多数受托人责任案件中投资者不诉请解除合同、直接追究违约损害赔偿责任的路径存在明显差异。过往大多数委托人不诉请解除合同的原因在于，合同解除的门槛较高，须证明违约行为已经达到致使合同目的无法实现的程度。但应当注意的是，这种直接追究违约损害赔偿责任的路径面临无法确定损失的障碍。若资金确实投入了底层项目，底层项目仍在追偿过程中，如无证据证明受托人怠于清算或追偿，则损失长期将处于无法确定的状态。即使存在违约行为，裁判机构亦难以支持赔偿损失的诉请。而本案中呈现的诉请合同解除的请求权路径，可以直接确定损失，绕开了上述障碍。当然，合同解除必须符合约定解除或法定解除的条件，信托合同中通常不会有委托人能够援引的约定解除权，故此类案件中委托人往往只能依赖法定解除权。

第三，本案有明确的监管处罚意见。金融产品爆雷后，向监管机关举报已成为投资者的常规维权路径，一方面，投资者往往举证能力有限，需要监管机关的调查和认定来证明管理人的过错；另一方面，举报往往是向管理人施压、争取其兑付的重要手段，很多仍希望持续经营的管理人会迫于监管举报的压力，满足投资者的部分要求。本案中，从监管部门的意见对举证质证、裁判结果的影响来看，法院在认定B公司的违约行为时，对于监管部门的意见采信程度极高，在资金池业务、信息披露等问题上均采纳了监管部门的意见。

四、热点问题观察

过去一年，很多纠纷频发的领域，涌现出一些新的问题，引发了裁判机构、学者和实务人士的广泛讨论。如北仲、中国仲裁法学研究会金融仲裁专业委员会、南方财经法律研究院在京联合举办了金融争议裁判热点、重点、难点问题专题研讨会[①]，上海金融法院亦牵头苏浙皖法院在南京举办了第二届长三角金融司法论坛[②]。在众多热点问题中，我们选取了较为典型的五个问题，进行深入探讨。

（一）金融交易中“认人”还是“认章”的问题

合同约束力的问题是金融交易中最基础也是最重要的问题。金融案件中，经常出现债务人或担保人提出，合同上的签字或盖章是伪造的或者未经授权实施的，进而主张应当否认合同的约束力。

《九民纪要》首次规定[③]，裁判机关应主要考察盖章之人于盖章之时有无代表权或者代理权，从而根据代表或者代理的相关规则来确定合同的效力。但应当注意的是，《九民纪要》并未明确规定担保类以外的交易中金融机构的审查义务，亦未

---

① 中国仲裁法学研究会：《金融争议裁判热点、重点、难点问题研讨会在京召开》，https://caal.chinalaw.org.cn/portal/article/index/id/1463.html，访问时间：2024年3月14日。

② 新华日报：《第二届长三角金融司法论坛在南京举行》，http://www.js.xinhuanet.com/20231111/23acf766a913403d8f748169be4de1bb/c.html，访问时间：2024年3月14日。

③ 《九民纪要》第41条规定：“司法实践中，有些公司有意刻制两套甚至多套公章，有的法定代表人或者代理人甚至私刻公章，订立合同时恶意加盖非备案的公章或者假公章，发生纠纷后法人以加盖的是假公章为由否定合同效力的情形并不鲜见。人民法院在审理案件时，应当主要审查签约人于盖章之时有无代表权或者代理权，从而根据代表或者代理的相关规则来确定合同的效力。法定代表人或者其授权之人在合同上加盖法人公章的行为，表明其是以法人名义签订合同，除《公司法》第16条等法律对其职权有特别规定的情形外，应当由法人承担相应的法律后果。法人以法定代表人事后已无代表权、加盖的是假章、所盖之章与备案公章不一致等为由否定合同效力的，人民法院不予支持。代理人以被代理人名义签订合同，要取得合法授权。代理人取得合法授权后，以被代理人名义签订的合同，应当由被代理人承担责任。被代理人以代理人事后已无代理权、加盖的是假章、所盖之章与备案公章不一致等为由否定合同效力的，人民法院不予支持。”

规定举证责任的分担问题。

事实上，《民法典》亦未规定上述问题，且从其第 504 条[①]（代表）和第 170 条[②]（职务代理）的文义来推论，金融机构似乎并无明确的审查义务（担保除外），且证明金融机构恶意的举证责任似乎在公司自己。

对于审查义务和举证责任这两个不明确的问题，《合同编通则解释》往前迈了一步：

在“有章无人”和“有人无章”的情形下，《合同编通则解释》均要求相对人证明合同系法定代表人、负责人或者工作人员在其权限范围内订立的，否则合同对于公司不发生效力。

在“假人真章”的情形下，《最高人民法院民法典合同编通则司法解释理解与适用》（以下简称《合同编通则解释理解与适用》）一书（人民法院出版社 2023 年版）要求考察相对人是否核实了代表人或者代理人身份和权限，此时由相对人举证证明何时何地与何人进行缔约接触、何时签字盖章等事实。

在“空白合同盖章”的情形下，《合同编通则解释理解与适用》一书认为，如果公司将空白合同交给行为人，效力问题取决于行为人是否存在代理权限，有权代理的视为概括授权，无代理权的视为无权代理且不适用表见代理规则；如果公司将空白合同交给相对人，原则上无效，除非公司事后追认。

综观上述变化，金融交易中，“章”的重要性在不断降低，“人”的重要性越来越高，而对于“认人”的问题，《合同编通则解释》将审查义务和举证责任明确分配给了相对人（金融交易中通常为金融机构），这势必对于金融案件的审理思路产生重大影响。尤其是在实务中，经常出现邮寄签署或者经办人签署金融交易类文件的情形。这类情况下，金融机构的对接人往往只有公司对接人的联系方式，仅知晓公司对接人协调了文件签署工作，但签字和盖章具体是谁亲自实施的，并不清楚。后续案件中，公司若否认对接人的权限，在证据层面，如何认定是否构成有权 / 表见代表，有权 / 表见代理，将成为此类案件的难点。

---

① 《民法典》第 504 条规定：“法人的法定代表人或者非法人组织的负责人超越权限订立的合同，除相对人知道或者应当知道其超越权限外，该代表行为有效，订立的合同对法人或者非法人组织发生效力。”

② 《民法典》第 170 条规定：“执行法人或者非法人组织工作任务的人员，就其职权范围内的事项，以法人或者非法人组织的名义实施的民事法律行为，对法人或者非法人组织发生效力。法人或者非法人组织对执行其工作任务的人员职权范围的限制，不得对抗善意相对人。”

（二）持续督导阶段发行人虚假陈述时的督导券商责任问题

2023年，许多证券公司因持续督导阶段发行人的虚假陈述行为被一并起诉。由于相关规定所确定的义务范围和履行程度等不甚明确和清晰，实践中如何确定券商应承担的义务内容及是否应当承担责任的问题成为热点。

第一，应当注意的是，证券公司持续督导阶段的责任显著低于发行上市阶段。根据《证券发行上市保荐业务管理办法》第17条规定："保荐机构推荐发行人证券发行上市，应当遵循诚实守信、勤勉尽责的原则，按照中国证监会对保荐机构尽职调查工作的要求，对发行人进行全面调查，充分了解发行人的经营状况及其面临的风险和问题。"根据《证券发行上市保荐业务管理办法》第28条[①]的规定，证券公司在督导阶段的义务仅为"督导发行人履行有关上市公司规范运作、信守承诺和信息披露等义务，审阅信息披露文件及向中国证监会、证券交易所提交的其他文件……持续关注发行人募集资金的专户存储、投资项目的实施等承诺事项"。可见，在发行人上市后，保荐机构无须再对发行人披露的信息进行全面尽职调查。

第二，上市后持续督导阶段，证券公司负担的信息披露义务与上市公司存在实质差别。如《北京证券交易所股票上市规则（试行）》第8.3.8条[②]、第7.1.2条[③]规定，上市公司应当在"出现""发生"应当披露事项后及时对外披露。而根据《北

---

① 《证券发行上市保荐业务管理办法》第28条规定："保荐机构应当针对发行人的具体情况，确定证券发行上市后持续督导的内容，督导发行人履行有关上市公司规范运作、信守承诺和信息披露等义务，审阅信息披露文件及向中国证监会、证券交易所提交的其他文件，并承担下列工作：（一）督导发行人有效执行并完善防止控股股东、实际控制人、其他关联方违规占用发行人资源的制度；（二）督导发行人有效执行并完善防止其董事、监事、高级管理人员利用职务之便损害发行人利益的内控制度；（三）督导发行人有效执行并完善保障关联交易公允性和合规性的制度，并对关联交易发表意见；（四）持续关注发行人募集资金的专户存储、投资项目的实施等承诺事项；（五）持续关注发行人为他人提供担保等事项，并发表意见；（六）中国证监会、证券交易所规定及保荐协议约定的其他工作。"

② 《北京证券交易所股票上市规则（试行）》第8.3.8条规定："上市公司出现以下情形之一的，应当自事实发生或董事会决议之日起及时披露：……（四）上市公司控股股东、实际控制人及其关联方占用公司资金……"

③ 《北京证券交易所股票上市规则（试行）》第7.1.2条规定："上市公司发生的交易（除提供担保、提供财务资助外）达到下列标准之一的，应当及时披露：……交易的成交金额占上市公司最近一期经审计净资产的10%以上，且超过1000万元……"

京证券交易所股票上市规则（试行）》第3.2.10条[①]，保荐机构在“发现”上市公司存在应披露事项后应先要求公司进行更正或补充，上市公司拒不配合的，才应当向北交所报告并发布风险揭示公告。可见，上市公司对信息披露或承担无过错责任，只要事实发生即负有披露义务，但督导机构只有在“发现”需披露事项后才可能负有披露义务，且对外披露需以上市公司拒不更正或补充为前提。

第三，关于举证责任，仍适用《证券法》第85条规定的举证责任倒置规则，对于信息披露义务人虚假陈述的赔偿责任，除非督导券商能够证明自己没有过错，否则应当与发行人承担连带赔偿责任。

第四，关于督导券商过错认定的问题，争议集中于哪些情形属于严重违反注意义务。

从已披露的裁判文书来看，裁判机构认定督导券商违反注意义务的情形包括：（1）未履行对公司的公开承诺进行必要核查的义务[②]；（2）在明知业务异常的情况下，未发现虚构销售收入的异常情况[③]；（3）在核查财务时未尽勤勉尽责的义务[④]；（4）出具相关意见时是否将风险作为重大事项写入核查意见。

此外，实践中主流观点以督导券商是否受到行政处罚作为判断督导券商是否存在过错及是否承担连带赔偿责任的重要因素，如督导券商未受到行政处罚或行政处罚中并未载明虚假陈述事项，则法院可能认定其不承担连带责任[⑤]。此外，也有法院明确指出自律监管措施不等同于行政处罚，不能依此判定保荐人承担民事赔偿责任[⑥]。

从违反注意义务的审查标准来说，裁判机构通常从以下角度进行审查；（1）是否知情[⑦]；（2）是否有其他手段进行核查和规制[⑧]；（3）在知情后是否及时出具保留

---

① 《北京证券交易所股票上市规则（试行）》第3.2.10条规定：“保荐机构及其保荐代表人发现上市公司拟披露信息或已披露信息存在任何错误、遗漏或者误导的，或者发现存在应当披露而未披露事项的，应当要求公司进行更正或补充。上市公司拒不配合的，应当及时向本所报告，并发布风险揭示公告。”

② （2021）鲁01民初1326号案。

③ （2021）鲁01民初1326号案。

④ （2020）川民终293号案。

⑤ （2020）云民终1221号案、（2019）辽02民初1795号案、（2018）湘01民初6982号案、（2017）京民终80号案。

⑥ （2019）辽02民初1795号案。

⑦ （2019）川01民初3029号案、（2020）云民终1221号案、（2019）辽02民初1795号案。

⑧ （2019）辽02民初1795号案、（2019）川01民初3029号案。

意见。[①]

当前裁判实践中，关于持续督导阶段券商对于发行人虚假陈述的责任承担问题的判例数量仍然较为有限，故对于“过错”判断的事实情形和裁量标准仍然难以归纳和总结。在强化中介机构责任的政策导向和虚假陈述纠纷井喷的双重背景下，相关问题仍然值得持续跟踪。

（三）商品房消费者权利保护中的过户与抵押权涤除

随着房地产市场的下行，金融债权人的抵押权和商品房消费者的物权期待权二者之间的权利竞争问题日渐突出。在房地产融资类交易中，商品房抵押权往往是银行、信托公司、资产管理公司等金融机构的核心债权保障措施，而商品房又往往涉及消费者的生存权，故如何妥善解决二者的冲突一直以来是实践中的难题。

2023 年 4 月 20 日起施行的《最高人民法院关于商品房消费者权利保护问题的批复》第 2 条在此前《最高人民法院关于审理建设工程施工合同纠纷案件适用法律问题的解释（一）》《最高人民法院关于人民法院办理执行异议和复议案件若干问题的规定》《九民纪要》等规定的基础上，进一步规定商品房消费者的“房屋交付请求权”优先于抵押权，该规定是否意味着商品房消费者可以直接要求抵押权人涤除抵押登记，进而完成过户，引发行业内的广泛讨论。

一种观点认为，由于商品房消费者对房屋享有的物权期待权已足以排除抵押权人的强制执行，若继续保留抵押权人的抵押登记已经不具有实际意义，如果不涤除抵押登记，则一方面抵押权人无法就房屋行使抵押权，另一方面商品房消费者亦无法取得案涉房屋所有权，陷入僵局，使房屋权利始终处于不确定的状态。

另一种观点认为，商品房消费者优先权是一种政策性保护，其目的在于通过阻止对标的物的处置来保护商品房消费者的生存居住权。根据《民法典》的规定，在商品房上存在抵押权时，可以保留抵押进行过户，不能在法律规定的涤除抵押权的情形外涤除抵押权，抵押权人亦无配合涤除抵押权的义务。

这一分歧的焦点在于对《最高人民法院关于商品房消费者权利保护问题的批复》中交付请求权的性质理解。有观点认为，商品房买受人的物权期待权指向标的物的使用价值与交换价值，而抵押权作为担保物权，仅指向标的物的交换价值，

① （2020）云民终 1221 号案。

因此，就标的物的交换价值而言，二者相互冲突、无法并存、只能择一。[①] 在《最高人民法院关于人民法院办理执行异议和复议案件若干问题的规定》中，已经赋予买受人排除抵押权执行的权利，抵押权已被架空。继而，在前述规定使得买受人得阻断他人处分房屋的情况下，买受人已经享有了物权权能中最重要的处分权能，故交付请求权实际上为物权请求权，进而可以要求涤除登记并过户。另有观点认为，商品房消费者的“物权期待权”是立法者对民事权利主体准备阶段期待利益的特别保护，其性质仍然属于债权范畴。[②] 在此观点之下，物权期待权项下的“交付”可能不具有物权意义，似乎仅有“占有”的内涵。

笔者认为，从《最高人民法院关于商品房消费者权利保护问题的批复》出台后的司法实践来看，“房屋交付请求权”包括过户且应当涤除抵押登记的观点逐渐成为主流，详见（2023）宁0104民初8174号案、（2023）粤0803民初1876号案、（2023）鄂12民终2339号案。事实上，当商品房消费者的物权期待权排除抵押权执行之时，附着于房屋上的抵押登记事实上已名存实亡，此时允许涤除抵押权并支持过户，似乎确实是更符合社会效果的选择。

（四）托管人义务的边界

近年来的资管纠纷中，托管人的责任问题引起业界关注。常见的托管人包括券商和银行，在私募基金、资管产品、信托等金融产品交易架构中均有托管人的身影。托管人的义务来源于法律规定和合同约定。一般而言，托管人的法定义务包括资金保管、账户管理、估值监测、办理清算结算、投资监督、信息披露等，贯穿金融产品募集、投资、管理、退出全周期。对于各个阶段托管人义务的边界问题，可作分别讨论。

募集阶段常见的问题是：管理人在基金成立条件未成就、基金未办理备案的情况下进行投资，托管人是否负有审核义务。

对于该问题，司法实践中存在争议。一种观点认为，托管人按约负有该等义务，未履行义务应当承担赔偿责任。例如，有观点认为，托管人作为合同主体和专业的资产托管人，应当审查合同的生效条件是否成就，未审查的，对投资人的损失存在过错，应当承担补充赔偿责任[③]。另一种观点认为，托管人的义务仅限于

---

① 李静、雷元亮：《物权期待权优于抵押权时的实现路径》，载《人民司法（案例）》2020年第35期。

② 杨阳：《对我国不动产物权期待权的审视》，载《人民司法》2023年第4期。

③ （2019）京02民终8082号案、（2018）粤03民终16126号案。

对账户进行审慎托管，对于基金的相关资质、募集行为并不负有法定或约定的审查、监管义务。[①]

投资阶段常见的问题是：托管人对投资指令符合合同约定应具有形式审查义务还是实质审查义务。

一种观点认为，托管人对投资指令仅负有形式审查义务，即审核托管资产管理运用指令应具备的资料，从而进行托管账户资金的划付，无须进行实质审查。[②]另一种观点认为，托管人应当对投资指令进行一定的实质审查。如在（2020）湘02民再82号案中，法院认为，管理人入伙的标的基金并非合同约定的“国内优质股权私募基金”，托管人对投资标的是否为国内优质股权私募投资基金未作审查，并判令托管人对管理人不能清偿部分承担40%的补充赔偿责任。

管理阶段常见的问题是净值复核，金融产品的净值计算方式较为复杂，实践中时常会出现底层资产已明显违约且缺乏清偿能力，而产品净值仍维持在高位的情况。这种情况下，投资者往往会质疑托管人没有履行净值复核的职责，托管人需要证明净值计算的合法性及合理性。

退出阶段讨论较多的问题是托管人是否负有清算义务。一般而言，清算义务由管理人承担，托管人的主要义务是根据管理人的指令进行划付工作，不承担独立的清算义务。但是，实践中，亦有部分法院认为，托管人系清算小组成员，应当忠实勤勉履行各项义务，积极推进股权退出和基金清算，若无故长期怠于履行清算义务，导致投资者损失的，投资者可主张权利。[③]

应当注意到，托管人义务的标准，正在从形式向实质的方向演变，尤其是在管理人履职不规范或者出现纠纷时跑路的情况下，托管人的审核义务和监督义务是否履行到位，不仅要从合法性的角度进行审视，也要从合理性的维度进行观察。

（五）保证保险的法律适用问题

保证保险的法律适用问题由来已久。早期的争议是保证保险合同应当适用保险法还是担保法。审判实践中，保证保险一般被认为是“具有担保功能的财产保

① （2016）浙06民终4187号案。

② （2016）浙06民终4187号案。

③ （2020）京0101民初6865号案。

险合同”。[①] 但不能否认，保证保险具有担保功能。[②] 故关于如何适用法律始终存在争议。“保证保险合同是保险法明确规定的具有担保功能的一类财产保险合同，原则上应适用保险法及合同法的规定，主要以合同约定内容作为确定当事人权利义务的依据。但保证保险有其特殊性，既不能简单套用保险利益、最大诚信、故意制造保险事故等保险法上的制度，也不应简单套用从属性、保证期间等担保相关制度。”[③]

在保证保险领域，有两个问题值得关注：

关于保证保险以外同时存在其他担保时，债权人追偿的顺序问题。《民法典》规定，在没有约定的情况下，对于债务人以外的第三人提供各项担保措施，债权人可以选择任意一个第三人履行。《中华人民共和国保险法》对此问题并无规定。实践中，有部分法院认为，对此问题，虽然仅担保相关制度规定，但依据保险合同诚实信用原则，以及考虑到抵押权等其他担保权存在较长的实现周期，如债权人在其他担保权利仍未能实现全部债权的情况下才通知保证保险人，违约金利息等会持续计算，这将导致保证保险人应承担的逾期利息和违约金金额扩大。故债权人应当及时通知或者优先请求保证人履行保证保险责任，否则债权人造成的保险人损失扩大的部分（例如逾期利息及违约金），保险人有权拒绝赔偿。[④]

关于保险人代位求偿权的行使问题。《保险法》第 60 条对于保险人承担责任后的代位求偿权作出规定。《民法典》第 700 条对于保证人的追偿权亦作出了规定。在保证保险合同中，保险人承担了保险责任之后，是否能够向债务人追偿，是否能够向其他担保人要求分担向债务人不能追偿的部分？对此问题，实践中，存在争议。一种观点认为，保险人承担责任后，依据《保险法》享有代位求偿权，该等权利属于法定的债权转让，保险人不仅可以在赔偿范围内取得债权人对债务人的主债权，也一并受让了保证担保等从权利，可以向其他保证人追偿。[⑤] 另一种观

---

① 具有代表性的地方司法文件例如《北京市高级人民法院关于审理汽车消费贷款纠纷案件及汽车消费贷款保证保险纠纷案件若干问题的指导意见（试行）》《重庆市高级人民法院关于保险合同纠纷法律适用问题的解答》等。

② 例如，在《关于保证保险合同纠纷案的复函》（保监法〔1999〕第 16 号）、《关于中国工商银行郴州市苏仙区支行与中保财产保险有限公司湖南省郴州市苏仙区支公司保证保险合同纠纷一案的请示报告的复函》中，保证保险合同曾被认为是一种担保。

③ 刘贵祥：《关于金融民商事审判工作中的理念、机制和法律适用问题》，载《法律适用》2023 年第 1 期。

④ （2022）沪 74 民终 28 号案。

⑤ （2021）宁 01 民终 1122 号案、（2019）湘民再 65 号案。

点认为，保险人承担的责任为保证责任，根据《担保制度司法解释》第 13 条的规定，因保证人之间未约定相互追偿或分担责任，亦未在同一份合同书上签约，故保险人在承担了保证责任后不能向其他债务人追偿。[①]

除前述问题外，2023 年，金融领域仍有诸多热点和前沿问题值得关注。例如数字型票据线下追索的效力问题等，一直引起热议。随着电子汇票的广泛应用，其追索权的行使方式产生了较多争议。《电子商业汇票业务管理办法》第 5 条规定电子汇票持票人行使追索权必须通过电子商业汇票系统（ECDS），但实践中部分持票人仍然通过线下方式追索，特别是直接向法院提起诉讼。目前，主流观点认为，由于《票据法》第 61 条并未限制追索权行使方式，《电子商业汇票业务管理办法》第 5 条不应被视为行使权利的前置条件，否则将损害持票人权利。除此之外，在保理、融资租赁等领域，亦有许多值得探讨的问题。囿于篇幅，本篇不一一论述。

五、结语与展望

随着金融改革向纵深发展，金融争议解决领域这些年一直在产生深刻的变化。无论是合同订立、合同效力还是合同履行、违约责任，都在因为金融行业的变化而不断产生新的问题和挑战。展望未来，有以下趋势值得重点关注：

政策导向方面，在强监管的大背景下，金融审判和金融监管的协同会进一步加强，交易的合法性和合规性将成为越来越多金融争议解决案件中的焦点问题，且会直接影响责任承担，监管机构的意见在金融审判中亦会得到充分的尊重。

裁判规则方面，与金融争议解决有关的法律、法规和相关规范将进一步细化，为统一裁判尺度提供规则依据。《中华人民共和国金融稳定法》《中华人民共和国商业银行法》《中华人民共和国保险法》等法律的出台或修订，《全国法院金融审判工作会议纪要》以及网络借贷、刑民交叉等司法解释的起草和发布，可能涉及一系列裁判规则的变化，值得重点关注。

案件类型方面，金融机构被诉案件会越来越多，以管理人 / 托管人责任、证券虚假陈述、“名股实债”中的出资责任等为代表的案件会使得金融领域中的新类型问题持续引发热议。

纠纷解决方式方面，由于大量的金融交易约定了仲裁条款，仲裁在金融争议解决案件中扮演的角色会越来越重要，仲裁的专业化特点将在此类案件中得到进

① （2022）豫 06 民终 730 号案。

一步发挥。

我们期待，中国金融争议解决的发展能够促进金融行业持续健康发展，通过新的法律法规、典型案例和热点问题的讨论，凝聚共识，为新的问题寻找新的解决方案。

中国知识产权争议解决年度观察（2024）

王亚西　张海若　邢科科[①]

一、概述

2023年是中国实施知识产权强国建设纲要的关键之年，是中国与世界知识产权组织合作五十周年。创新是引领发展的第一动力，在持续推动社会经济高质量发展和高水平对外开放的过程中，中国始终高度重视知识产权保护，深入实施知识产权强国建设，加强知识产权法治保障，完善知识产权管理体制，不断强化知识产权全链条保护，持续优化创新环境和营商环境，已成为全球知识产权保护的重要力量。

（一）知产授权数据概览

据国家知识产权局（以下简称国知局）统计[②],2023年全年知识产权授权数据显示:（1）专利方面，发明专利授权92.1万件[③]，实用新型专利209万件，外观设计专利63.8万件。截至2023年底，发明专利有效量为499.1万件。其中，国内（不

---

① 王亚西，北京元合律师事务所合伙人。张海若，北京元合律师事务所合伙人。邢科科，北京元合律师事务所合伙人。同时，衷心感谢北京元合律师事务所知识产权团队的其他成员，包括丛心怡律师、洪亦默律师、张云鹏律师和范臻实习律师以及实习生张梦茹为报告做出的贡献。

② 《国新办举行2023年知识产权工作新闻发布会》，载微信公众号“国家知识产权局”，访问时间：2024年2月23日。

③ 2022年发明专利授权79.8万件，2023年同比增长15.4%。数据参见《国新办举行2022年中国知识产权发展状况新闻发布会》，载微信公众号“国家知识产权局”，访问时间：2024年3月12日。

含港澳台）发明专利有效量为401.5万件。[①]（2）商标方面，全年注册商标438.3万件[②]。截至2023年底，有效商标注册量为4614.6万件。[③]（3）地理标志方面，全年批准地理标志产品13个，[④]核准地理标志作为集体商标、证明商标注册201件[⑤]，核准使用地理标志专用标志经营主体5842家。截至2023年底，累计批准地理标志产品2508个，核准地理标志作为集体商标、证明商标注册7277件，地理标志专用标志经营主体总数达2.6万家。（4）集成电路布图设计方面，全年集成电路布图设计登记发证1.1万件。[⑥]截至2023年底，累计发证7.2万件。

（二）知产法律体系完善

2023年，各类知识产权法律及实施细则进行了修订或在修订中，值得关注的是新修订的《中华人民共和国专利法实施细则》（以下简称《专利法实施细则》）、已公布的《中华人民共和国商标法修订草案（征求意见稿）》，以及正在修订中的《中华人民共和国著作权法实施条例》（以下简称《著作权法实施条例》）。此外，国家市场监督管理总局修订发布了《禁止滥用知识产权排除、限制竞争行为规定》以及《关于标准必要专利领域的反垄断指南（征求意见稿）》。《中华人民共和国民事诉讼法》的修订增加了涉及知识产权专属管辖的诉讼类型。

---

① 2023年国内（不含港澳台）发明专利有效量同比增长22.4%，首次超过400万件。数据参见《国新办举行2023年知识产权工作新闻发布会》，载微信公众号“国家知识产权局”，访问时间：2024年3月12日。

② 2022年核准注册商标617.7万件，2023年同比减少40.9%。数据参见《国新办举行2022年中国知识产权发展状况新闻发布会》，载微信公众号“国家知识产权局”，访问时间：2024年3月12日。

③ 2023年，国内（不含港澳台）注册商标有效量为4404.7万件，同比增长8.4%。数据参见《国新办举行2023年知识产权工作新闻发布会》，载微信公众号“国家知识产权局”，访问时间：2024年3月12日。

④ 2022年认定地理标志保护产品5个，2023年同比增长65.5%。数据参见《国新办举行2022年中国知识产权发展状况新闻发布会》，载微信公众号“国家知识产权局”，访问时间：2024年3月12日。

⑤ 2022年核准地理标志作为集体商标、证明商标注册514件。2023年同比减少60.9%。数据参见《国新办举行2022年中国知识产权发展状况新闻发布会》，载微信公众号“国家知识产权局”，访问时间：2024年3月12日。

⑥ 2022年集成电路布图设计登记发证9106件，2023年同比增长20.8%。数据参见《国新办举行2022年中国知识产权发展状况新闻发布会》，载微信公众号“国家知识产权局”，访问时间：2024年3月12日。

（三）知产审判体系改革

最高人民法院知识产权法庭（以下简称最高院知产庭）作为国家层面知识产权案件上诉审理机制改革的标志和关键，已经成功运行五周年，充分发挥了技术类知识产权和垄断案件上诉审判职能。2023 年 10 月 16 日，最高人民法院审判委员会审议通过了《最高人民法院关于修改〈最高人民法院关于知识产权法庭若干问题的规定〉的决定》，并决定自 2023 年 11 月 1 日起施行。此次修订一方面修改了最高院知产庭的案件受理范围，将涉及实用新型专利、技术秘密、计算机软件相关的权属、侵权民事和行政上诉案件的管辖限定在“重大、复杂”的范围内；同时新增了针对行为保全裁定复议的审理权限。另一方面，此次修订新增了当事人按照法庭要求如实披露关联案件信息的义务，并将其纳入认定是否遵循诚实信用原则和构成滥用权利等的考量因素，有利于遏制滥用诉讼权利的行为。

（四）争议解决呈现的特点

综观过去的 2023 年，知识产权争议解决案件呈现以下特点：（1）执行严格保护政策，知识产权侵权赔偿力度加大。近年来，我国法院审结的知识产权案件判赔力度加大，屡出“高价罚单”。以“蜜胺”发明专利及技术秘密案为例，最高人民法院（以下简称最高院）全额支持了权利人的 2.18 亿元的索赔请求。在该案执行中，当事人就一、二期项目达成全面和解，权利人最终获偿 6.58 亿元，刷新国内知识产权维权纪录。2023 年中，最高院在 8 起案件中适用了惩罚性赔偿，体现了加大侵权赔偿力度的有力保护司法理念，维护了公平竞争和诚信经营的市场环境。（2）涉外知产纠纷国际化水平提升。中国已成为审理专利和植物新品种案件最多的国家，我国法院审理的一批标杆性裁判在国内外产生重要影响，越来越多的外国企业选择到中国法院解决知识产权纠纷，中国日益成为国际知识产权诉讼优选地之一。最高院知产庭在多起案件中促成中外当事人达成一揽子和解，以“东方经验”实质性化解跨国纠纷。积极探索国际前沿问题，为知识产权国际治理贡献中国智慧。（3）技术类案件数量上升。从 2019 年 1 月 1 日开始，最高人民法院设立知识产权法庭统一审理专利等专业技术性较强的民事、行政上诉案件。最高院知产庭在 2023 年共受理技术类知识产权和垄断案件 7776 件，审结 4562 件。[①] 与 2022 年相比，受案量增长 31.5%。（4）知识产权恶意诉讼引发关注。因恶意提

① 《最高人民法院知识产权法庭年度报告（2023）》，载微信公众号“最高人民法院知识产权法庭”，访问时间：2024 年 2 月 23 日。

起知识产权诉讼损害责任纠纷一审案件数量，由2022年的74件增长到2023年的152件，增长105.41%。[①] 知识产权权利滥用的认定及规制相关问题日益引起社会关注。（5）案件涉及技术前沿日益扩展，新类型纠纷不断涌现。2023年被誉为AI元年，我国亦出现了“AI生成图片著作权侵权第一案”，推动了法律如何应对人工智能技术挑战的深入思考。随着涉短视频平台、网络直播平台等新类型网络平台侵权纠纷不断出现，与新技术及平台责任相关的法律问题受到社会的广泛关注。网络平台间的数据竞争纠纷成为争议热点。数据竞争纠纷中，平台数据权益归属认定以及公开数据抓取的合法性问题是值得关注的重点。（6）知识产权争议解决多元化发展。目前知识产权争议解决以诉讼为主要方式，但已有越来越多的当事人选择仲裁解决知识产权争议，促进了知识产权争议解决机制的多元化发展。中国国际经济贸易仲裁委员会在2023年受理了104件知识产权合同纠纷案件[②]，较上一年有显著增长。[③]2023年北京仲裁委员会共受理了277件知识产权合同纠纷案件，从立案到结案平均仅需210天左右[④]，充分体现了仲裁作为多元化争议解决机制的高效。

二、新出台的法律法规或其他规范性文件

（一）专利法

现行的《中华人民共和国专利法》（以下简称《专利法》）于2020年完成第四次修改，自2021年6月1日起施行。为了保障《专利法》（2020年第四次修正案）的顺利实施，国务院于2023年12月11日公布了《国务院关于修改〈中华人民共和国专利法实施细则〉的决定》（以下简称《决定》），该《决定》自2024年1月20日起施行。

---

① 《守护科技创新！速览这场发布会的十个精彩答问》，载微信公众号“最高人民法院知识产权法庭”，访问时间：2024年2月23日。

② 中国国际经济贸易仲裁委员会：《贸仲委2023年工作报告（图文版）》，https://www.ccpit.org/a/20240127/202401278hnc.html，访问时间：2024年2月26日。

③ 2022年受理了21件知识产权合同纠纷案件。数据参见中国国际经济贸易仲裁委员会：《贸仲委2022年工作报告（图文版）》，https://www.ccpit.org/a/20230118/202301186qd6.html，访问时间：2024年3月12日。

④ 《北京仲裁委员会/北京国际仲裁中心2023年度工作报告》，载微信公众号“北京仲裁委员会”，访问时间：2024年2月23日。

《专利法实施细则》的本次修改主要包括以下方面：一是优化专利申请制度，新增优先权恢复、增加和改正制度，同时放宽不失新颖性具体情形的适用范围；二是完善专利审查制度，细化局部外观设计保护、外观设计本国优先权制度并增设延迟审查制度；三是强化专利行政保护，增设发明和药品相关专利的期限补偿专章，完善专利纠纷处理和调解机制，同时明确在全国有重大影响的专利侵权纠纷的界定标准；四是促进专利转化运用，对《专利法》引入的开放许可制度补充了更具体的可操作性规则，并进一步完善职务发明创造奖励报酬制度；五是加强同国际规则的衔接，新增外观设计国际申请的特别规定，明确了外观设计国际申请的具体审查程序。

另外，为保障《专利法实施细则》的顺利实施，国知局还同步出台了一系列配套部门规章和规范性文件。在专利申请方面，国知局在《规范申请专利行为的规定》中明确了八种非正常专利申请行为以及相关处理办法；在专利审查方面，新修改后的《专利审查指南（2023）》就援引加入、计算机程序及中药领域审查标准、实质审查及复审无效等内容进行细化规定；在专利保护和转化利用方面，国知局发布《关于专利权期限补偿和专利开放许可相关行政复议事项的公告》就相关行政复议救济途径进行说明。

（二）商标法

《中华人民共和国商标法》（以下简称《商标法》）将迎来第五次修改，2023年1月13日，国知局发布《中华人民共和国商标法修订草案（征求意见稿）》，并通过政府网站互动平台意见征集栏目向社会各界公开征求意见。本次修改在禁止商标重复及恶意注册、驰名商标保护、恶意诉讼反赔等方面作出了重大调整。

2023年12月29日，国知局同时公布《集体商标、证明商标注册和管理规定》（以下简称《规定》）和《地理标志产品保护办法》（以下简称《办法》），两部规章均自2024年2月1日起施行。《规定》中强化了对商标注册人和使用人的管理要求，增加了含地名商标的注册和正当使用规定；《办法》明确了地理标志产品审查标准及不予认定的情形，细化了申请人的管理职责和生产者按标准生产的义务，规定了针对地理标志产品的具体侵权违法情形及处罚措施。上述规章对于构建具有我国特色的地理标志知识产权保护体系、促进区域特色经济发展、助力乡村振兴具有重要意义。

（三）著作权法

第三次修正的《中华人民共和国著作权法》（以下简称《著作权法》）自2021年6月1日正式实施后，《著作权法实施条例》等相关配套法规也在修订过程中，目前尚未公布征求意见稿。司法界、学术界及版权产业界均对此高度关注。

2023 年 12 月 28 日，最高人民检察院（以下简称最高检）印发《检察机关依法惩治侵犯著作权犯罪典型案例》的通知，对在网络侵犯著作权犯罪案件中采取抽样取证、已取得专利权玩具的独创性艺术美感部分以及“剧本杀”作品的著作权性质认定等问题作出指导。该批案例通过依法惩治侵犯著作权犯罪，充分发挥著作权司法保护对文化建设的规范促进作用。

（四）反垄断法

为贯彻落实修改后的《中华人民共和国反垄断法》（以下简称《反垄断法》），健全对平台领域经济的监管，国家市场监督管理总局于 2023 年 3 月 10 日同时公布《禁止垄断协议规定》《禁止滥用市场支配地位行为规定》《经营者集中审查规定》，三部规章均自 2023 年 4 月 15 日起施行。其中《禁止垄断协议规定》《禁止滥用市场支配地位行为规定》都明确了平台领域内相关市场的三种界定方法，并分别将数据、算法、技术以及平台规则等要素纳入认定达成垄断协议、滥用市场支配地位的考量范围内;《经营者集中审查规定》一方面完善审查，新增经营者数据处理、控制能力的审查维度；另一方面加强规制，增设剥离数据、终止独占性协议、保持独立运营、修改平台规则或者算法、承诺兼容或者不降低互操作性水平等限制性条件。

2023 年 6 月 25 日，国家市场监督管理总局出台了《禁止滥用知识产权排除、限制竞争行为规定》，该规定于 2023 年 8 月 1 日起正式施行。其内容变化主要包括以下几个方面：一是对“滥用知识产权排除、限制竞争行为”的内涵进行扩充说明；二是细化关于利用行使知识产权的方式实施垄断行为的认定规则，包括垄断协议类型、滥用市场支配地位、经营者集中的申报要求和审查考量因素等；三是完善标准必要专利等重点领域反垄断规则，明确专利联营可能构成垄断协议的情形以及标准必要专利许可中的滥用市场支配地位的行为，同时增加了对权利人滥用诉权禁令救济行为的规制。

另外，2023 年 6 月 30 日国家市场监督管理总局还发布了《关于标准必要专利领域的反垄断指南（征求意见稿）》，在标准必要专利的信息披露、FRAND 承诺、善意谈判、市场支配地位认定、滥用行为、禁令救济等方面进行了规定完善。

（五）知识产权案件的管辖

2023 年 9 月 1 日，全国人民代表大会常务委员会审议通过了新修正的《中华人民共和国民事诉讼法》，并宣布新法自 2024 年 1 月 1 日起施行。值得关注的是，本次修正将对涉外知识产权案件的管辖产生重大影响。其一，本次修正在“特殊地域管辖”条款中确立了法院所在地适当联系原则，为近年来争议不断的标准必要专利全球使用费率案件的中国法院管辖权提供了法律依据；其二，增加了涉及知识产权的专属管辖的诉讼类型，将“因与在中华人民共和国领域内审查授予的知识产权的有效性有关的纠纷提起的诉讼”纳入中国法院专属管辖的范围；其三，新增了有关涉外案件协议管辖、排他性管辖协议的相关规定，充分尊重当事人的意思自治。

2023 年 10 月 16 日，最高院审判委员会审议通过了《最高人民法院关于修改〈最高人民法院关于知识产权法庭若干问题的规定〉的决定》，修改了最高院知产庭的案件受理范围，将涉及实用新型专利、技术秘密、计算机软件相关的权属、侵权民事和行政上诉案件的管辖限定在“重大、复杂”的范围内；同时新增了针对行为保全裁定复议的审理权限。

（六）知识产权相关规范性文件

在刑事领域，针对数字信息时代下复杂多样的知识产权犯罪规制难题，最高院、最高检在 2023 年 1 月联合发布了《关于办理侵犯知识产权刑事案件适用法律若干问题的解释（征求意见稿）》，稿中主要对刑法中涉及假冒注册商标罪、销售假冒注册商标的商品罪、假冒专利罪、侵犯著作权罪、侵犯商业秘密罪等知识产权犯罪中的主观“明知”，客观具体行为以及“情节严重”的标准作了更具体的规定，为国家创新驱动发展战略提供了刑法保障。

在国际条约方面，我国申请加入的《取消外国公文书认证要求的公约》（亦称《海牙公约》，以下简称《公约》）于 2023 年 11 月 7 日正式生效实施。《公约》的实施意味着中国与其他缔约国之间将取消公文书领事认证流程，我国企业若想将相关知识产权证书送其他缔约国使用，只需先在公证机关进行公证然后在外交部或其授权的地方外事办公室办理《公约》规定的附加证明书即可。这极大简化了知识产权的跨国认证流程，为国内企业知识产权的域外保护、跨国知识产权诉讼的证据提交提供便利。

三、典型案例

【案例 1】涉“蜜胺”发明专利及技术秘密侵权案

四川金象赛瑞化工股份有限公司等诉山东华鲁恒升化工股份有限公司等三聚

氰胺（蜜胺）发明专利侵权案[①]、技术秘密侵权案[②]

【基本案情】

四川金象赛瑞化工股份有限公司（以下简称金象公司）、北京烨晶科技有限公司（以下简称烨晶公司）系专利号为201110108644.9、名称为“节能节资型气相淬冷法蜜胺生产系统及其工艺”的专利权人。金象公司、烨晶公司向广州知识产权法院提起诉讼，主张山东华鲁恒升化工股份有限公司（以下简称华鲁恒升公司）、宁波厚承管理咨询有限公司（以下简称宁波厚承公司）、宁波安泰环境化工工程设计有限公司（以下简称宁波设计院公司）和尹某某共同制造和使用了涉案专利，构成共同侵权。另外，金象公司还向四川省成都市中级人民法院提起诉讼，主张其系“加压气相淬冷法年产5万吨三聚氰胺生产反应系统”技术秘密的权利人，而华鲁恒升公司、宁波厚承公司、宁波设计院公司通过尹某某获取了金象公司的技术秘密后，将涉案技术秘密应用于华鲁恒升公司的三聚氰胺一期项目，数被告共同侵犯了金象公司对涉案技术秘密享有的合法权益。

在专利侵权案中，广州知识产权法院认定被告华鲁恒升公司、宁波厚承公司、宁波设计院公司共同实施了“制造”行为，被告华鲁恒升公司单独实施了“使用”和“销售”行为，判决各被告停止相应的侵权行为，并判决华鲁恒升公司赔偿8000万元，宁波厚承公司、宁波设计院公司对其中4000万元承担连带赔偿责任。

在技术秘密侵权案中，四川省成都市中级人民法院认定各被告共同实施了侵权行为，但各被告因侵权行为的实际获利不同，遂判决被告华鲁恒升公司赔偿5000万元，被告尹某某对其中120万元承担连带赔偿责任，被告宁波厚承公司、宁波设计院公司对其中500万元承担连带赔偿责任。

两案的一审法院均未支持原告要求销毁相关设备和生产系统的诉讼请求。双方当事人对两案的一审判决不服，均向最高院知产庭提起上诉。最高院知产庭审理后，撤销两案的一审判决并改判支持权利人的全部诉讼请求。

【争议焦点】

1. 华鲁恒升公司、宁波厚承公司、宁波设计院公司、尹某某是否构成共同侵权并应否承担连带责任；2. 本案停止侵害和赔偿损失的责任具体应如何承担。

---

① 一审：广东省高级人民法院（2017）粤民初97号；二审：最高人民法院（2020）最高法知民终1559号。

② 一审：四川省成都市中级人民法院（2017）川01民初2948号；二审：最高人民法院（2022）最高法知民终541号。

【裁判观点】

关于专利侵权案，最高院知产庭认为，华鲁恒升公司、宁波厚承公司、宁波设计院公司、尹某某在被诉生产系统被制造并投入使用，直至生产出三聚氰胺产品进行销售的整个过程中，存在分工协作，处在实施侵权行为的各个环节，四者实施的行为相互利用、配合、支持，缺一不可，构成共同侵权，其行为造成了不可分割的损害后果，故各被诉侵权人理应就共同侵权行为所造成的损失全额承担连带赔偿责任。而对于一审法院综合多种计算方式确定的华鲁恒升公司实施涉案侵权行为的合理利润在 2.57 亿元至 4.36 亿元的观点，最高院知产庭予以确认，但认为一审判决被告承担的赔偿数额偏低，遂改判四被告共同连带赔偿权利人经济损失 1.2 亿元。

关于技术秘密侵权案，最高院知产庭认为，华鲁恒升公司等被诉侵权人各自实施的侵权行为均是共同侵权中不可或缺的一环，该四者的行为缺一不可且均造成了同一损害后果，该损害后果与该四者的行为之间均具有直接的因果关系，故各被诉侵权人理应就共同侵权行为所造成的损失全额承担连带赔偿责任。最高院知产庭依据金象公司提供的参照有机胺产品毛利率和参照同规模企业销售三聚氰胺的毛利率，计算出华鲁恒升公司实施涉案侵权行为的合理利润在 2.8 亿元至 3.03 亿元，综合考虑主观过错程度、损害后果等情节，遂对金象公司主张的 9800 万元赔偿数额全额支持。

关于销毁相关设备和生产系统的问题。最高院知产庭认为，人民法院应当依法全面有效保护知识产权，遂在两案中均判令侵权人以包括但不限于拆除的方式销毁相关设备和侵权生产系统。

【纠纷观察】

涉“蜜胺”发明专利及技术秘密侵权案被列入“最高人民法院知识产权法庭典型案例（2022）”，以及获评“新时代推动法治进程 2023 年度十大案件”。该案体现了三个亮点：一是法院对侵权行为高判赔的力度。最高院知产庭根据查明的事实，计算出侵权期间被告的侵权获利在数亿元以上，故对权利人主张的 2.18 亿元赔偿数额予以全额支持。在该案执行中，当事人就一、二期项目达成全面和解，权利人最终获偿 6.58 亿元，刷新国内知识产权维权纪录。二是法院对停止侵权的具体方式和范围的积极探索。涉“蜜胺”发明专利及技术秘密侵权案中，最高院知产庭二审改判责令被告限期以包括但不限于拆除的方式销毁侵权生产线，以确保终结侵权行为的彻底性。三是连带赔偿责任范围的适用。对于侵权企业的法定代表人或实际控制人与侵权企业构成共同故意侵权的，法院依法判决相关自然人与公司承担连带赔偿责任，有效遏制侵权行为。值得注意的是，该案中的权利人金象公司为中外合资企业，烨晶公司为高新技术民营企业，而被诉侵权人之一华鲁恒升公司系国有上市企业。该案的结果体现了法院严格保护知识产权、对内资和外资企业、国有和民营企业均一视同仁、平等对待的态度。

【案例 2】“枸地氯雷他定”原料药滥用市场支配地位纠纷案

扬子江药业集团有限公司及其子公司诉合肥医工医药股份有限公司等滥用市场支配地位纠纷案[①]

【基本案情】

扬子江药业集团有限公司及其子公司（以下合称扬子江方）起诉称，其系商品名为贝雪的抗过敏药物枸地氯雷他定片剂生产商。合肥医工医药股份有限公司拥有枸地氯雷他定有关专利，长期以来，该公司及其子公司、关联公司（以下合称医工方）是生产贝雪所必需的枸地氯雷他定原料药的唯一供应方。医工方除生产枸地氯雷他定原料药外，也生产枸地氯雷他定硬胶囊剂。因而，医工方与扬子江方既是涉案原料药的供需双方，也是涉案制剂的竞争双方。扬子江方认为，医工方利用其在涉案原料药市场的支配地位，限定扬子江方只能向其购买涉案原料药，大幅提高涉案原料药价格，以停止供应涉案原料药为要挟，强迫扬子江方接受与涉案原料药交易无关的其他商业安排，给扬子江方造成的巨大损失，构成反垄断法意义上的限定交易、不公平高价、搭售、附加不合理条件等滥用市场支配地位行为，请求判令医工方停止滥用市场支配地位行为，并赔偿扬子江方损失及维权合理开支 1 亿元。

一审法院认为，医工方实施了限定交易、不公平高价、附加不合理交易条件等滥用市场支配地位行为，判决医工方立即停止上述行为并赔偿扬子江方 6800 余万元。双方均不服，向最高院知产庭提起上诉。二审法院撤销了一审判决并改判驳回扬子江方的诉讼请求。

【争议焦点】

1. 本案相关商品市场应当如何界定以及医工方是否具有相关市场支配地位；2. 如医工方具有相关市场支配地位，其是否实施了滥用市场支配地位的行为。

【裁判观点】

最高院二审认为，枸地氯雷他定落入医工方的 998 号专利权保护范围，且枸

---

① 一审：南京市中级人民法院（2019）苏 01 民初 1271 号；二审：最高人民法院（2020）最高法知民终 1140 号（入选最高人民法院 2023 年人民法院反垄断和反不正当竞争典型案例）。

地氯雷他定原料药构成本案相关商品市场。医工方在中国境内的枸地氯雷他定原料药市场虽然具有市场支配地位，但因其面临来自下游第二代抗组胺药制剂市场的较强间接竞争约束，故其市场支配地位受到了一定程度的削弱，且现有证据难以证明其实施了滥用市场支配地位行为。一是枸地氯雷他定落入医工方专利权保护范围，医工方限定扬子江方在一定期限和范围内只能向其购买涉案专利原料药的行为系对专利权的正当行使，由此产生的市场封锁效果也并未超出专利的法定排他效力范围，不构成无正当理由限定交易的行为。二是综合考虑涨价后的内部收益率及价格与经济价值的匹配度，涉案专利原料药初始价格系促销性价格的可能性较大，后续涨价较大可能系对促销性价格向正常价格的合理调整，仅凭价格涨幅明显高于成本涨幅尚不足以认定不公平高价行为。三是现有证据尚不足以证明医工方存在将案外项目与涉案专利原料药销售作捆绑交易的明示或暗示，故难以认定存在附加不合理交易条件行为。最高院二审撤销了一审判决，改判驳回扬子江方的诉讼请求。

【纠纷观察】

“枸地氯雷他定”原料药滥用市场支配地位纠纷案，系最高院首次阐释被诉限定交易行为的市场封锁效果与专利权行使的关联性和判断方法以及不公平高价行为认定和规制的基本考虑。该案中，最高院在处理相关市场竞争问题上引入了间接竞争约束的概念，拓展了判断相关市场竞争状况的审查范围，具有突破意义。同时，在滥用市场支配地位的行为认定方面，最高院知产庭对受争议的高价销售、限定交易等行为的违法性审查标准提出以下指导意见：一是判决中明确了“一对一交易关系”市场仍受反垄断法规制。二是指出以“中间投入品”进行市场界定时，需考虑间接竞争影响，比如本案中参考下游制剂市场带来的间接竞争约束。三是提出“三步走”的分析路径来审查价格公平问题，第一步分析高价行为所处的“相关市场的竞争状况和创新风险”，明确需要考量的因素及其重点；第二步借助“收益率分析、利润分析、价格比较分析等经济分析手段”初步认定被诉价格是否属于不公平高价；第三步从“竞争效果及消费者福利”两个方面复验初步结论并最终作出认定。

总体来看，该案在妥善处理专利权保护与反垄断的关系，兼顾鼓励创新与保护市场竞争，善用经济分析辅助判断垄断行为等方面作出了有益探索，对于促进《反垄断法》的准确适用，有力维护药品市场公平竞争具有积极意义。

【案例3】“刷宝APP”抓取短视频平台数据集合案

北京微播视界科技有限公司诉北京创锐文化传媒有限公司不正当竞争纠纷案[①]

【基本案情】

原告北京微播视界科技有限公司（以下简称微播公司）是抖音APP的开发者和运营者，发现被告北京创锐文化传媒有限公司（以下简称创锐公司）作为刷宝APP的运营者，采用技术手段或人工方式抓取来源于抖音APP中的短视频、用户信息及用户评论内容（以下简称案涉数据集合），并在刷宝APP上向公众提供，遂以不正当竞争为由将创锐公司诉至北京市海淀区人民法院，请求判令其立即停止被诉行为、消除影响，并赔偿经济损失4000万元。

一审法院认定，创锐公司实施的被诉行为适用《中华人民共和国反不正当竞争法》（以下简称《反不正当竞争法》）第2条构成不正当竞争，故判令其在《中国知识产权报》非中缝位置刊登声明、消除影响，并赔偿微播公司经济损失500万元。创锐公司不服一审判决，向北京知识产权法院提起上诉。二审法院审理后，判决驳回上诉，维持原判。

【争议焦点】

1. 微播公司对于案涉数据集合是否享有《反不正当竞争法》保护的合法权益？
2. 创锐公司的被诉行为是否构成《反不正当竞争法》第2条规定的不正当竞争行为？

【裁判观点】

对于案涉数据集合的法律性质，二审法院明确，微播公司使用抖音APP整体短视频产生的经济价值区别于独立使用单一视频内容产生的经济价值，对案涉短视频的集合给予整体保护不影响单一短视频创作者的权利。案涉数据集合不具有独创性，是一种“以非独创性方式呈现的，内容能够单独检索的，具有独立价值的”非独创性数据集合，故无法作为《著作权法》中的汇编作品进行保护。鉴于案涉数据集合由较大数量规模的单一数据组成，其收集控制者对于数据集合的收集、储存、加工、传输进行了实质性的投资，应当对其商业性使用产生的经济利益享有合法的权益，故案涉数据集合使微播公司在市场竞争中形成了竞争优势，属于受《反不正当竞争法》保护的合法权益。

对于被诉行为的认定，二审法院明确，该新型商业性行为不属于《反不正当竞争法》第二章特别规定的行为，故可以适用第2条进行审查。对于该行为的正当性判

---

① 一审：北京市海淀区人民法院（2019）京0108民初35902号；二审：北京知识产权法院（2021）京73民终1011号（入选最高人民法院2023年人民法院反垄断和反不正当竞争典型案例）。

断，应当从竞争手段的适当性必要性、竞争效果的均衡性两方面，综合考量行业发展和市场竞争秩序、经营者利益、消费者利益以及社会公共利益等因素，以该行为是否违反了诚实信用原则和商业道德作为基本判断标准。本案中，刷宝APP上出现了带有微播公司VID码及“抖音”等字样的视频，且多处评论内容、评论顺序甚至标点符号均与抖音APP对应内容完全相同，故在案证据足以证明创锐公司实施了被诉行为。创锐公司无视微播公司收集、存储案涉数据集合的巨大投入，直接抓取搬运案涉数据集合在刷宝APP使用，对微播公司造成的损害远远大于创锐公司合法使用用户上传视频、合作机构视频等手段给微播公司造成的损害，故被诉行为不是实现经营目的的必要手段，其行为手段不具有正当性。同时，被诉行为会实质性替代微播公司提供的产品或服务，削弱微播公司的竞争优势，阻碍网络短视频行业发展、破坏竞争秩序，最终会损害消费者福利，造成的损害远远大于消费者及社会公众基于该行为获得的利益，故违反了诚实信用原则和商业道德，构成不正当竞争行为。

【纠纷观察】

随着互联网、数据产业和技术的高速发展，数据显然已经成为一种重要的生产资料，相应地，大量数据抓取、爬取类案件纷至沓来。本案是北京法院审理的首例短视频平台数据集合不正当竞争案件，对不正当的数据抓取行为的认定具有重要指导意义。

本案中，人民法院明确了数据集合不同于单一数据内容的独立经济价值，分析了非独创性数据集合的法律性质，区分了《著作权法》保护的权利范围与《反不正当竞争法》保护的法益范畴，聚焦新型商业性行为，厘清互联网平台数据集合不正当竞争案件的法律适用，较好地保护了平台经营者在收集、存储、加工、传输数据过程中所形成的合法权益，积极适用《反不正当竞争法》第2条兜底条款对不正当数据利用行为进行规制，详细阐释了适用《反不正当竞争法》第2条认定竞争行为正当性的考量因素及判断标准，为后续数据集合类不正当竞争案件的审理提供指引。

【案例4】AI生成图片著作权侵权第一案

李某某诉刘某某侵害作品署名权、信息网络传播权纠纷案[①]

【基本案情】

李某某使用开源软件Stable Diffusion生成了一张图片（以下简称涉案图片）

---

① 一审：北京互联网法院（2023）京0491民初11279号（入选2023年度AIPPI中国分会版权十大热点案件和北京互联网法院2023年度十大典型案件）。

并将之发布于小红书平台。刘某某在其百家号账号发布的文章中使用涉案图片作为配图，并隐去了其中的指向李某某小红书 UID 的水印。李某某认为，刘某某的行为构成对涉案图片署名权、信息网络传播权的侵害，遂诉至北京互联网法院。北京互联网法院对该案作出一审判决，判决被告刘某某发表声明消除影响，并赔偿李某某经济损失 500 元。目前一审判决已生效。

【争议焦点】

AI 生成的图片能否构成《著作权法》意义上的作品？

【裁判观点】

北京互联网法院审理查明，李某某发布涉案图片时已经标注为“AI 插画”，且当庭利用 Stable Diffusion 模型根据自己设定的提示词和参数还原了涉案图片的生成过程。李某某所输入的提示词组合大部分来源于第三方网站中其他用户分享的内容；经当庭勘验，原告通过改变个别提示词或者参数，生成图片的结果不同。

法院认为，首先，从原告构思涉案图片起到最终选定涉案图片止的整个过程来看，原告进行了一定的智力投入，包括设计人物的呈现方式、选择提示词、安排提示词的顺序、设置相关的参数、选定哪个图片符合预期等。故涉案图片体现了原告的智力投入，符合作品的“智力成果”要件。其次，原告对于人物及其呈现方式等画面元素通过提示词进行了设计，对于画面布局构图等通过参数进行了设置，体现了原告的选择和安排；且在输入提示词、设置相关参数，获得了第一张图片后，其继续增加提示词、修改参数，不断调整修正，最终获得了涉案图片，这一调整修正过程亦体现了原告的审美选择和个性判断，故涉案图片体现出李某某的个性化表达，符合作品的“独创性”要件。最后，人们利用人工智能模型生成图片时，本质上仍然是人利用工具进行创作，即整个创作过程中进行智力投入的是人而非人工智能模型。鉴于“鼓励创作”是著作权制度的核心目的，法院认为，只要人工智能生成的图片能够体现出人的独创性智力投入，就应当被认定为作品，受到《著作权法》保护。综上，法院最终认可了涉案图片的作品资格，并将之明确为美术作品。法院进一步指出，李某某系直接根据需要对涉案人工智能模型“进行相关设置并最终选定涉案图片”的人，涉案图片基于李某某的智力投入直接生成，体现出李某某的个性化表达，故李某某是涉案图片的作者，享有涉案图片的著作权。

【纠纷观察】

本案系 AI 生成图片著作权侵权的第一案，该案的判决结果体现了我国法院对 AI 生成内容持有的代表性观点：首先，法院坚持“工具论”的立场，将 AI 软件视为工具，否认AI模型本身能够成为《著作权法》意义上的作者；其次，法院明确指出“能够体现人类创造性智力投入”的人工智能生成物可以构成作品，为相关技术及产业的发展提供司法支撑；最后，法院认为“人类贡献”可以体现为在输入提示词、调整参数等方面的独创性贡献，认为足够多、足够详细的提示词与参数调整即可满足人类作者对作品的“控制”，生成的内容即是该作者思想的表达。同时，该案也留下了许多有待进一步讨论的问题。我们也期待未来能够在立法、司法层面出现更多规范，以细化并明确人工智能生成物的《著作权法》保护问题。

【案例5】平台算法推荐不突破“避风港规则”案

优酷信息技术（北京）有限公司诉上海喜马拉雅科技有限公司、喜大（上海）网络科技有限公司侵害作品信息网络传播权纠纷案[①]

【基本案情】

原告优酷信息技术（北京）有限公司（以下简称优酷公司）系视听作品《圆桌派第三季》《圆桌派第四季》（以下简称权利作品）的著作权人，享有权利作品的信息网络传播权。被告上海喜马拉雅科技有限公司（以下简称喜马拉雅公司）、喜大（上海）网络科技有限公司（以下简称喜大公司）分别为音频平台“喜马拉雅”的运营者和开发者。优酷公司发现，有用户在喜马拉雅平台上传权利作品的音频版本并在首页推荐位置展示，遂以侵害作品信息网络传播权为由将两被告诉至法院。一审法院认定喜马拉雅公司作为网络服务提供者构成帮助侵权。二审法院认为喜马拉雅公司的算法推荐不构成侵权，判决驳回了优酷公司的全部诉讼请求。

【争议焦点】

平台使用算法推荐技术是否必然突破《最高人民法院关于审理侵害信息网络传播权民事纠纷案件适用法律若干问题的规定》第7条所定义的“避风港规则”？

【裁判观点】

一审法院的观点认为，涉案视频具有较高知名度，且涉案三个侵权音频专辑中的“圆桌π‖陪你聊人生”及“圆桌π‖窦某的四人行”均位于“喜马拉雅”软件首页“推荐”板块中的“精品”栏目中，后者还显示“NO.90人文热播榜”的排名，显然是喜马拉雅公司主动对以上两个涉案专辑进行了推荐和设置，不论其实际是通过纯粹的人工操作还是基于平台大数据的算法结果，该两个侵权音频

① 一审：上海市浦东新区人民法院（2022）沪0115民初36410号；二审：上海知识产权法院（2023）沪73民终287号。

专辑客观上均位于喜马拉雅公司作为本案的网络服务提供者可以明显感知的位置，故认定喜马拉雅公司构成帮助侵权。

二审法院则认为，涉案推荐系算法推荐，其与人工推荐不同，不能仅因存在“使用算法推荐”的事实即认定平台未尽注意义务，也不能因算法推荐内容涉及侵权而当然推定网络服务提供者知悉该内容的存在，进而对该内容是否可能侵权作出判断。本案中，根据“喜马拉雅”软件的隐私政策，其将对用户的行为偏好进行自动收集，并自动进行个性化推送。而优酷公司的公证书显示，取证账号此前已经收听了相关内容。故法院认为，优酷公司主张的涉案侵权音频出现在首页推荐板块系平台算法推荐自动生成，并不构成主动推荐。同时，优酷公司的权利作品为视频，喜马拉雅平台上传的侵权内容为音频，且进行了切条、修改关键词等规避审核的操作，一定程度上增加了侵权内容识别的难度。优酷公司也并未在发现侵权行为后发函要求喜马拉雅公司采取删除、屏蔽、断开链接等必要措施。此外，本案系喜马拉雅平台因大数据算法推荐内容涉嫌侵权被诉至法院的第一起案件，在案证据仅能显示喜马拉雅公司采用算法推荐技术进行个性化推送和通用榜单排序，而无证据证明喜马拉雅公司将该技术用于存在较高著作权侵权风险内容的推送，故本案尚不能认定喜马拉雅公司未尽到与其信息管理能力相应的注意义务。综上，二审法院最终认为喜马拉雅公司的算法推荐不构成侵权，判决驳回优酷公司的全部诉讼请求。

【纠纷观察】

平台算法推荐的行为性质是近两年司法实践中普遍讨论的问题。算法推荐作为一项新技术，在客观上确实能给用户带来更好的欣赏体验，但过滤版权内容在实际操作上也确有较大难度。尤其是在精神文化生活愈加丰富的当下，各个领域的版权内容层出不穷，用户自主创作、上传内容的积极性也水涨船高，此时要求平台对上传的内容逐一进行事先的版权审查明显负担过重。本案的意义在于，将人工推荐与算法推荐予以区分，明确了算法“技术中立”的性质，认为仅使用算法推荐的事实本身不构成侵权。本案同时为算法推荐的合规提供了指引，采用算法推荐技术的网络服务提供者仍应当定期审核、评估算法模型，在特定算法推荐系统已经引发著作权侵权时，应当采取技术上可行的模型修正方式或其他预防侵权的合理措施，以履行自身的注意义务。不过，鉴于本案是“长视频诉音频切条”，存在一定跨媒介的客观障碍，故其是否能够适用于更为普遍的“长短之争”或是“视频盗链”案件中，仍有待观察，但相关思路仍可供后续参考。

【案例6】商标恶意抢注构成不正当竞争案

干霸干燥剂（深圳）有限公司诉福建华赢化工有限公司、福建省好一点日用品有限公司、福建泰卫克包装有限公司、厦门霉必清新材料有限公司、陈某某、何某某、黄某某不正当竞争纠纷案[①]

【基本案情】

原告干霸干燥剂（深圳）有限公司（以下简称干霸公司）系知名干燥剂商品生产商，其注册/在先使用的"SD雨滴图形及SUPERDRY"、"SD雨滴图形"、"SDSUPERDRY"和"SUPERDRI"等商标具有较高知名度。干霸公司诉称，几名被告在长达七年的时间里，不仅不断抢注与干霸公司在先使用的上述标识相同或近似的商标，而且对干霸公司所申请、注册的商标恶意提出异议申请、无效宣告申请。此外，被告将抄袭自干霸公司的"SD雨滴图形"进行了不实著作权登记，并利用该著作权登记向海关申请了不实备案，阻碍干霸公司的产品出口。干霸公司主张被告行为构成不正当竞争。福建省泉州市中级人民法院判决认定被告行为属于《反不正当竞争法》第2条第2款规定的不正当竞争行为，责令被告停止并不再持续申请注册与干霸公司权利商标相同或近似的标识、停止利用干霸公司在先作品进行不实著作权登记、不实知识产权海关备案的行为，被告应公开刊登消除影响的声明并连带赔偿干霸公司经济损失30万元。

【争议焦点】

各被告实施的被诉行为（被诉行为包含各被告的商标注册行为、针对干霸公司注册商标提出异议或无效宣告的行为、福建华赢化工有限公司实施的著作权登记行为以及著作权海关保护登记备案行为）是否构成对干霸公司的不正当竞争？

【裁判观点】

法院认为，判断各被告的涉案行为是否构成《反不正当竞争法》第2条原则条款所指之不正当竞争行为，应当根据侵权过错责任判定的四要件，即主观过错、违法行为、损害结果和因果关系来进行认定。

就主观过错及违法行为而言，本案中以陈某某为纽带、各被告之间存在紧密关联关系，由陈某某主导、各被告分工合作实施涉案侵权行为。陈某某完全知悉干霸公司有一定影响的相关标识后仍抢注商标，主观上存在攀附干霸公司商誉及其产品知名度的恶意，客观上通过家庭关系利用家庭成员注册公司，联合各被告

① 一审：福建省泉州市中级人民法院（2022）闽05民初1791号。

系统性实施商标抢注、著作权登记及海关备案等侵权行为。就损害结果和因果关系而言，不仅包括原告为应对恶意抢注、恶意商标异议或无效宣告申请而在商标行政程序中不断支出的代理费及官费、本案维权诉讼费及律师费等直接损失，还包括阻碍原告商标正当注册、干扰正常经营活动、商誉贬损等间接损失。

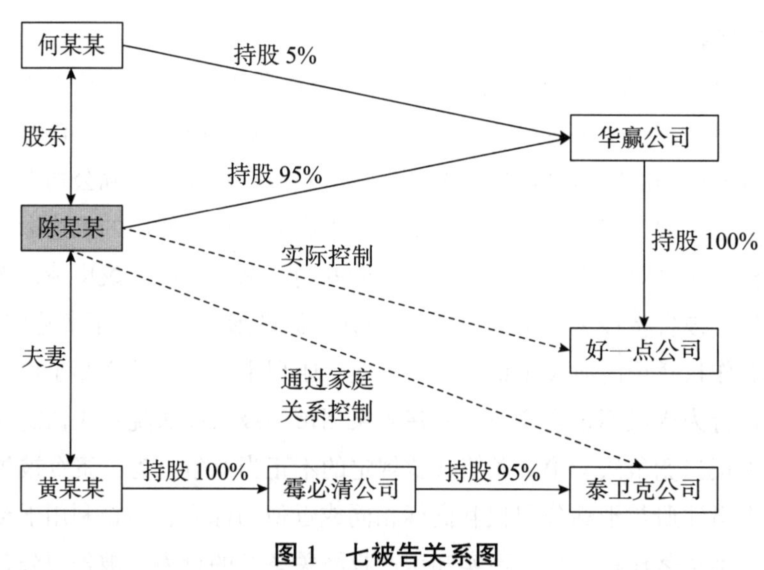

图 1　七被告关系图

另外，被告主张部分争议商标的注册时间已经超过诉讼时效，依法不应得到保护。法院认为，各被告多年来在陈某某的主导下针对干霸公司的涉案系列商标实施了长期批量恶意注册的行为，不宜简单地将被诉侵权行为中各个商标注册行为予以割裂开来、孤立地审查，而应当从整体上进行审查和判断。由于被诉侵权行为处于持续状态，并未超出诉讼时效。因此，法院对被告该抗辩不予采纳。

最终，法院认定各被告涉案商标抢注、不实著作权登记以及知识产权海关保护备案等行为既违反了《商标法》第 32 条，《著作权法》第 52 条第 5 项，《中华人民共和国知识产权海关保护条例》第 8 条、第 9 条等法律规定和基本的商业道德，又破坏了公平竞争的市场交易秩序，不仅给权利人造成直接或者间接经济损失，还造成了行政、司法资源的浪费，属于《反不正当竞争法》第 2 条第 2 款规定的不正当竞争行为。

【纠纷观察】

本案对权利人以不正当竞争诉讼的路径规制恶意抢注商标行为提供了有益的启发。一般来说，对于他人的恶意商标抢注行为，权利人的常规路径是通过商标异议、申请无效宣告等行政程序进行阻止。但行政程序只能解决争议商标是否应当予以授权的问题，而无法阻止他人继续抢注商标的行为。权利人也可以选择通过依据《反不正当竞争法》提起诉讼，一般分为两种情形：一是适用第 6 条兜底混淆行为条款，该路径的局限性在于须针对以使用为目的的恶意商标抢注，单纯抢注商标而未实际使用的情形缺乏适用此路径的合理性；二是适用第 2 条的原则性条款，主张恶意抢注行为违反诚实信用原则。实践中，直接适用反不正当竞争法第 2 条认定单纯的商标抢注行为构成不正当竞争的案例并不多，但已有越来越多的法院勇于作出尝试。比如，从 2018 年拜耳案[①]、2020 年“碧然德”案[②]、2021 年“爱适易”案[③]，再到 2023 年的本案，都体现了法院在打击恶意商标抢注行为问题上作出的探索。这些案例中，法院依据《反不正当竞争法》第 2 条确认恶意抢注商标行为具有不正当竞争属性，即便抢注者未实质使用抢注商标实施商标侵权或恶意行权的情况下，也能适用反不正当竞争法予以规制。不过，理论界对于能否适用第 2 条原则性条款存在争议，不少观点认为应当严格适用。因此，我国立法也在积极探索规制路径。2023 年公布的《中华人民共和国商标法修订草案（征求意见稿）》中，增加了不少关于商标恶意注册及恶意诉讼民事赔偿方面的规定，由此可以看出我国对规制商标恶意注册、恶意诉讼的高度重视，以及严厉打击商标恶意注册、恶意诉讼的坚定决心。

四、热点问题观察

（一）互联网平台数据抓取纠纷与法律保护路径

在互联网、大数据技术以及人工智能对数字信息时代的多面加持下，数据已经成为当下最重要的生产要素之一。近年来，数据价值和受重视度不断升高，随之而来的是一大批因抓取他人数据引发的纠纷。面对实践中五花八门的数据内容，目前数据领域的立法建设尚较为薄弱，对互联网平台数据抓取行为的法律规制尚处于探索阶段，数据所有者合法权益的保护路径尚未明晰，可以从相关典型案例的裁判思路中探得一二。

相较于隐蔽、难以获得的非公开数据，实践中易被抓取的多为公开数据，即处于公开状态、能够为公众自由获取的数据。虽然现有法律并未对公开数据作出

① 一审：浙江省余杭区人民法院（2017）浙 0110 民初 18627 号。

② 一审：上海市闵行区人民法院（2017）沪 0112 民初 26614 号。

③ 一审：福建省厦门市中级人民法院（2020）闽 02 民初 149 号；二审：福建省高级人民法院（2021）闽民终 1129 号。

明确定义，但“公开”不等于“公共”，并非所有公开可得的数据均属于法律意义上的公开数据。如在“微博后台数据抓取案”[①]中，人民法院区分了互联网平台数据的“公开”和“非公开”属性，未设定访问权限的数据才属于公开数据，如用户在未登录状态下即可查看的内容；只要平台通过登录规则或其他措施对数据设置了访问权限，那么即便这些数据在登录后即可“公开”查看，也不属于公开数据范畴。可见，法律意义上的公开数据绝非广义上的公开数据，需要优先确认数据所有者是否享有相关合法权益，进而判断数据抓取行为的合法性。

谈及数据抓取，目前常见的方式主要有两种，一是网络爬虫，即通过利用网络爬虫程序自动提取目标数据并进行解析、整合等操作获得数据集合；二是数据共享接口，即通过数据所有者开放的数据共享接口访问并下载相关数据。那么通过前述及类似方式抓取数据的行为是否合法呢？事实上，由于数据多处于互联网环境中，具有集成性、交互性等特点，法律并未禁止对公开数据的抓取及使用。如有判例[②]提到，通过网络爬虫等自动化程序抓取公开数据的行为与正常浏览公开数据的行为在本质上是一致的，只要没有违反通用的技术规则，互联网平台在无合理理由的情形下，不应区别对待前述两种行为；数据所有者应当在一定程度上容忍他人合法收集或利用其已经公开的数据，以提高数据的有益利用率，维护互联网互联互通之精神。可见，数据抓取行为本身并不具有违法性，需要结合被抓取数据的法律性质、数据抓取行为是否正当等因素进行综合判断。而且，即便数据抓取行为合法，如果二次使用方式不当，也可能损害数据所有者的合法权益，存在构成侵权或不正当竞争的风险。

司法实践中，鉴于尚无可直接规制数据抓取行为的专门法，人民法院主要依据《著作权法》和《反不正当竞争法》的相关规定，探索互联网平台数据的保护路径，目前主要适用以下三种路径：

一是作为《著作权法》中的汇编作品进行保护。根据《著作权法》第 15 条之规定[③]，若数据所有者对数据集合中的数据进行了独创性选择或编排，该数据集合

---

① 一审：北京市海淀区人民法院（2018）京 0108 民初 28643 号；二审：北京知识产权法院（2019）京 73 民终 3789 号。

② 一审：北京市海淀区人民法院（2018）京 0108 民初 28643 号；二审：北京知识产权法院（2019）京 73 民终 3789 号。

③《著作权法》第 15 条规定，汇编若干作品、作品的片段或者不构成作品的数据或者其他材料，对其内容的选择或者编排体现独创性的作品，为汇编作品，其著作权由汇编人享有，但行使著作权时，不得侵犯原作品的著作权。

即可构成汇编作品。因此，判断关键是数据集合是否为制作者的智力成果，能否体现制作者的独创性表达。如在科睿唯安信息服务（北京）有限公司与上海梅斯医药科技有限公司侵害作品信息网络传播权及不正当竞争纠纷案①中，人民法院认定，案涉数据集合是专业学术团队进行调研及学术价值分析后从大量文献中选择而得，体现了制作者的智力创造，且其用于选择、编排的引用数据评价指标体系具有独创性，故该数据集合应构成汇编作品获得保护。此时，若权利人已经设置了付费浏览、许可协议等访问限制措施，他人未经允许抓取该数据的行为即可能构成著作权侵权行为。需要注意的是，《著作权法》保护的合法权益是著作权人对数据选择或编排的独创性表达，而非数据集合本身。

二是作为《反不正当竞争法》中的商业秘密进行保护。商业秘密的构成要件有三，即不为公众所知悉、具有商业价值及采取相应保密措施。如果数据集合能够同时满足上述三个法定特征，那么该数据集合即可作为商业秘密予以保护。如在“首例石油数据商业秘密保护案”②中，北京知识产权法院和最高院逐一分析了案涉石油数据是否满足商业秘密的构成要件，认定其应构成商业秘密获得保护，在此基础上进一步审查被诉系统中的数据与案涉系统中的石油数据是否具有同一性，进而得出构成商业秘密侵权的最终结论。实践中，为成功获得人民法院支持，权利人往往需要承担相应举证责任，如提供商业秘密信息的内容、来源或形成过程等证据，并证明其享有该商业秘密的合法权利。

三是适用《反不正当竞争法》中的其他条款进行保护。基于《反不正当竞争法》的补充保护功能，凡专门法已作穷尽规定的，原则上不再以《反不正当竞争法》作扩展保护③，故只有数据无法受《著作权法》保护时，才会启用《反不正当竞争法》。其中，互联网专条兜底条款是规制互联网平台数据抓取行为的重要条款，若数据抓取行为无法被归为《反不正当竞争法》特别规定中列明的行为时，还可适用一般原则条款进行兜底保护。

司法裁判中，人民法院在绝大多数案件中均采用第三种路径对相关数据权益进行保护。具体地，人民法院一般会重点分析数据集合是否应受《反不正当竞争

① 一审：上海市徐汇区人民法院（2019）沪0104民初2392号；二审：上海知识产权法院（2020）沪73民终531号。

② 一审：北京知识产权法院（2019）京73民初709号；二审：最高人民法院（2022）最高法知民终901号。

③《最高人民法院关于当前经济形势下知识产权审判服务大局若干问题的意见》（法发〔2009〕23号）。

法》保护和数据抓取及使用行为是否具有正当性两个问题。对于问题一，审查重点是数据集合的形成过程及效果，如是否为平台经营者合法收集、处理、生产及加工而成，是否通过正当商业经营所获，平台经营者是否投入人力及财力成本、是否经合法授权等，进而判断该数据集合是否具有超出原始信息内容的增量价值，能否为其所有者带来经营收益、市场利益等商业利益，能否形成市场竞争优势等，最终确认数据所有者能否享有相应合法权益。实践中，由于数据内容、形式千变万化，人民法院尚未形成明确的审查标准，需要结合案件具体情况进行具体分析，如短视频和用户评论等组成的非独创性数据集合①、某类产品生产相关信息（生产企业、产量、产能、品牌、产品、报价及涨跌等）组成的数据集合②、淘宝平台商品信息组成的数据集合③等，均可受《反不正当竞争法》保护。对于问题二，可从平台限制措施、抓取行为手段、数据使用效果三方面入手，综合考虑行业发展和市场竞争秩序、平台经营者利益、消费者利益以及社会公共利益等因素，判断被诉行为应适用《反不正当竞争法》的哪条具体规定。如在"'搬家软件'爬取数据案"④中，人民法院认定被告未经原告许可绕开平台规则及技术措施，利用不正当技术手段抓取平台数据并提供给他人使用，实质性替代了原告的数据服务，削弱了原告的竞争优势，破坏了原告的合法正常经营，违反第12条第2款第4项规定构成不正当竞争行为。又如在"刷宝APP案"⑤中，人民法院认定被告采取不正当手段抓取、搬运案涉APP中数据集合的实质性内容，攫取竞争资源，削弱原告的竞争优势，损害消费者福利，破坏行业市场竞争秩序，违反了诚实信用原则和商业道德，构成第2条规定的不正当竞争行为。

诚然，对于互联网平台数据抓取纠纷，既有司法判例已经形成了一定的裁判模式，但基于不同的数据内容，人民法院仍在不断探索和突破，尝试选用更加合适的现行法律规定对数据权益进行更加完善的保护。同时，也有学者指出，不宜

---

① 一审：北京市海淀区人民法院（2019）京0108民初35902号；二审：北京知识产权法院（2021）京73民终1011号。

② 一审：上海市浦东新区人民法院（2021）沪0115民初96450号；二审：上海知识产权法院（2023）沪73民终334号。

③ 一审：浙江省杭州市中级人民法院（2022）浙01民初1477号；二审：浙江省高级人民法院（2023）浙民终1113号。

④ 一审：浙江省杭州市中级人民法院（2022）浙01民初1477号；二审：浙江省高级人民法院（2023）浙民终1113号。

⑤ 一审：北京市海淀区人民法院（2019）京0108民初35902号；二审：北京知识产权法院（2021）京73民终1011号。

简单采用知识产权法、《反不正当竞争法》等既有法律保护数据权益，数据权益是财产因素、人格因素、知识产权等各项权益的集合，属于新型民事权益，结合《中华人民共和国民法典》（以下简称《民法典》）第127条规定的引致条款，仍然需要通过单行法立法明确数据的保护规则，进而对数据权益进行全面保护。[①] 无论数据权益是否会出台专门立法，对数据权益的保护都是一个刻不容缓的问题，值得持续关注立法和司法的进展。

（二）人工智能生成物的可版权性问题

人工智能生成物（AI-Generated Content，AIGC）是指由人工智能（以下简称AI）生成的内容，广义上包含AI辅助用户生成的内容和纯粹的AI生成内容。近年来，随着预训练模型（Pre-training Model）、生成式对抗网络（GAN）、扩散模型（Diffusion Model）等的发展，AI模型的训练体量与精度不断提升，并在掩码自编码模型（MAE）出现后进一步向多模态任务领域迈进，最终在2022年随着Stable Diffusion等AI绘画工具的火爆，彻底出圈。AI技术发展给著作权法领域带来了诸多挑战，本文仅就AIGC是否具有可版权性的问题展开讨论。

1. 法院对AIGC生成过程是否属于“创作”的审查

早在2019年，北京互联网法院曾审理过北京菲林律师事务所与北京百度网讯科技有限公司著作权权属、侵权纠纷案[②]（以下简称威科先行案），该案是我国法院首次对涉计算机软件智能生成内容的著作权保护问题进行回应的案例。在威科先行案中，原告北京菲林律师事务所对一份影视娱乐行业司法大数据分析报告主张著作权。该案中，法院认为，原告以关键词检索形成初始制式报告，该检索生成过程不能视为创作，但原告在初始报告基础上撰写的分析内容具有独创性，该部分可以受到著作权保护。在2023年北京互联网法院审理的“AI生成图片著作权第一案”中，法院认为李某某“输入提示词、设置相关参数并不断修改”的连续过程体现了其审美选择与个性判断，在无相反证据的情况下，可以认定涉案图片由其独立完成，体现其个性化表达，故认定涉案图片系李某某创作的美术作品。

对比上述两案，其显著的区别在于：“威科先行案”中，法院认为利用AI生成的图表不受保护，只有人类对其进行修改、重新描述后才能得到著作权保护，

---

① 王利明：《数据的民法保护》，载《数字法治》2023年第1期，第43—56页。

② 一审：北京互联网法院（2018）京0491民初239号；二审：北京知识产权法院（2019）京73民终2030号。

而“AI 生成图片著作权第一案”中，法院认可使用者利用 AI 直接生成的图片可以获得著作权保护，而不考虑原告是否在图片上进行手动修改。由于两案的涉案软件（如威科先行 /Stable Diffusion）为使用者预留的创作空间存在显著差异，从而导致法院对使用者是否进行了“创作”做出不同的判断。[①]

“AI 生成图片著作权第一案”引发的讨论集中在“多轮提示词与修改是否属于《著作权法》意义上的创作”。一类观点认为，AIGC 同时包含了来自机器与来自人类用户的选择，应当着眼于“人类创造了什么”而非“机器创造了什么”，当前者满足独创性表达要求时，AIGC 便足以被认定为作品。[②] 另一类观点认为，纵使文字提示和描述再具体，也只是文字作品的创作，而不是美术作品的创作；因为美术作品是“画”出来而非“说”出来的。[③] 此外，亦有观点认为，虽然在单一回合中用户无法预见输出结果进而难以认定其做出独创性贡献，但用户通过提示词的多轮修改，能够建立对 AI 输出内容的预期和体现一定的控制，在此情况下用户可以对 AI 生成物主张著作权。[④]

2. 域外 AIGC 可版权性审查的观察

AIGC 的可版权性争议是一个全球性话题。美国版权局对 AIGC 版权登记的审查是一个有趣的观察角度。2023 年 3 月，美国版权局发布了《版权登记指南：包含 AI 生成材料的作品》[⑤]，其中指出，版权局在考虑注册申请时将审查（1）该作品是否基本上由人类作者创作；以及（2）计算机或其他设备是否仅是辅助工具，或者作品中的传统作者身份要素是否实际上不是由人而是由机器构思和执行。例如，在 *Zarya of the Dawn* 版权登记案[⑥]中，美国版权局即认为，申请人请求登记的漫画作品是由申请人撰写文字脚本并通过 Midjourney 生成漫画图像。鉴于申请人只是

---

① 朱阁：《“AI 文生图”的法律属性与权利归属研究》，载《知识产权》2024 年第 1 期，第 24—35 页。

② 蒋舸：《论人工智能生成内容的可版权性：以用户的独创性表达为视角》，载《知识产权》2024 年第 1 期，第 36—67 页。

③ 张伟君：《全球首例判决：AI 绘图工具使用者对 AI 生成的图片享有著作权》，载微信公众号“知识产权与竞争法”，访问时间：2024 年 2 月 8 日。

④ 崔国斌：《人工智能生成物中用户的独创性贡献》，载微信公众号“中国版权杂志社”，访问时间：2024 年 2 月 8 日。

⑤ U.S. Copyright Office's Copyright Registration Guidance: Works Containing Material Generated by Artificial Intelligence (issued March 16, 2023).

⑥ Re: "Zarya of the Dawn" (Registration # VAu001480196) (Copyright Review Board, Feb. 21, 2023).

将文本输入进了 Midjourney，因此无论其间进行了多少次输出调整，对 Midjourney 最终输出的结果均不具有控制力，申请人不能成为漫画图像的作者。最终，美国版权局仅同意对文字脚本、漫画画面的选择编排分别给予了文字作品与汇编作品的版权登记，但未批准就漫画图像部分的美术作品登记。据了解，美国版权局目前已批准了一百多件包含AIGC的作品申请，但对其中AI贡献的内容均予以排除。[①] 由此可见，美国版权局并不审查创作者在使用 AI 工具过程中的智力投入程度，也没有认可创作者的“提示词”与 AI 输出结果之间存在必然关系，因此对 AIGC 内容均不予登记为版权作品，这一点与中国法院在“AI 生成图片著作权第一案”的审查标准有所不同，值得关注。

3. AIGC 著作权保护面临的其他问题

《著作权法》与技术的发展相伴而行。新技术在带来创作方式革新的同时，也拓展着《著作权法》制度的纵深。2024 年初，广州互联网法院作出了全球首例“AIGC 平台著作权侵权案”判决，同样引发了广泛的关注。[②] 该案中，原告系知名 IP“奥特曼”的相关权利人。原告发现，通过输入关键词，被告网站能够生成与奥特曼形象相同或相似的图片，遂以著作权侵权为由将被告诉至法院。法院审查后认为，被告 AIGC 平台生成的图片部分保留了奥特曼作品的独创性表达，并在保留该独创性表达的基础上形成了新的特征，故构成对案涉奥特曼作品的改编；虽然被告并非 AI 模型开发者（被告网站接入第三方 API 接口调用他人 AI 模型），但未尽相关注意义务，包括版权关键词过滤、版权投诉机制的建立、潜在版权侵权风险提示的设置、对 AIGC 进行显著标识等，故被告应当承担停止侵权、赔偿损失的侵权责任。该案判决对“AIGC 平台应当履行何种程度的注意义务”问题展开了启人深思的讨论。

目前看来，AIGC 领域仍存在大量亟待解决的著作权问题，比如，“提示词”本身是否受《著作权法》的保护，其与最终“输出”的关系如何看待；“接触 + 实质性相似”的标准在 AIGC 领域能否当然适用；大语言模型（LLM）使用大量在先作品数据进行训练是否需要获得在先作品的作者许可等。诸如此类的问题还有赖法律各界人士的共同探索，逐渐积累共识。

---

① Second Request for Reconsideration for Refusal to Register SURYAST at 4 (Copyright Review Board, Dec. 11, 2023).

② 上海新创华文化发展有限公司与某 AI 公司网络侵权责任纠纷案。一审：（2024）粤 0192 民初 113 号。

（三）知识产权恶意诉讼的认定标准以及责任承担

近年来知识产权恶意诉讼问题日益引起社会关注。根据最高院工作报告[①]，全国法院受理因恶意提起知识产权诉讼损害责任纠纷一审案件数量，由2022年的74件增长到2023年的152件，增长105.41%，体现了知识产权恶意诉讼纠纷的增长趋势。这一趋势背后反映了两个现象，一是恶意抢注行为屡禁不止，仍然有人将不当注册的商标或专利作为牟利工具发起诉讼；二是真正的权利人对恶意抢注行为进行反制，主动提起诉讼追究抢注人的赔偿责任。

从立法层面来看，尽管2011年的《民事案件案由规定》中增加了"因恶意提起知识产权诉讼损害责任纠纷"，但目前只有《商标法》和《专利法》对恶意诉讼侵权责任作出了明确规定。2019年4月，《商标法》首先增加了"对恶意提起商标诉讼的，由人民法院依法给予处罚"的规定。[②]2020年10月，《专利法》第47条第2款最后一句增加了"因专利权人的恶意给他人造成的损失，应当给予赔偿"。2023年，《商标法》第五次修改时，进一步在修订草案中引入"恶意诉讼反赔制度"。[③]但司法实践中，恶意诉讼的类型并不局限于商标权或专利权，还可以包括著作权恶意诉讼[④]、商业秘密恶意诉讼[⑤]等。由于篇幅有限，本文聚焦商标权、专利权恶意诉讼并挑选近三年来的较为典型的案例予以分析。

本质上而言，知识产权恶意诉讼是一种侵权行为，其构成要件为：（1）所提诉讼明显缺乏权利基础或者事实根据；（2）起诉人对此明知；（3）造成他人损害；

---

① 《最高人民法院知识产权法庭年度报告（2023）》，载微信公众号"最高人民法院知识产权法庭"，访问时间：2024年2月25日。

② 《商标法》第68条第4款规定，对恶意申请商标注册的，根据情节给予警告、罚款等行政处罚；对恶意提起商标诉讼的，由人民法院依法给予处罚。

③ 《中华人民共和国商标法修订草案（征求意见稿）》第84条规定，【恶意诉讼反赔】对恶意提起商标诉讼的，由人民法院依法给予处罚。给对方当事人造成损失的，应当予以赔偿；赔偿数额应当包括对方当事人为制止恶意商标诉讼所支付的合理开支。

④ 一审：浙江省义乌市人民法院（2022）浙0728民初2790号。在本案中，法院发现涉案作品著作权权属存疑，原告彭某某系滥用诉权、提起批量诉讼以获取不正当利益，于是法院依法驳回诉讼请求，还对原告的滥用诉权行为进行了民事制裁，有效遏制了恶意诉讼的滋生。

⑤ 一审：广东省深圳市中级人民法院（2022）粤03民初6054号；二审：最高人民法院（2023）最高法知民终1101号。最高院在本案中提出，民事诉讼尤其是极具复杂性的商业秘密纠纷，认定恶意诉讼时要秉持审慎与谦抑的原则。

（4）所提诉讼与损害结果之间存在因果关系。[①]对行为人是否具有主观恶意的判断，“应当考虑行为人的权利基础及其对该种权利基础的认识能力、行为人提起侵权诉讼的目的等因素”。[②]比如，软包床外观专利案[③]中，法院认为行为人作为数十年的家具制造企业，且自身也申请大量的外观设计，因此行为人对专利制度具备相应的认知能力。再如，“靶式流量计”专利案[④]中，法院认为行为人自认起诉前已经明知案涉专利权被终止，并且委托了专业从事诉讼代理业务的律师，行为人对其诉讼没有权利基础显然具有清晰认知，但仍然提起专利侵权诉讼，完全可以认定具有追求或者放任使被诉方受到损失的主观故意。而羊驼外观专利案[⑤]中，法院认为案涉两项专利公开日距离申请日时间较短，加之行为人经营规模较小，本身对《专利法》的认知程度不高，因此不足以认定行为人明知其不具有权利基础。再如，冠中话梅商标案[⑥]中，法院认为“部分侵害商标权纠纷的侵权认定较为复杂，往往涉及类似商品、近似商标的认定，通用名称、合理使用的抗辩等，作为当事人只能依据其所掌握的证据印证的客观事实主张权利”，不能对行为人的认知能力予以苛刻要求。

行为人实施的知识产权恶意诉讼由不正当获取知识产权，以及基于不正当获取的知识产权向他人主张权利两个阶段组成。[⑦]在专利权恶意诉讼案件中，比较典型的不正当获取知识产权的行为，如明知为现有技术或者现有设计，而将其申请为实用新型或者外观设计专利，并利用这类专利申请仅须初步审查程序的机会获

---

① 一审：湖南省长沙市中级人民法院（2020）湘01知民初37号；二审：最高人民法院（2021）最高法知民终1353号。

② 一审：江苏省无锡市中级人民法院（2016）苏02民初71号；二审：江苏省高级人民法院（2017）苏民终1874号；再审：最高人民法院（2019）最高法民申366号。

③ 一审：浙江省宁波市中级人民法院（2018）浙02民初1319号；二审：浙江省高级人民法院（2021）浙民终290号；再审：最高人民法院（2021）最高法民申6223号。

④ 一审：福建省厦门市中级人民法院（2022）闽02民初151号；二审：最高人民法院（2022）最高法知民终1861号。

⑤ 一审：上海知识产权法院（2021）沪73知民初483号；二审：上海市高级人民法院（2022）沪民终394号。

⑥ 一审：上海市徐汇区人民法院（2020）沪0104民初328号；二审：上海知识产权法院（2020）沪73民终511号；再审：上海市高级人民法院（2021）沪民申1994号。

⑦ 姚建军：《知识产权滥诉的认定标准以及责任承担》，载《法律适用》2023年第7期，第111—122页。

取专利权。[①] 如汽车导航外观专利案[②] 中，行为人明知对方的在先实用新型专利，抢先注册了与该实用新型专利附图近似的外观设计专利。在商标权案件中，常见于将他人在先的相同或相近似的图形、标识等抢注为商标。如花盆商标案[③] 中，行为人将外国公司享有在先著作权的相同图形抢先在中国注册商标。

司法实践中，法院往往对认定恶意诉讼秉持审慎与谦抑的原则[④]，并持有较高的认定标准。[⑤] 比如罗汉果专利案[⑥] 中，最高院认为涉案专利合法有效，行为人就初步的可能侵权的事实提起诉讼，系依法行使诉权，即便“当事人起诉的目的混杂着正当维权与打击竞争对手的复杂动机，也不宜仅凭动机推断起诉行为系恶意诉讼”。再如，门窗铰链专利案[⑦] 中，浙江省宁波市中级人民法院认为，行为人就相同的技术方案在同一天申请发明和实用新型专利，虽然发明专利未获授权，但不足以推定行为人以实用新型作为权利基础向对方提起侵权诉讼时，主观上明知或应知其实用新型专利不符合授权条件，也不能以国知局此后针对实用新型专利权所作出的不利后果反向推定行为人在提起诉讼时主观上具有恶意。由此可见，如果行为人系正当获取权利，那么极有可能不构成恶意诉讼。

基于不正当获取的知识产权向他人主张权利，体现在专利权恶意诉讼中，行为人主张权利多为“打击竞争对手”[⑧]，比如软包床外观专利案[⑨] 中，法院认为行为人与被诉方均是同一地区成立多年的大规模家具制造企业，无法排除行为人具有

---

① 冯晓青：《知识产权行使的正当性考量：知识产权滥用及其规制研究》，载《知识产权》2022 年第 10 期，第 3—38 页。

② 一审：广州知识产权法院（2020）粤 73 知民初 241 号；二审：广东省高级人民法院（2021）粤民终 3090 号。

③ 一审：江苏省宿迁市中级人民法院（2019）苏 13 民初 68 号；二审：江苏省高级人民法院（2020）苏民终 1059 号。

④ 一审：湖南省长沙市中级人民法院（2020）湘 01 知民初 37 号；二审：最高人民法院（2021）最高法知民终 1353 号。

⑤ 一审：上海市徐汇区人民法院（2020）沪 0104 民初 328 号；二审：上海知识产权法院（2020）沪 73 民终 511 号；再审：上海市高级人民法院（2021）沪民申 1994 号。

⑥ 一审：湖南省长沙市中级人民法院（2020）湘 01 知民初 37 号；二审：最高人民法院（2021）最高法知民终 1353 号。

⑦ 一审：浙江省宁波市中级人民法院（2020）浙 02 知民初 456 号；二审：最高人民法院（2022）最高法知民终 2214 号。

⑧ 季冬梅：《“禁止专利滥用”条款中的行为类型梳理与相关制度构建》，载《私法》2022 年第 4 期，第 161—176 页。

⑨ 一审：浙江省宁波市中级人民法院（2018）浙 02 民初 1319 号；二审：浙江省高级人民法院（2021）浙民终 290 号；再审：最高人民法院（2021）最高法民申 6223 号。

打击同业竞争对手的目的。需要指出，专利恶意诉讼也可能构成《反垄断法》下的违法行为。《反垄断法》第68条规定："经营者依照有关知识产权的法律、行政法规规定行使知识产权的行为，不适用本法；但是，经营者滥用知识产权，排除、限制竞争的行为，适用本法。"学术界有观点认为，该法条对专利恶意诉讼行为实施垄断法意义上的规制提供了可能性，当然同时也给规制专利恶意诉讼行为附加了"排除、限制竞争"的前提条件。[①] 在商标权恶意诉讼中，行为人多获取商标后企图高价转让，未果后提起巨额诉讼，如颐和果园案。[②] 行为人提起的侵权诉讼的最终结果也是判断行为人是否具有恶意的重要因素。不过，司法案例也强调不能简单以行为人诉中行为、败诉结果等推定行为人构成恶意诉讼，"当事人有权选择提起诉讼的时间、提交何种证据或撤诉，难以仅凭当事人诉讼中有举报行为、证据提交不充分、撤诉等而认定当事人提起诉讼的目的为侵害他人利益"[③]，"不能因提起诉讼的当事人未能胜诉而反推其起诉行为具有恶意"[④]。因此，为兼顾保护知识产权与防范恶意诉讼，避免不当地阻吓权利人依法正当维权，司法实践倾向于将恶意诉讼"限定在一个相对较窄的范围内"[⑤]。

2021年6月，最高院发布《关于知识产权侵权诉讼中被告以原告滥用权利为由请求赔偿合理开支问题的批复》（以下简称《批复》），指出"在知识产权侵权诉讼中，被告提交证据证明原告的起诉构成法律规定的滥用权利损害其合法权益，依法请求原告赔偿其因该诉讼所支付的合理的律师费、交通费、食宿费等开支的，人民法院依法予以支持。被告也可以另行起诉请求原告赔偿上述合理开支"，进一步对知识产权恶意诉讼行为的责任承担给予指引和参考。司法实践多依据最高院《批复》和侵权责任要求行为人赔偿被诉方为维权支出的合理费用和遭受的经济损

① 冯晓青：《知识产权行使的正当性考量：知识产权滥用及其规制研究》，载《知识产权》2022年第10期，第3—38页。

② 一审：江苏省常州市中级人民法院（2021）苏04民初13号；二审：江苏省高级人民法院（2021）苏民终2643号。

③ 一审：湖南省长沙市中级人民法院（2020）湘01知民初37号；二审：最高人民法院（2021）最高法知民终1353号。

④ 一审：上海市徐汇区人民法院（2020）沪0104民初328号；二审：上海知识产权法院（2020）沪73民终511号；再审：上海市高级人民法院（2021）沪民申1994号。

⑤ 李剑：《最高人民法院民三庭关于恶意诉讼问题的研究报告》，http://iolaw.cssn.cn/lltt/200404/t20040412_4589815.shtml，访问时间：2024年2月2日。

失。在"靶式流量计"专利案[①]中，最高院指出恶意诉讼的损害赔偿数额不能依据《专利法》关于侵害专利权的赔偿数额的规定，而应当依据《民法典》第1184条的规定，侵害他人财产的，财产损失按照损失发生时的市场价格或者其他合理方式计算。

知识产权恶意诉讼是性质较为严重的不诚信行为，既会挤占司法资源，又会损害他人商誉、竞争优势和发展机会，严重扰乱公平竞争秩序、败坏社会风气。近期案例彰显了中国法院严厉打击知识产权领域的恶意诉讼、引导当事人遵循诚信原则、权利人合理行使权利的司法导向。

五、总结与展望

2023年，我们见证了知识产权领域的诸多变革和挑战，在知识产权与反垄断相接的领域以及数字经济和人工智能相关领域，涌现了一批有影响力的典型案例，它们不仅重新定义了知识产权的边界，也对相关行业、企业的发展提供了切实的指引。随着技术的不断发展和国际交流的加深，我们有理由期待2024年将迎来新的变革和机遇。

我们不能忽视知识产权领域依然存在的一些问题，如恶意诉讼、技术创新与司法保护之间的平衡等。这些问题需要更加深入的研究和更为切实的解决方案，以确保知识产权体系的持续健康发展。面对这些新挑战，需要进一步完善立法，确保其在面对新兴技术和商业模式时具备足够的灵活性，以便更好地适应不断变化的市场环境；需要持续深化与国际社区的合作，加强信息共享、标准制定和完善争端解决机制，构建更加开放、公正、有效的全球知识产权体系；同时，也需要我们坚持守正创新，为企业提供更广阔的发展空间、更优质的营商环境，为知识产权体系建设与技术创新和可持续发展之间的双向促进提供中国智慧和中国方案。

---

① 一审：福建省厦门市中级人民法院（2022）闽02民初151号；二审：最高院（2022）最高法知民终1861号。

中国影视娱乐争议解决年度观察（2024）

米新磊　袁　萌[①]

一、2023 年度影视娱乐[②]行业及争议解决概况

随着新冠疫情的结束，中国影视娱乐行业于 2023 年正式进入恢复周期。根据国家电影局数据，2023 年度全国电影总票房 549.15 亿元，较 2022 年增长 82.64%，虽然仍未恢复到疫情前水平（2019 年总票房达到 642.66 亿元），但 2023 年的国产影片票房高达 460.05 亿元，创历史新高。同期，线下演出市场也全面复苏，根据中国演出行业协会数据，2023 年前三季度累计观演人次达 1.11 亿，超过截至 2019 年 12 月 31 日止全年的累计观演人次。[③]

虽然说因为新冠疫情导致的社交距离收紧、经济形势下行等政策影响，影视娱乐行业的恢复周期还会持续很长一段时间。但因为流媒体平台对影院观众的攻城略地，AIGC（人工智能生成内容）等新兴事物对于行业的冲击和重塑，重大案例对于基本法律概念的叩问，司法对于影视行业的关注和指导，2023 年的中国影视娱乐行业在恢复过程中也被不断调整和重塑。

---

① 米新磊，北京金诚同达律师事务所合伙人。袁萌，北京大成律师事务所合伙人。特别感谢清华大学法学博士苏艺对于本报告的卓越贡献。

② 本篇报告所聚焦的影视娱乐行业，是指以电影、广播电视为代表的，一切能够为社会公众提供娱乐产品和服务并能够实现娱乐价值的经济活动的总称，具体包括电影、广播电视、网络视听节目、文艺演出、电子游戏、音乐等若干领域。

③《国产电影去年票房创新高 猫眼娱乐净利预增超 7 倍后股价涨近 6%》，https://new.qq.com/rain/a/20240223A0271800，访问时间：2024 年 2 月 23 日。

（一）数字化娱乐占比将持续扩大

随着互联网技术的不断发展，影视娱乐产业的数字化趋势已经成为主流。很多文娱公司正在利用人工智能等新科技，提高生产力和创造力；娱乐与传媒产品也变得更加数位化，让生产和分销成本下降。娱乐在数字化转型过程中开始超越原有的单纯消遣属性，为诸多科技成果提供应用场景，从而成为一种影响到社会各个领域的文明推动力。[①]数字化娱乐市场占比持续扩大，成为行业的主要增长点。

根据普华永道于2023年7月发布的《2023至2027年全球娱乐及媒体行业展望：中国摘要》[②]预计，中国娱乐及媒体行业至2027年收入将达约4799亿美元，占全球17%；未来五年（2022—2027年）的复合年增长率为6.1%，高于全球的3.5%。互联网广告、电子游戏与电子竞技是行业主要的增长驱动力。此外，电影、虚拟现实（VR）等细分领域也仍将保持较高增长。

与之相比，美国影视市场呈现出家庭娱乐消费逐渐压缩院线电影票房的样态。根据DEG的数据，美国家庭娱乐消费自2017年起就呈现逐年上升的趋势，尤其2020年市场规模增长了21.42%，与之对应的是2020年院线票房近乎81%的萎缩。由此可见，越来越多的美国观众转向居家观影，订阅制和数字在线观影成为主流。[③]

在新科技飞速发展和用户观影习惯的改变等大趋势之下，数字化娱乐在整个影视文娱行业中的占比必将越来越重。技术引领我们来到了一个新世界，旧时的规则可能会逐渐失效，同时也有许多模糊地带等待人们划清边界。各行各业都在面临旧有模式受冲击的问题，全世界均是如此。[④]

2023年5月，好莱坞开启了有史以来最大规模的一次大罢工，以编剧作为发端，导演和演员等多个演职人员工会先后卷入其中，造成大量热门节目和剧集停播和停拍。此次冲突的核心原因之一，在于以网飞为首的流媒体平台大行其道，对于好莱坞传统影视剧制作模式造成了极大的冲击，降低了对于编剧的依赖程度，

---

① 简圣宇：《娱乐数字化：元宇宙创构的动力、风险及前景》，载《深圳大学学报（人文社会科学版）》2022年第3期。

② 《2023至2027年全球娱乐及媒体行业展望：中国摘要》，https://www.pwccn.com/zh/industries/telecommunications-media-and-technology/publications/entertainment-and-media-outlook-2023-2027.html，访问时间：2024年2月23日。

③ 《中美电影市场比较观察：流媒体会带领电影行业走向何方？》，载微信公众号“新财富”，访问时间：2024年3月8日

④ 《再谈AIGC的关键问题：版权归谁、官司何解、新秩序何来｜对话律师》，载微信公众号“深响”，访问时间：2024年2月23日。

导致编剧收入下降。而另一个核心原因，正是处于全世界镁光灯下的 AIGC。对于编剧以及演员而言，关注重点在于目前用于训练 AI 的资料库，大部分正是源于编剧的剧本或演员的肖像；相当于 AI 窃取了编剧劳动成果或未经许可使用演员肖像，却不需要支付任何报酬。①

除了好莱坞大罢工之外，司法层面对于数字娱乐的冲击也有反映。不管是美国的“纽约时报起诉 OpenAI 和微软”等案件，我国去年宣判的首例涉 AI 生成图片著作权案，还是 2024 年初广州互联网法院刚宣判的“全球 AIGC 服务提供者侵权首案”，在引发全球瞩目的同时也引发了很大的争议。其中对 AI 生成内容是否构成作品的判断标准，AI 生成作品的知识产权归属于用户还是平台，训练 AI 的数据使用是否属于“合理使用”等问题的细致探讨，都将在新技术引领之下的规则迭代过程中，加深公众和行业对于著作权法的认知，推动人工智能时代的司法规则构建和完善。

（二）重大问题回归基本概念，诉讼争议呼应现实状况

综观 2023 年影视娱乐行业的重大案例，可以总结出如下三个特点：

首先，多数案件存在很大争议，都经历了改判。比如金庸诉江南案，一审法院认为不侵犯著作权，但构成不当竞争；但二审结果翻转，认为侵犯著作权且构成不正当竞争。再比如杨丽萍诉云海肴案，也是一波三折，从 2019 年到 2023 年，经历了一审二审再审，北京高院再审最终认定云海肴餐厅被诉侵权行为侵害了杨丽萍《月光》舞蹈作品的著作权，不再适用反不正当竞争法来进行规制，也即确认了原一审判决认定正确。

其次，大部分案件争议的问题，都必须回归到法律基本概念。比如前述金庸诉江南案，是对小说“人物名称、人物性格、人物关系”是否构成著作权法中的“表达”的争议；杨丽萍诉云海肴案，三级法院在争论地都是舞蹈作品保护客体的范围；游戏“我的世界”及游戏“率土之滨”两个侵权案，判决结果迥异，则涉及“游戏规则”是否可以受著作权法保护这个老大难问题。

最后，部分案件是当下行业现状的现实呼应。新冠疫情等原因，对于电影行业造成了极大的影响，因为不能如期完成制作和发行等原因，最终引发了诸多影视投资拍摄合同解除的纠纷。在此类纠纷中，对于“合同目的无法实现”等根本

① 《2023 年好莱坞大罢工：AI 正成为冲突的核心》，载微信公众号“腾讯研究院”，访问时间：2024 年 3 月 8 日。

违约情形应该如何认定，如何平衡投资方和拍摄方的利益等问题的探讨，均具有很强的现实意义。

（三）司法对于影视行业的关注与指导

2023 年 10 月 28 日，最高人民法院发出《关于加强知识产权保护 服务推动电影产业高质量发展的司法建议书》，同时发布八件电影知识产权保护典型案例。

根据最高人民法院的数据显示，2013 年至 2022 年全国人民法院一审审结涉电影作品知识产权案件共计 1.16 万件。近五年，涉电影作品案件年均增长 7.46%，高于同期普通民事案件 4.73 个百分点。

此前，上海市松江区人民法院也曾于 2023 年 9 月 26 日发布了辖区内的“涉影视产业案件审判白皮书”。原因是 2021 年 2 月上海市明确松江新城作为影视传媒特色功能承载地，让松江法院有机会近距离“观察”影视产业知识产权应用与保护需求。[①]

根据白皮书数据显示，2021 年 1 月至 2023 年 6 月，松江区人民法院受理的涉影视产业案件的类型主要集中在著作权纠纷，服务合同纠纷，人格权纠纷，影视项目投融资纠纷，不正当竞争纠纷，影视剧合作创作合同纠纷等。其中著作权纠纷占比最高，达到 52.77%。[②]

司法是电影知识产权保护的重要一环。但对司法机关来说，除了妥善化解纠纷之外，通过发布司法建议书、审判白皮书、典型案例等形式，积极融入行业治理，促进行业完善管理、消除隐患、改进工作、规范行为，可能会从源头减少矛盾纠纷和侵权行为发生。[③]

2024 年春节，艺人薛之谦将拍摄的热映电影《飞驰人生 2》的照片公开发表的行为，意外引发巨大争议。其中争议焦点便在于“屏摄是否违法”这个著作权法问题。可以看到，在这场争论中，公众对于知识产权的基本概念、违法和悖德的区别等问题，还存在大量的盲区。也正是如此，司法和影视文娱行业的良性互动，或许是提高社会公众知识产权保护及法治意识的一个极佳方式。

---

① 《法治日报｜人民法院回应影视产业发展法治需求 全方位司法保护守住创新生命线》，https://www.thepaper.cn/newsDetail_forward_25322487，访问时间：2024 年 2 月 23 日。

② 《明星名誉权保护、演艺经纪合同签订、剧本委托创作……这场发布会聚焦影视产业高质量发展》，载微信公众号“上海高院”，访问时间：2024 年 2 月 23 日。

③ 《司法保护推动电影产业创新》，http://www.legaldaily.com.cn/index/content/2023-11/07/content_8923832.html，访问时间：2024 年 2 月 22 日。

二、新出台的法律法规或其他规范性文件

（一）《未成年人网络保护条例》

2023年10月16日，国务院公布《未成年人网络保护条例》（以下简称《条例》），该条例自2024年1月1日起施行。这是我国第一部专门性的未成年人网络保护综合立法，标志着我国未成年人网络保护法治建设进入新的阶段。[①]

《条例》从网络素养促进、网络信息内容规范、个人信息网络保护、网络沉迷防治四个方面全面加强未成年人的网络权益保护。《条例》首次在法律法规层面提出将人工智能、大数据、算法等技术手段应用于网络欺凌信息识别，以加强对未成年人网络保护。在防沉迷方面，《条例》禁止网络产品和服务提供者为未成年人提供游戏账号租售服务；除网络游戏这一重点监管领域外，《条例》特别提出网络直播、网络音视频、网络社交等网络服务提供者也应建立健全防沉迷制度，采取设置消费限额等措施，防止平台本身及其用户诱导未成年人参与应援集资、投票打榜、刷量控评等活动。

《条例》的制定旨在保护未成年人在网络空间的安全，预防有害信息的侵害，并规范互联网企业的行为。这一法规与文化和旅游部、公安部发布的《关于加强电竞酒店管理中未成年人保护工作的通知》等规范在制度保障方面实现线上、线下联动，为未成年人在数字社会中健康成长建设安全、健康的环境。

（二）《关于适用〈中华人民共和国民法典〉合同编通则若干问题的解释》

《最高人民法院关于适用〈中华人民共和国民法典〉合同编通则若干问题的解释》（以下简称《合同编解释》）自2023年12月5日起施行。其中，对于违约金调整规则及合同解除时点的细化规定与影视娱乐行业关系最为密切。

以违约金调整为例，实务中不乏艺人因为合同地位悬殊而被迫接受巨额违约金条款、放弃违约金酌减条款的案例，本次《合同编解释》第64条指出，法院不支持当事人仅通过合同约定排除对违约金的司法调整，意味着即便合同约定不得调整违约金，违约方仍然可以在案件审理中要求法院对过高违约金进行调整，第64条同时也规定了主张调低违约金和主张违约金合理的各方当事人均应承担举证

① 谷芳卿：《深化综合履职，共同加强未成年人网络保护》，http://newspaper.jcrb.com/2023/20231231/20231231_001/20231231_001_7.htm，访问时间：2024年2月20日。

责任，这对于规范经纪合同和演艺合同中常见的违约责任条款具有重要的指导意义。此外，《合同编解释》第65条第3款还对违约金调整制度作出例外规定，明确恶意违约情形下法院可不适用违约金调整规则。这些规定一方面维护了损失填平的赔偿原则和立法本意，另一方面也体现了违约金制度对恶意违约行为的惩罚性质。

在合同解除时点的规定上，《合同编解释》在《中华人民共和国民法典》（以下简称《民法典》）的基础上进行了细化。纵观近年的艺人经纪合约纠纷，无论是否存在法定或约定的解除事由，裁判机构通常会考虑到该类合同人身依附性强的特点判决合同不再继续履行，而合同解除时点的确认在过去的司法实践中缺乏统一标准，本次《合同编解释》第59条将前述情况下（即因债务标的不适于强制履行而解除合同）的通常合同解除时点规定为起诉状副本送达对方的时间，为处理娱乐领域频发的经纪合同解约纠纷提供了更清晰的实务依据。

（三）《互联网广告管理办法》

为适应我国广告行业新业态、新趋势，加强行业监管，国家市场监督管理总局以《中华人民共和国广告法》（以下简称《广告法》）为基础陆续出台系列规范，如《广告绝对化用语执法指南》，以细化广告监管标准。在此背景下，2023年2月25日，国家市场监督管理总局公布了《互联网广告管理办法》（以下简称《管理办法》），该办法既是《广告法》在互联网领域的细化，又结合互联网广告的特殊性就相关规范作出了调整和补充。

《管理办法》明确了互联网广告、互联网广告发布者的概念，并着重对互联网广告行为规范进行了细化，将备受关注的网络种草和直播带货等实践纳入监管。《管理办法》要求对于符合广告构成要件的种草行为，广告发布者应显著标明“广告”；对于直播营销构成商业广告的，商品销售者 / 服务提供者、直播间运营者、直播营销人员均应根据参与情况承担相关主体责任。此外，《管理办法》还对广告主、广告经营者、广告发布者、互联网信息服务提供者等相关主体提出了更高标准的合规要求，也对互联网广告违法行为的管辖制度和法律责任进行了补充和完善。

《管理办法》的一系列修改旨在确保互联网广告活动在合法合规、公正诚信的框架内进行。这既是对互联网技术发展和广告模式创新所带来冲击的回应，同时也为塑造规范有序的市场广告环境、保护消费者权益以及促进广告行业发展提供制度规范与保障。

（四）《广播电视和网络视听标准化管理办法》

2023年9月5日，国家广播电视总局发布新修订的《广播电视和网络视听标准化管理办法》（以下简称《管理办法》），该办法自发布之日起施行。

相较于2021年版的《管理办法》，新《管理办法》注重标准国际化、先进性与创新贡献。新《管理办法》鼓励广播电视和网络视听领域相关单位积极参与制定国际标准，推进国家标准和行业标准的国际化。根据新《管理办法》，国家广播电视总局定期开展标准典型案例征集，发挥先进典型案例的示范和带动作用。此外，新《管理办法》还特别强调知识产权保护，支持相关单位构建技术、标准、专利联动创新体系，同步推进科技研发和标准研制，加强标准制定过程中知识产权保护，促进创新成果产业化应用。

《管理办法》的修订是《国家标准化发展纲要》在广播电视与网络视听领域的深入贯彻，其在《中华人民共和国标准化法》的基础上，进一步发挥标准化在推进行业治理体系和治理能力现代化中的基础性、引领性作用，有助于提升广播电视和网络视听标准化工作水平。

（五）《网络表演（直播）平台运营服务要求》和《网络表演经纪机构运营服务要求》

2023年6月8日，中国演出行业协会发布了两项团体标准，分别为《网络表演（直播）平台运营服务要求》（以下简称《平台运营要求》）和《网络表演经纪机构运营服务要求》（以下简称《机构运营要求》）。

《平台运营要求》首次从主播和观看者的角度列举了网络表演（直播）平台内容审核的关键环节，明确了平台运营服务和从业人员的基本要求，对规范平台运营、内容管理、主播服务、未成年用户保障等提出具体明确的指导。[①]《机构运营要求》则明确了网络表演经纪机构运营服务的原则与要求，从主播身份管理、内容生产管理、直播打赏管理、植入广告管理等方面提出了更高的合规标准。此外，《机构运营要求》还创新性地提出了《网络表演（直播与短视频）经纪服务协议》必备条款，从表演内容合规及税务合规的角度对协议双方权利义务进行规范，并倡导将必备条款写入经纪服务协议。

---

① 中国演出行业协会：《网络表演直播短视频领域再出新团标，行业规范走深走实》，https://www.capa.com.cn/#/index/NewsDetail?activeName=%E9%80%9A%E7%9F%A5%E5%85%AC%E5%91%8A&id=1667006444330885121，访问时间：2024年2月20日。

网络表演行业蓬勃发展的同时，行业生态亟须加强。中国演出行业协会发布的两项团体标准紧密关注行业核心问题，填补了行业标准空白，彰显了行业自律，不仅为用户和从业者提供更安全、可信赖的网络表演环境，也能助力行业发展行健致远。

（六）《关于加强知识产权保护 服务推动电影产业高质量发展的司法建议书》

为回应影视产业发展法治需求，2023 年 10 月 28 日，最高人民法院发出《关于加强知识产权保护 服务推动电影产业高质量发展的司法建议书》（以下简称《司法建议书》），并发布八件电影知识产权保护典型案例。[①]

针对涉电影作品纠纷案件多发的现状，《司法建议书》指出了当前影视行业在从业者法治意识、作者权利保护制度建设、作品署名规范、应对新技术新业态能力方面的问题，并从涉电影作品纠纷案件的特点和成因出发，提出了四点建议。其中，对相关主体版权保护的强化值得重点关注。具体来讲，《司法建议书》倡导在全行业强化尊重编剧、导演、摄影、词曲作者及表演者等主体的权利，妥善处理其在作品形成各环节的署名诉求，规范署名范围、署名顺序，统一电影作品著作权人的称谓，正确、清晰表达电影作品著作权归属。此外，《司法建议书》还鼓励用技术措施从源头上减少侵权行为，提出采用区块链、数字水印等技术，做好电影版权的技术保护。

《司法建议书》践行保护知识产权就是保护创新的理念，既体现了司法机关加强电影知识产权保护的决心，也为建设影视行业知识产权法律制度、强化行业组织作用，及提升全社会保护知识产权意识起到推动作用。

三、典型案例

【案例 1】同人作品第一案：金庸诉江南《此间的少年》侵害著作权纠纷[②]

【基本案情】

查良镛（下以其笔名金庸相称）发现杨某署名“江南”（下以其笔名江南相称）

① 《最高人民法院发布电影知识产权典型案例及司法建议，这些重点值得关注》，https://finance.sina.com.cn/tech/roll/2023-11-20/doc-imzvfmtv0579825.shtml，访问时间：2024 年 2 月 22 日。

② 广州知识产权法院（2018）粤 73 民终 3169 号民事判决书。

发表的小说《此间的少年》所描写人物的名称均来源于其《射雕英雄传》《天龙八部》《笑傲江湖》《神雕侠侣》四部作品，且人物间的相互关系、人物的性格特征及故事情节与其作品实质性相似，认为其构成著作权侵权、不正当竞争。北京联合出版公司、北京精典博维公司对小说《此间的少年》存在的侵权情形未尽审查职责，应承担连带赔偿和停止侵权的法律责任。

2018年，一审法院审理后认为，《此间的少年》并未侵犯金庸所享有的改编权、署名权、保护作品完整权。但杨某未经金庸许可在其作品中使用金庸作品人物名称、人物关系等作品元素并予以出版发行，其行为构成不正当竞争，依法应承担相应的侵权责任。一审判决作出后，金庸、江南、北京精典博维公司均不服，分别向广州知识产权法院提起上诉。2023年，二审法院审理后改判构成侵犯著作权，引发了理论界、实务界和社会公众对于“同人作品”创作的热烈探讨。

【争议焦点】

脱离于故事情节的“人物名称、性格特征、人物关系等元素构成的整体人物形象”是不是受著作权保护的表达?

【裁判观点】

法院认为，虽然《此间的少年》中任一人物形象都难以被认定获得了充分而独特的描述，但郭靖、黄蓉、乔峰、令狐冲等60多个人物组成的人物群像，无论是在角色的名称、性格特征、人物关系、人物背景都体现了金庸的选择、安排，可以认定为已经充分描述、足够具体到形成一个内部各元素存在强烈逻辑联系的结构，属于著作权法保护的“表达”。

据此，法院认为《此间的少年》抄袭《射雕英雄传》《天龙八部》《笑傲江湖》《神雕侠侣》四部作品中人物名称、性格特征、人物关系的行为属于著作权法所禁止的剽窃行为，侵害了涉案四部作品的著作权，不应被定性为不正当竞争行为。

最终，法院判令江南登报声明消除影响，赔偿经济损失168万元及为制止侵权行为的合理开支20万元，两家出版公司，即北京联合出版公司、北京精典博维公司就其中33万元承担连带赔偿责任。考虑到《此间的少年》与该四部作品情节并不相同，且分属不同文学作品类别，二者读者群有所区分。为满足读者的多元需求，有利于文化事业的发展与繁荣，在采取充分切实的全面赔偿或者支付经济补偿等替代性措施的前提下，本案可不判决停止侵权行为，但若《此间的少年》再版需要支付金庸方再版版税收入的30%作为经济补偿。

【纠纷观察】

本案被认为是“同人作品第一案”，不仅在于涉案作品影响力巨大，且纠纷延宕7年引发关注无数，更是因为《此间的少年》并未抄袭金庸四部作品的任何作品情节，而仅沿用了人物群像，在同人作品创作中具有较强的代表性，亦处于传统侵权认定的边缘。因此，此案的判定无论是对后续类似案件审理，还是学术讨论都有着极高的借鉴价值。人物群像是否构成受著作权法保护的“表达”，或是受到反不正当竞争法保护的“商品化权益”，抑或应当留于公有领域供公众自由使用，这些探讨在判决发布后仍持续发酵。

同人创作是文学领域一大重要写作方式。有观点认为中国自古便有拟旧小说、仿旧小说的文化创作传统，亦有观点认为，《金瓶梅》便是《水浒传》的同人小说。互联网对交互性的强化更是在当代为同人作品的发展提供了更舒适的环境。著作权应当如何对待同人作品，同人作品创作的边界为何，如何在同人作品的保护中平衡公共利益都是值得继续思考的问题。

此外，本案中还有其他值得关注的亮点。如二审法院并未判令江南停止侵权，而是以经济补偿代之，意在鼓励后续文化创作的繁荣；二审并未支持原告赔礼道歉的主张，而是认为“暂未有证据显示其行为对上述作品的著作权人声誉产生了不良影响。就不正当竞争行为而言……侵权行为并没有严重到需要赔礼道歉的程度，刊登声明已足以消除不利影响”。在同人作品保护本身的探讨之外，在责任承担上为保护后续创作提供了新的思路。

【实操建议】

作为同人作品第一案，本案的争议性较大，亦有知名学者明确提出相反意见，认为“此间少年”案是对角色的标识性使用，不构成著作权侵权。鉴于此，本案对于实务的指导作用有待观察，但本案审判对于同人作品侵权认定提出的新思路，以及本案背后的学术探讨仍值得实务界重视。从风险控制的角度来看，文字创作者在使用其他作品的人物群像时需要更加谨慎，为了避免法律风险，建议尽可能地获得授权许可。对于律师而言，人物群像的可版权性，以及“侵权不停止”的判决思路也非常值得借鉴，为著作权侵权案件提供了新的可辩点。

【案例2】侵害作品信息网络传播权管辖案：张某某诉北京墨蝶文化传播有限公司、程某、马某侵害作品信息网络传播权纠纷案[①]

【基本案情】

原告张某某以被告北京墨蝶文化传播有限公司、程某、马某擅自在相关网站

① （2022）最高法民辖42号民事裁定书。

上发布、使用其享有著作权的写真艺术作品，侵害其作品信息网络传播权为由，向原告住所地的河北省秦皇岛市中级人民法院提起诉讼。

被告马某以本案应当适用《最高人民法院关于审理侵害信息网络传播权民事纠纷案件适用法律若干问题的规定》（以下简称《信息网络传播权规定》）第 15 条的规定确定管辖，秦皇岛市为原告住所地，不是侵权行为地或被告住所地为由，对本案管辖权提出异议，请求将本案移送侵权行为地和被告住所地的北京互联网法院审理。

【争议焦点】

侵害作品信息网络传播权纠纷案件的管辖问题，应适用《信息网络传播权规定》第 15 条还是《最高人民法院关于适用〈中华人民共和国民事诉讼法〉的解释》（以下简称《民诉法解释》）第 25 条？

【裁判观点】

河北省秦皇岛市中级人民法院于 2021 年 6 月 2 日作出（2021）冀 03 知民初 27 号民事裁定，驳回马某提出的管辖权异议。马某不服一审裁定，提起上诉。

河北省高级人民法院于 2021 年 8 月 24 日作出（2021）冀民辖终 66 号民事裁定，撤销一审裁定，将本案移送北京互联网法院审理。

北京互联网法院、北京市高级人民法院经审查认为，秦皇岛中院作为原告住所地人民法院，对本案具有管辖权，河北省高级人民法院将本案移送北京互联网法院审理不当，遂报请最高人民法院指定管辖。

最高人民法院于 2022 年 8 月 22 日作出（2022）最高法民辖 42 号民事裁定，确定河北省秦皇岛市中级人民法院对于本案没有管辖权，河北省高级人民法院将本案移送北京互联网法院并无不当。

最高人民法院认为：《民诉法解释》第 25 条规定[①]中的“信息网络侵权行为”针对的是通过信息网络对一般民事权利实施的侵权行为；而“信息网络传播权”，是《中华人民共和国著作权法》第 10 条第 1 款第 12 项规定的著作权人享有的法定权利，即“以有线或者无线方式向公众提供，使公众可以在其选定的时间和地点获得作品的权利”。

基于信息网络传播权的性质和特点，侵害信息网络传播权的行为一旦发生，随之导致“公众可以在其选定的时间和地点获得作品”，其侵权行为涉及的地域范

---

① 第 25 条：信息网络侵权行为实施地包括实施被诉侵权行为的计算机等信息设备所在地，侵权结果发生地包括被侵权人住所地。

围具有不确定性。

因此，《信息网络传播权规定》第 15 条[①]是针对信息网络传播权这一特定类型的民事权利，对侵害信息网络传播权纠纷民事案件的管辖作出的特别规定。在确定侵害信息网络传播权民事纠纷案件的管辖时，应当以《信息网络传播权规定》第 15 条为依据。

本案中，秦皇岛市为原告住所地，不属于《信息网络传播权规定》第 15 条规定的侵权行为地或被告住所地；本案也不存在《信息网络传播权规定》第 15 条规定的“侵权行为地和被告住所地均难以确定或者在境外”的例外情形。

因此，本案应由被告住所地的北京互联网法院审理。

【纠纷观察】

本案是最高人民法院于 2023 年 12 月 7 日发布的第 39 批 8 个知识产权类指导性案例中的其中之一（第 223 号）。虽然只是一个简单的图片侵权的管辖异议案，但最高人民法院通过这个案件，纠正了《民诉法解释》第 25 条在知识产权诉讼领域引发的长期的混乱局面，对百万体量的侵害信息网络传播权案件的地域管辖规则拨乱反正，可谓厥功至伟。[②]

2015 年 2 月 4 日正式实施的《民诉法解释》第 25 条，增加了信息网络侵权结果发生地包括被侵权人住所地（即原告住所地）的规定，导致实践中大量的信息网络传播权纠纷案的管辖以“被告就原告”为原则，对于传统的“原告就被告”的传统管辖原则产生了冲击。该规定实施以来，因为在原告所在地立案的便捷性等因素，导致侵害信息网络传播权案件在全国遍地开花。[③]

本次最高人民法院指导案例，以特别法（《信息网络传播权规定》第 15 条）优于一般法（《民诉法解释》第 25 条）为原则，确认侵害作品信息网络传播权的侵权结果发生地具有不确定性，不应作为确定管辖的依据，从而排除了《民诉法解释》第 25 条在此类案件中的适用可能性。

---

① 第 15 条：侵害信息网络传播权民事纠纷案件由侵权行为地或者被告住所地人民法院管辖。侵权行为地包括实施被诉侵权行为的网络服务器、计算机终端等设备所在地。侵权行为地和被告住所地均难以确定或者在境外的，原告发现侵权内容的计算机终端等设备所在地可以视为侵权行为地。

② 《小案大功：知识产权诉讼管辖久乱必治》，载微信公众号“重剑无锋”，访问时间：2024 年 3 月 9 日。

③ 王艳芳、杨韡、刘慧：《信息网络传播权纠纷案件的司法管辖权问题研究》，载《中国版权》2023 年第 5 期，第 68 页。

关于侵害作品信息网络传播权案件的管辖乱象自此盖棺论定。

【实操建议】

虽然说侵害信息网络传播权案件的管辖问题自此得到明确，但《民诉法解释》第25条的“信息网络侵权行为”还可能包括通过信息网络实施的侵犯商标权、专利权、其他财产权、不正当竞争等情形，对于此类案件，如果并没有类似于《信息网络传播权规定》第15条的特别法可以援引，前述管辖问题可能仍然会存在。但是，考虑到商标权、专利权和信息网络传播权都是纯粹的财产权，所以该案的裁判思路可能会同样应用于该类案件。建议未来原告在确定此类案件的管辖法院时，谨慎考虑选择原告所在地法院。

【案例3】全国首例影视剧台词声音权纠纷案：孙红雷诉成都睡神飞科技有限公司、北京睡神飞科技有限公司声音侵权纠纷案①

【基本案情】

在知名电视剧《征服》中有一个桥段，由孙红雷饰演的刘华强与摊贩就西瓜缺斤少两的问题发生争执，并就此诞生了经典台词“你这瓜保熟吗”，一时风靡全网，广为人知。由成都睡神飞科技有限公司、北京睡神飞科技有限公司开发、运营的游戏《西瓜摊主大战买瓜人》未经授权使用了该句经典台词的音频。

对此，孙红雷认为，成都睡神飞科技有限公司、北京睡神飞科技有限公司未经其授权，以营利为目的开发、设计该款游戏，客观上构成对其声音权益的侵犯。另外，该款游戏中自己的人格元素被塑造成了在社会上打架、寻衅滋事的坏人形象，其人格尊严未被尊重，客观上构成对其一般人格权的侵犯，请求判令成都睡神飞科技有限公司、北京睡神飞科技有限公司公开道歉并赔偿经济损失45万元及精神损害抚慰金5万元。

两位被告则认为，案涉声音极短，“不足10秒”，即便具有识别性，指向的是电视剧以及剧中角色，而非孙红雷本人。

【争议焦点】

该游戏是否侵犯孙红雷的声音权及一般人格权。

【裁判观点】

就声音权侵权部分，法院审理后认为，自然人的声音和肖像作为标表自然人的人格标志，具有人格权属性。二被告未经孙红雷本人同意，也未取得孙红雷许

---

① 成都铁路运输第一法院（2023）川7101民初8240号民事判决书。

可使用的影视作品著作权人授权同意，在开发、制作、运营的游戏中使用其声音，构成声音权益侵权。

但就一般人格权侵权，法院认为，游戏中人物形象设计来源于影视作品角色设定，在游戏制作中未明显偏离原剧设定。在客观表现上案涉游戏角色指向的是影视剧人物，一般公众的理性认知并未将反派形象的游戏角色识别为孙红雷本人的社会认识和评价，基于识别指向关系的中断，不构成一般人格权侵权。

最终，法院一审判决二被告向原告赔礼道歉并赔偿原告经济损失 3 万元。

【纠纷观察】

作为全国首例影视剧台词声音权纠纷案，又有知名电视剧和知名演员的热度加成，本案的案件走向自始便获得大量关注，裁判思路亦对后续的台词声音侵权案件的裁判有着重要指导意义。

案件本身事实较为清晰，主要争议点在于如何区分演员本人的声音权益与表演者权益，前者属于人格权体系，后者则涉及著作权制度邻接权中的表演者权，分属于两套法律制度。案件审理中，被告方律师也就此问题表达过观点，认为案件特殊性就在于涉案的音频是电视剧中的表演片段，不应当适用《民法典》关于声音权以及一般人格权的规定。法院最终对声音权和表演者权益进行单独分析和说理，明确二者的侵权界限，也有助于厘清人格权和著作权的边界。

【实操建议】

借助本案的热度，台词声音盗播案件第一次成为公众关注的焦点，有助于提升从业者的法律意识，澄清“使用台词声音时间短就不算侵权”的错误认知，警示从业者更谨慎地使用台词声音，从而共同构建一个更加公正、合规的创意产业环境。对律师而言，在涉及此类案件时候，有必要对表演者权益和人格权侵权有更清晰、明确的认知和区分，从而在不同的思路下更好地维护当事人的利益。

【案例 4】云南杨丽萍信息科技发展有限公司诉云海肴（北京）餐饮管理有限公司、云海肴（北京）餐饮管理有限公司东城东直门店、北京心正意诚餐饮管理有限公司侵害著作权及不正当竞争纠纷案[①]

【基本案情】

云南杨丽萍信息科技发展有限公司（以下简称杨丽萍公司）认为云海肴（北

① 北京市高级人民法院（2023）京民申 1039 号民事判决书。

京）餐饮管理有限公司、云海肴（北京）餐饮管理有限公司东城东直门店、北京心正意诚餐饮管理有限公司（上述三被告以下简称为云海肴餐厅）未经允许，以营利为目的将其创作的舞蹈作品《月光》系列作品通过图案形式，用于餐厅主体装潢对外展示、宣传，侵犯其著作权，且此行为搭乘杨丽萍及《月光》系列作品的社会知名度和美誉度的便车，加之云海肴餐厅对外宣传时亦使用该装饰图案，造成消费者混淆误认从而取得市场竞争上的优势，构成不正当竞争。

再审中，三被告表示认可二审判决关于美术作品、舞蹈作品和视频著作权的问题，但认为不正当竞争行为认定有误。

【争议焦点】

1. 委托作品的著作权归属举证；

2.《月光》视频的客体性质及涉案侵权行为是否侵犯视听作品著作权；

3. 涉案侵权行为是否侵犯《月光》舞蹈作品著作权。

【裁判观点】

本案中，杨丽萍据以主张的权利基础分为三项，包括《月光剪影》美术作品、《月光》视频的著作权、《月光》舞蹈作品著作权。对此，法院进行了一一说理。

针对《月光剪影》美术作品，法院认为该作品属于委托作品，虽作品下部有“杨丽萍设计”字样，杨丽萍亦对此进行了作者登记，但由于登记机构仅作形式审查，在杨丽萍公司未能就委托作品的权属约定进行有效举证的情况下，在案证据不足以证明杨丽萍对该美术作品享有著作权。

针对《月光》视频，法院认为该视频的拍摄过程未体现出光线、音效等方面的变化，不足以展现视频制作者在拍摄录制环节的个性化表达，仅构成录像制品。而被诉侵权装饰图案与该录像制品画面相比，二者在月亮大小的比例、舞者动作等方面均存在差异，不足以证明被诉侵权装置图案截取自《月光》舞蹈录像制品。

针对《月光》舞蹈作品，法院认为《中华人民共和国著作权法实施条例》第4条第6项“舞蹈作品，是指通过连续的动作、姿势、表情等表现思想情感的作品”中的“等”给舞蹈作品的构成要素留下了解释空间。因此，如果作者在创作作品时已经将服化道作为其作品的一部分，该部分内容体现了作者独创性的选择和编排，将该部分内容纳入舞蹈作品的客体保护范围有利于对舞蹈作品作者智力成果的完整保护。据此，法院认为，《月光》舞蹈中结合了服化道元素的舞者动作、姿势和表情的整体画面可以体现该舞蹈作品的独创性表达。被诉侵权装饰图案与《月光》舞蹈作品的独创性内容构成实质性相似，侵犯了《月光》舞蹈的著作权。

最终，法院裁定云海肴餐厅将舞蹈画面用于餐厅装潢的行为构成对《月光》

舞蹈作品的侵权。

【纠纷观察】

本案为杨丽萍公司与云海肴餐厅系列案件中的一起。据悉，该系列案件覆盖北京市东城区、西城区、海淀区、石景山区等多个地区云海肴餐厅分店，自 2018 年提起诉讼至今已有多年。在舞蹈知识产权侵权案件中具有相当的代表性。

就本案而言，最大的争议点在于服化道与特定舞蹈动作结合的某一个画面是否属于舞蹈作品的保护范围。一审认为“舞蹈动作在灯光、舞美、服装、音乐等元素的相互配合下的《月光》舞蹈整体构成舞蹈作品”，但二审全面否认了这一观点，认为“舞者妆容、背景灯光、音乐等主要用于烘托舞台呈现的氛围，服务于表演的需要……不能作为舞蹈作品保护的客体”，“使用少量不连贯的单人单个动作并不构成对舞蹈作品著作权的侵害”。再审则再次反转，以《中华人民共和国著作权法实施条例》第 4 条第 6 项中的“等”字为切口，推翻二审的认定，认为舞蹈作品的保护应当涵盖其中的特定画面。

本案裁判观点的多次反转体现了对舞蹈作品保护范围的理论争议。判决发布后，亦有学者旗帜鲜明地表明了反对立场，认为舞蹈作品的独创性在于对连续动作、姿势的设计与编排，其延续性的要求排除了对于任何单个舞蹈动作、姿势的保护可能性，服化道等元素亦无法称为舞蹈作品的构成要素。但无论如何，该案的三轮裁判围绕舞蹈作品的保护范围、著作权与反不正当竞争法保护边界呈现了不同的观点，同时因涉及知名舞蹈演员杨丽萍女士而受到社会广泛关注，对舞蹈领域的知识产权侵权审判有着积极的借鉴意义。

【实操建议】

本案一波三折，最终被北京高院改判，对实务人员具有较强的参考价值。对律师而言，本案为舞蹈画面的可版权性提供了新的思路，也提示实务人员在处理类似的案件时，在反不正当竞争法之外，也可以从著作权制度中的舞蹈作品侵权寻找胜诉可能。

【案例 5】影视投资合同解除纠纷：青岛某影视文化有限公司、喀什 A 影视文化有限公司与浙江 B 影视策划有限公司联合投资摄制协议争议仲裁案

【基本案情】

2017 年 11 月 16 日，青岛某影视文化有限公司、喀什 A 影视文化有限公司（以下简称 A 公司）与浙江 B 影视策划有限公司（以下简称 B 公司）签署《联合投资

摄制协议》（以下简称《投资协议》），约定B公司负责案涉项目剧本开发、摄制及宣发。项目总预算4亿元人民币，A公司投资4000万元并按实际投资比例分配项目收入。B公司在合同签署后将剧本改编权、摄制权转让给其全资子公司C公司，并通过C公司与某平台公司D公司签署了《联合投资摄制合同》，将项目从版权剧变为了定制剧，且C公司获益方式变为了固定收益。A公司认为B公司的前述行为已经构成根本违约，要求解除合同并返还投资款。

【争议焦点】

因主控方原因导致联合投资方收益分配方式发生变化是否构成《投资协议》项下的根本违约。

【裁判观点】

仲裁庭认为,A公司订立本案合同的目的在于，通过与B公司联合投资影视剧，期待在该剧制作完成后，在剧目上署名并持续获得该剧带来的投资收益。然而在案涉《投资协议》签署后，B公司与C公司、C公司与D公司签署一系列合同的操作，可以认定案涉项目对于A公司和B公司而言，变成了一个回报固定的项目，导致A公司失去了基于原《投资协议》这一带有投资性质的合同持续获得项目浮动收益的权利。加之B公司并未提出足够的证据证明，在与其他公司缔约的过程中，就影响A公司持续浮动收益权利的事项与A公司协商并取得其同意。相反，A公司通过申请仲裁、向公安机关报案等方式不断对B公司的违约行为表示异议。基于此，仲裁庭认为，B公司的行为导致A公司依据本案合同获取持续浮动收益的权利无法实现，进而致使A公司在本案合同中基本的投资回报目的落空，构成对本案合同的根本违约。A公司有权解除本案合同，B公司应返还投资款。

【纠纷观察】

本案属于影视投资领域里较为典型的投资合同解除纠纷。对于部分联合投资人而言，该类投资合同基于行业特殊性以及合同地位不对等的原因，往往不会约定具体哪些情形下其有权解除合同。在缺乏约定解除权的情况下，作为非违约方的投资人想要解除合同只能依靠法定解除权来实现，即根据《民法典》第563条规定的情形主张解除合同。其中，与本案直接相关的情形为“当事人一方迟延履行债务或者有其他违约行为致使不能实现合同目的”，也即违约方行为构成根本违约。

根本违约的成立在司法实践中存在一定的门槛，通常需要达到“合同目的不能实现”的程度，否则解除权的随意行使将不利于维护商事活动主体对合同稳定的合理预期。本案中的A公司正是以B公司的行为构成根本违约为由要求解除合同。具体来讲，B公司在与A公司签署《投资协议》后，通过与第三方系列交易安排对项目版权进行处置，导致其丧失对项目的任何权利，无法再通过项目获得持续性收益并与A公司进行分配，致使A公司基本的投资回报目的无法实现，故B公司构成根本违约。

本案中，厘清作为联合投资人的A公司的合同目的是本案认定B公司存在根本违约的关键。仲裁庭从案涉合同的“投资性”出发，肯定了A公司在合同项下“持续获得影视剧浮动收益的权利”，认定B公司处置版权、变更收益方式的做法剥夺了A公司前述权利，导致其基本投资目的落空。虽然B公司一再强调案涉剧目在《投资协议》签署前就确定了定制剧的开发模式，通过平台锁定版权确保未来发行收益，且A公司正是基于平台对发行的保障才进行投资，仲裁庭则认为，B公司与C公司及平台公司D公司一系列交易安排已经使得案涉剧目对于A而言变成了固定回报的项目，而固定回报相较于持续获得浮动收益而言，已经对A公司的权利产生了实质性影响，且该等影响A公司权利的安排未经过A同意，故认定B公司构成根本违约。本案裁判思路对于不同开发模式的影视剧投资人权利范围和性质的界定具有一定指导意义。诚然，相较于定制剧，版权剧基于对剧目版权的长期控制能够通过多平台、多区域、多轮次发行、影视剧改编、衍生权益开发等实现利益最大化。但随着平台重要性的显现，版权剧向定制剧的转变是市场作用的自然结果。作为项目主控方基于市场判断为项目谋取最佳出路无可厚非，但过程中应谨慎对待其他投资人的投资权益。

【实操建议】

实践中平台预先锁定版权的情况较为常见。一方面，参与投资的联合投资方在投资前应尽量弄清项目模式和版权归属，识别联合投资和买断版权的内在差异，在合同中明确约定投资目的和收益分配方式。同时，对于关系自身核心权益的事项，在合同中列明相对方哪些违约行为构成根本违约，保障自身的约定解除权。另一方面，项目主控方在融资时也应注意识别投资人的投资目的，谨慎对待在先投资人的权益，对于后续融资、版权处置等重大事项的权利范围和性质在合同中予以明确，确保投资人权益不受该等事项影响。

四、热点问题观察

（一）学术热点：AIGC开启创作新时代，文娱行业商机与风险并存

2022年11月30日，OpenAI发布的ChatGPT一经问世便风靡全球，发布仅

两个月即获得1亿月活用户，超越了历史上所有互联网消费者应用软件的用户增长速度。2023年，几乎与ChatGPT-4发布同时，国内大型互联网企业也纷纷对外发布各自的AIGC产品：百度的文心一言、阿里的通义千问、腾讯的混元、华为的盘古、科大讯飞的星火认知等。以大型语言模型、图像生成模型为代表的AIGC（Artificial Inteligence Generated Content）技术，成为新一代人工智能的平台型技术，助力不同行业实现价值跃升。在这场由生成式AI带来的眩晕式变革中，人们这才惊觉人工智能技术的影响力已经如此深地渗透进了文化产业。

腾讯研究院发布的《AIGC发展趋势报告2023：迎接人工智能的下一个时代》显示，AIGC在国内消费互联网领域日趋主流化，涌现出写作助手、AI绘画、对话机器人、数字人等应用，支撑着传媒、电商、娱乐、影视等领域的内容需求，市场潜力逐渐显现。[①] 就内容生产而言，AIGC作为新的生产力引擎，代表着AI技术从感知、理解世界到生成、创造世界的跃迁，正推动人工智能迎来下一个时代。未来，AIGC有望成为新型的内容生产基础设施，塑造数字内容生产与交互新范式，持续推进数字文化产业创新。

但在AIGC带来的欣欣向荣的文化创作繁荣图景下，争议和风险也悄然浮现。

1. 人工智能生成物纠纷不断，数据训练问题引发争议

国内对于人工智能生成物的纠纷，一般聚焦在“人工智能生成内容的可版权性”上。无论是2018年北京菲林律师事务所诉北京百度网讯科技有限公司侵害署名权、保护作品完整权、信息网络传播权纠纷案（以下简称菲林案）[②]，2020年1月广东省深圳市南山区人民法院一审审结原告深圳市腾讯计算机系统有限公司诉被告上海盈某科技有限公司侵害著作权及不正当竞争纠纷一案[③]，还是2023年8月北京互联网法院“AI文生图著作权第一案”[④]，均是在探讨这一核心问题，而三案的结果也不尽相同。人工智能的出现，正前所未有地冲击着传统的著作权理念。

事实上，在人工智能生成物可版权性的争议之外，人工智能的数据训练也潜藏着新的争议风险。近期美国围绕数据训练产生的两起版权诉讼（Getty Image Inc v. Stability AI、Complaint，Anderson v. Stability AI）引起了广泛关注。无独有偶，2023年8月1日，画手“雪鱼”宣布在小红书平台停更，因其发现自己的作品在不知

① 腾讯研究院：《AIGC发展趋势报告2023：迎接人工智能的下一个时代》，https://research.tencent.com/report?id=AJJ，访问时间：2024年2月22日。

② 北京互联网法院（2018）京0491民初239号民事判决书。

③ 深圳市南山区人民法院（2019）粤0305民初14010号民事判决书。

④ 北京互联网法院（2023）京0491民初11279号民事判决书。

情的情况下成为小红书人工智能绘画工具“Trik AI”的训练素材，并在对比原作与“Trik AI”生成的作品后指责AI“抄袭”。话题发酵后，用户在小红书以及其他社交平台发起抵制行动，拒绝“Trik AI”继续使用版权作品进行数据训练。部分画师停止在小红书更新，部分选择删除图片去别的平台发展。11月29日，四位创作者发布最新维权微博，称其与小红书关于作品著作权侵权已在北京互联网法院立案审理。无论是从美国正在进行的围绕数据训练产生的版权诉讼，还是从国内近期小红书的画手集体抗议AI训练使用其画作的情况来看，随着人工智能产业发展对于数据“投喂”的需求越来越庞大，创作者与人工智能产业的对抗性势必加剧。如何在这些争议案件中作出尽可能合理的裁决——既保证对创作者提供足够激励的同时，又不阻碍有利于社会进步的人工智能技术的发展，有赖于理论层面的充分探讨。

2. 国内首部针对生成式人工智能的法规出台，助力产业规范发展

AIGC的发展还面临着其他科技治理问题的挑战。在为创作带来更大便利的同时，AIGC服务仍存在诸多风险，其中包括AIGC可能生成虚假信息，误导用户；因使用不当造成重要数据泄露；被作为实施“网络水军”等网络违法犯罪行为的工具；侵犯他人知识产权等。对此，2023年7月13日，在广泛征求社会各界意见后，网信办、国家发展和改革委员会、教育部、科学技术部、工业和信息化部、公安部、国家广播电视总局七部委联合发布《生成式人工智能服务管理暂行办法》（以下简称《暂行办法》），成为国内首部针对生成式人工智能的法规。根据《暂行办法》，生成式人工智能服务提供者需履行算法训练相关义务、内容管理相关义务、使用者相关义务以及监管机制相关义务。《暂行办法》对生成式人工智能服务确立包容审慎和分类分级监管原则，明确要求国家有关主管部门“针对生成式人工智能技术特点及其在有关行业和领域的服务应用，完善与创新发展相适应的科学监管方式，制定相应的分类分级监管规则或者指引”。

随着数字化娱乐的发展，生成式人工智能在文娱行业的应用日渐凸显。本次《暂行办法》明确了以行业监管为主要模式的监管趋势，要求有关主管部门针对生成式人工智能特点及其在有关行业和领域的服务应用，完善与创新发展相适应的科学监管方式，制定相应的分类分级监管规则或者指引，为文娱行业生成式人工智能的监管落实和细化提供了依据。尽管仍有诸多问题尚待解答，但《暂行办法》的出台在技术发展初期为人工智能产业发展奠定了基本的监管框架，对促进生成式人工智能技术健康发展和规范应用有着重要意义。

（二）学术热点：从“避风港规则”到版权过滤机制，互联网平台责任争议再起

2023年，关于平台责任亦有新的讨论。一直以来，“避风港规则”都是网络服务提供商承担侵权责任最基础的准则。“避风港规则”最早来自于美国1998年制定的《数字千年版权法案》，其基本理念在于，若权利人向网络服务商发送合格的侵权通知，则网络服务商应当采取必要措施删除侵权内容，否则可以据此免责，也因此，“避风港规则”又被叫作“通知—删除”规则。我国最早于2006年施行的《信息网络传播权保护条例》引入“避风港规则”，后随着2010年《中华人民共和国侵权责任法》的施行，“避风港规则”已经不再局限于网络著作权领域，而扩展到整个网络侵权领域。在《中华人民共和国电子商务法》以及《民法典》出台后，“避风港规则”也被逐渐完善，被赋予了更多的时代意义。“避风港规则”明确了网络服务提供者的责任界限，同时避免了对平台施加过高的注意义务，在技术发展初期，对促进互联网经济发展发挥了相当积极的作用。

然而，随着各种新技术、新商业模式的涌现，对避风港规则的质疑声音也开始出现。《2021年中国短视频版权保护白皮书》显示，2019年1月至2021年5月对1300万件相关二次创作短视频进行监测，累计监测到300万个侵权账号、1478.6万条二次创作侵权短视频。2021年4月，53家影视公司、5家视频平台及15家影视行业协会发表联合声明，呼吁保护影视版权，表示将对公众账号生产运营者针对影视作品内容未经授权的短视频进行剪辑、切条、搬运、传播等行为发起法律维权。短视频侵权的屡禁不止让人们开始反思避风港规则的局限性，怀疑其是否已经沦为平台规避责任的工具，亦有观点强调短视频平台所运用的“算法推荐”技术已经使其不再处于中立地位，而应当以更积极主动的姿态，治理侵权乱象。

2023年10月，上海知识产权法院对优酷信息技术（北京）有限公司诉上海喜马拉雅科技有限公司侵犯《圆桌派》相关作品信息网络传播权纠纷案（以下简称圆桌派案）[①]作出终审判决，法院认为，“被告公司未针对涉案侵权音频进行人工选择、编辑、修改、推荐，不能基于个性化推荐内容中涉及涉案音频即认定存在主动推荐行为……在案证据不能证明被告公司未尽到与其能力相应的注意义务，算法推荐区别于人工推荐，不能因算法推荐技术的使用而当然推定网络服务提供

① 上海知识产权法院（2023）沪73民终287号民事判决书。

者信息管理能力的提高，亦不能因算法推荐内容涉及侵权，而当然推定网络服务提供者知悉该内容的存在”。最终驳回了优酷公司的全部诉讼请求。该案为涉算法推荐技术著作权侵权纠纷典型案例，案件对于算法推荐技术环境下避风港规则的适用进行了有益的探讨，也引发了对知识产权保护和平台责任划分问题的深入思考。

但显然，关于平台责任的讨论并未因此结束。不同于圆桌派案判决止于厘清算法推荐与平台注意义务的关系，理论界对于避风港规则及相关平台责任的探讨则更为深入。核心争议点在于，在版权过滤技术已经相对成熟、网络服务提供者的算法、算力均有显著提高的技术背景下，是否应当要求平台主动承担版权过滤义务。有学者认为，在平台采取算法推荐技术、版权人已提供作品数据库两大条件同时具备的情况下，或要求网络平台承担有限的审查和过滤义务。有学者则持否定观点，认为仍应坚守避风港规则。有学者由此开始关注短视频平台与用户关系对其中立性的影响，亦有论者开始思考版权过滤技术与用户言论自由的关系。尽管尚无定论，但上述理论、实务的争议却已折射出传统平台责任认定在新业态发展背景下的“不适”。国外的立法实践更是使讨论的走向充满了不确定性。2019 年 3 月 26 日，欧盟通过《单一数字市场指令》第 17 条引入版权“过滤器条款”，规定当用户生成内容（User-generated Content）平台没有获得权利人对特定作品的授权许可时，在线内容分享服务提供商必须通过有效的技术手段，对网络用户上传的内容进行审核、过滤，同时应该“尽最大努力”获得授权或确保未经授权内容的不可获得性，否则将构成侵权，须承担侵权责任。《单一数字市场指令》通过后，美国参议院知识产权委员会于 2020 年 2 月 11 日召开听证会，探讨是否应参照欧盟的规定，对平台科以版权强制性过滤义务，但最终多数观点认为现行规则无需改变，平台不应被苛责承担如此严格的责任。最终，美国版权局在审查了 92000 多条书面意见并举办了五场听证会后，认为现行 DMCA 第 512 条的“避风港”规则仍然有效，无须对该条款作全面修订，只建议对该条涉及的相关领域进行微调，以期符合“避风港”规则的设立目的。

如何合理借鉴比较法上的立法实践，如何在知识产权保护与平台发展之间取得平衡，以及如何有效治理短视频侵权问题，需要协调多方主体的利益，综合评估技术水平和经济条件，从长计议。对网络平台而言，这些新的讨论在多大程度上会导向网络平台的更高注意义务也值得关注和重视。

（三）实践热点：游戏行业纠纷不断，游戏新规引发巨大争议

2023 年，游戏领域侵权案件频频发生，引发社会关注的同时，也带来了新的理论、实务问题。从 2023 年的司法实践来看，在游戏行业的众多纠纷中，最引人注目的是有关游戏规则保护的争议。杭州网易雷火科技有限公司诉广州简悦信息科技有限公司关于游戏《率土之滨》侵犯著作权及不正当竞争纠纷案（以下简称“率土之滨”案）[①]，以及同样引发热议的网之易公司与华多公司、虎牙公司、太平洋公司关于游戏《我的世界》著作权侵权及不正当竞争纠纷案（以下简称“我的世界”案）[②]将游戏规则的保护推向了大众视野，两份判决侵权结论迥异，但都体现了对游戏作品知识产权侵权认定的深刻思考，为类似案件的审理提供了重要参考。

在“率土之滨”案中，法院首次提出将游戏作品作为独立的作品类型予以保护，而不再遵循原先置于“视听作品”保护的传统思路；明确具体游戏规则具有广阔的创作表达空间，在具有独创性时，应当享有著作权，为原创游戏的维权提供了更为清晰的指引。“我的世界”案两审判决针对同一事实却呈现截然不同的判决立场，一审法院认为两款游戏整体画面构成实质性相似，三被告行为构成著作权侵权，混淆行为构成不正当竞争，判赔 2000 万元。二审则全面推翻一审判决，认定被告行为既不构成著作权侵权，又不构成不正当竞争。两审判决在《我的世界》整体动态运行画面构成类电作品（视听作品）的判断上保持一致，但二审法院认为“案涉游戏元素及其组合属于游戏玩法规则层面的设计，不能根据游戏玩法规则层面的相似性直接推出游戏整体画面构成实质性相似”，对游戏规则与游戏画面的保护进行了一定程度的切割。从两起案件引发的学术讨论情况来看，关于游戏作品的定性，游戏规则的保护争议仍将持续，但上述判决中凝聚的实务思考，对于推动相关议题的深化，维护游戏行业公平竞争秩序、保护原创游戏作品方面，都具有重要的示范和指导意义。如果结合“此间少年”案承认人物群像的可版权性的审判精神一同观察，似乎也可以发现有越来越多的法院开始愿意在著作权和反不正当竞争法的边界，对边缘性成果的可版权性做出更多的努力。

游戏领域的其他几起案件亦有重要影响力。例如“广州虎牙信息科技有限公司与武汉斗鱼网络科技有限公司侵害其他著作财产权及不正当竞争纠纷案”[③]首次认定电竞赛事直播画面系著作权法保护的作品，擅自盗播构成著作权侵权，被称

---

① 广州互联网法院（2021）粤 0192 民初 7434 号民事判决书。

② 广州知识产权法院（2021）粤 73 民终 883 号民事判决书。

③ 广州知识产权法院（2021）粤 73 民终 5852 号民事判决书。

为“电竞赛事直播著作权侵权第一案”。在该案中，法院认为，电子竞技赛事与传统体育赛事一样，具有对抗性和观赏性，涉案赛事直播节目的制作存在较大的创作空间，且具备有形复制的属性，具有独创性。涉案赛事直播画面由有伴音的连续的画面组成，构成我国著作权法保护的以类似摄制电影的方法创作的作品。结合 ESL 电竞赛事知名度和斗鱼平台赛事栏目设置情况，且斗鱼公司收到虎牙公司的侵权告知函后并未采取有效的必要措施，实际放任侵权直播行为不断发生，法院认定斗鱼公司明知、应知被诉侵权直播行为的发生，构成帮助侵权。

根据《2023 年度中国电子竞技产业报告》，我国拥有全球规模最大的电子竞技用户群体，行业营收水平处于世界前列。2023 年，中国电子竞技产业实际收入为 263.5 亿元，同比下降 1.31%。在收入构成中，电子竞技内容直播收入占比最高，达到 80.87%。随着电竞直播的利润指数级增长，直播公司与游戏公司的摩擦也在加剧，该案例通过明确电竞赛事直播画面的可版权性及侵权认定，有助于创建一个稳定和有序的市场环境，促进电竞直播产业的规范化运营。

2023 年 6 月，全国最大“吃鸡”游戏外挂刑事案件一审公开宣判，法院经审理查明，2018 年 9 月至 2021 年 1 月期间，两被告人通过境外聊天软件与境外游戏外挂运营团队勾连，通过搭建网站，采用比特币交易结算等方式，向国内外玩家销售针对腾讯公司旗下《和平精英》《PUBG MOBILE》游戏的“鸡腿”外挂程序，从中获利近人民币 3000 万元。最终，法院对两被告人均以侵犯著作权罪判处有期徒刑四年，并处罚金人民币 2000 万元，同时追缴违法所得及孳息。该案因涉案金额巨大引发社会各界关注。案件表明未经授权获取、修改网游内存数据并架设外挂程序的行为于法不容，有助于警示社会公众，对于游戏行业的健康发展具有重要价值。

近年来，国内对游戏行业的监管力度持续增强，以保护未成年人免受游戏的负面影响。然而，这一系列新规的实施引发了业内外的广泛反响。一些人认为这是维护社会健康和未成年人权益的重要举措，而另一些人则担忧这种监管可能损害游戏产业的创新和发展。《网络游戏管理办法（草案征求意见稿）》将会如何调整，又将如何正式落实执行，这一监管立场又将对游戏行业的发展带来什么新的变数有待进一步的观察，但可以肯定的是，游戏行业野蛮发展的时期已一去不复返，势必要向更加规范、健康、可持续的方向发展。

五、总结与展望

正如有关媒体预测，经历了 2022 年这个影视娱乐行业的重要转折点，预计

2023 年后，影视娱乐行业将逐渐恢复至疫情前的增长速度。

现实的情况仿佛在印证这些预测并非虚言。2024 年春节档（2 月 10—17 日），随着《热辣滚烫》《飞驰人生 2》《第二十条》等影片的热映，全国总票房突破 80 亿元，观影人次 1.63 亿，刷新中国影史春节档纪录。[①] 这个成绩无疑给近年充满犹疑的中国影视从业者带来一些安慰，虽然说仍然面临着政策的不确定性等不可控因素，但至少证明中国影视文娱市场的容量仍然广阔。

而随着 OpenAI 推出惊艳全球的“文生视频”模型 Sora，以及 AI 多模态模型的升级及商业化，可能会助力影视、动画等 IP 开发制作继续降本提效，也让行业面临更新换代的巨大挑战。

从法律层面而言，《合同编解释》等重要文件的出台，让司法审判更加精细化，诸多争议问题有了定论；而广电总局关于广电和网络视听的标准化管理办法，以及演出行业协会关于网络表演平台和经纪机构的运营服务要求，则意味着影视文娱行业的行政监管和行业惯例，也在朝着更规范化的方向发展。

经历了 2023 年的恢复调整期，面对娱乐产业数字化的大趋势，希望 2024 年中国的影视文娱行业能在重塑后迎来长足的增长。

---

① 《总票房突破 80 亿元刷新纪录，春节档电影口碑票房“热辣滚烫”》，http://www.xinhuanet.com/ent/20240218/e5f4ce0bedc247ffbb0afcbdac232029/c.html，访问时间：2024 年 2 月 23 日。

中国民用航空争议解决年度观察（2024）

刁伟民　孔得建　吴静静[①]

一、概述

2023年是历经三年新冠疫情冲击后民航固本培元、恢复发展的关键一年。面对复杂的环境和严峻的挑战，全行业坚持稳中求进，统筹安全运行、恢复发展，民航高质量发展迈出坚实步伐。

2023年，全行业共完成运输总周转量1188.3亿吨公里、旅客运输量6.2亿人次、货邮运输量735.4万吨，同比分别增长98.3%、146.1%、21%，分别恢复至2019年的91.9%、93.9%、97.6%。2023年，全年约144.9万架次航班使用临时航线，缩短飞行距离4145万公里，改革航段时间管理方式，全年航班正常率达87.8%，较2019年提高6.15个百分点。开展千万级机场航班靠桥率专项整治，平均靠桥率提升3.41%，累计增加靠桥航班15万架次、惠及旅客2239万人次。2023年，运输机场总量达到259个，总容量达15.6亿人次。新建迁建湘西、安阳、阆中、朔州、普兰、济宁6个机场，广州、昆明、西安、乌鲁木齐等国际枢纽机场以及长沙、武汉、南宁等区域枢纽机场项目进展顺利，厦门、大连新机场正在加快建设，鄂州花湖机场货运枢纽功能初具规模。2023年，国际客运航班恢复至每周4600余班，复航国家数量达到疫情前89.2%。中欧客运恢复至疫情前六成以上，中美定期直飞客班为每周63班，与“一带一路”共建国家之间的恢复水平高于国际航线整体

① 刁伟民，中国民航管理干部学院教授，北京仲裁委员会/北京国际仲裁中心仲裁员。孔得建，中国政法大学副教授。吴静静，北京大成（上海）律师事务所高级合伙人。同时，衷心感谢中国政法大学李恬畅和张雅芝、中国海洋大学叶雨萌、中国东方航空江苏有限公司律师部主任李宁、北京大成（上海）律师事务所毛若凡律师助理、北京高文律师事务所任燕芳律师，对本报告做出的卓有成效的贡献。

水平 6.2 个百分点，有力促进了国际人员交往，服务了国家外交大局。[①]

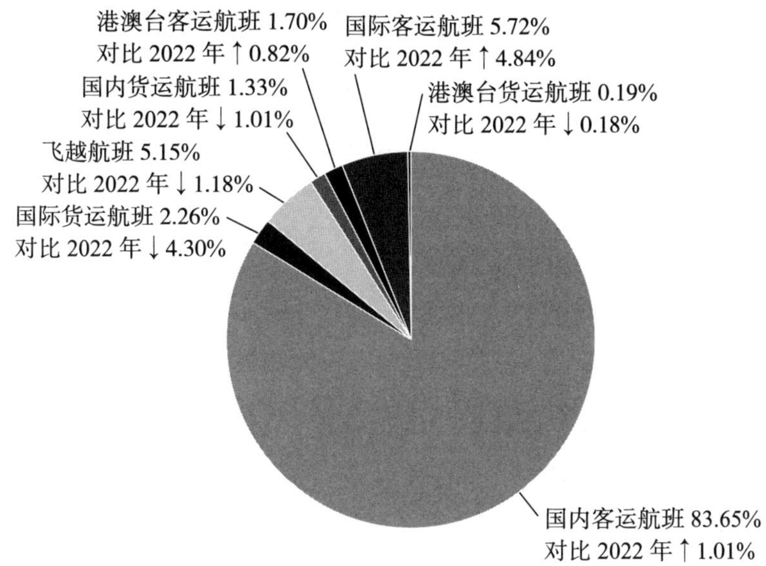

图 1　2023 年全国保障各类航班任务性质比例

2023 年国内客运航班正常率 87.80%，同比 2022 年降低 7.17 个百分点，较 2019 年增长 6.15 个百分点。

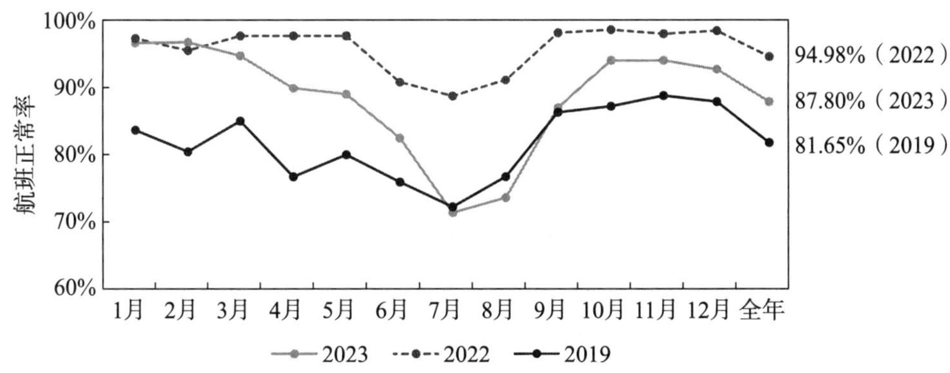

图 2　2023 年、2022 年和 2019 年国内客运航班正常率

（图片来源：中国民用航空局运行监控中心）

---

① 高雅娜、贾璞瑜：《为推进中国式现代化贡献民航力量——聚焦 2024 年全国民航工作会议》，载《中国民航报》2024 年 1 月 5 日，第 002 版。

瞄准打造低空经济亮点，全年通航作业飞行 135.7 万小时，无人机飞行达 2311 万小时，医疗救护、空中游览、物流配送等新兴业务快速发展。持续推进民航绿色低碳转型，吨公里油耗、机场单位旅客能耗同比分别下降 3.8% 和 50%。C919 飞机正式投入商业运行。Y12F 飞机获得欧盟航空安全局（EASA）型号认可证。亿航 EH-216S 获颁世界首个载人无人驾驶电动垂直起降航空器型号合格证。首款国产航空滑油实现装机应用，打破进口滑油近 30 年垄断。北斗系统正式加入国际民航组织标准，航空 5G、远程塔台等新技术、新模式加快推广。①

一年来，民航规划建设质效并举，全年完成固定资产投资 1150 亿元，连续 4 年超千亿元；制定印发《民航全面深化改革实施办法》，民航改革的重点领域、改革目标和主要任务进一步明确，科教创新蓄势储能。国际开放合作深入拓展，推进“一带一路”空中联通，积极参与国际治理。民航业发展目标明确、路径清晰，发展基础更加扎实，保障能力、科技竞争力、国际影响力持续增强，以综合实力的提升推动民航高质量发展。

在安全管理方面，过去一年行业安全形势总体平稳。2023 年，在飞行量逐步恢复至 2019 年水平的情况下，运输航空责任原因征候和严重征候万时率分别较 2019 年下降 71.2% 和 69%；在通用航空飞行量较 2019 年增长 27.5% 的情况下，通航事故万架次率较 2019 年下降 42.1%；空防安全连续 21 年保持零责任事故。② 全力确保每个航班的安全起落，以高水平安全保障民航高质量发展。

行业运输生产的有序恢复，运行品质稳步提升。2023 年，民航业科学把控恢复节奏，分阶段有序促进国内航空市场恢复。经过七个阶段的稳健恢复，国内航线客运规模已超过疫情前水平，比 2019 年增长 1.5%，在各类交通运输方式中恢复速度最快。在推动生产运行规模稳健恢复的同时，民航业大力提升运行品质，推进“干支通，全网联”航空运输网络体系建设，提升网络衔接能力和中转便利化服务水平；致力于“减少航班取消和延误”“为首乘旅客提供便利”等工作；促进新兴业务和低空经济蓬勃发展。民航秉持“人民航空为人民”的理念，为航空旅客出行提供高质量服务保障，以运行品质的提升推动民航业高质量发展。③

---

① 中国民航局新闻中心：《民航局举行 1 月例行新闻发布会》，http://www.caacnews.com.cn/special/2024NZT/7860/，访问时间：2024 年 2 月 20 日。

② 中国民航局新闻中心：《民航局举行 1 月例行新闻发布会》，http://www.caacnews.com.cn/special/2024NZT/7860/，访问时间：2024 年 2 月 20 日。

③ 高雅娜、贾璞瑜：《为推进中国式现代化贡献民航力量——聚焦 2024 年全国民航工作会议》，载《中国民航报》2024 年 1 月 5 日，第 002 版。

二、民航法律动态

2023 年，民航业坚持改革与法治同步推进，《中华人民共和国民用航空法》（以下简称《民用航空法》）修订取得重要进展，《无人驾驶航空器飞行管理暂行条例》颁布实施，《制止与国际民用航空有关的非法行为的公约》（以下简称《北京公约》）和《关于制止非法劫持航空器的公约的补充议定书》（以下简称《北京议定书》）批准生效。[①]

（一）一般性民航国内法

1.《中华人民共和国空域管理条例（征求意见稿）》公开征求意见

2023 年 11 月 2 日，为加强和规范空域资源管理，维护国家安全、公共安全和航空安全，促进经济社会发展和国防军队建设，国家空中交通管理委员会办公室会同有关部门起草了《中华人民共和国空域管理条例（征求意见稿）》，面向社会公开征求意见。该征求意见稿共 11 章 77 条，包括总则、空域管理机构职责、空域分级分类、空域划设与调整、空域使用、空域评估、空域保障、战时和平时特殊情况下的空域管理、监督检查、法律责任、附则等。

2. 民航规章

2023 年 1 月 1 日，《交通运输部关于修改〈民用航空空中交通管理规则〉的决定》《交通运输部关于修改〈民用航空情报工作规则〉的决定》正式施行，民航空中航行的安全和效率得到有效保障。

2023 年 5 月 1 日，《交通运输部关于修改〈平行跑道同时仪表运行管理规定〉的决定》正式施行，决定相应调整了《民用航空空中交通管理规则》有关条款中涉及的雷达管制间隔标准，并对平行跑道同时仪表运行有关主体的部分内容进行了完善。

2023 年 5 月 8 日，交通运输部废止了《民用航空企业及机场联合重组改制管理规定》。此次废止是对党中央、国务院关于深化“放管服”改革优化营商环境决策部署的积极响应，民航企业及机场的联合、重组和改制不再作为行政许可事项。

2023 年 12 月 15 日，《民用无人驾驶航空器运行安全管理规则》经交通运输

---

① 中国民航网：《2024 年全国民航工作会议在京召开》，http://www.caacnews.com.cn/1/1/202401/t20240104_1373687.html，访问时间：2024 年 2 月 20 日。

部第 29 次部务会议通过，自 2024 年 1 月 1 日起实施，进一步完善了民用无人驾驶航空器规章体系。[①]

3. 民航规范性文件

2023 年 9 月 8 日，中国民用航空局（以下简称民航局）首部专门针对民用机场命名、更名及使用的行政规范性文件《民用机场名称管理办法》正式印发，细化完善了现行《地名管理条例》[②] 中机场名称管理相关内容，推动民用机场名称管理法治化、科学化、规范化。

2023 年 1 月 12 日，民航局会同自然资源部联合印发《民用机场净空保护区域内建设项目净空审核管理办法》，自 2023 年 5 月 1 日起施行，并一体出台了《运输机场净空保护管理办法》和《民用机场净空障碍物遮蔽原则应用指南》，构建完善了机场净空保护全链条管理体系。

4. 民航标准化工作

2023 年 12 月 11 日，民航局航空器适航审定司（以下简称适航司）就《民航行业标准体系》公开征求意见。此次修订民用航空行业标准体系框架，将基础通用、民航运输服务、通用航空作业服务、空中交通管理、绿色低碳循环发展、民用航空产品和零部件适航、民用无人驾驶航空等领域的标准子体系汇编成册。

（二）民航国际公约

2023 年 10 月 1 日，《北京公约》正式对中国生效，该公约是首个以中国城市命名的国际民航公约，于 2022 年 10 月 30 日经十三届全国人大常委会第三十七次会议批准。2023 年 12 月 1 日，《北京议定书》正式对中国生效。《北京议定书》于 2023 年 6 月 30 日经十四届全国人大常委会第三次会议审议并批准。截至目前，共有包括中国、俄罗斯、法国、德国、新加坡等在内的 46 个国家批准《北京公约》[③]、47 个国家批准《北京议定书》。[④]

---

① 详见后文“（三）2.《无人驾驶航空器飞行管理暂行条例》配套规章”。

② 该条例于 2021 年 9 月 1 日国务院第 147 次常务会议修订通过，自 2022 年 5 月 1 日起施行。

③ 中国民航网：《〈北京公约〉将对我国正式生效》，http://www.caacnews.com.cn/1/1/202309/t20230928_1370977.html，访问时间：2024 年 2 月 20 日。

④ 中国民航网：《〈北京议定书〉12 月 1 日起对我国正式生效》，http://www.caacnews.com.cn/1/202311/t20231130_1372603.html，访问时间：2024 年 2 月 20 日。

（三）无人机法律文件

1.《无人驾驶航空器飞行管理暂行条例》

2023 年 5 月 31 日，国务院、中央军委公布《无人驾驶航空器飞行管理暂行条例》，自 2024 年 1 月 1 日正式施行。这部条例是我国无人驾驶航空器管理的首部专门行政法规，对规范无人驾驶航空器飞行及有关活动，促进无人驾驶航空器产业健康有序发展，维护航空安全、公共安全、国家安全具有重要意义。

2.《无人驾驶航空器飞行管理暂行条例》配套规章

2023 年 12 月 15 日，《民用无人驾驶航空器运行安全管理规则》经交通运输部第 29 次部务会议通过，自 2024 年 1 月 1 日起施行。该规则内容涉及民用无人驾驶航空器的登记管理、适航管理、运营合格证管理、操控员管理、空域划设和发布、空中交通管理等多个方面，为民用无人驾驶航空器运行安全管理制度的重要内容。

2023 年 12 月 18 日，工业和信息化部印发《民用无人驾驶航空器生产管理若干规定》，自 2024 年 1 月 1 日起施行。该规定从唯一产品识别码、无线电发射设备型号核准、电信设备进网许可、网络与数据安全、产品信息备案等方面提出了相关要求。

3. 无人机规范性文件

2023 年 1 月 20 日，民航局适航司公布《民用无人驾驶航空器国籍登记管理程序》，对民用无人驾驶航空器的国籍登记、变更登记、注销登记、国籍登记证的补办以及未登记函件等事项的办理作出规范。

（四）通用航空法律文件

2023 年 12 月 11 日，为加快推进“干支通，全网联”航线网络建设，满足偏远和其他交通不便地区人民群众航空出行需要，民航局正式印发《通用航空短途运输运营服务管理办法》，于 2024 年 5 月 1 日开始实施。该办法将进一步规范通用航空短途运输在安全、市场、服务等方面的要求。

2023 年 12 月 28 日，民航局印发《通用机场场址行业审查实施细则》，对通用机场的场址行业审查工作进行指导，以推进通用机场的规划建设。

2023 年 12 月 29 日，《深圳经济特区低空经济产业促进条例》经深圳市第七届人民代表大会常务委员会第二十三次会议通过，自 2024 年 2 月 1 日开始实施。该条例是全国首部低空经济产业促进专项法规，为促进深圳低空经济健康有序发展提供法治保障。

三、典型案例

【案例 1】国际航空运输合同纠纷[①]

【基本案情】

2022 年 11 月 13 日，杜某与中国某航空公司签订《航空货运单》和《活动物托运人证明书》，约定自加拿大温哥华国际机场托运活体宠物犬至中国广州白云国际机场。《活动物托运人证明书》载明，该动物健康状况良好，适合航空运输；对于托运可能会导致活体动物死亡的风险，托运人须自行承担。另外，杜某在《航空货运单》签订前还签署过一份《额外免责声明》，载明托运的宠物犬有可能在航空运输途中发生意外甚至死亡，托运人愿意承担所有风险，并保证不向该航空公司或其货运代理公司进行任何形式的索赔。11 月 15 日，宠物犬搭乘该航空公司航班落地后，在现场被确认死亡。此后，双方未就宠物犬死亡赔偿一事协商一致，杜某向广东省广州市黄埔区人民法院提起诉讼，请求人民法院判令航空公司赔偿宠物犬死亡损失，向杜某赔礼道歉，并赔偿精神抚慰金。广州市黄埔区人民法院于 2023 年 9 月 18 日对本案作出判决。

【争议焦点】

1. 航空公司是否应当承担损害赔偿责任。

2. 航空公司承担损害赔偿责任的依据、类型和数额。

【裁判观点】

本案法院认为，杜某与航空公司之间构成 1999 年《统一国际航空运输某些规则的公约》（以下简称《蒙特利尔公约》）项下的国际航空运输，应当优先适用公约。在航空运输期间发生宠物死亡事件，航空公司应当承担赔偿责任。即使杜某在《活动物托运人证明书》中签字认可承运人免责，但这些免责条款因违反《蒙特利尔公约》第 26 条规定而无效。《额外免责声明》为损失发生以前达成的特别协议，根据《蒙特利尔公约》第 49 条规定，该协议因违反了公约第 18 条规定而无效。航空公司应当按《蒙特利尔公约》的规定赔偿杜某宠物犬死亡的损失。由于《蒙特利尔公约》未就赔礼道歉作出规定，且赔礼道歉也不属于本案作为合同

---

① （2023）粤 0112 民初 10470 号。

纠纷的民事责任承担方式；另外，《蒙特利尔公约》并未就精神抚慰金作出规定，杜某的请求也不符合《中华人民共和国民法典》（以下简称《民法典》）规定的精神损害赔偿适用条件。因此，法院最终判令航空公司赔偿宠物犬死亡损失，但并未支持杜某关于赔礼道歉和精神损害赔偿的诉求。

【纠纷观察】

随着社会的发展，宠物托运的需求在逐步增长。在宠物托运有关纠纷中，法律适用、航空运输合同中的承运人免责条款和对托运人的精神损害赔偿，一直都是纠纷双方争论的焦点问题。

1. 国际航空运输纠纷的法律适用

在涉外航空运输中，法官首先需要确定纠纷的法律适用。虽然在《民法典》实施后，如何在我国适用国际条约与国际惯例引起了热烈讨论，[①] 但在民用航空领域，我国一贯秉持国际条约必须信守的立场。根据《最高人民法院关于审理涉外民商事案件适用国际条约和国际惯例若干问题的解释》（法释〔2023〕15 号）第 1 条规定，人民法院审理《民用航空法》调整的涉外民商事案件，应当按照《民用航空法》第 184 条规定予以适用，即我国缔结或者参加的国际条约优先适用，但我国声明保留的条款除外。同时，我国也在民用航空有关国际条约的适用和解释方面，形成了一些具有指导意义的典型司法案例。[②] 本案中我国（案涉航空运输目的地）和加拿大（案涉航空运输出发地）同时是《蒙特利尔公约》的缔约国，且案涉航空运输《蒙特利尔公约》第 1 条规定的“以航空器运送人员、行李或者货物而收取报酬的国际运输”，应当优先适用公约。需要注意的是，根据《蒙特利尔公约》第 49 条规定，公约属于强制适用的公约，不得以当事人的意思自治排除或者减损条约的适用。当然，《蒙特利尔公约》并无法对航空运输纠纷中的所有事项

① 车丕照：《〈民法典〉颁行后国际条约与惯例在我国的适用》，载《中国应用法学》2020 年第 6 期，第 1—15 页；王玫黎：《民法典时代国际条约地位的立法模式》，载《现代法学》2021 年第 1 期，第 199—209 页；孔庆江、梅冰：《国际条约在涉外审判中的适用》，载《国际商务研究》2022 年第 3 期，第 53—64 页；王勇：《论民法典时代我国法院直接适用条约的法律指引模式之革新》，载《法学评论》2022 年第 6 期，第 152—164 页；车丕照：《中国法院适用国际条约所涉若干基本概念辨析》，载《政法论丛》2023 年第 1 期，第 87—96 页。

② 《涉外民商事案件适用国际条约和国际惯例典型案例》，载《人民法院报》2023 年 12 月 29 日，第 003 版。

作出规定，对公约没有规定的事项，应当适用有关国内法解决。[①]

2. 承运人免责条款的法律效力

在航空运输实践中，航空公司会在其“运输总条件”中规定减责/免责条款，或要求旅客或托运人签订减责/免责协议，以规避作为承运人的责任风险。然而，对该类减责/免责条款的效力，争议双方存在较大的分歧。理论上有观点认为，“运输总条件”具有典型的格式条款的特征，而且其中关于机票超售、航班延误等个别条款也有可能损害旅客权益。[②]本案中，杜某在托运宠物之前，先后签署并确认《额外免责声明》和《活动物托运人证明书》，表明其知晓并认可自行承担托运活体动物可能会导致死亡的所有风险，甚至保证不向航空公司或其货运代理进行任何形式的索赔。然而，无论是国际条约，还是我国国内法抑或是我国司法实践，一般并不支持该种减责/免责条款的法律效力。

《蒙特利尔公约》第26条规定，任何旨在免除本公约规定的承运人责任或者降低本公约规定的责任限额的条款，均属无效。《蒙特利尔公约》第18条第2款规定了承运人的免责事由，包括“（一）货物的固有缺陷、质量或者瑕疵”。本案中航空公司主张涉宠物犬死亡的原因是自身缺陷（个别短鼻犬由于生理构造或身体素质，无法适应航空运输），但法官同时注意到本案的《活动物托运人证明书》载明，该动物健康状况良好，适于航空运输，因此法院并不认可航空公司的此项抗辩事由。另外，如果《额外免责声明》和《活动物托运人证明书》属于或包含格式条款，则根据《民法典》第497条规定，提供格式条款一方不合理地免除或者减轻其责任、加重对方责任、限制对方主要权利，该格式条款无效。

3. 航空运输纠纷中的精神损害赔偿

由于相互长期陪伴，宠物死亡的确会给宠物犬主人造成一定程度的精神伤害。无论是在侵权责任中，还是违约责任中，在特定条件下均可以主张精神损害赔偿。[③]尽管《蒙特利尔公约》第29条规定，在旅客、行李和货物运输中，有关损害赔偿

---

① 对于《蒙特利尔公约》未规定的事项，是直接适用我国国内法，还是应当按照我国冲突法规范的指引确定应当适用的国内法，司法实践存在不同做法。参见谢海霞：《〈蒙特利尔公约〉在我国法院适用的实证分析》，载《经贸法律评论》2020年第2期，第39—40页。

② 郝秀辉：《论“航空运输总条件”的合同地位与规制》，载《当代法学》2016年第1期，第104—105页。

③ 崔建远：《精神损害赔偿绝非侵权法所独有》，载《法学杂志》2012年第8期，第22页；杨立新：《民法典对侵权损害赔偿责任规则的改进与适用方法》，载《法治研究》2020年第4期，第88页。

的诉讼，均不得判给惩罚性、惩戒性或者任何其他非补偿性的损害赔偿，但精神损害赔偿究竟属于补偿性的损害赔偿，还是非补偿性的损害赔偿，在理论和实践中均存在争议。一种观点认为，精神损害赔偿与惩罚性损害赔偿是两种不同的法律概念，两者的性质、功能均不相同，[①]前者在于弥补受害人所遭受的精神损害。[②]另一种观点认为，精神损害赔偿是为了补偿、抚慰受害人受到的心灵伤害，同时在一定程度上对加害人予以惩戒，所以一般兼具补偿、抚慰和惩罚三种功能。[③]当然，第二种观点也认为，精神损害赔偿金并非罚金，原则上不以惩罚为目的，其惩罚功能不是基本功能，而是填补损害功能附带的、兼具的一种功能。[④]正因为理论上的不统一，导致在宠物托运纠纷的司法实践中，是否判决承运人支付精神抚慰金的做法也不一致。但不可否认的是，在因承运人原因导致宠物死亡的案例中，酌定承运人或代理人向托运人承担一定数额精神损害赔偿的情况并不少见。[⑤]但值得注意的是，本案并未认定精神损害赔偿违背了《蒙特利尔公约》第 29 条规定，反而认为公约并未对精神损害赔偿的问题作出规定。之所以本案未支持精神损害赔偿，是因为按照《民法典》第 1183 条规定，要求承运人承担精神损害赔偿的前提是承运人对宠物的伤亡损害存在故意或者重大过失，且托运人必须对此提供证据予以证明。本案法院中托运人并没有提供证据证明承运人存在故意或者重大过失。

【案例 2】飞机买卖及融资租赁合同纠纷[⑥]

【基本案情】

A 公司（买方）与 B 公司（卖方）就一架直升机的买卖签订《飞机销售合同》（以下简称《销售合同》）。根据其中的托管条款，B 公司将飞机先行全程托管给其子公司 D 公司（第三人）。A、B 公司与某融资租赁公司（C 公司）三方签署《飞机购买合同转让协议》；A、C 公司签订《飞机融资租赁合同》（以下简称《融资租

---

① 瞿灵敏：《精神损害赔偿惩罚性与惩罚性赔偿补偿性之批判——兼论精神损害赔偿与惩罚性赔偿的立法完善》，载《东方法学》2016 年第 2 期，第 32 页。

② 王利明：《惩罚性赔偿研究》，载《中国社会科学》2000 年第 4 期，第 118 页。

③ 张新宝、李倩：《惩罚性赔偿的立法选择》，载《清华法学》2009 年第 4 期，第 15 页。

④ 张新宝、李倩：《惩罚性赔偿的立法选择》，载《清华法学》2009 年第 4 期，第 15 页。

⑤ （2012）朝民初字第 33493 号；（2017）浙 0109 民初 18651 号，（2018）浙 01 民终 1388 号；（2020）粤 1973 民初 17715 号；（2022）京 0112 民初 14373 号。

⑥ （2022）沪 74 民终 2 号。

赁合同》)。各方签署了《飞机接收证明》《直升机交接证明书》等文件。随后，A公司与D公司约定A公司为出租方，D公司为运营方；A公司多次使用该飞机进行商业飞行。

由于A公司暂不具备运营该飞机所需承运人相关资质，为取得飞机三证（民用航空器国籍登记证、民用航空器标准适航证、民用航空器电台执照），A公司提交了C公司和D公司的相关租赁文件（该等文件的真实性在审理中未获法院认可），以D公司的名义向民航主管部门提交文件进行申请，获批后取得了飞机三证（证载所有人为C公司，占有人为D公司）。

其后，A公司拒绝继续履行《融资租赁合同》项下的租金支付义务，并主张解除该合同，理由为：（1）C公司“一机两租”，飞机国籍证和适航证均登记于D公司名下，影响A公司对飞机的占有和使用；（2）该飞机不符合合同约定的“新机”，是“旧机”；（3）B、C公司与D公司合谋骗取飞机国籍证，飞机因此不适航，无法投入运行，因B公司的原因导致A公司融资租赁合同目的无法实现。

【争议焦点】

1. 航空器国籍登记证书的取得存在问题，是否构成承租人解除《融资租赁合同》的理由。

2. A公司是否有权解除《融资租赁合同》、《销售合同》及《飞机购买合同转让协议》并请求B、C公司进行相应款项的赔偿和返还。

【裁判观点】

本案经两级人民法院审理终结。一审法院认为：无法确定A公司用以证明C公司“一机两租”的《解除租赁协议的共同声明》等文件的真实性，亦无法证实B、C、D公司合谋欺骗或因B公司的原因导致《融资租赁合同》目的无法实现；A公司已完成飞机三证办理，飞机符合适航标准，即使飞机不符合约定，也不影响A公司在《融资租赁合同》项下向C公司支付租金的义务，无权解除《融资租赁合同》；A公司多次使用该飞机进行商业飞行，且按约向C公司支付租金，因此无法证明C公司影响了A公司对飞机的占有和使用。A公司在《销售合同》项下的权利义务已概括性转让给C公司，已不再是该合同的当事方，无权要求解除《销售合同》。

二审法院确认一审法院查明事实无误并维持了一审判决，认为：《飞机接收证明》和同类文件构成A公司完成验收并接收飞机的最终证明，即A公司无保留接收该飞机，且经检验飞机及其附属设备和材料处于良好工作状态，符合中国适航标准。A公司于2017年接收飞机，其间飞机处于商务飞行状态，而A公司于

2018 年至 2020 年仍向 C 公司累计支付多笔租金，故 A 公司所称飞机不适航与上述事实明显相悖。根据《融资租赁合同》的交易结构，C 公司系出租人，飞机的相关风险明确由 A 公司承担，现 A 公司以飞机不适航导致合同目的落空为由主张解除融资租赁合同并要求对方赔偿，显然与上述合同目的及约定不符。另外，A 公司已非《销售合同》当事人，无权解除合同，而《飞机购买合同转让协议》项下的索赔权亦不包含解除权。

【纠纷观察】

航空公司或通航企业因业务增长需要扩充机队，在自主选择标的飞机后，作为买方与该飞机的卖方签订《购机合同》，随后再通过本案例中的《飞机购买合同转让协议》将其在购机合同项下的权利义务概括性转让给新买方（多为融资租赁公司）。新买方根据《购机合同转让协议》付款购机后取得飞机所有权，然后作为出租人依据《融资租赁合同》将飞机出租给该航空公司（承租人）使用，待租期到期后由承租人支付名义价款（如 100 元人民币、1 美元等）回购飞机。这是常见的一种飞机融资租赁交易安排。在该交易模式项下，常见的法律问题主要包括各方付款、交付的权利义务、租金安排、违约事件及救济、适用法律与争议解决管辖等。此类法律问题均牵涉交易的核心安排，尤其以付款、交付环节的约定为重，其明确了购价的支付与交付所需的形式和实质要件，接收证书等文件的法律效力，出租人与承租人对飞机所有权、使用权的确认及其各自承担的责任和风险。

根据《融资租赁合同》的通常约定，各方若签署了“飞机接收证书”或同等性质的文件，即构成买方 / 承租人完成验收并接收飞机的最终证明，飞机在各方面符合其要求，视为出租人已完全履行融资租赁合同项下的飞机交付义务；对于非出租人原因而导致的飞机与销售合同所规定的内容不符，或飞机产生任何缺陷或瑕疵等情形，出租人均不承担任何责任。在《融资租赁合同》中，对已起租的飞机，一般而言无论承租人因前述原因对卖方的索赔是否已得到补偿，均不影响融资租赁合同的效力和出租人向承租人行使收取本合同项下租金及其他应付款项的权利。承租人应自费办理飞机的国籍登记、适航证、电台执照等证照以及占有权和其他权利登记、登记变更或登记注销和作出一切可能需要的行为。

本案属于买卖端的争议延伸到了租赁端，涉及的交易结构较为复杂，且经常伴随各类融资端相关的融资文件、增信措施以及相关保险、质保权益的转让等。各方通常会重点关注飞机的交付、租金支付、担保条款、违约事件、各类证照、交易的先决条件和后续条件以及争议解决安排等，其中关于飞机国籍登记证的取得问题是本案双方争议的焦点。

1. 航空器国籍登记证书的取得与飞机运营

根据《民用航空器国籍登记条例》《民用航空器国籍登记规定》等规定，国籍登记申请人包括民用航空器的所有人和占有人，后者通常为民用航空器的实际运营人。相关民航主管机关在审核国籍登记申请文件时一般采用形式审查，在满足各项文件要求及形式后予以签发证照。

本案中，A 公司通过签署《飞机接收证明》《直升机接收证明书》《承诺函》等文件，表明其已收到全部租赁物（含随机文件），检验确认飞机及附属设备和材料均处于良好工作状态，符合中国适航标准，符合《融资租赁合同》和《飞机购买合同转让协议》的约定，因此应当视为出租人 C 公司已完成其交机义务。

因 A 公司暂不具备运营飞机的资质，在各方不知情的情况下，A 公司提交相关租赁文件，以 D 公司作为飞机运营人申请取得了在 D 公司名下的飞机国籍登记证书，但 A 公司提交的该等文件的真实性在审理中未获法院认可。根据《销售合同》和《融资租赁合同》的约定以及行业惯例，飞机的来历和前手交易的真实性均应由 A 公司负责。民航主管部门签发的飞机三证合法有效，证明 A 公司将标的飞机交由第三人实际运营，并认可了以第三人名义申办的飞机三证，飞机符合适航标准，C 公司未进行任何干涉。因此不存在 A 公司所称未完成交付或飞机不适航、融资租赁合同目的无法实现等情形，亦无法证明 C 公司存在“一机两租”的情形。

民航主管部门于 2020 年 3 月 31 日签发在 A 公司名下的飞机国籍登记证书，证明 A 公司已于 2020 年 3 月 31 日取得运营飞机的资格，已实际占有使用飞机。另外，A 公司自起租后一直向 C 公司支付《融资租赁合同》项下租金（2020 年 1 月 20 日后停止支付）、租前息等款项，从未提出缺失随机文件、飞机不适航或 A 公司未能占有使用飞机的情况。因此，无论是 A 公司委托第三人实际运营飞机，还是 A 公司直接作为运营人运营该飞机，A 公司一直享有对飞机进行经营使用的权利，不存在 A 公司所称无法占有或使用该飞机的情形。

根据第三人 D 公司与 A 公司签署的相关运营服务协议、飞行记录等，可以看出第三人 D 公司是基于 A 公司的委托和指令安排机组人员并提供飞机保障，完成飞行任务，A 公司相应获得飞机运营的收益，可以证实 A 公司与 D 公司之间存在托管情形。A 公司承认其多次使用该飞机进行商业飞行，并作为投保人为飞机购买相应保险，将 A 公司、C 公司和第三人 D 公司添加为被保险人，不存在 A 公司声称的无法运营飞机、《融资租赁合同》目的无法实现等情形。

2. 飞机融资租赁合同的履行与解除

根据行业惯例，一般融资租赁协议均会约定，承租人自主选择飞机及飞机的制造商或供应商，并对该选择结果承担全部责任，出租人对此不承担责任。若由非出租人原因发生供应商/卖方的迟延交付或不交付，或飞机与购买合同所规定的内容不符等情形，出租人均不承担任何责任。

根据《民法典》第742条的规定，针对已经起租的飞机，无论承租人是否对出卖人行使索赔权利，均不会影响融资租赁合同项下承租人履行支付租金的义务，但是承租人依赖出租人的技能确定租赁物或者出租人干预选择租赁物的，承租人可以请求减免相应租金。

从本案几个合同的签订时间来看，[①]C公司不可能提前介入到A公司与B公司的销售合同关系，对标的物的选择进行干预。[②]因此，在标的物及卖方完全由A公司自行选择，再将标的物购买权转让给C公司的情况下，即使标的物不符合约定，也不影响A公司履行其融资租赁合同项下支付租金的义务，A公司无权据此要求解除《融资租赁合同》。

C公司未与其他主体建立租赁关系，也并未干扰A公司对飞机的使用权，已履行了《融资租赁合同》项下的义务，并不存在违约情形。而根据《民法典》的规定和《融资租赁合同》的约定，A公司在明知飞机国籍登记证书取得的真实情况下仍拒绝支付租金，已构成《融资租赁合同》项下的违约，应承担违约责任。

综上，对飞机接收证书的签署一般构成买方对飞机及其附属设备、随机文件等材料的无条件认可，交付即视为完成，若承租人并未依赖出租人的技能确定租赁物或者出租人并未干预选择租赁物的，则出租人不再对飞机的状况承担任何责任。[③]因此，建议在交易中接机一方在完整、合理、科学的验收基础上签署接收文件，及时指出交付中的瑕疵，避免后续产生纠纷。

目前民航主管部门对于飞机相关证照的签发采用形式审查[④]。鉴于飞机作为生产工具及金融资产的特殊性和其高价值的特点，其包括飞机三证在内的各项证照

---

① A公司与B公司签订《销售合同》的时间为2016年4月3日；A公司与B公司、C公司签订《飞机购买合同转让协议》，A公司与C公司签订《融资租赁合同》的时间均为2016年12月20日。

② （2022）沪74民终2号。

③ 根据《民法典》第747条，租赁物不符合约定或者不符合使用目的的，出租人不承担责任。但是，承租人依赖出租人的技能确定租赁物或者出租人干预选择租赁物的除外。

④ 根据民航局官网《民用航空器权利登记办理》一文，“民航局行政审批服务大厅航空器权利登记分厅对申请材料进行书面的受理审查。材料齐全且符合法定形式的，予以受理”。参见民航局官网：http://www.caac.gov.cn/FWDT/WSBS/ZHL/54054/201705/t20170531_44429.html，访问时间：2024年2月20日。。

所载的所有权人、运营人、机型、电台信息等对于飞机的日常运营、交易举足轻重，若此类证载信息有误，则会造成飞机无法正常运营甚至就权属等问题引发重大争议。因此，各方对于飞机前手交易以及作为交易后续条件的国籍登记证书等证照事宜应给予足够重视，在交易前后及时进行尽职调查、更新证照。各方不仅在交易文件中须明确证照的取得时间、费用承担、负责主体等信息，也应当重视证照中所载的所有人、占有人等信息是否准确。若所载信息与实际情况不符，应当及时跟进相关情况，更新相关证照或签署其他补充协议等，以确保交易安全，避免主管机关或第三方因信息不实产生误解而导致争议。

【案例 3】飞机发动机买卖合同纠纷[①]

【基本案情】

2019 年 12 月，某公司作为转让方（被告）在北京产权交易所有限公司（以下简称产交所）发布公告转让三台飞机发动机，2020 年 1 月受让方（原告）称有意购买发动机并按照转让公告要求向被告先行支付诚意金人民币 30 万元，并查阅了案涉发动机交易合同和技术资料，技术资料结论为“不适用，该发动机大修后未装机”。2020 年 2 月，原告支付了保证金人民币 296 万元，被告向其发送了购买协议，但原告反映部分证书缺失；经双方沟通，被告协调了交付问题，并保证在交付后继续承担文件不全的责任。后原告于 2020 年 5 月完成实物检查后指出案涉发动机存在瑕疵，要求降价或取消交易；被告认为其保管并无不当，发动机符合《资产评估报告》的结论，并未违反承诺，随后于 2021 年 4 月取消交易并扣除前述保证金，重新挂牌出售。2023 年 2 月，原告以被告违背“转让方承诺”为由向上海市浦东新区人民法院起诉，要求被告全额返还保证金；被告辩称原告未及时依约签署交易合同，其有权不予返还保证金。上海市浦东新区人民法院于 2023 年 7 月 14 日对本案作出判决。

【争议焦点】

受让方（原告）不与转让方（被告）签订发动机交易合同是否有正当理由，该行为是否违背交易规则，转让方是否有权扣除全额保证金。

【裁判观点】

法院认为，原告有义务自行全面了解标的资产的各项状况。若受让方提交受让申请，则应视为已查阅并认可包括《资产评估报告》在内的备查文件，并完全

---

① （2023）沪 0115 民初 20223 号。

接受“按其现状”下的标的资产，同意履行交易程序。考虑到保证金的法律性质、产交所规则以及转让公告的约定，受让方理应在保证金交纳前完成对发动机的尽调并及时提出异议。[①] 同时，双方均为具备行业经验的主体，原告对于标的资产转让价格远低于正常市价的情形应有合理预判，怠于了解标的资产状态应自担风险。若被告的交付确有瑕疵，原告也应在缔约后主张违约责任，而非违背产交所规则拒绝订立合同。保证金制度是产交所为交易设置的现金担保，而交易合同的签署即为明确的担保事项之一，被告根据产交所规则可以不予退还。

【纠纷观察】

本案因同时涉及飞机发动机的买卖交易和产交所交易规则，对同类交易行为具有借鉴意义。

1. 标的资产的尽调和产交所交易规则提示

原告欲购买被告在产交所挂牌出售的飞机发动机用于教学目的。根据被告发布的《产权转让信息揭露公告》以及产交所交易规则，受让方在签署《保密承诺函》并支付诚意金后，即可查阅交易合同、资产评估报告、技术资料等备查文件。在公告期间，受让方有权利和义务自行全面了解标的资产的状况，若提交了受让申请并交纳了保证金，则视为已完全认可其内容，且已完全接受转让公告内容和标的资产的现状及瑕疵，愿意全面履行交易程序。同时，受让方提交受让申请时，须承诺自被确定为最终受让方后 15 个工作日内与转让方签署《飞机发动机交易合同》，并于签订后的 5 个工作日内向转让方指定账户一次性支付全额交易价款。

本案中，被告明确告知了原告相关程序和交易流程，强调并多次重申了保证金安排；一旦受让方确认为最终受让方，转让方除承担保证实物状态与现场检查时一致，并提交备查文件责任外，对受让方提出的任何其他要求，转让方有权拒绝，如受让方以此拒绝履行付款、签署合同等义务，则保证金不予返还。[②]

根据以上交易规则及事实，受让方应先行完成对技术资料、前手卖据、各类证书等文件的查阅和对实物的现场检查后，在确认无误并完全认可的前提下再行交纳保证金。因此，鉴于保证金作为现金担保的法律性质和转让公告的约定，若

① 转让公告：“与转让相关的条件：……（4）意向受让方在本项目公告期间有权利和义务自行对标的资产进行全面了解。意向受让方提交受让申请并且交纳保证金后，即视为已详细阅读并完全认可本项目的备查文件，已充分了解并自愿完全接受本项目资产转让公告内容及标的资产的现状及瑕疵，愿全面履行交易程序。”

② （2023）沪 0115 民初 20223 号。

受让方在交纳保证金后又以不了解标的资产的现状及存在瑕疵等为由逾期或拒绝签署《飞机发动机交易合同》、拒付交易价款、放弃受让或退还转让标的等情形的，即视为违约和欺诈行为，转让方有权扣除其递交的全部交易保证金，并将转让标的重新挂牌，由受让方承担全部经济责任与风险。①

本案中，标的资产本身即为待报废发动机且原告应当知晓，并不构成造成合同目的无法实现的重大瑕疵；虽然原告原定的现场检查验收计划受疫情影响延后，但截至 2020 年 1 月武汉封城前，原告仍享有 18 天的窗口期和交通便利前往现场查看实物和相关资料，但原告对标的实物和文件怠于进行全面尽调和现场查验，明显忽视引擎控制模块等技术文件和资产评估报告载明的结论，其行为系自担风险，以此为由拒绝签署交易合同属于"逾期或拒绝签署《飞机发动机交易合同》、放弃受让"情形，即转让公告项下的"违约和欺诈行为"，具有过错。

2. 交易保证金的支付与返还

交易保证金是交易平台和交易主体为保证交易活动有序进行而设立的现金担保方式。② 产交所官网于 2016 年 12 月 1 日发布的《北京产权交易所企业国有产权转让交易保证金操作细则》明确规定了交易保证金的性质和使用规则。③ 根据转让公告，保证金的保证事项之一即包括"在被确定为受让方后，未按约定时限与转让方签署《飞机发动机交易合同》或未按合同约定足额支付交易价款、交易服务费等"。同时，若受让方无故不推进交易或无故放弃受让的，转让方可以保证金为

---

① 转让公告："与转让相关的条件：……（4）……意向受让方提交受让申请并且交纳保证金后，即视为已详细阅读并完全认可本项目的备查文件，已充分了解并自愿完全接受本项目资产转让公告内容及标的资产的现状及瑕疵，愿全面履行交易程序。受让方若发生以不了解标的资产的现状及瑕疵等为由逾期或拒绝签署《飞机发动机交易合同》、拒付交易价款、放弃受让或退还转让标的等情形的，即可视为违约和欺诈行为，转让方有权扣除其递交的全部交易保证金，并将转让标的重新挂牌，由受让方承担相关的全部经济责任与风险。"

② （2023）沪 0115 民初 20223 号。

③ 第 2 条　本细则所称的交易保证金，是指在产权转让过程中，意向受让方按信息披露公告的要求向北交所交纳的用于保证其遵守交易规则、履行承诺的货币资金。

第 3 条　转让方可以在提出产权转让信息正式披露（以下简称"信息披露"）申请时设置交易保证金条款，明确保证金交纳的时点、金额、交纳方式、保证事项和处置方式等内容，以及相关当事人的权利义务，承诺在自身发生违规违约行为时，以设定交易保证金的同等数额承担赔偿责任。

第 6 条　转让方设定的交易保证金金额，一般不超过转让标的转让底价的 30%。

第 12 条　出现下列情形时，转让方可以按照信息披露公告关于交易保证金处置的公示内容，以意向受让方交纳的交易保证金为限，在扣除北交所相关服务费用后，向意向受让方主张相应的赔偿责任：……（四）意向受让方无故不推进交易或无故放弃受让的。

限向受让方主张赔偿。

本案中，原告交纳的人民币 296 万元性质即为上述交易保证金。此等保证金的交纳对该交易具有重大意义，是对标的资产和相关材料文件的完全认可。但原告在交纳保证金之前并未就实物或材料文件提出异议，且产交所提供的情况说明中已证实被告提交转让申请时已同步提交了《资产评估报告》，该文件在产交所已处于备查状态，其结论明确该发动机为“不可用 / 待报废”，原告主张《资产评估报告》缺失和其交纳保证金之前不知案涉发动机为“不可用 / 待报废”的理由无法成立。同时，案涉发动机的挂牌转让价格远低于正常发动机的市价，原告根据其行业经验应当可以作出合理预判。另外，原告虽提出过文件缺失、实物瑕疵等问题，但被告亦已提出解决方案，不足以说明被告违反了“转让方承诺”；且在明显应当知晓发动机为“不可用 / 待报废”的前提下，原告提出的上述问题并非重大瑕疵，无法证明其合同目的落空，其以此为由拒绝签署交易合同难以成立。从保证金金额来看，被告第二次挂牌交易的转让底价与第一次挂牌交易的转让底价的差额与本案未返还的保证金金额基本相当，故本案不存在保证金金额过高的情形。[①]

值得注意的是，原告若认为标的资产存在超出约定范围的瑕疵，可以另行主张被告在买卖合同项下的违约责任，而非以此为由拒绝签署交易合同。可见原告在未主动、全面、及时对标的资产进行尽调的情况下即交纳了具有现金担保性质的交易保证金，实属自担风险，理应承担相应法律后果。[②]

综上，鉴于在产交所进行资产转让已被相关市场主体广泛采用并日益规范化，各交易主体务必严格依照产交所的规则、程序推进交易，注重交易的流程的合规性、严谨性。对产交所交易中涉及的保证金、诚意金等重点安排所对应的法律性质和意思表示要有清晰的把握，严格履行尽职调查等前置环节，确认标的资产的状态是否符合转让公告和技术文件的要求，附属文件等各类材料是否齐全、准确。同时，受让方在获取查阅资料、现场检查的权利后应尽快全面检查标的实物和相关材料，若有任何异议，务必在交纳保证金或作出任何担保前尽早提出，在明确标的资产情况和解决方案后再推进后续步骤，以免因违反交易规则造成不必要的损失，从而保护交易安全。

---

① （2023）沪 0115 民初 20223 号。

② （2023）沪 0115 民初 20223 号。

【案例 4】飞机维修投资协议纠纷①

【基本案情】

2013 年 4 月 15 日，广州 A 飞机维修公司（以下简称 A 维修公司）与北京 B 通航公司（以下简称 B 通航公司）签订投资及合作协议，双方约定共同出资设立北京 E 飞机维修公司（以下简称 E 维修公司）。其中，A 维修公司为大股东，出资比例为 75%（后变更为 70%），B 通航公司为小股东，出资比例为 25%（后变更为 30%）。按照合同约定：（1）A 维修公司向 E 维修公司陆续提供除机库及相关设备之外的其他维修工具和设备、各类通用航空器的一般和特定机型的维修资质，以及相关人员；（2）B 通航公司向 E 维修公司免费提供维修所需的机库和相关机库设备，并与 E 维修公司签订服务期不短于 25 年的机场独家维修服务合同，E 维修公司向 B 通航公司提供折扣率为 80% 的折价服务。在协议履行一段期间后，B 通航公司在 2019 年前后决定不再向 E 维修公司免费提供前述维修场地，为继续开展业务，经 A 维修公司、B 通航公司共同参加的 E 维修公司股东会决议，E 维修公司决定付费另行租用机库。另外，B 通航公司在 2020 年前后将部分航空器维修保障服务通过招投标等方式委托给案外人，E 维修公司虽投标但未中标。为此，申请人 A 维修公司向北京仲裁委员会提请仲裁，要求被申请人 B 通航公司向其支付 E 维修公司已发生租金费用 115 万元，以及投资损失和预期利益损失 500 万元等。北京仲裁委员会于 2023 年 10 月 12 日对本案作出裁决。

【争议焦点】

A 维修公司是否有权就其投资的 E 维修公司所遭受的损失要求 B 通航公司赔偿。

【裁判观点】

仲裁庭认为，B 通航公司于 2019 年违反协议约定停止向 E 维修公司提供免费机库服务，导致 E 维修公司不得已花费 115 万元另行租赁机库，构成违约。但上述 115 万元租金并非由 A 维修公司支付，该笔租金损失直接归属于 E 维修公司。尽管 A 维修公司是 E 维修公司的大股东，但两者分别为独立法人，财产相互独立。因此，申请人 A 维修公司要求被申请人 B 通航公司向其支付 E 维修公司的租金损失，仲裁庭不予支持。另外，B 通航公司在 2020 年未首先与 E 维修公司进行协商，直接将 E 维修公司拥有相应资质的维修保障业务通过招投标竞争性报价方式委托给案外人，构成违约。但申请人 A 维修公司未提交充分证据证明因被申请人 B 通

---

① 北京仲裁委员会/北京国际仲裁中心 2023 年度案例。

航公司的违约行为给自己造成了何种直接或间接损失及具体损失金额，对要求被申请人支付违约损失补偿500万元的请求，仲裁庭不予支持。

【纠纷观察】

随着低空空域管理改革的持续深化，低空经济必将迎来大发展，但航空安全一直是航空业发展的红线和底线。《民用航空法》第38条规定民用航空器的所有人或者承租人应当做好民用航空器的维修保养工作，保证民用航空器处于适航状态，以确保民航安全。根据《民用航空法》第35条、第39条和第40条的规定，以及《民用航空器维修单位合格审定规则》和《民用航空器维修人员执照管理规则》的规定，飞机维修企业和飞机维修人员，必须获得民航主管部门颁发的许可证或执照，这些都是飞机维修企业的无形资产。本案涉及飞机维修公司与通用航空公司在通用航空器维修服务方面的投资合作，本该是两个专业机构之间的强强联合，却因合作协议的履行问题产生争议。结合仲裁庭的审理情况，各方在航空类投资合作过程中应当注意以下三个问题：

1.股东财产损失与公司财产损失无直接对应关系

《中华人民共和国公司法》（以下简称《公司法》）规定了法人财产和责任独立制度。公司的法人财产和股东财产明显有别，公司财产受到损害不等同于公司股东的利益损失。[①]A维修公司与B通航公司作为共同出资人成立的合资公司享有独立的法人地位，其所遭受的损失属于自己的损失。尽管合资公司的财产损失可能导致股东利益受损，但由于股东有限责任及合资公司利润分配制度等因素，合资公司财产损失与股东财产损失并不具有直接对应关系。公司由股东创立，股东以入股财产兑换为股权之后，股东享有的是股权派生出来的各类自益权和共益权，公司利益并不等同于股东的这些权益。在仲裁和司法实践中，必须严格甄别股东直接损害与间接损害，但二者有时水乳交融，并非泾渭分明。[②]但以损害股东利益为由要求承担赔偿责任时，应当证明股东利益受到直接损害，而该损害对象一般是指股东享有的知情权、表决权、分红权等直接权益。[③]

2.股东会决议无法直接变更股东之间投资协议的权利义务关系

根据《公司法》的规定，合资公司的股东会是合资公司本身的决策机构，该股东会所作出的决议与股东自己的决策相互隔离和独立。本案中，虽然A维修公

① （2019）京02民终1428号。

② 刘俊海：《论控制股东和实控人滥用公司控制权时对弱势股东的赔偿责任》，载《法学论坛》2022年第2期，第86页。

③ （2020）川民终1459号。

司与B通航公司共同构成合资公司的全部股东，也都参加了合资公司的股东会决议并进行了表决，决定合资公司付费另行租用机库，而且A维修公司也未提供证据证明股东会决议存在《公司法》第25条、第26条、第27条使股东会决议无效、可撤销或不成立的情形，因此该决议合法有效。但必须注意的是，该决议是合资公司股东会基于无法获得投资协议约定的免费提供机库时，为了继续经营而被迫作出的决定，不能据此推论两股东之间对其在投资协议中约定的权利和义务作出变更。尽管本案投资及合作协议签订双方为合资公司全体股东，但根据《公司法》第58条规定，股东会是公司的权力机构，通过股东会决议是股东会对公司有关事项作出的决议，而不是投资及合作协议双方对自己的权利义务作出的决定。根据《公司法》第21条规定，公司股东滥用股东权利给公司或者其他股东造成损失的，应当依法承担赔偿责任。但本案中，作为申请人的A维修公司也未提供证据证明B通航公司存在滥用股东权利的行为，另行租用机库反而是双方共同投票表决的结果。

3. 诺守协议，善意履行

诚信原则是《民法典》第7条确定的民事活动基本原则，各方应当遵循。民航业属于高科技、高投入、高风险行业，只有同心协力、精诚合作，才能对抗经营不善带来的各种风险。根据案涉合作协议，协议双方都希望发挥各自的资源优势，由一方提供飞机维修所需的技术、设备、人员和资质，另一方提供飞机维修所需的场地和用房，共同合资成立通用航空飞机维修公司。这种合作模式实现了互利共赢，既保证成立后的合资公司能够获得通用航空公司全部的维修业务市场，又保证通用航空公司获得维修费用的折扣。基于此种考虑，A维修公司同意将北京及周边的飞机维修业务全部转让给E维修公司，B通航公司同意向合资公司免费提供机库服务，并与E维修公司签订不少于25年的排他性维修协议。在投资合作协议履行的过程中，双方应遵循诚实信用原则善意履行各自的义务，否则合作无法顺利进行，必然两败俱伤。

四、热点问题观察

（一）航空争议多元化解决机制取得突破性发展

随着上海市长宁区人民法院（以下简称上海长宁法院）成立“航空案件审判站”，上海国际仲裁中心发布《航空仲裁规则》，空中丝绸之路投资贸易争端解决中心成立和中国航空器拥有者及驾驶员协会航空业纠纷调解中心揭牌，我国航空争议多元解决机制在2023年取得突破性发展，航空诉讼、仲裁和调解运行机制日趋完善。

1. 航空案件审判站成立

2023年5月，上海长宁法院在民事审判庭成立航空案件专项合议庭，并在航空产业集聚区虹桥临空经济园区设立“航空案件审判站”，标志着与航空争议调解中心、上海国际航空仲裁院一起构建起国内首个航空争议一站式解决平台。[①] 早在1996年，上海长宁法院已经开始受理国际航空货物运输赔偿纠纷案件。2015年，上海市高级人民法院指定上海长宁法院集中管辖全市涉飞行员劳动争议案件。[②] 此次设立的“航空案件审判站”属于涉航空案件的集中管辖机构，负责审理应由上海长宁法院管辖的航空运输合同纠纷、航空器物权纠纷、航空器及附属设备买卖合同纠纷、航空代理合同纠纷、航空服务合同纠纷等十类航空争议。[③]“航空案件审判站”的成立，进一步推动了航空案件的集约化、专业化审理。

2. 航空仲裁机制进一步完善

目前，越来越多的从事航空交易的市场主体倾向于将仲裁作为优选的争议解决方式。[④] 早在2014年，上海国际仲裁中心就已经设立上海国际航空仲裁院，受理包括航空运输、飞机制造和销售、飞机融资租赁等航空产业领域各类型航空争议案件。[⑤]2017年，中国海事仲裁委员会成立航空争议仲裁中心和调解中心，推出《航空配餐服务合同示范条款》《航空燃料服务合同示范条款》等示范合同文本。[⑥] 另外，北京仲裁委员会在海内外连续多年中英文双语发布《中国民用航空争

---

① 上海市长宁区人民政府：《打造国内首个航空争议一站式解决平台！长宁区人民法院“航空案件审判站”揭牌成立》，https://www.shcn.gov.cn/col5441/20230519/1236745.html，访问时间：2024年2月20日。

② 中国民航网：《“航空案件审判站”成立 打造首个航空争议诉仲调一站式解决平台》，http://www.caacnews.com.cn/1/202305/t20230521_1367510.html，访问时间：2024年2月17日。

③ 上海市司法局：《长宁建立全国首个航空争议一站式解决平台 积极助力上海国际航运中心能级提升》，https://sfj.sh.gov.cn/assets2020/upload/20231229pdf/2023122919.pdf，访问时间：2024年2月17日。

④ 王唯骏、范佳煜：《方兴之时：航空仲裁机制运行初探及展望》，载《法学前沿》集刊2023年第1卷，第3页。

⑤ 上海国际航空仲裁院：《上海国际航空仲裁院简介》，https://www.shiac.org/pc/Aviation?moduleCode=aboutus，访问时间：2024年2月17日。

⑥ 中国海事仲裁委员会：《中国海事仲裁委员会航空争议仲裁 / 调解中心》，https://www.cmac.org.cn/index.php?id=411，访问时间：2024年2月17日。

议解决年度观察》。2023年11月，空中丝绸之路投资贸易争端解决中心在上海成立，成为我国航空法律界服务“一带一路”倡议的具体举措。同时，《上海国际经济贸易仲裁委员会（上海国际仲裁中心）航空仲裁规则》（以下简称《航空仲裁规则》）发布，被称为全球首部适用于机构仲裁的航空仲裁规则。[①]上海国际经济贸易仲裁委员会（上海国际仲裁中心）还在2024年1月1日启用了作为《航空仲裁规则》相关规定项下的特别名单《航空争议仲裁员名单》。[②]

3. 航空调解机制持续推进

航空调解是航空争议多元解决机制的重要组成部分，行业调解、商事调解等方式可以从源头上预防、化解航空有关纠纷，有助于推动航空业的高质量发展。中国航空运输协会和上海长宁法院在2020年合作成立的航空争议调解中心，为创新航空领域多元纠纷化解机制奠定了基础。[③]为推动航空调解成为航空业争议解决的优选方式，中国航空器拥有者及驾驶员协会（以下简称中国AOPA）成立中国AOPA航空业纠纷调解中心，成立了委员会并吸纳了包含行业专家、法律工作者在内的一批调解员。[④]另外，中国AOPA航空业纠纷调解中心、中国政法大学国际法学院、中国民航管理干部学院法学系等单位在2023年共同举办了第一届、第二届和第三届“中国航空业多元纠纷解决机制沙龙”，就航空多元化纠纷解决搭建了交流平台。在第三届沙龙中，中国AOPA航空业纠纷调解中心、中国政法大学国际法学院、珠海国际仲裁院、中国国际商会珠海商会、珠海航展集团有限公司等10家单位共同签署了《多元商事调解促进航空业高质量发展倡议书》，倡导航空产业优先选择协商、调解、仲裁等方式解决争议，积极探索行业内诉调对接、仲调对接路径，推动建立和完善航空多元化纠纷解决机制。[⑤]

---

① 上海国际仲裁中心：《空中丝绸之路投资贸易争端解决中心在沪设立》，https://www.yidaiyilu.gov.cn/p/0JPGJN6S.html，访问时间：2024年2月17日。

② 上海国际航空仲裁院：《仲裁员（调解员）名册》，https://www.shiac.org/pc/Aviation?moduleCode=experts，访问时间：2024年2月18日。

③ 中国民航网：《“航空案件审判站”成立 打造首个航空争议诉仲调一站式解决平台》，http://www.caacnews.com.cn/1/202305/t20230521_1367510.html，访问时间：2024年2月17日。

④ 中国AOPA：《探索行业纠纷解决新机制｜首届中国航空多元纠纷调解沙龙会暨中国AOPA航空业纠纷调解中心揭牌仪式在京举行》，http://www.aopa.org.cn/Content_Detail.asp?C_ID=20017913，访问时间：2024年2月17日。

⑤ 珠海国际仲裁院：《多元化解纠纷赋能蓝天盛宴》，https://www.zcia.pro/info/7654.html，访问时间：2024年2月17日。

（二）大飞机国产化促进中国航空制造产业链和航空法律服务链发展

长期以来，全球民航制造业高度集中、高度垄断，大飞机市场长期由美国波音公司（以下简称波音）和欧洲空客公司（以下简称空客）两大巨头主导。随着中国商用飞机有限责任公司（以下简称中国商飞）的入局，波音和空客双寡头垄断的格局将被逐步打破。2023 年，中国国产大飞机 C919 的生产和运行取得了重要突破，不仅体现了中国国家科技和经济水平的提升，也推动着中国航空制造产业链这一“硬实力”和中国航空法律服务链这一“软实力”的发展。

1. 国产大飞机进展

C919 飞机是我国首款国产大飞机，它于 2007 年正式立项，2015 年完成首架原型机总装下线，2017 年成功首飞，2022 年取得中国民航局型号合格证，之后将首架飞机交付中国东方航空公司（以下简称东航）。2023 年 4 月，海航航空集团与中国商飞签署百架飞机采购协议，其中包括 60 架 C919 飞机确认订单。①2023 年 5 月，C919 飞机完成首次商业飞行，标志着我国国产大飞机 C919 的“研发、制造、取证、投运”全面贯通，中国民航正式开始商业运营国产大飞机。②2023 年 7 月，第二架 C919 飞机正式交付东航，并于 8 月投入商业运营。③ 同年 9 月，东航再次与中国商飞在沪签署购机协议，在 2021 年签订首批 5 架的基础上，再增订 100 架 C919 大型客机，标志着国产大飞机 C919 大规模、大机队的商业采购、交付和运营全面开启。④ 同年 12 月，东航正式接收第三架 C919 大型客机。⑤2024 年 2 月，C919 飞机首次飞出中国国门，参加 2024 年新加坡航展，完成我国国产大飞机第一次在国外亮相。⑥ 目前，C919 已能够飞往所有认可我国适航证的国家，具备了执飞国际航线的基础，中国民航局在 2024 年将继续做好 C919 证后管理和改型优

---

① 中国商飞：《海航航空集团与中国商飞签署百架飞机采购协议》，http://www.comac.cc/xwzx/gsxw/202304/28/t20230428_7361255.shtml，访问时间：2024 年 2 月 18 日。

② 郭阳琛、张家振：《国产大飞机 C919 的 16 年“飞天路”》，载《中国经营报》2023 年 6 月 12 日，第 B13 版。

③ 中国商飞：《东航第二架 C919 搭档首架机同飞沪蓉航线》，http://www.comac.cc/xwzx/gsxw/202308/04/t20230804_7367382.shtml，访问时间：2024 年 2 月 18 日。

④ 东航：《中国东航与中国商飞签署 100 架 C919 购机协议》，http://www.ceairgroup.com/contents/13/14446.html，访问时间：2024 年 2 月 18 日。

⑤ 东航：《东航接收第三架 C919 大型客机》，http://www.ceairgroup.com/contents/13/14491.html，访问时间：2024 年 2 月 18 日。

⑥ 新华网：《中国国产大型客机 C919 在新加坡首次试飞》，https://politics.gmw.cn/2024-02/18/content_37150122.htm，访问时间：2024 年 2 月 18 日。

化适航审查，推进欧洲航空安全局（EASA）对 C919 飞机的认可审查。[①] 相信未来 C919 将凭借成本和市场优势，在全球民航飞机市场上占有一定份额。

2. 航空制造产业链发展

大飞机被称为“工业制造之花”，不仅体现一个国家的工业技术水平，同样也带动着国家先进制造业集群的发展。[②] 大飞机制造非常复杂，产业链较长，技术分工较细，很难有一家公司能够从头到尾独立完成大飞机的制造。[③] 作为国产民用大飞机，随着 C919 投入商业运行和批量生产，将带动复合材料、航电系统、机电系统、起落架、发动机等一整条飞机制造产业链的发展，并带动电子、机械、计算机、材料等诸多基础学科的进步。比如，通过 C919 的设计研制，我国掌握了民机产业 5 个大类、20 个专业、6000 多项民用飞机技术。[④] 另外，随着 C919 的批量交付，航空公司、物流公司、民用机场等航空运营单位将因 C919 的飞行获得经济效益，飞机维修公司也会逐步参与 C919 飞机维护、维修、大修和改装等一系列业务。[⑤]

3. 航空法律服务链发展

国产大飞机的生产制作得益于全球产业链合作，未来 C919 也将开拓全球市场，在飞机制造、金融、运营、维修、保障等领域中不可避免地产生航空法律风险和纠纷。国产大飞机在促进航空产业发布局优化的同时，也在倒逼我国航空争议解决机制逐步走向国际化。在全球航空器贸易市场被波音和空客主导时，在飞机买卖和租赁交易中，西方市场主体或多或少地利用自身的垄断地位、语言优势来设计和确定对自己有利的合同条款、法律适用和争议解决方式。随着 C919 的交付和运营，我国航空法律服务将不断向国产大飞机产业链两端延伸，并在实践中培养出一批为国产大飞机提供涉外法律服务的团队，可以为我国国产大飞机拓宽国际市场提供更好的法治保障。我国也将在国产大飞机抢占全球市场份额的进程中，在航空法律服务领域逐步拥有更多、更独立的话语权和主导权。2023 年不仅是 C919 正式商业化运

① 李乔宇、梁傲男：《民航局：2024 年力争旅客运输量 6.9 亿人次 推动国产民机走出国门》，载《证券日报》2024 年 1 月 5 日，第 B02 版。

② 夏金彪：《国产大飞机有望打破国际民航飞机市场垄断》，载《中国经济时报》2022 年 9 月 20 日，第 002 版。

③ 李曼宁：《C919 规模化发展渐入佳境 中国智造乘“机”远航》，载《证券时报》2023 年 9 月 21 日，第 A01 版。

④ 李晓红：《从 0 到 1 国产大飞机撬动万亿产业链市场》，载《中国经济时报》2023 年 5 月 31 日，第 001 版。

⑤ 关子辰、吴其芸、牛清妍：《C919 商业首航 万亿大飞机市场起飞》，载《北京商报》2023 年 5 月 29 日，第 004 版。

营的开启之年，也是全球首部适用于机构仲裁的《航空仲裁规则》的发布元年，两者不期而遇，共同推动我国航空法律服务产业链的纵深发展。

（三）低空经济产业发展

无人驾驶航空器、电动垂直起降飞行器（eVTOL）等新兴产业已成为现阶段低空经济产业发展的着力点。目前我国各省市纷纷瞄准以低空经济为导向的新市场，大力培育通用航空产业聚集区，为低空经济产业发展提供坚实的政策支持。

1. 低空经济法规标准体系日益完善

无人机作为战略性新兴产业，为低空经济的发展注入新活力。为进一步加强无人驾驶航空器运行规范，2023 年 5 月 31 日，国务院出台了我国首部规制无人驾驶航空器的行政法规《无人驾驶航空器飞行管理暂行条例》。条例颁布后，与之相配套的规范性文件和标准相继出台，无人驾驶航空器领域的配套性制度、规则和标准体系日趋完善。同月，我国民用无人机领域首部强制性国家标准《民用无人驾驶航空器系统安全要求》发布，提出了适用于航模之外的微轻小型民用无人机的强制性技术要求及相应的试验方法。11 月，《民用无人机地理围栏数据技术规范》发布，该国家标准适用于中国境内运行的民用无人机系统和民用无人机运行相关系统中地理围栏的数据、数据结构，数据处理、数据安全和测试要求等。12 月，工信部印发《民用无人驾驶航空器生产管理若干规定》和《民用无人驾驶航空器无线电管理暂行办法》，分别对无人机的生产、无人机无线电设备制造和无线电频率使用作出了管理规范。

相较于无人机，eVTOL 的研发和应用更着眼于低空载人场景。2023 年 8 月，亿航 EH216-S 无人驾驶载人航空器获颁型号合格证；4 个月后，民航局向其颁发了全球首张 eVTOL 适航证，亿航 EH216-S 正式进入商业化交付和运营阶段。[①]10 月，工信部等四部门印发《绿色航空制造业发展纲要（2023—2035 年）》，其中指出，到 2025 年电动通航飞机将投入商业应用，eVTOL 实现试点运行。到 2035 年，以无人化、电动化、智能化为技术特征的新型通用航空装备实现商业化、规模化应用。12 月，民航局适航司就《沃飞长空 AE200-100 型电动垂直起降航空器型号合格审定项目专用条件》公开征求意见，拟作为其型号合格审定的基础。

2. 各地加快低空经济产业布局

2023 年 12 月举行的中央经济工作会议将低空经济确定为战略性新兴产业，

---

① 亿航智能：《亿航智能 EH216-S 无人驾驶载人航空器系统获得中国民航局颁发的标准适航证，并交付给广州客户》，https://www.ehang.com/cn/news/1022.html，访问时间：2024 年 2 月 7 日。

为各省市规划布局低空经济产业提供了指引，各地纷纷为低空经济产业发展谋篇布局。首先是深圳，其作为低空经济产业发展的试点区域和重要示范区，在低空经济产业发展方面发挥着引领作用。2023 年 12 月，深圳市交通运输局等七部门联合发布《深圳市支持低空经济高质量发展的若干措施》，鼓励开展低空经济产业发展标准制定，促进深圳加快形成低空经济产业集聚效应和创新生态。2024 年 2 月，《深圳经济特区低空经济产业促进条例》实施，为促进深圳低空经济产业高质量发展提供法治保障。

其他省市也相继加快低空经济产业布局。2023 年 1 月，《广东省第十四届人民代表大会政府工作报告》指出，要加快培育新型消费，发展免税经济、首店经济、共享经济和低空经济。3 月，重庆市发布《推动川渝万达开地区统筹发展总体方案》，其中指出要推动区域低空空域管理改革，充分发挥通用航空在应急救援、防灾减灾、生态文旅等方面的作用。10 月，芜湖市人民政府印发《芜湖市低空经济高质量发展行动方案（2023—2025 年）》，进一步加强低空产业发展规划和布局。总体来看，各地出台的政策致力于改善低空经济发展环境，以充分释放低空空域资源、基础设施体系、技术创新和突破、人才培养和优质企业落户、应用场景拓展等低空经济产业发展要素的潜能和活力。

（四）民航旅客个人信息数据保护

航空旅行与民航运行离不开数据交换。在航空运输过程中，航空公司、机场、行业主管部门等民航活动参与者均要依法处理旅客个人信息数据，符合相应的国际国内旅客数据法律规制要求。

1. 旅客个人信息数据保护的国际规制和欧美做法

国际社会对旅客个人信息数据保护的力度日益提高。早在 2017 年，联合国安理会就通过第 2396 号决议，敦促各国遵守国际民航组织的标准和建议措施，提高收集、处理和分析航空公司旅客订座记录（PNR）数据的能力。为促进 PNR 数据处理的国际统一化，《国际民用航空公约》附件 9《简化手续》在第 28 次修订中纳入了 PNR 数据、国际民航组织公钥簿（PKD）和不循规旅客等方面的内容，使各国在数据交换方面标准化。[①] 其中载明了航空器运营商与国家进行合作，共同

① See New PNR Data Standards amendment to improve global counter-terrorism efforts, https://www.icao.int/Newsroom/Pages/New-PNR-Data-Standards-amendment-to-improve-global-counterterrorism-efforts.aspx, accessed January 26, 2024.

开发和完善旅客数据保护系统的标准和建议措施（SARPs）。航空运营商要参与旅客数据单一窗口设施建设，提供适当水平的运行和技术支持，确保预报旅客资料（API）系统能够全天候不间断运行，建立系统中断或故障时能最大限度降低影响的程序，等等。国际民航组织的标准和建议措施对于成员国有一定的约束力，没有根据《国际民航组织公约》第37条和第38条的程序申报差异的成员国，其规章和措施要受到附件所载标准的强制约束，同时也应尽可能与建议措施保持一致。因此，航空公司等民航活动参与者在进行民航旅客数据合规时应对国际民航组织的标准和建议措施（SARPs）加以重视。

欧盟构建了一套统一的旅客个人信息保护监管规则。2016年欧盟议会通过了一项PNR指令，[①] 航空公司要向目的地成员国主管当局提供飞入或飞出欧盟的所有航班的旅客信息，接受成员国设立的"旅客信息部门"对其提供的PNR数据的监管。与欧盟统一立法模式不同，美国没有统一的数据保护立法，而是"针对特定行业、特定类型个人信息、不公平或有欺诈性质的数据活动进行规制"。[②] 因此，航空公司在处理旅客个人信息时，不仅应遵循联邦和州两个层面的法律要求，还应遵守特定行业与特定类型的个人信息保护要求。在联邦法层面，《联邦贸易委员会法》禁止"不公平或欺骗性行为或做法"，如果公司在处理个人信息时违反其发布的隐私政策或声明，或违反承诺采取了不充分的数据保护措施，即构成"欺骗性行为"。[③] 具体到民航领域，美国交通部进一步加强了对旅客信息处理活动中"不公平或欺骗性行为或做法"的监管。与此同时，美国交通部也明确，其监管针对的是航空公司和客票销售代理人在旅客信息处理中"不公平"或"欺骗性"的企业做法，而非监管那些不可归责于企业的员工个人或航空公司和客票销售代理人之外的第三方实施的侵害旅客隐私权的案件。[④]

2. 我国旅客个人信息数据保护现状和趋势

随着民航数字化建设的发展，涉及旅客个人信息处理的商事活动引发的争议增

---

① See Directive on the use of passenger name record (PNR) data for the prevention, detection, investigation and prosecution of terrorist offences and serious crime (EU) 2016/681, https://eur-lex.europa.eu/eli/dir/2016/681/oj, accessed January 26, 2024。

② 谢新明、刁伟民:《民用航空主管部门保护民航旅客信息的监管边界》,载《中国民用航空》2023年第10期，第63页。

③ See CRS Reports. Data Protection and Privacy Law: An Introduction, updated October 12, 2022.

④ 谢新明、刁伟民:《民用航空主管部门保护民航旅客信息的监管边界》,载《中国民用航空》2023年第10期，第63页。

多。为此，民航主管部门加强了对旅客个人信息处理活动的规制，航空公司等相关企业也应依法建立健全内部管理制度，规范旅客个人信息处理流程。在《中华人民共和国网络安全法》《中华人民共和国数据安全法》《中华人民共和国个人信息保护法》《关键信息基础设施安全保护条例》"三法一条例"的数据安全顶层框架下，民航局相继发布"7+1"智慧民航数据治理系列规范（7部行业标准、1部信息通告），指导和规范行业单位开展数据共享、数据服务、数据安全等工作。[①]2021年《公共航空运输旅客服务管理规定》，第13条、第14条明确规定了承运人、机场管理机构、地面服务代理人、航空销售代理人、航空销售网络平台经营者、航空信息企业保护旅客个人信息的义务。在行业标准上，民航局于2023年发布《民航旅客行李全流程跟踪系统 第1~3部分》系列标准，第2部分《数据交换接口规范》确立了数据交换接口的数据格式、调用方式等技术要求，[②]机场、航空公司等相关单位应予推广应用。值得注意的是，2023年9月国家网信办发布的《规范和促进数据跨境流动规定（征求意见稿）》要求"向境外提供100万人以上个人信息的，应当申报数据出境安全评估"。民航活动处理的个人信息数据通常达千万量级，航空公司等相关单位向境外提供旅客信息前均应申报数据出境安全评估。[③]

近年来，司法实践加强了对旅客个人权益的保护，强化了航空公司等相关企业的旅客个人信息保护义务和责任。一方面，允许旅客在不清楚泄露渠道的情况下可以把航空公司列为被告。另一方面，采用"过错推定"的归责原则和"举证责任倒置"的证明责任分配规则来减轻旅客的证明负担。2017年在庞某和某航空公司、某航空运输销售代理企业关于个人信息泄露的隐私权纠纷审理中，法院即认为应由被告举证证明已经充分履行旅客个人信息保护义务，否则须承担相应的法律责任。[④]

五、总结与展望

2023年，百年未有之大变局向纵深发展。各行各业更加真切地感受到世界之

① 民航局：《民航局发布"7+1"智慧民航数据治理系列规范》，https://www.gov.cn/lianbo/2023-05/10/content_5754755.htm，访问时间：2024年2月6日。

② MH/T 1076.2-2023《民航旅客行李全流程跟踪系统第2部分：数据交换接口规范》。

③ 谢新明、刁伟民：《民用航空主管部门保护民航旅客信息的监管边界》，载《中国民用航空》2023年第10期，第63页。

④ （2017）京01民终509号。

变、时代之变和历史之变，中国民用航空业概莫能外。展望 2024 年，我们坚信，中国民航业将迈出更加自信的步伐，将取得更加骄人的成绩。

民航运输与旅客人身、财产关系密切，公众关注度高。航空运输安全事关国家安全、国家战略，必须站在国家安全、国家战略的基点上推进民航运输安全工作民航运输的健康发展取决于两方面有效保障，可以简单地归纳为“两安全一服务”，即航空器自身运行安全、航空器外部运行环境安全、良好的航空运输服务。安全生产目标的实现取决于主体责任的落实，而主体责任的实现取决于对相关操作要求和标准的严格遵守。这中间的每一个环节都离不开法治力量的层层传导。要恪守法治底线，摆正安全与服务的关系。真情服务的实现是以安全为前提条件，民航运输企业应当严格贯彻民航领域法律法规及规章的要求，依法规范服务标准，减少与旅客之间发生的服务纠纷。

合作和开放是时代的主题，也是中国民航始终坚持的原则。在此时代背景下，提升航空仲裁公信力建设和服务水平，争取更多的境内外客户选择我国仲裁机构解决航空争议，已成为中国民航人和仲裁界的共识和愿望，更是推动国际仲裁中心建设的题中之义。

岁末寒冬，抽丝剥茧，我们在错综复杂的往事回顾中，找出那些不该被淡忘的脚本。希冀 2024 年《中国民用航空争议解决年度观察》，带给读者更多的思考维度，以此助力推进依法治航，助力提升法治信仰。

图书在版编目（CIP）数据

中国商事争议解决年度观察. 2024 / 北京仲裁委员会（北京国际仲裁中心）编. -- 北京 : 中国法制出版社, 2024. 6. -- ISBN 978-7-5216-4566-8

Ⅰ. D925. 704

中国国家版本馆CIP数据核字第202479Z1J1号

责任编辑：侯　鹏　　封面设计：李　宁

中国商事争议解决年度观察. 2024

ZHONGGUO SHANGSHI ZHENGYI JIEJUE NIANDU GUANCHA. 2024

编者 / 北京仲裁委员会（北京国际仲裁中心）

经销 / 新华书店

印刷 / 三河市紫恒印装有限公司

开本 / 710毫米 × 1000毫米　16开　　印张 / 23　字数 / 412千

版次 / 2024年6月第1版　　2024年6月第1次印刷

中国法制出版社出版

书号ISBN 978-7-5216-4566-8　　定价：86.00元

北京市西城区西便门西里甲16号西便门办公区

邮政编码：100053　　传真：010-63141600

网址：http://www.zgfzs.com　　**编辑部电话：010-63141826**

市场营销部电话：010-63141612　　**印务部电话：010-63141606**

（如有印装质量问题，请与本社印务部联系。）